国家出版基金项目
NATIONAL PUBLICATION FOUNDATION
“十四五”国家重点图书
出版规划项目

中国语言资源保护工程

中国濒危语言志
汉语方言系列

总主编 曹志耘
主编 王莉宁

湖南新宁瑶族峒话

胡萍 著

创于1897
商务印书馆
The Commercial Press

图书在版编目（CIP）数据

湖南新宁瑶族峒话/胡萍著. --北京：商务印书馆，2024.--（中国濒危语言志）.--ISBN 978-7-100-24239-4

Ⅰ. H251

中国国家版本馆CIP数据核字第2024L2Z820号

湖南新宁瑶族峒话

胡萍　著

出版发行：商务印书馆
地　　址：北京王府井大街36号
邮政编码：100710

印　　刷：北京雅昌艺术印刷有限公司

开　　本：787×1092　1/16　　印　　张：22
版　　次：2024年11月第1版　　印　　次：2024年11月北京第1次印刷
书　　号：ISBN 978-7-100-24239-4

定　　价：228.00元

调查点地形地貌　麻林瑶族乡麻林水库 /2019.6.15/ 胡萍 摄

调查点村貌　麻林瑶族乡上林村 /2019.6.15/ 胡萍 摄

打古堂·接姑娘　麻林瑶族乡 /2009.4.21/ 郑远江 摄

调查现场　麻林瑶族乡 /2016.8.3/ 许阳 摄

序

2022年2月16日，智利火地岛上最后一位会说Yagán语的老人，93岁的Cristina Calderón去世了。她的女儿Lidia González Calderón说："随着她的离去，我们民族文化记忆的重要组成部分也消失了。"近几十年来，在全球范围内，语言濒危现象正日趋普遍和严重，语言保护也已成为世界性的课题。

中国是一个语言资源大国，在现代化的进程中，也同样面临少数民族语言和汉语方言逐渐衰亡、传统语言文化快速流失的问题。根据我们对《中国的语言》（孙宏开、胡增益、黄行主编，商务印书馆，2007年）一书的统计，在该书收录的129种语言当中，有64种使用人口在10000人以下，有24种使用人口在1000人以下，有11种使用人口不足百人。而根据"语保工程"的调查，近几年中至少又有3种语言降入使用人口不足百人语言之列。汉语方言尽管使用人数众多，但许多小方言、方言岛也在迅速衰亡。即使是那些还在使用的大方言，其语言结构和表达功能也已大大萎缩，或多或少都变成"残缺"的语言了。

冥冥之中，我们成了见证历史的人。

然而，作为语言学工作者，绝不应该坐观潮起潮落。事实上，联合国教科文组织早在1993年就确定当年为"抢救濒危语言年"，同时启动"世界濒危语言计划"，连续发布"全球濒危语言地图"。联合国则把2019年定为"国际土著语言年"，接着又把2022—2032年确定为"国际土著语言十年"，持续倡导开展语言保护全球行动。三十多年来，国际上先后成立了上百个抢救濒危语言的机构和基金会，各种规模和形式的濒危语言抢救保护项目在世界各地以及网络上展开。我国学者在20世纪90年代已开始关注濒危语言问题，自21世纪初以来，开展了多项濒危语言方言调查研究课题，出版了一系列重要成果，例如孙宏开先生主持的"中国新发现语言研究丛书"、张振兴先生等主持的"汉语濒危方言调查研究丛书"、鲍厚星先生主持的"濒危汉语方言研究丛书（湖南卷）"等。

自2011年以来，党和政府在多个重要文件中先后做出了"科学保护各民族语言文字"、

“保护传承方言文化”、“加强少数民族语言文字和经典文献的保护和传播”、“科学保护方言和少数民族语言文字”等指示。为了全面、及时抢救保存中国语言方言资源，教育部、国家语委于2015年启动了规模宏大的“中国语言资源保护工程”，专门设立了濒危语言方言调查项目，迄今已调查106个濒危语言点和138个濒危汉语方言点。对于濒危语言方言点，除了一般调查点的基本调查内容以外，还要求对该语言或方言进行全面系统的调查，并编写濒危语言志书稿。随着工程的实施，语保工作者奔赴全国各地，帕米尔高原、喜马拉雅山区、藏彝走廊、滇缅边境、黑龙江畔、海南丛林等地都留下了他们的足迹和身影。一批批鲜活的田野调查语料、音视频数据和口头文化资源汇聚到中国语言资源库，一些从未被记录过的语言、方言在即将消亡前留下了它们的声音。

为了更好地利用这些珍贵的语言文化遗产，在教育部语言文字信息管理司的领导下，商务印书馆和中国语言资源保护研究中心组织申报了国家出版基金项目“中国濒危语言志”，并有幸获得批准。该项目计划按统一规格、以EP同步的方式编写出版50卷志书，其中少数民族语言30卷，汉语方言20卷（第一批30卷已于2019年出版，并荣获第五届中国出版政府奖图书奖提名奖）。自项目启动以来，教育部语言文字信息管理司领导高度重视，亲自指导志书的编写出版工作，各位主编、执行编委以及北京语言大学、中国传媒大学的工作人员认真负责，严格把关，付出了大量心血，商务印书馆则配备了精兵强将以确保出版水准。这套丛书可以说是政府、学术界和出版社三方紧密合作的结果。在投入这么多资源、付出这么大努力之后，我们有理由期待一套传世精品的出现。

当然，艰辛和困难一言难尽，不足和遗憾也在所难免。让我们感到欣慰的是，在这些语言方言即将隐入历史深处的时候，我们赶到了它们身边，倾听它们的声音，记录它们的风采。我们已经尽了最大的努力，让时间去检验吧。

曹志耘

2024年3月11日

目录

第一章 导论

第一节

调查点概况[①]

新宁瑶族“峒话”是指湖南省新宁县西南山区（旧称八峒瑶山）瑶族群众所持的一种日常交际用语，他们自称“峒话”“人话”或“瑶话”，称当地汉族所持汉语方言为“新宁话”或“客话”，“峒话”与“新宁话”不能直接沟通。今“峒话”主要分布在县境内的麻林和黄金两个瑶族乡，使用人口不到一万人。本书主要调查点在新宁县麻林瑶族乡。

一　地理位置和地形地貌

新宁县位于湘西南边陲，东连东安，西接城步，南邻广西全州、资源，北枕武冈、邵阳。东经110°18′～110°28′，北纬26°15′～26°55′。县境东西直线距离84.3公里，南北直线距离73.8公里，总面积2812平方公里。新宁县属五岭山区，地形大体上可分为山地、丘陵和岗地、平原四种类型，其中山地272.22万亩，占总面积的65.86%；丘陵82.59万亩，占19.98%，素有“八山半水一分田，半分道路和庄园”之称。县境东南以越城岭山脉为屏障，西南以雪峰山余脉为依托，东北与衡邵盆地接壤，形成东南高、西北低的倾斜地势。县内河流属资水水系，主干河流扶夷江系资江南源，由西南向东北纵贯境内114.5公里。

麻林瑶族乡位于新宁县西南部，距县城35公里。地处雪峰山和越城岭山脉的交汇处，属于高寒山区，平均海拔达900米，境内群峦起伏，沟壑纵横，溪流交错。乡域为人参形状，东南部与水庙镇、崀山镇接壤，南部与城步县、广西资源县相连，西部与黄金瑶族乡为邻，北部为万峰林场，处于腹地的麻林大坝水库为邵阳市大圳灌区的母库。

---

① 本节据新宁县政府门户网站http://www.xinning.gov.cn/和《麻林瑶族乡志》（2008）改写。

二　历史沿革

新石器时代，新宁境内已有人类繁衍生息。春秋战国时县境属楚黔巫中地。秦统一中国后，县地属长沙郡。自西汉元朔五年（公元前124年）立夫夷侯国始有建置。东汉建武二十九年（53年），改夫夷侯国为夫夷县，是为建县之始。东晋元兴元年（402年），改夫夷为扶县。梁改扶县为扶阳县，陈改扶阳为扶夷。隋时并入邵阳县。唐时县境属武冈。南宋绍兴二十五年（1155年），置新宁县。1949年10月10日新宁和平解放，属邵阳专署；1986年属邵阳市至今。截至2021年年末，新宁县辖8个镇、6个乡、2个民族乡，全县总人口64.07万人，汉族占97.35%，聚居着汉、瑶、苗、壮、侗、回等14个民族，其中瑶族主要聚居在麻林瑶族乡和黄金瑶族乡。

唐代以前，麻林遍地古木，林中都是华南虎、野猪等猛兽。自宋、元、明数次移民到来后，才得以开发。此地非常适宜楠竹及林木的生长，山中楠竹粗如水桶，密布全境。当地利用嫩楠竹生产竹麻丝而远近闻名，久而久之，麻丝就成了此地地名，后觉“麻丝”不雅，改名麻林，沿用至今。

明景泰年间（1450—1456年）新宁县缩编为4里半，将“半里”即县域九分之一的瑶区设为八峒，“八峒瑶族”之名肇始于此。自此，麻林才入编新宁县，更名为南乡下富村。清康熙年间（1662—1722年），设立“土司”，各峒设“峒长”。雍正年间（1723—1735年）改“土司”为“总峒官”。1912年麻林各峒设“团总”，统管八峒者为“总团总”。1918年麻林改称“会极乡”。1926年更名为“八峒特区”。1927年更名林绢乡。1937年，麻林峒、大绢峒、黄岩峒、圳源峒、桃盆峒、深冲峒六峒合并，定名为桃林乡。中华人民共和国成立后，麻林峒和大绢峒各自为乡。1956年麻林和大绢合并，定名麻林乡。1958年4月经湖南省人民政府批准，麻林乡更名为麻林瑶族乡。1958年10月，麻林、黄金两个瑶族乡合并为“团结人民公社”。1959年2月改名麻林人民公社。1961年5月，麻林公社析出黄金公社。1982年2月3日，湖南省人民政府批准麻林公社改称麻林瑶族人民公社。1984年6月，麻林瑶族人民公社恢复为麻林瑶族乡。

麻林全境森林覆盖率达50%，境内自然资源十分丰富，食用植物和药用植物分布广泛，有被誉为“植物活化石”的银杉群落。野生动物种类丰富，矿藏富饶，山清水秀，空气清新，融自然景观与人文景观为一体。麻林东北角的万峰山又名晴岚山，海拔1360余米，与扶夷江畔的金子岭合称为新宁两大名山。晴岚山顶有晴岚古寺，始建于明代初年，重修于清朝中叶，“豁洞晴岚”为新宁八景之一。相传明代有僧名刘洪，为晴岚古寺方丈，日日提篮扶杖，深入林间，采觅灵芝草，后竟于此登仙而去。

清道光年间，瑶族农民起义领袖蓝正樽在起义前曾为晴岚古刹亲题“神迎仁人”匾额并赠楹联“圣泽流千里，神威镇万峰”。

三　口传文化

清代以来随着八峒瑶山的逐渐开发，人们的文化生活也随之丰富。瑶乡出现了“庆盘王、木偶戏、板凳戏、唱土地、讲白话、打渔鼓、唱山歌”等多种形式的文化活动，也形成了具有浓郁民族风格的民间文学，代代口耳相传。这种民间文学主要包括故事、神话、民歌、谚语、谜语等。限于篇幅，这里略举一二。

“崀山峒歌”是八峒瑶族传统文化的重要组成部分，2006年被列入湖南省非物质文化遗产保护名录。主要形式有山歌（分为高腔、平腔、哼腔）、号子、田歌、小调、风俗歌等。麻林瑶乡的青年男女最喜欢唱山歌，如接待客人要唱《对歌》以表热情亲切；春节耍花灯闹元宵要唱《采茶歌》，以象征未来的美满幸福；结婚要唱《喜堂歌》以祝贺夫妻白头到老；打古堂·庆盘王要唱《古堂歌》以追述祖先艰苦创业的史迹；除夕要唱《路程歌》以向后代讲述祖先迁徙的路途；丧葬时要唱《葬歌》以寄托哀思；生产劳动时要唱《劳动歌》以驱遣疲劳。总之，凡有活动，都得借唱歌来表达心意和感情。

八峒地区瑶族和各族人民在认识自然、改造自然过程中留下了丰富多彩的民间故事传说，包括地理形势、地方传说、名人逸事等，其中在麻林瑶乡广泛流传的神话、故事和传说有《瑶家十二姓》《瑶山是歌山》《七姑娘看花灯》《耍龙灯的来历》《石棺材》等。

四　居民人口概况

麻林瑶族乡总面积183.2平方公里，下辖水尾、麻林、上林、界富、五盘、三水、大圳、高竹、金桥、八角、竹阳等11个村民委员会。到2022年年底，全乡共有人口13 893人，有瑶、汉、苗、侗、壮等7个民族，其中以瑶族居多，有9520人，占全乡总人口的68.5%。

黄金瑶族乡位于麻林瑶族乡西面，总面积143.2平方公里，南与广西壮族自治区相邻，西与城步苗族自治县交界，北与武冈市接壤，下辖百宝、黄茶、黄金、金沙、大龙、桃林、金坪、岩山、三合、二联、圳水11个行政村，8951人，瑶族4834人，占全乡总人口的54%。

第二节

新宁县瑶族峒话概况

一　瑶族峒话的名称与归属

“峒话”是指新宁县麻林瑶族乡和黄金瑶族乡（旧称八峒瑶山）的瑶族群众所持的一种日常交际用语，因语言持有者为瑶族，加之无法与周边汉语方言沟通，在语言上自认为是“瑶语”，自称“峒话”“人话”“瑶话”，称当地汉族人所持汉语方言为“新宁话”或“客话”。

经调查，新宁瑶族峒话实际是汉语方言，它与城步青衣苗人话、绥宁关峡苗族平话、广西龙胜伟江乡和马堤乡、资源车田乡的苗族人话同源，可以统称“苗瑶平话”（胡萍，2018：3），属于少数民族所持汉语。1987年版的《中国语言地图集》将一些汉语方言列为归属待定的方言，其中提到“广西资源、龙胜两县的苗族和湖南绥宁、城步两县大部分苗族说一种汉语方言。贵州天柱县……这三种汉语方言都和当地汉语不同，它们彼此也不相同”。《中国语言地图集》（第2版）（2012）虽然将“平话和土话”单列，但图B1-22平话和土话并未将上述苗族和瑶族所持“平话”纳入进来，因此，其语言归属暂未定性。

二　瑶族峒话的形成

峒话的形成与瑶族的迁徙史是密切相关的。新宁八峒地区的瑶族历史悠久，在此居住的最早的居民已有八百多年，最晚的也有三百多年（李本高，2001：196）。八峒瑶族主要有七姓，分别是杨、雷、蓝、江、危、蒲、沈等姓氏。虽然姓氏不同，但同为瑶族，尊“盘瓠”为始祖，有“打古堂·庆盘王”的风俗，故有他称为“盘瑶”；因长期游山捕猎，迁徙无常，又有他称为“过山瑶”；也因深居峒地，刀耕火种，而他称为“峒瑶”。据八峒瑶的手抄本《过山榜》记载："宋靖康年间，雷、蓝、杨、江、潘、危、蒲、沈、盘、赵、冯、李等十二姓瑶人，在江西吉安府太和县瓦厂坪鹅颈大丘，回避战乱，偶尔被官兵冲散，錾烂菜刀十二块，打烂鼓筒分了家，各往东走各往西，若是兄弟再相逢，说出古典再相亲。遭此兵祸，杨、蓝、江、危、蒲、沈等姓，游山打猎、追猎至贵州的古州、黎坪。殆至绍兴年间，巡回游猎至古宜（广西三江侗族自治县），路过八十里南山，至莳竹之诸溪峒，于是以谷试之，播下粳糯，所收皆佳。"（转引自《新宁瑶族》，1992：17）这是北宋靖康年间，各姓先民西迁的路线，经过游猎生活到达莳竹诸溪峒（今湖南绥宁县境内），但彼时还未进入新宁八峒。

元初，危、蒲、沈三姓瑶人，因在广西龙胜打猎，违背了朝廷禁用武器狩猎的禁令，被驱赶出境，后辗转迁入八峒的桃盆峒，在今黄金瑶族乡花竹山一带居住。明洪武年间（1368—1398年），雷姓瑶民自城步苗族自治县兰蓉迁入八峒的大绢峒。据《雷姓族谱》记载："始祖鹏飞……因宋亡元兴，自江西吉安庐陵于元文宗初年，寄籍粤西。三世通永，于顺帝时，移居城步，明洪武自城步兰蓉分迁大绢（峒）。"蓝姓瑶民则是明成化年间（1465—1487年）自城步扶城（今城步苗族自治县丹口镇）迁入八峒的黄岩峒、麻林峒的。据今麻林乡80多岁的蓝芳球老人提供的蓝姓族谱资料记载："先祖昌富，身高力大个性刚强，于明末游山打猎追赶野牛至新宁黄岩峒，见一野牛大塘，即试种谷物，秋后十倍全收。公见此地可居，才由城步扶城丹口迁往黄岩峒。"江姓瑶民则是于明末（1643年）自城步新寨迁入大绢峒的。随后，城步边界的杨姓苗族，亦迁入八峒的圳源峒一带。

值得注意的是，《新宁瑶族》（1992）及《湖南瑶族源流》（2001）两书均指出八峒的杨姓瑶民由两部分组成，除了明末进入八峒的一支外，另外还有一支，早于北宋中期，自绥宁、靖州一带迁入八峒的黄卜、深冲和大绢峒的磨刀石一带的山地，因此也是最早迁入八峒的瑶族。

《麻林瑶族乡志》（2008）介绍："仅以乡内瑶族来说，就有两种不同的瑶语，危、浦、沈等姓瑶族，与江华瑶族同属一种语言；雷、蓝、江、杨姓瑶族与城步蓝（兰）蓉和广西资源的茶坪同属一种语言。"黄金瑶族乡的花竹山一带是危、浦、沈三姓的聚居地，笔者于2019年6月上旬前往花竹山调查，据村民介绍，今危、浦、沈三姓均说客话（县城话），瑶语已经失传。笔者多方打探，仅寻得两位古稀老人还依稀记得几个词语。如时年71岁的危端贞老人尚记得"吃饭"说[$naŋ^{35}in^{42}$]，"萝卜"说[$bi^{42}bau^{24}$]，"肉"说[$ŋai^{42}$]。另一位时年88岁的危光品老人仅记得"筷子"说[$ke^{33}diau^{35}$]，"碗"说[$ke^{33}nia^{33}$]。因为数量太少，已无法考证其来源和语言属性，但从上述词语的语音来看，"吃"和"肉"与养蒿等地苗语比较近似。据时年76岁的黄金瑶族乡中心学校退休教师蓝万年介绍，危、浦、沈三姓进入八峒瑶山地区的时间比蓝、雷、江等姓早两三百年，这与方志记载的基本吻合。在蓝万年老人的记忆中，新中国成立初期尚有少数危姓老人会说瑶语，之后就渐渐失传了。

雷、兰、江等姓的迁徙史，多有自城步苗族自治县辗转、迁出的过程，可以看出这一部分瑶族与城步青衣苗族有着千丝万缕的联系，例如雷、蓝、江三姓的迁出地分别为城步苗族自治县的兰蓉、丹口、新寨，这些地方都是青衣苗“人话”的核心区。笔者2007年在城步兰蓉乡的新寨村调查时，就听当地的老百姓说新宁县的麻林、黄金两个瑶族乡也说“人话”，和他们苗族说的“人话”差异不大，可以沟通。笔者也正是寻着这一线索，才赴新宁八峒瑶山调查“峒话”的。

因此，从民族迁徙史和语言面貌上看，笔者认为八峒瑶族所说的峒话与城步、绥宁、龙胜等地苗族（以青衣苗为主体）说的“平话”（也称“人话”“团里话”等）同源，可统称湘西南“苗瑶平话”。

三　瑶族峒话与青衣苗平话的异同

胡萍（2018）指出，湘西南苗瑶平话的分布是以城步苗族自治县为核心区域并向四周的新宁、绥宁、龙胜、资源等四县扩散的。作为同源方言，新宁瑶族峒话和青衣苗平话在语音、词汇和语法上拥有许多共同特征，但也有地域发展的不平衡性，限于篇幅，本节只就语音上的共性和差异作简要介绍，至于词汇和语法方面的异同，将在本书第四章和第六章分别介绍。

（一）语音上的共性

1. 古全浊声母无论平仄，今逢塞音、塞擦音时多读不送气音。
2. 古非组字有读如重唇的现象。如：风、飞、放、肺、蜂、饭、望等。
3. 多分尖团。如：精≠经，酒≠九，千≠牵。
4. 古邪母字今部分读为塞擦音，与从母字混，如：斜、谢、袖、像等。
5. 古知组三等部分日常用字今读与端组混，如：猪、柱、丈、胀、虫、竹等。
6. 古见系声母逢开口二等韵今读多不腭化。
7. 古溪母部分字今读擦音。如：苦、口、糠、客等。
8. 蟹摄开口一二等[-i]韵尾丢失，多读开口韵。
9. 流摄开口一等、开口三等的部分知、庄、见组字今读[(i)ao]韵。
10. 咸、山、宕、江四摄舒声韵的鼻音韵尾脱落，今读口元音。
11. 梗摄开口三四等阳声韵今读[(i)e]韵。
12. 没有闭口韵[-m]和塞音韵尾[-p -t -k]。
13. 声调5个或6个，平声按声母的清浊分阴阳。
14. 从调值和调型看，普遍存在3个或4个平调，属于多平调方言。

（二）语音上的差异

新宁瑶族峒话和青衣苗平话比较，语音上比较特殊的有几条：

1.峒话的古泥来母逢细音分，逢洪音时在阴声韵前分，在阳声韵前混，读自由变体[n]或[l]；青衣苗平话古泥来母无论洪细今大多有别。

2.青衣苗平话效摄开口一二等豪肴韵今读有别，如：保≠饱；峒话则合流，保＝饱。

3.峒话的“人”“日”“入”“五”等字多读带气声的声化韵[ɦŋ]，青衣苗平话多读不带声的声化韵[ŋ]。

总的来说，峒话与青衣苗平话的共性要大于差异性。但就具体而言，也体现了地域发展的不平衡性。如果要根据语音差异对湘西南苗瑶平话进行内部分片，可以分成三个小片：南片、东片和西片。南片以城步的五团、龙胜的牛头为代表点；东片以城步兰蓉和新宁麻林峒话为代表点；西片以绥宁关峡、城步羊石为代表点。从语音特征来看，南片更趋保守，存古的特征要多一些；东片次之；西片更次。（胡萍，2018：92）

新宁峒话作为湘西南苗瑶平话的分支，就语音表现而言与城步兰蓉苗族人话比较接近。二者较一致的语音特点有：古全浊声母在今阳平、上声中是带声的浊音，在阳去调中清化；蟹二[-i]尾脱落后与麻二形成[iæ]与[ia]对立，果摄或保持读[o]不变，或高化、裂变为复元音；浊上读上；入声消失，其中清入归上声，浊入归阳平。

第三节

濒危状况

一 新宁县语言概况

新宁县内的汉语方言即“新宁话”大致可以分为上县话和下县话，上县话主要包括金石镇、黄龙镇、水庙镇、崀山镇、万塘乡、东岭林场、金子岭林场等地区，这一带地区被看作新宁县的代表方言区，因位于扶夷江的上游，故称之为“上县话”，以县城金石镇的方言为代表。回龙寺镇及周围乡镇的方言因靠近邵阳县，较大程度受到邵阳县方言的影响，与以金石镇话为代表的“上县话”区别比较明显，又因处于扶夷江的下游，故称之为“下县话”。此外，马头桥镇的大部分地区原本属于武冈县（今武冈市），1956年才划归新宁县，因此这里的方言与武冈市的邓家铺话比较接近。而东边的一渡水镇，与东安县相连接，受东安话影响比较深，因此与县城的新宁方言也存在一定的区别。县境西南部的黄金瑶族乡和麻林瑶族乡的瑶民内部交流时使用的是峒话。

鲍厚星、颜森《湖南方言的分区》（1986）把新宁话划入了湘语娄部片。吴启主、鲍厚星等主编的《湖南方言研究丛书》（1988）明确新宁话属湘语娄部片。在《湘语的分区（稿）》（2005）中，鲍厚星、陈晖进一步指出新宁话属湘语娄部片中的邵武小片。

二 瑶族峒话与周边方言的关系

峒话的使用范围主要包括麻林瑶族乡和黄金瑶族乡，就峒话分布的地域而言，东南部与水庙镇、崀山镇接壤，都属于新宁“上县话”的势力范围，尤其新宁县城——金石镇也属于“上县话”范围，因此，在不特意明确的情况下，“新宁话”多指“上县话”，也是峒话人群口称的“客话”，其对峒话影响较大。西与城步苗族自治县的兰蓉乡相邻，虽同属于苗瑶平话区，但由于高山阻隔，交通不便，与峒话接触不多，相互影响不大。近年来，随着改革开放和社会经济的发展，普通话随着文教、宣传等的强力推广，其影响也在日趋扩大。

据新宁县麻林瑶族乡中心学校退休教师李德改介绍：峒话是八峒瑶族内部交流的主要工具，20世纪80年代初，瑶乡部分村小还需用峒话来进行双语教学。随着瑶乡经济社会的开放，逐渐形成了双方言制，内部日常交际多讲峒话，对外交际则讲“客话”（新宁话）。

三　瑶族峒话的濒危现状

如上所述，峒话受新宁话以及普通话的影响很大，主要表现在语言结构和语言功能两个方面。徐世璇（2001）指出：对语言濒危现象和濒危程度的观察主要从两个不同的角度进行，一是从语言使用者的角度，一是从语言自身的角度。我们赞同这样的观点，也就是说，峒话濒危现状的考察要从语言本体和语言功能两个方面进行。

（一）语言个性的衰微

同语言一样，每一种方言都是一种自足的系统，可以满足使用群体的社会交际需要，并且能够随着社会的发展，不断进行自我调整来满足社会对语言的新需求。但是，当一种方言受到另外一种方言的强烈影响，语言地位不断下降，该方言自身的语言再生能力就会被削弱，强势方言入侵弱势方言的语言系统，导致语言系统的混杂和弱势方言固有特征的衰退，方言面临衰微。从语言事实来看，峒话受到了新宁话的严重侵蚀，主要表现在以下两个方面。

1.峒话和新宁话并存于同一语言系统

语言系统混杂既是引起语言个性衰微的原因也是表现。从共时的层面看，峒话已经不能完全满足现有交际与表达的需求，必须借助新宁话。一般而言，旧有的生活内容可以用峒话表达的都用峒话，但也出现了峒话和新宁话说法并存甚至被后者取代的迹象；新的、外来的生活内容无法用峒话表达的则直接借用新宁话。因此，在当地村民的语言系统里，峒话和借用的新宁话在语音、词汇或句式表达上存在比较明显的不同，但都已成为当地方言不可或缺的内容。

峒话和新宁话的语音系统区别较大，借用新宁话，大多按峒话已有的音值折合，少数新宁话有而峒话没有的则直接借用新宁话。比如单字调系统，新宁话声调系统中调值与峒话调值相同的按峒话折合，相异的则直接借入，出现新的调值，如阳平12和上声42。有些韵母随着新词进入了峒话的语音系统，出现了新的韵母，如[ue][ye][an][ian][uan][yan][en][un]等。新宁话的声母系统完全按峒话折合，未出现新的声母，也就是说峒话和新宁话可以共用一套声母系统（详见第三章第一节）。

2.峒话词语的丢失

词语丢失是语言个性衰微相当普遍的一种反映，主要表现在以下两个方面：

其一，大量新宁话词语的涌入，对词汇系统的冲击最大。第一是反映新的、外来的生活内容的词语被直接借入。例如：电视机、广播、电脑、刑事、民事、律师、铁路、广告等，这些新词反映的是新生事物、新概念。由于峒话中原来没有相应的词语，便直接从新宁话中不加改造地直接借入。第二是峒话原来就有相应的词语，也逐渐被新宁话词语所取代。例如：普通话“下馆子”，峒话有“入馆子[ɦŋ^{11}kuan^{22}tsɿ^{0}]”和“下伙铺[ɦa^{22}fɤu^{22}p^{h}u^{33}]”两种说法，后者是峒话固有的，前者是来自新宁话的，但现在大部分人都采取了前者的说法。又如普通话“熨斗”在峒话中有三种说法：“熨斗[yn^{35}tɤu^{21}]”“烫斗[t^{h}o^{33}tɤu^{21}]”“烙铁[lo^{13}t^{h}ie^{21}]”。“烙铁”和“烫斗”是峒话固有的，“熨斗”是来自新宁话的，但现在40岁以下的人多采用新宁话的说法。

其二，大量反映民俗民风和传统技艺的词语逐步退出历史舞台。八峒地区有很多具有悠久历史的文化形式和传统技艺，有的已被列入省市级非物质文化遗产，例如：“打古堂・庆盘王”“竹根傩面”“古法造纸”，伴随着它们的是大量用峒话记载的文化词语，可是随着经济文化的发展，这些传统文化形式与人们的日常生活已渐行渐远，其直接后果是这些文化词语的消失。例如：用于在各种祭祀仪式上表演傩舞、傩戏的“竹根傩面”一套有36副面具，每一副面具原本都有峒话的叫法（见第四章词汇特点），笔者走访了多位老人才大致记录下来，连根雕制作人唐光旭父女也说不全（唐光旭是上门女婿，本不会说峒话），一般的人仅仅知道一个统称“竹壳壳”，更无从知晓每一副面具背后的故事了。

（二）语言功能的衰退

2003年3月，联合国教科文组织发布了由濒危语言特别专家组编制的《语言活力与语言濒危》指导文件，文件提出了评估语言活力的9项指标，分别是：①代际语言的传承；②语言使用者的绝对人数；③语言使用者占整个人口的比例；④现存语言使用域的走向；⑤对新语域和媒体的反映；⑥语言教育与扫盲教育材料；⑦政府和机构的语言态度和语言政策（包括语言的官方地位和使用）；⑧语言族群成员对母语的态度；⑨语言记录材料的数量和质量。

根据峒话的实际情况，我们主要从以下几个方面考察峒话语言功能：①代际语言传承（母语使用能力）情况；②峒话使用人口占总人口的比例（丧失母语人口的数量比例）；③峒话的使用域走向；④语言教育；⑤族群成员对母语的态度等。

1.峒话的代际传承情况

语言的代际传承是语言活力评估的首要指标，也就是说青少年的母语态度和母语水平对于峒话的延续起着极为关键的作用。我们在2010年7月曾经对麻林瑶族乡上林村的青少年（特定为4～16岁具有独立语言能力的人）的语言使用情况和语言态度做了较为详尽的入户问卷调查和家庭访谈（聋哑儿童除外），共获得有效调查问卷49份：男性17份，女性32份；文化程度学前8份，小学27份，中学14份。下面是对调查问卷的分析。

（1）峒话作为第一语言习得比例

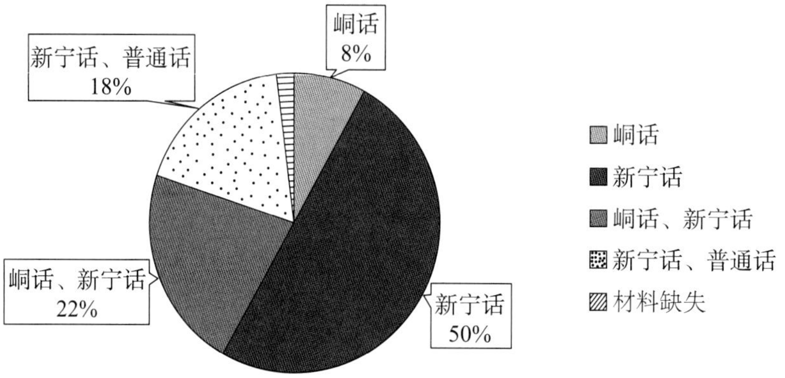

图1-1　上林村青少年学前说的话

在49份有效调查问卷中，有4人在学前只会说峒话（约占8%），11人同时学会说峒话和新宁话（约占22%），9人会说新宁话和普通话（约占18%），25人只会说新宁话（约占50%）

以上数据说明，母语峒话在学龄前儿童第一语言习得所占比例仅为30%。

（2）峒话的熟练程度

表1-1　上林村青少年峒话的熟练程度

峒话的熟练程度	能听能说，交流自如（1级）	能听，但说得不够流利（2级）	能听，但不能说（3级）	只能听懂部分，但会简单会话（4级）	只能听懂部分，不能说（5级）	听不懂，说不来（6级）	无效问卷	总计
人数	7	8	2	10	11	8	3	49
比例%	14.3	16.3	4.1	20.4	22.4	16.3	6.1	100%

据上表可以看出，49人中仅15人的峒话说得较好（达到2级以上），约占31%。2017年7月笔者再度前往麻林瑶族乡调查，发现这个比例还在急剧下降，麻林乡民族中学的郑远江老师曾对一个50多人的班级做过调查，会说峒话的孩子只有两三个。黄金瑶族乡中心学校副校长江泽晓告诉笔者：黄金中心学校现有中学生300人，小学生798人，幼儿园205人，据他估计，学生中能说峒话的比例不到5%，所谓“能说”峒话的也只是会说一点日常

词语。

（3）青少年语言使用域的走向

针对青少年语言使用域的走向，调查问卷设计了8个问题，例如：在家对爸爸常说什么话？对妈妈常说什么话？和伙伴玩耍时常说什么话？在学校课外常说什么话？自言自语或沉思默想时说什么话？念书读报时一般说什么话？调查结果如表显示：

表1-2　上林村青少年语言使用域统计（百分比）

	家庭		与伙伴玩耍	学校课外	本乡集市上	学校课堂上	自言自语	读书念报
	父亲	母亲						
峒话	10.0	16.0	4.0	0	2.0	0	2.0	0
新宁话	84.0	76.0	88.0	78.0	82.0	28.0	72.0	22.0
普通话	0	2.0	2.0	16.0	8.0	66.0	14.0	68.0
缺失	6.0	6.0	6.0	6.0	8.0	6.0	12.0	10.0
合计	100	100	100	100	100	100	100	100

根据表1-2可以看出：青少年峒话的使用域走向不容乐观，峒话已经逐渐退出了诸多领域，就连在家庭中的地位也是岌岌可危。多半以上的青少年习惯在家庭中也使用新宁话作为与长辈交流的工具。

（4）语言态度

调查问卷中设计了8个问题，主要了解被调查者最喜欢的话是哪种，是否愿意学习峒话，本地人一定要说峒话吗？对峒话、新宁话、普通话的印象；对峒话未来发展的看法等。调查结果如表1-3显示：

表1-3　青少年语言态度调查数据表

	语言态度1			语言态度2			语言态度3		
	喜欢峒话	峒话亲切	峒话有用	愿意学	无所谓	不愿意	希望传下去	无所谓	不要传
上林	12%	32%	10%	70%	14%	10%	48%	32%	6%

上表显示，青少年对峒话的态度存在比较矛盾的心理，一方面70%的调查人表示愿意学习峒话，48%的人希望峒话可以传承下去，但另一方面却仅有12%的人表示喜欢峒话，这说明母语在他们的内心深处是与“难懂”“不好听”“土气”等词语联系在一起的。

联合国教科文组织把代际语言传承分为6级：5级，安全，下起儿童，所有年龄段的人都使用这种语言；4级，不安全，仅有部分儿童在所有场合使用这种语言，所有儿童仅在有限场合使用这种语言；3级，确有危险，该语言大多由父辈及更上代人使用；2级，很危险，该语言大多由祖父辈及更上辈人使用；1级，极度危险，该语言多半由极少几位曾祖辈人使用；0级，灭绝，该语言已无人使用。

根据《语言活力与语言濒危》(2003)，我们倾向于把上林村峒话的代际语言传承定在第3级：确有危险，儿童在家庭中不再将该语言作为母语习得，该语言最年轻的使用者为父辈一代。在这一阶段，父母可能仍对孩子使用该语言，但孩子并不使用该语言作应答。

2. 峒话使用人口占总人口的比例（丧失母语人口的数量比例）

峒话主要集中在麻林和黄金两个瑶族乡，两个乡总人口数约为21 900人，其中能说峒话的人口比例是多少呢？ 2017年8月，笔者在麻林瑶族乡政府召集了一次由乡政府干部、当地中小学老师、当地群众约20人的座谈会，曾就这个问题询问过参会人员。时任乡文化站站长刘清明介绍麻林乡讲峒话的人主要集中在麻林、上林、八角、竹里、沉利、大圳、大坝、五盘等8个村，约有7000人；黄金乡讲峒话的人主要集中在百宝、黄金、黄茶、金沙等4个村，大约2000来人；如此估算，两乡合计不到9000人，峒话使用人口只占全乡总人口的41%。另据麻林瑶族乡中心学校退休教师李德改介绍："上世纪'50后''70后''90后'三大人群不会讲峒话的人数占该人群比例的15.9%、37.5%、59.5%。由于该抽样统计抽取的样本范围属于现讲峒话人群最多的麻林瑶族乡，即所谓'八峒'中的麻林、大绢两峒，另六峒除黄金瑶族乡所辖三峒外，其他诸峒几乎已无人能听懂和会讲峒话。"（李德改　2014）

2009年8月，笔者曾对麻林乡居民的语言生活状态作了实地采访和问卷调查，调查对象涉及上林、竹里、麻林三个行政村。调查结果显示：127人当中有42人已经无法使用峒话与人交流，剩余85人的峒话能力也参差不齐，有的能听能说，有的能听不能说，有的能说部分，等等，真正能达到熟练和流利水平的不到50%，年龄都在40岁以上。这个调查结果与上述说法基本相当。

根据《语言活力与语言濒危》(2003)的等级判断标准，峒话的使用人口情况可以界定为3级"确有危险"（大多数人使用该语言）向2级"很危险"（少数人使用该语言）过渡的进程中。

3. 峒话的使用域严重萎缩

我们在2009年调查时已经发现峒话的使用域正在收缩：在教育域已经完全退出，课堂上普通话占优势，课堂外新宁话占有优势；在交流域也已经严重萎缩，只要走出家庭，除了和家人说话以及和邻居交流两种情况以外，基本选择新宁话与外人交往。在家庭域，峒话的使用域也在缩小：除了与父母交谈时选择峒话的比例略高——达到48%外，与配偶、孩子交流时，新宁话都占据了明显优势，比例分别达到了67%和77%。原因有三：一是父辈属于此地原始居民，峒话曾经是此地唯一语言，说峒话是他们的语言习惯；二是现在随着新宁话这种强势语言的侵入，加上大部分外地媳妇的嫁入，说新宁话也成了一件很自然的事情；三是峒话已经被新宁话完全包围，除了在家庭内、村内邻居间拉家常时能说峒话以外，走出村子就得说新宁话，否则就无法与外界交流。随着大的语言环境的改变，对于孩子来说，新宁话的用途要大得多，因此，大人和孩子之间便选择了最常用的新宁话作为交际语。

在一些特殊的宗教及民间文化场合，峒话也在逐步退出。据瑶山师公雷学勇介绍，现在连“打古堂”这样隆重的祭祀场合，师公做法事时所使用的语言也是新宁话多，峒话少，而在过去都是使用峒话的。峒话所具备的文化功能也在逐步衰退，如被列为省级非物质文化遗产的“崀山峒歌”，有山歌、号子、田歌、小调、风俗歌等多种形式，最初流传于八峒地区，用峒话演唱，现在已在全县流传，多用新宁话演唱。笔者在八峒地区寻访多位会唱山歌的老人，均表示能用峒话演唱的山歌越来越少，好多“唱不起”“不好唱”，只能用新宁话唱。

4. 峒话传承教育现状

《语言活力与语言濒危》(2003)指出：“语言教育对于保持语言活力是必不可少的”，“为各年龄层和不同语言水平的人们编写各种题材的书籍和材料，都是必要的”。

对于峒话的价值和衰退的处境，当地政府、学校和乡土文化爱好者都有清醒的认识，他们也采取了各种办法加以挽救。例如“八峒瑶山民俗历史文化研学会”编辑出版的《八峒风情》是一份非常有特色的乡级刊物，每季度出一刊，内容涉及八峒瑶语、民俗风情、胜迹传说、古今人事等，其中“八峒瑶语”是专门介绍峒话入门、研习、发展和推广的。2012年县民族宗教事务局委托黄金瑶族乡中心学校的老师编辑一本《八峒瑶语》学习教材，主要使用汉语拼音来拼注峒话，收录了峒话的常用词语和一些瑶歌。麻林瑶族乡中心学校编撰的校本教材《研究性学习课程方案》的第一章“语文（言）篇”介绍了“八峒瑶语——峒话”“峒话范文”“峒话拼音方案”。

2017年7月31日，笔者与麻林乡政府及麻林乡民族中学、麻林乡中心小学的部分领导和老师进行了座谈，了解到早在五年前，麻林乡党委就提议“峒话进课堂”，但至今没有得到落实。原因是多方面的，主要涉及到现行教育体制下如何解决师资、课时、经费以及应试、升学等问题。乡中心学校的负责人谈到学校课程比较多，升学压力大，峒话进课堂的阻力比较大。随后，笔者又电话采访了黄金乡中心学校的负责人，该负责人介绍2013年春季峒话被纳入到学校的课堂教学中，所采用的教材是《八峒瑶语》，每周一节，只在初一年级开设，由本校教师按照正常的课时教学。但是，这位负责人也坦承：一个学年下来，学生学习的积极性不高，教学效果并不理想。

虽然，峒话抢救与保护的效果并不理想，但就目前的整体现状而言，八峒地区的人民无疑是具有较强的语言和文化保护的自觉意识的，他们所做的种种努力都给濒危语言的保护提供了有价值的参考经验，也为峒话的未来带来了一抹曙光。

5. 族群成员对母语的态度

《语言活力与语言濒危》(2003)把族群成员对母语的态度定为6个级次，我们的调查显示麻林人对峒话的态度可以定为3级，许多成员都支持保持语言，其他人则漠不关心，甚至支持弃用其语言。调查显示，将近70%左右的被调查人希望峒话一代代传下去，但是当问到“是否希望孩子学习峒话”时，只有一半的人表示愿意让孩子学习峒话，其余人表示顺其自然，也有少数人明确表示不希望孩子学习峒话。这显示了峒话人对待母语的矛盾心理：一方面，认为峒话是自己民族的语言，不能忘本，要学，要往下传；另一方面又深感峒话的使用范围有限，特别是年轻人外出学习、打工的机会越多，就越能体会峒话给交流带来的障碍以及学习强势语的必要性。因此，如果没有正确的语言政策的引导，很容易造成这种矛盾的心态。

综上所述，无论从语言功能还是语言结构来看，其语言功能的各项指标都处于“不安全”“危险”或“有限”“收缩”等级次中，语言活力不足，语言本体结构也体现为不同程度的衰退，因此，峒话属于濒危方言是毫无疑问的。

第四节

峒话研究现状和调查说明

一　峒话的研究现状

峒话的研究2000年前还没有见诸正式学术文献，仅在《新宁县志》(1995)中略有提及，在当地各级政府编的一些内部刊物上有所记载。例如新宁县政协、民委编的《新宁瑶族》第六章介绍了“八峒瑶语”，认为“八峒瑶语属汉藏语系，苗瑶语族、瑶语支，八峒瑶族自称瑶语为‘峒话’”。同时也介绍了“峒话”的使用情况：“八峒瑶山，瑶汉杂居，彼此接触频繁，语言亦相互影响较深，故八峒瑶语中的汉语借词较多，八峒瑶族都兼通汉语，会用汉文，而寨院中的部分汉人，亦有全用瑶语作为日常表达的主要语言，如大绢峒陈家冲及障檐冲的陈、徐两姓，即皆以瑶语为传统语言，世代沿袭，至今无变。”《八峒瑶语》(2012)是一部由新宁县民族宗教事务局组编，新宁县黄金瑶族乡中心学校编写的地方性语言教材，该书采取了“汉语拼音声母和英语音标的部分辅音(与汉语拼音同形者，字母下标点区别)，作为拼读新宁八峒瑶语的声母，使用汉语拼音的韵母以及它们的有机结合，作为拼读新宁八峒瑶语的韵母。”这套方案是峒话区人们为保护和传承母语而做出的最大努力。全书由瑶语字词典、学讲瑶语和学唱瑶歌三部分组成，记录了瑶语字音、分类词表、八峒瑶歌等，为峒话留下了珍贵的资料。麻林瑶族乡中心学校编撰的校本教材《研究性学习课程方案》的第一章“语文(言)篇”介绍了“八峒瑶语——峒话”“峒话范文”“峒话拼音方案”。另外，2014年始，由乡属的“八峒瑶山民俗历史文化研学会”编辑并出版的《八峒风情》(季刊)也开辟专栏介绍“八峒瑶语”，里面的内容涉及语音、词汇和口头传统等。

学者对于峒话的研究始于2009年。笔者在调查城步、绥宁一带的苗族平话时了解到新宁麻林、黄金两个瑶族乡所说的峒话(人话)与城步兰蓉一带的人话相近，属于同源方言。

2009年笔者以《语言接触与湘西南苗瑶平话调查研究》为题申报了国家社科基金并获得立项，自此，麻林乡上林村峒话作为一个代表点被纳入到“苗瑶平话”的调查中来，2014年，该课题结项，同名专著于2018年由岳麓书社出版。本书收录了峒话1600个单字，1500余条词汇，100余条语法例句，将峒话的语音、词汇、语法等特点与其他代表点进行了横向比较，揭示了语言接触对峒话乃至整个苗瑶平话的影响。在这期间，作为本课题的阶段性成果，课题组成员关于峒话的零星论文也有发表，如吴萍（2012），吴萍、许阳、胡萍（2010）。除此之外，至今未见其他学者对新宁瑶族峒话进行系统而全面的研究。

二　苗瑶平话的研究现状

作为峒话的同源方言，湘西南苗瑶平话的研究成果要丰富一些。最早见诸文献的应该是王辅世先生的《苗语简志》，其中谈到“湖南省城步苗族自治县、广西壮族自治区龙胜各族自治县的苗族和贵州省天柱县白市一带的苗族说汉语，但是与当地的汉语在语音上有较大的差别”。（王辅世，1983：2）1987版的《中国语言地图集》将湘西南苗瑶平话列为归属待定的方言。2004年，李蓝的《湖南城步青衣苗人话》出版，这是第一部对湘西南苗瑶平话进行研究的专著，提出青衣苗人话是一种少数民族汉语的观点。

2005年迄今十余年来，笔者一直致力于湘西南苗瑶平话的调查研究。先后陆续发表了《试论绥宁“关峡平话”的系属》（2005）、《绥宁关峡苗族“平话”的语音特点》（2006）、《龙胜牛头苗族人话的ɬ声母》（胡萍、贝先明，2011）、《湘西南苗瑶平话的代际传承研究》（胡萍、吴萍，2012）、《湘西南苗瑶平话远指代词的特殊语序》（2016）、《从峒话看八峒瑶山竹文化现状与对策》（胡萍、周慧梅、杨伊玲，2018）等若干论文，出版专著《湖南绥宁关峡苗族平话研究》（2016）。这些研究分别对湘西南苗瑶平话的语言面貌、历史层次、使用功能和文化传承等进行了描写、解释和探讨。

2018年10月，笔者的专著《语言接触与湘西南苗瑶平话调查研究》出版，该书第一次对苗瑶平话进行了全面细致的描写，对湘西南苗瑶平话在语音、词汇、语法等方面的一致性与差异性进行了深入的分析，探讨了语言接触对苗瑶平话所造成的语言变异、语言兼用和语言转用等影响，认为湘西南苗瑶平话是当地苗族（含瑶族）在长期汉化的过程中放弃母语而转用汉语的结果，并非苗语受汉语的影响而变成了汉语，其分布的核心地域与湘西南苗（瑶）族发展史有一定的历史渊源。

三　本次调查的大致过程

本次调查选择麻林瑶族乡上林村为主要调查点出于以下考虑：

峒话主要分布在新宁县原八峒地区的麻林瑶族乡和黄金瑶族乡，就说峒话的人口而言，麻林要多于黄金。就麻林瑶族乡而言，上林村是峒话人口比较集中的村子，曾经有乡民建议授予上林村“峒话保护村”的称号，以便于峒话对外宣传和对内传承。因此，从峒话所持人口的比例以及居民的配合度来看，上林村及周边村落都是比较理想的调查点。

笔者对峒话的调查可分两个阶段：第一阶段，2009年至2010年，笔者曾两次利用暑假调查过峒话，地点也是选在上林村，当时选取了1600多个单字、1500多条词汇和百余条语法例句进行了概貌性的语言调查，同时采取社会语言学的方式对峒话自然村的语言生活、语言能力、代际传承等情况进行了入户式访谈和问卷调查。第二阶段，2016年至2019年，峒话作为中国语言资源保护工程濒危方言项目立项后，笔者共进行了4次实地的田野调查。这4次调查的具体情况是：

（一）调查人胡萍、许阳、赵宇航、唐乔。时间：2016年7月25日—8月14日。调查点：麻林瑶族乡上林村。调查内容包括《方言调查字表》《汉语方言词语调查条目表》(《方言》2003年第1期）和《中国语言资源调查手册·汉语方言》。纸笔调查完毕后，又把全部发音人请到录音条件比较好的新宁县盈捷宾馆进行语保工程规定项目的摄录，前后历时20余天，圆满地完成了全部笔录和摄录任务。

（二）调查人胡萍、赵宇航、唐乔、周慧梅。时间：2017年7月27日—8月5日。调查点：麻林瑶族乡上林村、麻林村。调查内容是补充文化词汇，搜集口头文化和长篇语料。召开了小型座谈会和入户访谈，就峒话的使用人口、语言认同和峒话进课堂等情况进行了深入的了解。

（三）调查人胡萍、唐乔、周慧梅。时间：2018年7月16日—7月30日。调查点：麻林瑶族乡上林村、麻林村、三水村，黄金瑶族乡黄金村、百宝村等。调查内容是核对语音、词汇，同时走访非遗项目传承人，搜集并补充了一批珍贵的文化词语。

（四）调查人胡萍、唐乔、杨伊玲。时间：2019年6月10日—6月25日。调查点：麻林瑶族乡上林村、麻林村等。调查内容是重点核对同音字表和词汇表，补充调查了部分语法现象，同时就声化韵的语音变异作了一项社会语言学的问卷调查。

四 发音人简况

本次调查的发音人以麻林瑶族乡上林村人为主要选择对象，同时考虑到调查内容的多样性，也适当补充了个别周边村落和黄金瑶族乡的人选。下面是发音人的基本情况，注明“*”号的是主要发音人。

*雷支团，男，新宁县麻林瑶族乡上林村人，1956年6月19日生。瑶族，初中文化。母语是“峒话”，除此之外，会说“客话”（新宁话）。父母和配偶均是八峒瑶族人，以“峒话”为母语。本人一直在本乡求学、务农，没有长期离开麻林乡的经历。承担“方言老

男”“口头文化”的调查任务。同时担任纸笔调查语音及词汇部分的主要发音人。

*陈菊，男，新宁县麻林瑶族乡上林村人，1960年10月10日生。瑶族，初中文化。母语是“峒话”。除此之外，会说“客话”（新宁话）和普通话。父母均是本乡本村人，母语是峒话，还会说新宁话。一直在本乡求学、务农，没有长期离开麻林乡的经历。承担“口头文化”和“地方普通话”的调查和摄录任务。同时担任纸笔调查词汇及语法部分的主要发音人。

*兰立平，男，新宁县麻林瑶族乡上林村人，1981年3月20日生。瑶族，高中文化。母语是“峒话”。除此之外，会说“客话”（新宁话）和普通话。父母均是八峒瑶族人，以峒话为母语。中学毕业后，曾在本乡担任过小学代课教师，2002年后有过几次外出打工的经历，2008年返乡务农。担任“方言青男”“地方普通话”的调查和摄录任务。

杨来香，女，新宁县麻林瑶族乡上林村人，1955年12月23日生。瑶族，小学文化。母语是“峒话”，除此之外，会说“客话”（新宁话）和普通话。父母均是麻林乡人，以“峒话”为母语。本人自小学辍学后一直在本乡务农，23岁招赘结婚，没有长期离开麻林乡的经历。承担“方言老女”和“口头文化”的调查和摄录任务。

雷梅玉，女，新宁县麻林瑶族乡上林村人，1986年10月26日生。瑶族，初中文化。母语是“峒话”，除此之外，会说“客话”（新宁话）和普通话。父母均是麻林乡人，以“峒话”为母语。18岁之前一直在本乡生活、读书，18岁之后开始外出打工。在年轻一代中，她是峒话讲得比较纯正的。承担“方言青女”和“地方普通话”的调查和摄录任务。

雷代信，男，新宁县麻林瑶族乡上林村人，1945年5月18日生。瑶族，小学文化。母语是“峒话”。本地师公，1984年学成出师，法名雷法信，是参加过2004年和2009年两次打古堂祭祀仪式恢复性演出的师公。承担部分民俗词语的调查任务。

雷庆华，男，新宁县麻林瑶族乡上林村人，1945年11月26日生。瑶族，高中文化。母语是“峒话”，是当地少数能用峒话演唱“盘王歌”的人。担任“口头文化”的调查任务。

雷学勇，男，新宁县黄金瑶族乡黄金村人，1936年10月22日出生。瑶族，大专文化。母语是“峒话”，会说新宁话。本地师公，法名是雷法清，2004年和2009年两次打古堂祭祀活动的主要参与人，熟悉本土本族文化，知识渊博，承担部分民俗词语的调查任务。

陈孝友，男，新宁县黄金瑶族乡八角村人，1962年6月3日生。瑶族，中专文化。母语是峒话，会说新宁话。曾任黄金瑶族乡文体卫站站长，担任“口头文化”的调查任务。

雷学能，男，新宁县麻林瑶族乡麻林村人，1955年3月10日生。瑶族，初中文化。母语是峒话，除此之外，会说新宁话和普通话。父母均是麻林村人，也说峒话和麻林话。一直在本乡求学、务农，没有长期外出的经历。承担部分词语的调查任务。

雷学富，男，新宁县麻林瑶族乡麻林村人，1949年5月25日生。瑶族，初中文化。母语是峒话，会说新宁话。承担部分词语的调查任务。

雷爱梅，女，新宁县麻林瑶族乡麻林村人，1972年11月8日生。瑶族，高中文化。母语是“峒话”，会说新宁话、普通话。承担语法例句的核查、补充工作。

江泽晓，男，新宁县黄金瑶族乡百宝村人，1971年12月9日生。瑶族，大专文化，中学老师，母语是峒话，会说新宁话、普通话。承担语法例句的核查、补充工作。

陆大猷，男，新宁县麻林瑶族乡三水村人，1970年8月6日生。侗族，高中文化。本地师公[①]，2002年学成出师，法名陆法高，参加过2004年和2009年两次打古堂祭祀恢复性演出，至今仍能表演“上刀山”“下火海”等法术，“八峒瑶族跳鼓坛”市级非物质文化遗产传承人，为本书提供了关于“打古堂”（跳鼓坛）仪式的一些珍贵史料，承担部分民俗词语的调查任务。

① 据陆大猷介绍：本地师公一般自称“扶师”，因为地处扶夷江畔，故名。“巫师”“法师”是从众的称谓。“巫教”也称“扶教”，与“梅山教”有千丝万缕的联系，故“巫教”也可指代“梅山教”。

第二章 语音

峒话中涉及新的生活内容的词语基本借用当地权威方言新宁话的说法（参看第五章“分类词表”之涉及文化教育、诉讼等义类）。语音上，声母折合成峒话；韵母有些折合成峒话，形成峒话和新宁话共用，有些直接借用新宁话，出现新的韵母；声调有3个调类折合成峒话，有两个调类直接从新宁话借入。为了体现峒话在语音、词汇和语法上的系统性，以及峒话与新宁话音系的对应性，本节把峒话和新宁话共用的声母、韵母和声调用双竖线“‖”隔开，峒话在前，新宁话在后。如果有的韵母和调类是直接借入的，在例字前直接加“‖”。

第一节

声韵调

一　声母

声母27个，包括零声母在内，均为峒话与新宁话共用。下面例字，峒话例在前，新宁话例在后，用“‖”隔开。

p八病饭‖蔽	p^h派片风‖迫	b皮妇缚‖琵	m马明麦‖弥	f苦开活‖翡	v肥味温‖维
t多地竹‖貂	t^h讨天脱‖突	d田道笛‖檀	n南年泥‖纽		l兰连犁‖论
ts资酒字‖尊	ts^h草寸千‖衬	dz坐全贼‖诚		s三酸事‖说	z是‖若颂
tɕ主九共‖剑	$tɕ^h$初春轻‖谦	dʑ茶床勺‖泉		ɕ丝顺手‖宣	
k高教格‖奸	k^h抠快刻‖款	ɡ拳菌‖逛	ŋ鹅藕‖偶	h好号口‖亨	ɦ厚闲盒‖衡
Ø问船安‖鸳					

说明：

1. 峒话声母的浊音是带声的浊音，其中浊塞音的读音类型可分为两类，一类是鼻冠音，如图2–1老男发的“道”，冲直条前头有类似于鼻音的共振峰，低频区域内有较长的浊音杠（约140毫秒），在听感上也有明显的鼻音色彩。“道”的实际音值为[^{n}d]。另一类是带声的音，如图2–2老男发的“田”。冲直条前头有较短的浊音杠（约60毫秒），但是没有类似于鼻音的共振峰，实际音值为[d]。鼻冠音和带声的浊音并没有形成语音对立，属于自由变体，故在音位上归纳为/d/。浊塞擦音和浊擦音暂没发现有带鼻冠音的现象。

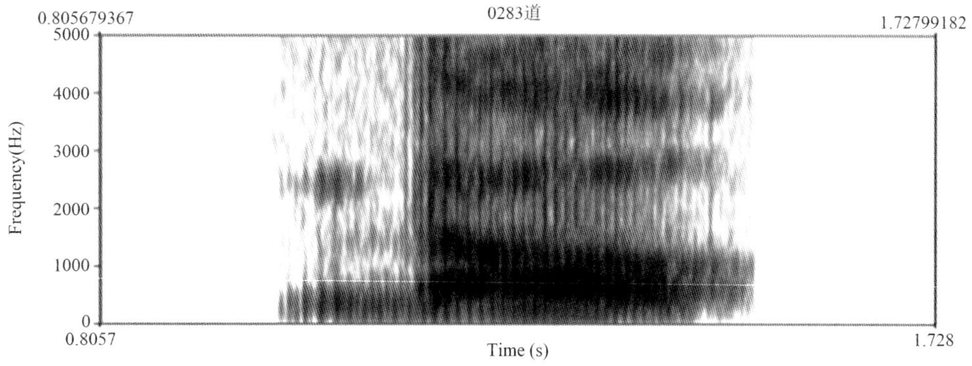

图 2–1 “道”宽带语图

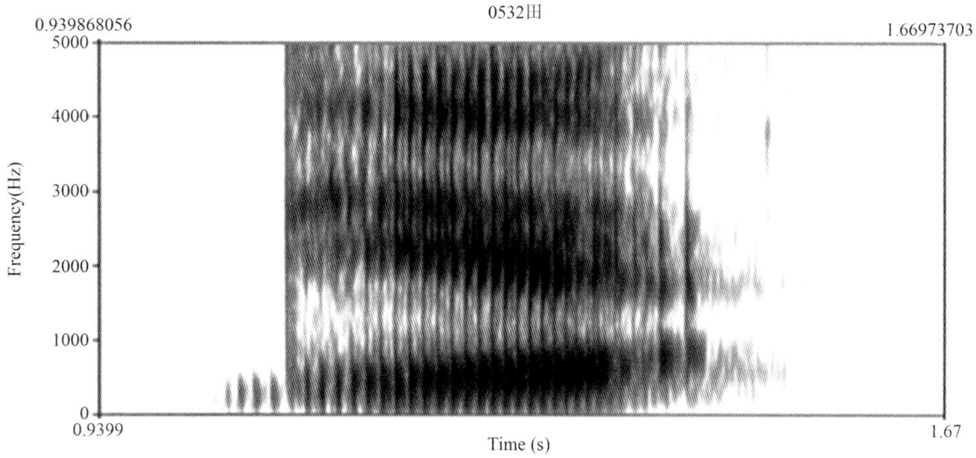

图 2–2 “田”宽带语图

2. 泥来母逢洪音时在非鼻音韵前分，如：柔[nau^{13}] ≠ 楼[lau^{13}]；在鼻音韵前混，读自由变体[n]或[l]，如：嫩[loŋ^{11}] = 弄[loŋ^{11}]，也有少部分人认为“柔”和“楼”无区别。泥来母逢细音分，[n]与细音相拼的实际音值为[ȵ]。

3. [tɕ tɕʰ dʑ ɕ]在高元音前的音值有时接近舌叶音[tʃ tʃʰdʒ ʃ]。

二 韵母

韵母40个，其中27个韵母是峒话和新宁话共用的，5个只用于峒话，8个只用于新宁话。下面例字，峒话例在前，新宁话例在后，用“‖”隔开；只在新宁话中使用的韵母，例字前直接加“‖”。

ʅ师时字是 ‖ 瓷秩侍	i碑皮米棋 ‖ 批基	u布苦雨谷 ‖ 葡乳	y条油茶~九局 ‖ 律语戌
a怕牙南辣 ‖ 琶捺	ia茶尺蛇夜 ‖ 恰霞	ua瓜刮 ‖ 刷夸	
	iæ斜栽排鞋		yæ坏法~事挖袜
e丘去~年 ‖ 活格责	ie边田病热 ‖ 烈乙	ue ‖ 说国	ye ‖ 靴粤
o半短官糖讲 ‖ 播慕	io床双样 ‖ 略学中~		
ə个助词			
ai扮千硬星横 ‖ 外~国耐孩	iai赚穿生争虱	uai拳拐惯劝 ‖ 帅剑	
ei妹兄挑雪 ‖ 裴累		uei鬼骨 ‖ 最崔盔	yei鼠吹水出
au头走钩牛 ‖ 卯豪	iau表愁瘦 ‖ 标渺霄		
ɤu歌坐过宝盒 ‖ 牡周寿鸥	iɤu燥炒药 ‖ 丢纽优		
an ‖ 班檀产岸	ian ‖ 贬厌简典	uan ‖ 锻宽款	yan ‖ 鹃泉宣渊
en ‖ 奔芬邓整	in斤阴心新 ‖ 品音	un ‖ 滚坤	yn运问 ‖ 君荣
aŋ根灯等空~缺 ‖ 庞敞航	iaŋ点~咖嘚酿萤 ‖ 谅降	uaŋ ‖ 闯爽矿	
oŋ风门寸孙云 ‖ 绷宠翁	ioŋ钟春用 ‖ 熊庸		
ŋ尔			

说明：

1. 元音 [a] 和 [ia][ua] 中的 [a] 发音部位偏后，实际音值接近 [ʌ]。

2. [e][ie][ue][ye] 中的 [e] 音值在 [e] 和 [ɛ] 之间，接近 [ᴇ]。

3. [yei] 中的 [e] 较弱，实际读成 [y^{e}i]。

4. [ɤu][iɤu] 中的 [u] 尾较弱，实际音值为 [ɤ^{u}][iɤ^{u}]。

5. [un][yn] 的主元音和韵尾之间存在轻微的过渡音 [ə]。

6. [oŋ][ioŋ] 中 [o] 的开口度略大，接近 [ɔ]。

7. 零声母开口呼音节以纯元音起头，齐齿呼音节开头带有舌面部位摩擦。

三　声调

峒话固有单字调5个：

阴平	[35]	东灯风通开天春
阳平	[13]	门龙牛铜皮糖红
上声	[22]	懂古老动近百拍
阴去	[33]	冻怪半四痛快寸
阳去	[11]	路乱地饭树月白

峒话固有声调系统中有三个平调，分别是上声[22]、阴去[33]、阳去[11]，如：主[tɕy^{22}]≠昼[tɕy^{33}]≠树[tɕy^{11}]。上声和阴去的调值接近，但仍是两个独立的调位。如：把一～[pa^{22}]≠欛柄[pa^{33}]｜假真～[tɕia^{22}]≠稼[tɕia^{33}]。

在峒话声调的共时系统中，还融合了新宁话的声调系统，新宁话的单字调也是5个：

阴平	[33]	昭标肝	（＝峒话阴去）
阳平	[12]	葡杷俄淮	（直接借入）
上声	[42]	凯跑品卷	（直接借入）
阴去	[35]	志孝赞	（＝峒话阴平）
阳去	[13]	队范略	（＝峒话阳平）

如上，新宁话的阴平调值同峒话阴去，阴去调值同峒话阴平，阳去调值同峒话阳平，视为折合到峒话相应的固有声调中，但新宁话的阳平12、上声42则被直接借入并与峒话固有调值有别，如：时～辰[dzʅ^{13}]≠时～令[dzʅ^{12}]，宝押～[pɤu^{22}]≠宝～贝[pau^{42}]。因此，在峒话的共时声调系统有5个固有的单字调和2个借入调：阴平[35]、阳平[13]、上声[22]、阴去[33]、阳去[11]‖阳平[12]、上声[42]，双竖线“‖”前表示峒话的固有声调，双竖线“‖”后表示从新宁话借入的声调。

第二节

单字音表

表中同一横行的字声母相同，同一竖行的字韵母和声调相同。表头调类名称用“‖”间隔，“‖”前是峒话的固有调类，“‖”后是借入新宁话的调类。表中黑体字表示借用的新宁话音，即该音节只有新宁话音，没有峒话音。这些新宁话音已出现在本章第一节声韵调里，在第五章分类词表、第七章语法例句、第八章话语材料中也将出现。

空格表示没有声韵调配合关系，有音无字的用数字序号表示，并在表下加注。合音字用“[ ]”表示。例词中在字的右上角加“=”表示同音字。另有一些需要说明的字也在表下加注，表注的黑体字表示新宁话音。单韵母[ə]只与声母[k]相拼作为助词“个”和动态助词“过”的弱读，故略。

表2-1 峒话单字音表之一

	ʅ							i							u						
	阴平35	阳平13	上声22	阴去33	阳去11	阳平12	上声42	阴平35	阳平13	上声22	阴去33	阳去11	阳平12	上声42	阴平35	阳平13	上声22	阴去33	阳去11	阳平12	上声42
p								飞	**蓖**	笔	**鼻**				**怖**		斧	布	步		
pʰ								披	辟						铺	**朴**	谱	铺			
b									皮	被		蓖	**琵**			扶	妇		伏	**葡**	
m								乜	眉	米			**谜**								
f															枯	**忽**	苦	裤			**府**
v															乌	壶	屋	傅	芋	**芙**	**武**
t								知	**敌**	抵	点	地		**的**	毒		堵				
tʰ								剔	**惕**			踢		**体**			土	兔			
d									提							屠	肚		读		
n								**义**	**谊**			腻	**霓**			揉	暖				
l								溜	梨		李	泪	**离**		②	傩			路		
ts	**志**	**质**	纸	痣	字		**紫**								租		祖	**珠**			
tsʰ	①	**斥**		赐			**此**								粗		楚	醋			
dz		迟	是		十	**时**															
s	师	莳	屎	世	事												数				**署**
z		氏	是																		**乳**
tɕ								饥	**吉**	急	寄	牸		**杞**							
tɕʰ								乞	**及**	七	刺			**起**							
dʑ									糍	徛			**骑**								
ɕ								西	**息**	喜	四			**玺**							
k											锯				姑	**谷**	古	**估**			
kʰ															**库**		鼓				
g																跍					
ŋ																					
h																					
ɦ																					
ø								衣	移	伊	意		**移**								

是 $dzʅ^{22}$ 介词，介引处所：

　～乜在那

是 $zʅ^{22}$ 表判断

溜 li^{35} 重叠做后缀：滑～～

移 i^{13} ～开

移 i^{12} ～民

铺 p^hu^{35} ～床，动词

铺 p^hu^{33} 店～，名词

伏 bu^{11} 藏身隐秘处等候：

　～贼

① $ts^hʅ^{35}$ 唆使：～起伊唆使他

② lu^{35} ～手双手交叉抱在胸前

表2-2 峒话单字音表之二

	y							a							ia						
	阴平35	阳平13	上声22	阴去33	阳去11	阳平12	上声42	阴平35	阳平13	上声22	阴去33	阳去11	阳平12	上声42	阴平35	阳平13	上声22	阴去33	阳去11	阳平12	上声42
p								疤		伯	坝										
p^h										拍	怕										
b									爬			白	**琶**								
m								②	麻	马	妈	麦									
f								花	**猾**		化										
v								哇	**划**	瓦	**蛙**	话	**华**								
t								单	**答**	胆	担	大									
t^h								滩	**獭**	坛	炭										
d		条							痰	淡		蹋									
n		鱼	女				**语**		南						挨		⑤		娘		
l	①	留	吕		粒	**驴**	**履**	③	兰	懒		烂					了				
ts								**蔗**		眨	溅										
ts^h								餐	**察**	擦											
dz												杂									
s								三		伞	散										
z																					
tɕ	招	**菊**	煮	照	轿		**矩**								渣	**甲**	炙	榨			
$tɕ^h$	初	**屈**	丑	臭			处								车	**吃**	扯	岔			
dʑ		锄	柱		熟	**瞿**										茶	社		石		
ɕ	烧	**戌**	手	**需**											沙	**峡**	舍	⑥	射		
k								家	**夹**	甲	嫁										
k^h										卡											
g																					
ŋ								丫	牙			额									
h								虾		客	吓	夏									
ɦ									咸	下											
∅	腰	窑	有	要	右	**愚**	羽	安		鸭	④				**亚**	爷	野	丫	夜	**涯**	

蹋 da^{11} 穿：～鞋；踩：～高脚踩高跷

安 a^{35} 放：～在床上

蹋 $dʑia^{11}$ 跨：～火盆

爷 ia^{13} 父亲

① ly^{35} 形容词词缀：壮～呱形容很胖

② ma^{35} 生～分娩

③ la^{35} ～咬或啃

④ a^{33} 水～嘚蝼蛄

⑤ nia^{22} ～鼻孔吸溜鼻涕

⑥ $ɕia^{33}$ ～见看见

表2-3　峒话单字音表之三

	ua							iæ							yæ						
	阴平35	阳平13	上声22	阴去33	阳去11	阳平12	上声42	阴平35	阳平13	上声22	阴去33	阳去11	阳平12	上声42	阴平35	阳平13	上声22	阴去33	阳去11	阳平12	上声42
p										八	拜	败									
pʰ										③											
b									排												
m									埋	买											
f																					
v																					
t								爹		啄	带	袋									
tʰ								胎		脱	太										
d									台	溅		汆									
n								躲	岩	镊	懒	艾									
l								④	来	⑤		癞									
ts	炸																				
tsʰ																					
dz																					
s		刷																			
z																					
tɕ								斋		解	借	寨									
tɕʰ								猜		撮	菜										
dʑ									财	在		席									
ɕ								筛		色	晒				痧		发				
k	瓜		寡	挂				乖			怪										
kʰ			垮	夸						块	快										
g		①	②																		
ŋ																					
h																					
ɦ																					
ø									鞋	矮		狭				怀	挖		坏		

①gua13 ～喟手残，名词

②gua22 ～痒抓，挠，动词

③phiæ22 ～～坡物：～～圈圈

④liæ35 圆圈，环形

⑤liæ22 披，穿衣不扣

表2-4 峒话单字音表之四

	e							ie							ue						
	阴平35	阳平13	上声22	阴去33	阳去11	阳平12	上声42	阴平35	阳平13	上声22	阴去33	阳去11	阳平12	上声42	阴平35	阳平13	上声22	阴去33	阳去11	阳平12	上声42
p		柏						边		扁	变	病									
p^h		泊						偏	撇	撇	骗										
b									平												
m		陌							棉	抿		命									
f		活																			
v																					
t		德	嘚					钉	跌	底	钉	殿									
t^h		特						天		铁	剃										
d									甜	弟		笛									
n								匿	年	耳		热									
l			呢						犁	领	练										
ts		责																			
ts^h		策		车																	
dz																					
s	舍	设	色	些												说					
z		社																			
tɕ								惊	洁	节	见	自									
$tɕ^h$								轻	杰	切	砌										
dʑ									缠			值									
ɕ								声	谐	歇	细	现									
k		格														国					
k^h	丘	克		去																	
g																					
ŋ																					
h		核																			
ɦ																					
ø	贰		饵			儿		烟	赢	翼	咽	叶									

嘚 te^{22} 名词词缀，相当于普通话的“子”

车 ts^he^{33} 火～

撇 p^hie^{13} ～捺

撇 p^hie^{22} ～开

钉 tie^{35} ～嘚钉子，名词

钉 tie^{33} ～钉嘚钉钉子，动词

表2-5 峒话单字音表之五

	ye							o							io						
	阴平35	阳平13	上声22	阴去33	阳去11	阳平12	上声42	阴平35	阳平13	上声22	阴去33	阳去11	阳平12	上声42	阴平35	阳平13	上声22	阴去33	阳去11	阳平12	上声42
p								搬	**博**	绑	半	傍									
p^h										纺											
b									婆	蚌											
m								**幕**	忙	网		忘	魔	**母**							
f																					
v																					
t								当		躲	当	缎			张			胀			
t^h								汤	**托**	妥											
d									唐	断						长	丈		着		
n									**诺**			糯	**挪**		③	**虐**					
l								亮	郎	搂	啰	乱	**罗**	**裸**		粮	两		亮		
ts								钻	镯		钻	肠		**佐**							
ts^h								仓	**错**		掺										
dz									藏												
s								酸	**硕**	磉	算			**所**							
z									**若**												
tɕ		**掘**													浆	**爵**	蒋	壮	匠		
$tɕ^h$		**缺**													枪	**雀**	抢	唱			
dʑ																床	上				
ɕ		**薛**													霜	**学**	想	向			
k								钢	**郭**	讲	灌	箇									
k^h								课	**壳**	可	**科**										
g																					
ŋ									鹅			饿	**俄**								
h								欢	**霍**	喊	炕	汗									
ɦ									黄				**何**								
ø	①	**粤**						安		碗	**莴**	②			秧	羊	痒		样		

当 to^{35} ～面

当 to^{33} ～方地方

钻 tso^{35} ～洞，动词

钻 tso^{33} ～嘚锥子，名词

箇 ko^{11} 近指代词：～个这个

亮 lo^{35} 天～

亮 lio^{11} 月～

着 dio^{11} ～呱丢失，《广韵》澄母药韵，直略切："附也。"

① ye^{35} ～子豁唇

② o^{11} ～着睡着

③ nio^{35} 混合物：～饭几种谷物混合而成的主食

表2-6 峒话单字音表之六

	ai							iai							uai						
	阴平35	阳平13	上声22	阴去33	阳去11	阳平12	上声42	阴平35	阳平13	上声22	阴去33	阳去11	阳平12	上声42	阴平35	阳平13	上声22	阴去33	阳去11	阳平12	上声42
p	般		板	扮	饭																
p^{h}	攀		①	襻	②																
b						**牌**															
m	**迈**	蛮	晚		慢																
f	翻		反	贩	县																
v	湾	烦	远	**歪**	月	**槐**															
t			得																		
t^{h}	**泰**			**苔**																	
d		**贷**																			
n	奶		奶		耐		**乃**														
l	③	涞	冷	赖	④	**来**															
ts	尖		井	箭	贱		**宰**														
ts^{h}	千		浅	**钗**			**睬**														
dz		钱			贼	**才**															
s	星		选	线											**帅**			**衰**			
z																					
tɕ								砖		盏	转	赚									
tɕ^{h}								穿		产	串										
dʑ									传												
ɕ								山		虱											
k	肩		杆	间			**解**										拐	惯			**拐**
k^{h}	⑤		⑥	**开**			**凯**								圈		⑦	劝			**刽**
g																拳					
ŋ	**爱**		眼	**哀**		**癌**															
h	坑		黑		害																
ɦ		闲				**孩**															
ø	庵			晏					船												

奶nai^{35} ～～祖母

奶nai^{22} ～娘

拐kuai^{22} ～脚

拐kuai^{42} ～卖

①p^{h}ai^{22} 一～两臂平伸两手伸直的长度

②p^{h}ai^{11} 背，动词

③lai^{35} 掐：用拇指和食指的指甲～皮肉

④lai^{11} 系，捆，一般用来捆绑物品

⑤k^{h}ai^{35} 喊，叫：～你去喊你去

⑥k^{h}ai^{22} 刀～嘚放刀的器具，上下有出口

⑦k^{h}uai^{22} 虫～屎：蚯蚓

表2-7　峒话单字音表之七

	ei							uei							yei						
	阴平35	阳平13	上声22	阴去33	阳去11	阳平12	上声42	阴平35	阳平13	上声22	阴去33	阳去11	阳平12	上声42	阴平35	阳平13	上声22	阴去33	阳去11	阳平12	上声42
p	贝			辈	吠																
p^h	沛			肺																	
b		陪	倍		卜	培															
m	昧	梅	每		妹	玫	美														
f	兄		血	废			匪														
v	煨	围	抈	爱	味	维	伟														
t	猪		竹	对	著																
t^h	挑			跳			腿														
d		锤			直																
n																					
l	溜	雷	垒	睐	六		屡														
ts	蕉		酒	醉	袖			最													
ts^h	秋		取	趣				翠			炊										
dz		随			绝	随			罪				垂								
s	修		小	笑				税	说	水	虽										
z									瑞												
tɕ															②		拙				
$tɕ^h$															吹		出				
dʑ																					
ɕ																	水				
k								龟	①	鬼	盖	柜		诡							
k^h								亏		跪	盔										
g													逵								
ŋ																					
h								贿													
ɦ																					
Ø																					

卜 pei^{11} 萝～

抈 vei^{22} 折断

随 $dzei^{13}$ ～你

随 $dzei^{12}$ ～时

① $kuei^{13}$ 表近指，相当于“这”

② $tɕyei^{35}$ ～嘚树果实像板栗的树

表2-8 峒话单字音表之八

	au							iau							ɤu						
	阴平35	阳平13	上声22	阴去33	阳去11	阳平12	上声42	阴平35	阳平13	上声22	阴去33	阳去11	阳平12	上声42	阴平35	阳平13	上声22	阴去33	阳去11	阳平12	上声42
p	苞			爆			宝			表	标				胞		宝	报	菢		
p^{h}	藨		刨	泡	①		跑				票				坡		剖	破			
b		②							⑥				瓢			婆			薄		
m	猫				冇	矛	卯	妙	苗	秒				渺	茂		亩			谋	
f															窠			阔			否
v																					
t	蔸		陡	叨	豆		岛	悼			刁	镣			多	督	朵	倒	盗		斗
t^{h}	偷			透							挑				拖		讨	套			
d		头				陶			调				辽			桃	道		氹	图	
n		柔	脑					撩			⑦	尿	尧	杳							
l	捞	楼			漏	劳		廖						了	捞	牢	鲁		落	卢	
ts	照		走	遭			枣								糟	足	桌	灶	住		
ts^{h}	造			凑											搓	触	草	糙			础
dz		赵				曹										槽	坐		凿	筹	
s	邵			嗽											骚	属	锁	扫			
z						饶	扰									柔					
tɕ								叫		绞	⑧										
tɕ^{h}								搊			翘			巧							
dʑ									愁				乔								
ɕ								馊			瘦			晓							
k	钩		狗	③											锅		角	告			苟
k^{h}	抠		考	敲											寇		壳	货			
g		④																			
ŋ	凹	牛															藕	坳			偶
h	⑤		口	号	候										薅		好	孝	号		喉
ɦ		喉	厚			豪										河	祸		盒	侯	
ø	瓯		呕	怄				要	摇		妖		遥		屙		⑨	⑩			

捞 lau^{35} ～轻很轻

捞 lɤu^{35} ～钱挣钱

①p^{h}au^{11} 不实：萝卜～呱空心萝卜

②bau^{13} 大脖子

③kau^{33} 到达

④gau^{13} ～粑糍小孩吃的米糊

⑤hau^{35} 头～脑袋

⑥biau^{13} ～～疙瘩

⑦niau^{33} 皱：衣服～呱

⑧tɕiau^{33} 堂～佬堂叔

⑨ɤu^{22} ～气落枕

⑩ɤu^{33} ～水舀水

表2-9 峒话单字音表之九

	iɤu							an							ian						
	阴平35	阳平13	上声22	阴去33	阳去11	阳平12	上声42	阴平35	阳平13	上声22	阴去33	阳去11	阳平12	上声42	阴平35	阳平13	上声22	阴去33	阳去11	阳平12	上声42
p										板	班							编			贬
pʰ																辩					
b									办												
m										①			瞒			面	免				缅
f											藩			返							
v								幻	范				凡	皖							
t				丢				旦			丹			胆	店						典
tʰ		秃						叹			贪			坦							
d									弹				谭			电					
n			扭												恋		碾	研		严	
l				溜		硫	柳	滥					男	揽	验					廉	
ts								战			簪			展							
tsʰ								灿			参		铲								
dz									站				谗								
s								疝			珊			陕							
z									善				然	染							
tɕ	燥		脚	罩	错										荐			兼			检
tɕʰ	抄	曲	炒	秋											②			谦			歼
dʑ		求			勺	仇										掮				虔	
ɕ	筲	蓄	削	羞			朽								献		显				
k								舰		减	甘			感							
kʰ								看		坎	刊										
g																					
ŋ								案			安										
h								汉			夯										
ɦ									憾				寒								
∅	育	欲	友	幽	药	由	酉								雁	研		胭		炎	演

①man^{22}瓣：一～花瓣

②$tɕ^{h}ian^{35}$少，差

表2-10 峒话单字音表之十

	uan							yan							en						
	阴平35	阳平13	上声22	阴去33	阳去11	阳平12	上声42	阴平35	阳平13	上声22	阴去33	阳去11	阳平12	上声42	阴平35	阳平13	上声22	阴去33	阳去11	阳平12	上声42
p															奔						
pʰ																		烹			
b																笨					
m																门					
f															愤						
v																混				闻	
t	锻			端											灯			登			
tʰ							喘														
d		段				团										盾					
n																					
l			卵												论					仑	
ts															俊		整	尊			振
tsʰ															衬			村			惩
dz																阵				诚	
s				删											胜			森			审
z																人				绳	
tɕ								鹃			捐	传		卷							
tɕʰ								篡						犬							
dʑ									篆				权								
ɕ								羡			宣										
k	惯		馆		关										更		①	庚			耿
kʰ							款														恳
g																					
ŋ																		恩			
h							缓											亨			
ɦ																				衡	
ø								怨	县		渊		园								

① ken^{22} ～钱整钱

表2-11 峒话单字音表之十一

	in							un							yn						
	阴平35	阳平13	上声22	阴去33	阳去11	阳平12	上声42	阴平35	阳平13	上声22	阴去33	阳去11	阳平12	上声42	阴平35	阳平13	上声22	阴去33	阳去11	阳平12	上声42
p	兵		饼	宾			丙														
pʰ	聘			拼			品														
b						苹															
m						民	皿														
f																					
v																					
t	砧		顶	①	定																
tʰ	伸		挺	厅																	
d		停	重			庭															
n		银	忍		认																
l	令	铃	岭		另	零															
ts																					
tsʰ																					
dz																					
s																					
z																					
tɕ	针		枕	镜	②		锦								圳		准	军			
tɕʰ	称			秤	揿																蠢
dʑ		寻	近			秦										郡				琼	
ɕ	新			信											训			勋			
k										滚											
kʰ								困			昆										
g																					
ŋ																					
h																					
ɦ																					
ø	阴	塍	影	印		迎									孕	云		晕	运	萤	允

①tin^{33}半：一～一半

②$tɕin^{11}$ ～西⁼大家

表2-12 峒话单字音表之十二

	aŋ							iaŋ							uaŋ						
	阴平35	阳平13	上声22	阴去33	阳去11	阳平12	上声42	阴平35	阳平13	上声22	阴去33	阳去11	阳平12	上声42	阴平35	阳平13	上声22	阴去33	阳去11	阳平12	上声42
p	梆			①	棒		榜														
pʰ	胖			②																	
b						旁															
m			莽			盲															
f	放		谎	芳																	
v	旺	③		汪		凰	枉														
t	灯		等	凳	峒			点													
tʰ	④		桶	痛																	
d		藤	动			棠															
n								酿		酿		娘									
l	浪	笼		⑤		囊	朗	谅													
ts	障		⑥	甑	⑦		掌											妆			
tsʰ	倡						敞								创		撞	疮			闯
dz		旬				尝										藏					
s	丧			送			嗓											孀			爽
z							壤														
tɕ								降		奖	⑨										
tɕʰ												⑩									
dʑ									丈			犟	强								
ɕ								橡			⑪			响							
k	根		哽	纲			港										广	光			
kʰ	抗		⑧	康											况			框			
g																				逛	
ŋ						昂															
h	空		孔		恨																
ɦ		巷				杭															
ø								恙	萤		央		鸯	仰							

酿 niaŋ^{35} ～造

酿 niaŋ^{22} 伺弄：～田耕田

① paŋ^{33} 往外拉：～出来

② pʰaŋ^{33} 一～人一堆人

③ vaŋ^{13} ～头摇头

④ tʰaŋ^{35}［他人］的合音，指别人，人家：～里他们

⑤ laŋ^{33} 缝隙：门～～

⑥ tsaŋ^{22} 朽烂

⑦ tsaŋ^{11}［昨日］的合音：～嘚昨天

⑧ kaŋ^{22} 灰尘扑～蓬头垢面

⑨ tɕiaŋ^{22} 山岭

⑩ tɕʰiaŋ^{11} 踩

⑪ ɕiaŋ^{33} 渗

表2-13　峒话单字音表之十三

	oŋ							ioŋ							ŋ						
	阴平35	阳平13	上声22	阴去33	阳去11	阳平12	上声42	阴平35	阳平13	上声22	阴去33	阳去11	阳平12	上声42	阴平35	阳平13	上声22	阴去33	阳去11	阳平12	上声42
p	风		本	绷	份																
p^h	锋		捧	喷																	
b		豮				蓬															
m	蚊	门	懵		梦	盟															
f	荤		粉	粪	缝																
v	温	魂	稳	瓮		缝															
t	东		懂	顿																	
t^h	通		捅																		
d		同				童															
n									浓			润									
l	弄	笼	拢		弄	农	垄		龙												
ts	宗		总	钟																	
ts^h	葱			寸	揰		宠														
dz		松				崇															
s	甥		笋		倯																
z		颂																			
tɕ								钟		准	圳	共									
$tɕ^h$								春		蠢	铳										
dʑ									穷	①											
ɕ								凶		训		顺									
k	功		拱	棍			汞														
k^h	控		恐	空																	
g		裙	菌																		
ŋ																					
h				轰																	
ɦ		云				宏										人	五		木		
∅				翁					雄	勇	庸	用	戎	恿			尔				

缝 $foŋ^{11}$ 一条～

缝 $voŋ^{13}$ ～纫

弄 $loŋ^{35}$ ～堂

弄 $loŋ^{11}$ ～起尔：感谢你

揰 $ts^hoŋ^{11}$《集韵》用韵昌用切，推击也：～卧⁼着打瞌睡

倯 $soŋ^{11}$ 傻，蠢，丑等贬损之语：怕～腼腆，怕丑

尔 $ŋ^{22}$ 单数第二人称，相当于“你”

① $dʑioŋ^{22}$ 钝

第三节

连读变调

一　两字组连读变调

（一）非重叠式变调

峒话非重叠式的两字组连读变调主要表现为后字变调，结构以偏正式居多，少量的中补结构和附加式结构的词或词组也参与变化，变调后的调值多为高平、中平和低降，有时甚至与轻声难分，属于“音义变调”（李小凡，2004）。大致情况如下表，表中的小横线表示不变调。

表2-14　非叠字两字组变调表

前字＼后字	阴平35	阳平13	上声22	阴去33	阳去11
阴平35	35+55	35+33	35+21	—	35+21
阳平13	13+55	13+33	13+21	—	13+21
上声22	22+55	22+33	22+21	—	22+21
阴去33	33+55	33+33	33+21	—	33+21
阳去11	11+55	11+33	11+21	—	11+21

下面分别举例：

1. 阴平的连读变调

在两字组变调中，阴平位于后字时，调值由高升调[35]变成高平调[55]，例如：

阴平＋阴平　　春天 $tɕ^{h}ioŋ^{35}t^{h}ie^{35\text{-}55}$　　冬瓜 $toŋ^{35}kua^{35\text{-}55}$

阳平＋阴平　　晴天 $dzai^{13}t^{h}ie^{35\text{-}55}$　　河滩 $ɦɤu^{13}t^{h}a^{35\text{-}55}$

上声＋阴平　老家 lɤu^{22}ka$^{35-55}$　脚猪 tɕiɤu^{22}tei$^{35-55}$

阴去＋阴平　碎砖 sei^{33}tɕiai$^{35-55}$　担竿 ta^{33}ko$^{35-55}$

阳去＋阴平　石灰 dʑia^{11}fei$^{35-55}$　学生 ɦɤu^{11}ɕiai$^{35-55}$

2. 阳平的连读变调

在两字组变调中，阳平位于后字时，调值由低升调 [13] 变成中平调 [33]，例如：

阴平＋阳平　高粱 kɤu^{35}nie$^{13-33}$　青苔 ts^{h}ei^{35}diæ$^{13-33}$　归来 kuei^{35}liæ$^{13-33}$

阳平＋阳平　煤油 mei^{13}y$^{13-33}$　明年 mie^{13}nie$^{13-33}$

上声＋阳平　水田 ɕyei^{22}die$^{13-33}$　早禾 tsɤu^{22}ɦɤu$^{13-33}$　上去 dʑio^{22}y$^{13-33}$

阴去＋阳平　正房 tɕin^{33}bo$^{13-33}$　酱油 tɕio^{33}y$^{13-33}$

阳去＋阳平　学堂 ɦɤu^{11}dau$^{13-33}$　墨盘 mai^{11}bo$^{13-33}$　入去 ɦŋ^{11}y$^{13-33}$

阳平变调以偏正式居多，包括少数中补结构。

3. 上声、阳去的连读变调

在两字组变调中，上声、阳去位于后字时，调值由低平调 [22] 和 [11] 均变成低降调 [21]，但较单字调读音减弱而短促，实际调值为 [21]。这种情况容易与轻声纠缠不清。这里以能否恢复本调作为与轻声区分的标准：能够恢复本调的，则归为连读变调。不能恢复本调的则归为轻声。

（1）上声变调举例

阴平＋上声　清水 ts^{h}ai^{35}ɕyei$^{22-21}$　冬笋 toŋ^{35}soŋ$^{22-21}$　砧板 tin^{35}pai$^{22-21}$

阳平＋上声　楼板 lau^{13}pai$^{22-21}$　铜板 doŋ^{13}pai$^{22-21}$　楼上 lau^{13}dʑio$^{22-21}$

上声＋上声　井水 tsai^{22}ɕyei$^{22-21}$　早米 tsei^{22}mi$^{22-21}$　狗虱 kau^{22}ɕiai$^{22-21}$

阴去＋上声　碎瓦 sei^{33}va$^{22-21}$

阳去＋上声　石板 dʑia^{11}pai$^{22-21}$　大崽 ta^{11}tsai$^{22-21}$

上述变调以偏正式结构为主，也包括了少量附加式结构，如：老鼠 lɤu^{22}ɕyei$^{22-21}$

（2）阳去变调举例

阴平＋阳去　今日 tɕi^{35}ɦŋ$^{11-21}$　正月 tɕie^{35}vai$^{11-21}$　衣袖 i^{35}tsei$^{11-21}$

阳平＋阳去　一日 i^{13}ɦŋ$^{11-21}$　和尚 ɦɤu^{13}tɕio$^{11-21}$

上声＋阳去　后日 ɦau^{22}ɦŋ$^{11-21}$　眼泪 ŋan^{22}li$^{11-21}$

阴去＋阳去　半日 po^{33}ɦŋ$^{11-21}$　砌匠 tɕ^{h}i^{33}tɕio$^{11-21}$

阳去＋阳去　木匠 ɦŋ^{11}tɕio$^{11-21}$

这里需要指出的是，上述两字组连读在语速减慢或者发音人有意强调后字时会恢复本调，是否变调并不造成歧义。例如：鸡婆 tɕi^{33}bɤu^{13} ｜大门 ta^{11}moŋ^{13} ｜狗婆 kɤu^{22}bɤu^{13} ｜年底 nie^{13} tie^{22} ｜老女 lɤu^{22}ny^{22} ｜豆腐 tau^{11}p^{h}u^{22} ｜墨水 mai^{11}ɕyei^{22}

（二）重叠变调

峒话重叠变调主要体现在双音节名词上，阴平、阳平和阳去的重叠有固定变调模式，上声和阴去的重叠一般不变调。

1. 阴平重叠 [35＋35]→[35＋55]

煨煨 vei^{35}vei$^{35\text{-}55}$　心心 ɕin^{35}ɕin$^{35\text{-}55}$　疤疤 pa^{35}pa$^{35\text{-}55}$

坑坑 hai^{35}hai$^{35\text{-}55}$　奶奶乳房 niæ^{35}niæ$^{35\text{-}55}$　渣渣 tɕia^{35}tɕia$^{35\text{-}55}$

2. 阳平重叠 [13＋13]→[13＋33]

盘盘 bo^{13}bo$^{13\text{-}33}$　槽槽 dzɤu^{13}dzɤu$^{13\text{-}33}$　□□疙瘩 biau^{13}biau$^{13\text{-}33}$

3. 阳去重叠 [11＋11]→[11＋55]

大大 ta^{11}ta$^{11\text{-}55}$　妹妹 mei^{11}mei$^{11\text{-}55}$　棒棒笨蛋 paŋ^{11}paŋ$^{11\text{-}55}$

但也有不变调的，如：缝缝 foŋ^{11}foŋ^{11}

二　三字组连读变调

三字组连读变调模式跟词组内部结构有关，根据峒话三字组的结构组合关系，把三字组分为两类：（1）2＋1格，如“（炒菜）锅”；（2）1＋2格，如“耍（魔术）”，下面进行分类介绍。

1. 2＋1格的变调

2＋1格的变调主要体现在第二音节为阴平、阳平按两字组的模式变调，第二音节为上声、阴去、阳去则可变可不变调；第三音节若是重读音节则不变调，若非重读音节，也按两字组的模式变调。例如：

膝头包膝盖 ɕi^{22}dau$^{13\text{-}33}$pau$^{35\text{-}55}$　白头霜 ba^{11}dau$^{13\text{-}33}$ɕio$^{35\text{-}55}$　老虫藨野草莓 lɤu^{22}din$^{13\text{-}33}$p^{h}au$^{35\text{-}55}$

嘴巴皮 tsei^{22}pa$^{35\text{-}55}$bi$^{13\text{-}33}$　菜花蛇 tɕ^{h}iæ^{33}fa$^{35\text{-}55}$dʑia$^{13\text{-}33}$　舌子头 ie^{11}tsɿ^{0}dau$^{13\text{-}33}$

肚脐眼 du^{22}dʑi$^{13\text{-}33}$ŋai$^{22\text{-}21}$　圆子笔 yan^{13}tsɿ^{0}pi$^{22\text{-}21}$　下流鬼 ia^{13}liɤu$^{13\text{-}33}$kuei$^{22\text{-}21}$

若第二字是上声、阴去、阳去，调型属于平调的则可变调可不变调。如：刀把豆 tɤu^{35} pa^{22}tau$^{11\text{-}21}$ ｜手指头 ɕy^{22}tsɿ^{22}dau$^{13\text{-}33}$ ｜炒菜锅 tɕ^{h}iɤu^{22}tɕ^{h}iæ^{33}kɤu$^{35\text{-}55}$ ｜洗面水 ɕie^{22}mie$^{11\text{-}21}$ɕyei^{22}

第三音节若是重读音节则不变调。如：

分路碑指路碑 boŋ^{35}lu^{11}pi^{35}　日头亮 ɦiŋ^{11}dau$^{13\text{-}33}$lo^{35}　洗面盆 ɕie^{22}mie$^{11\text{-}21}$boŋ^{13}

正屋楼 tɕin^{33}vu^{22}lau^{13}　鼻孔水 pie^{11}haŋ^{22}ɕyei^{22}　蚊帽被蚊帐 moŋ^{35}te^{0}bi^{22}

两个老夫妻 lio^{22}kɤu^{33}lɤu^{22}　扯根菜 tɕ^{h}ia^{22}kaŋ$^{35\text{-}55}$tɕ^{h}iæ^{33}

2. 1+2格的变调

1+2格的变调主要体现在第二音节和第三音节按两字组的模式变调。例如：

要魔术 sua^{22}mo^{13}ɕy$^{35-55}$　行人家 ɦai^{13}ɦŋ^{13}ka$^{35-55}$　耍龙灯 sa^{22}lioŋ^{13}taŋ$^{35-55}$

牛笼头牛笼嘴 ŋau^{13}loŋ^{13}dau$^{13-33}$　何 = 几 = 年前年 ɦo^{13}tɕi^{22}nie$^{13-33}$　甜茶叶 die^{13}dʑia^{13}ie$^{11-21}$

鸡包卵 tɕi^{35}pau^{35}lo$^{22-21}$　大手指 ta^{11}ɕy^{22}tsɿ$^{22-21}$　表兄弟 piau^{22}fei^{35}die$^{22-21}$

栽红薯 tɕiæ^{35}ɦoŋ^{13}dʑy$^{13-33}$　寻短路 dʑin^{13}to^{22}lu$^{11-21}$　算八字 so^{35}piæ^{22}tsɿ$^{11-21}$

与两字组变调模式一样，如重读音节出现在第三音节上则不变调。例如：打银针 ta^{22} nin^{13}tɕin^{35} ｜老大人 lɤu^{22}ta^{11}ɦŋ^{13} ｜小手巾 sei^{22}ɕy^{22}tɕin^{35} ｜贴纳被褥子 tʰie^{22}la^{11}bi^{22} ｜食血汤 y^{11}fei^{22} tʰo^{35}

此外，峒话中还有“1+1+1”结构，一般不发生变调，如：六月六 lei^{11}vai^{11}lei^{11} ｜打相打打架 ta^{22}ɕio^{35}ta^{22} ｜骂相骂吵架 ma^{11}ɕio^{35}ma^{11}

三　名词后缀的变调

这里讨论几个名词后缀的变调。峒话常见的名词后缀有“嘚”“头”“子”“牯”等，有的读轻声，有的读变调，情况比较复杂。先看使用频率最高的后缀“嘚”的具体情况。

1. “嘚”的变调

名词后缀“嘚”（相当于普通话名词后缀“子”）单念读上声[22]，其变调模式与上声后字变调模式类似，分以下两种情况：

第一，多数情况下，名词后缀“嘚”在下列词组中调值由[22]变成[21]：

蚊嘚 moŋ^{35}te$^{22-21}$　鸭嘚 a^{22}te$^{22-21}$　星嘚 sai^{35}te$^{22-21}$

沙嘚 ɕia^{35}te$^{22-21}$　耳嘚 nie^{22}te$^{22-21}$　柱嘚 dʑy^{22}te$^{22-21}$

第二，在语速较慢或者强调等情况下，名词后缀“嘚”则恢复本调，变调与否不引起歧义：

钉嘚 tie^{35}te^{22}　叶嘚 ie^{11}te^{22}　索嘚 sɤu^{22} te^{22}

明嘚 mie^{13}te^{22}　笋嘚 soŋ^{22}te^{22}　芋嘚 vu^{11}te^{22}

但是，当“嘚”处于一个词或词组的内部时，读音减弱，时长变短，一般不能恢复本调，这种情况下定义为轻声。如：妹嘚家 mei^{11}te^{0}ka$^{35-55}$ ｜镰嘚刀 lie^{13}te^{0}tɤu$^{35-55}$ ｜窗嘚眼 tɕʰio^{35}te^{0} ŋai$^{22-21}$。

2. “头”的变调

名词后缀“头”有[dau^{13}]和[dɤu^{12}]两种读音，前者是峒话音，后者是新宁话音，“头”[dau^{13}]为后缀时变调，“头”[dɤu^{12}]为后缀时读轻声。例如：日头[ɦŋ^{11}dau$^{13-33}$]中的“头”

发音人读得比前字还重，无法归入轻声，按变调处理。类似的还有：额头ŋa^{11}dau$^{13-33}$ ｜斧头pu^{22}dau$^{13-33}$ ｜肩头kai^{35}dau$^{13-33}$。

在一些比较书面化的词语中，后缀“头”读轻声[dɤu$^{12-0}$]，读音减弱，时长短促，理应视为轻声。如：丫头ia^{33}dɤu^{0} ｜馒头man^{13}dɤu^{0}。

3.“子”和“牯”的变调

“子”和“牯”作名词后缀的时候一般读轻声，它们的特点是读音减弱，时长短促、词义虚化。如：鸽子ko^{13}tsɿ^{0} ｜沙牯ɕia^{35}ku^{0} ｜拳头牯guai^{13}dau^{33}ku^{0}等等。

第四节

异读

峒话的异读主要体现在新老异读上。

从共时的角度来看，新老异读现象还不是稳定的系统，由于交通、环境的相对封闭和人们知识水平、工作的异同，年龄差异等原因造成了同一个字在不同场合、不同年龄段可能出现不同的读音。一般而言，年龄是决定新老异读的最重要的因素，但就方言实地调查的情况来看，影响新老异读的因素除了年龄还有家庭环境、自身经历、文化程度等多种因素，因此，持老派读音不一定全是老年人；反之，持新派读音也不一定全是青年人。例如，峒话调查中担任青男和青女的两位发音人的家庭语言环境都比较单纯，据青女雷美玉介绍她自幼由爷爷奶奶抚养长大，爷爷奶奶只会说峒话，受家庭影响，她认为自己的峒话比别人更“土”。因此，老年人和年轻人的语言面貌都有新老混杂的现象。为了便于叙述，这里介绍的新老异读还是根据年龄来界定，主要以老男、老女、青男、青女的发音为依据，同时参考其他不同年龄段的人的语音，描写在同一个语音现象上的新老差异。

一　泥来母字的新老差异

泥来母逢细音分，逢洪音时在阴声韵前分；在阳声韵前混，读自由变体[n]或[l]，根据其发音常态。记作[l]。如：柔[nau^{13}] ≠ 楼[lau^{13}]；嫩[loŋ^{11}] = 弄[loŋ^{11}]。但在调查中发现，认为“柔”和“楼”有别的，多为中老年人，有部分中青年人则认为“柔”和“楼”已无区别。

二 禅母字的新老差异

禅母一些字，老派今多读浊擦音，新派今多读浊塞擦音，试比较：

	时	寿	善	纯	韶
老男	zʅ13	zɤu13	zan13	zen12	zau13
青男	dzʅ13	dzɤu13	dzan13	dzun12	dzau13

三 上声字的新老差异

清上和次浊上声字老派除了读峒话固有的上声22调外，还直接从新宁话借入了上声42调用于一些外来的、书面的字音；但新派只有一个上声22调。例如：

	果	品	卷~起	震	典	省~长
老男	ko42	pʰin42	tɕyan42	tsen42	tian42	sen42
青男	ko22	pʰin22	tɕyan22	tsen22	tian22	sen22

以上例字可以看出，在青男的声调系统中，一些比较书面的古上声字已经被折合进原有的上声调值，但老男却还处于借用的阶段，因为上声读[42]正是“新宁话”上声的调值。在随后的专项调查中我们发现上声是否借入新宁话调值并不完全以年龄为区分界限，目前有趋向于折合的趋势。也许，可以理解为语言折合能力强的率先完成了上声声调从借用→折合的过程，而折合能力稍弱的人还停留在借用阶段。

四 声化韵的新老差异

“声化韵”这里是指可以自成韵母的辅音。峒话读声化韵的字音不多，而且存在新老差异。例如，老男发音人和青男发音人在“人”“木”“日”“入”等字的读音上存在不同，具体表现如下：

	人	木	日	入
老男	ɦŋ13	ɦŋ11	ɦŋ11	ɦŋ11
青男	ɦoŋ13	ɦoŋ11	ɦoŋ11	ɦoŋ11

从听感上判断，老男在发上述字音的时候，前半段伴随着气流，实际上是气声，后半段是鼻音，是带气声的声化韵，记为[ɦŋ]，与不带气声自成音节的声化韵[ŋ]有对立，例如：五[ɦŋ22]≠尔[ŋ22]。青男的上述字音在声母和后鼻音韵尾之间明显带有元音韵腹，记为[ɦoŋ]。如果拿“红[ɦoŋ13]”的读音作为参照，老男、青男对于上述“人”等字的读音与“红”字是否同韵产生了不同的看法：青男认为“红”与“人”同音，老男认为“红”与“人”

不同音。

青男：红[ɦoŋ^{13}] = 人[ɦoŋ^{13}]　　　　老男：红[ɦoŋ^{13}] ≠ 人[ɦŋ^{13}]

说明同音与否的关键是有无元音韵腹。为了了解上述差异是否具有普遍性，2019年6月中旬笔者在麻林和黄金两个瑶族乡作了专项调查，选取麻林瑶族乡的大圳村、上林村、麻林村和黄金瑶族乡的黄金村等四个村为调查点，共调查47人，其中男性27人，女性20人；34岁（含）以下6人，35岁至64岁25人，65岁（含）以上16人。调查以“红”与“人”是否同音考察声化韵读音情况：若“红 = 人”，说明“人”“日”“木”“入”等字的韵母有元音韵腹，例如读[oŋ]或[əŋ]韵；“红≠人”，说明上述“人”等字读声化韵[ŋ]。调查结果显示：性别和年龄是影响该语音变异的主要变量，男性比女性更趋向于读声化韵[ŋ]；年纪越大，越趋向于读声化韵[ŋ]。

第五节

其他音变

一　合音

峒话的合音现象不多，现举几例：

［男人］家：laŋ^{13}ka^{35} 指男人。[laŋ^{13}] 是“男 [na^{13}]”和“人 [ɦŋ^{13}]”的合音，因为峒话 [n][l] 逢洪音在阳声韵前不分，故记做 laŋ^{13}。

［他人］里：tʰaŋ^{35}li^{33} 指别人，人家。[tʰaŋ^{35}] 是“他 [tʰa^{35}]”和“人 [ɦŋ^{13}]”的合音。

［昨日］嘚：tsaŋ^{11}te^{21} 指昨天。[tsaŋ^{11}] 是“昨 [tsa^{11}]”和“日 [ɦŋ^{11}]”的合音。

［大人］：taŋ^{33} 一般指老年男性，尊称。爷老［大人］ia^{13}lɤu^{22}taŋ^{33} 是父亲的尊称，娘老［大人］niaŋ^{11}lɤu^{22}taŋ^{33} 是母亲的尊称。[taŋ^{33}] 是“大 [ta^{11}]”“人 [ɦŋ^{11}]”的合音。

二　语法性音变

（一）“个”的语法性音变

“个 [kɤu^{33}]”可做量词，如：一个人 [i^{13}kɤu^{33}ɦŋ^{13}]。“个”做助词时有 [ko^{33}/kə^{22}/kə^{0}] 三种读音。此外，“个”还是指示代词“箇”的本字，为了区分，本书分别使用了本字和异体字：做近指代词时写作“箇 [ko^{11}]”；做结构助词时写作“个 [ko^{33}/kə^{0}]”；做语气词时也写作“个 [kə^{22}]”，词性不同，读音也有区别。

当“个”做结构助词时读“个 [ko^{33}]”。如：我个爷我爸 [o^{22}ko^{33}ia^{13}] ｜尔个爷你爸 [ŋ^{22}ko^{33}ia^{13}]，说话比较随意时读“个 [kə^{0}]”。如：

睐书个睐书，睐报个睐报，写字个写字。看书的看书，看报的看报，写字的写字。lei^{33}ɕy^{35}kə^{0}lei^{33}ɕy^{35}, lei^{33}pau^{35}kə^{0}lei^{33}pao^{35}, ɕiæ^{22}tsɿ^{11}kə^{0}ɕiæ^{22}tsɿ^{11}.

当“个”做语气词时，读[kə^{22}]。如：

所以呢，个家嗕柜⁼把伊柜⁼喊作“牛郎”个。所以呢，大家就把他喊作牛郎。so^{22}i^{22}le^{0}, kɤu^{33}ka^{35}te^{21} kuei^{11}pa^{22}i^{22}kuei^{11}ho^{22}tso^{22}ŋau^{13}lo^{13}kə^{22}.

（二）“得”的语法性音变

在峒话中，“得”可做动词、助动词、介词、结构助词、语气词，或者仅仅是一个词素。“得”在语法化的过程中，也会引起语音层面的变化，即词性不同，语法功能不同，语音形式也有差异。

1. “得[tai^{22}]”做动词

表示得到，获得。如：得病[tai^{22}pie^{11}]。

伊得呱一朵躲红花。他得了一朵小红花。i^{33}tai^{22}kua^{22}i^{22}tɤu^{22}niæ^{35}ɦoŋ^{13}fa^{35}.

遮⁼个得知伊心不心愿讲？谁知道他愿意不愿意说？tɕia^{35}kɤu^{33}tai^{22}ti^{35}i^{22}ɕin^{35}pu^{33}ɕin^{35}vai^{11}ko^{22}?

2. “得[te^{22}]”做助动词

表示许可，否定式前加“不”。例如：

我爬呱塘呱了，今日不得打篮球呱。我洗过澡了，今天不打篮球了。o^{22}ba^{13}kua^{22}do^{13}kua^{22}lia^{22}, tɕi^{35}ɦŋ^{11}pu^{33}te^{22}ta^{33}lan^{13}dʑiɤu^{13}kua^{22}.

明嗕王经理得来公司么？我睐伊不得来。明天王经理会来公司吗？我看他不会来。mie^{13}te^{21}ɦo^{13}tɕin^{33} li^{22}te^{22} liæ^{13}koŋ^{33}sɿ^{33}mo? o^{22}lei^{22}i^{22}pu^{33}te^{22}liæ^{13}.

3. “得[te^{22}]”做介词

相当于“在”。例如：

安得箩里些。放在箩筐里。a^{35}te^{22}lɤu^{13}li^{22}ɕi^{33}.

丟得江边滴。丢在江边上。dɤu^{11}te^{22}ko^{35}pie^{33}ti^{33}.

老鼠嗕呢柜⁼得牛背头上呢。老鼠呢就从牛背上。lɤu^{22}ɕyei^{22}te^{21}le^{33}kuei^{11}te^{22}ŋau^{13}pei^{33}dau^{13}dʑio^{22}le^{33}.

4. “得[te^{22}/te^{13}]”做结构助词

我担得动，伊担不动。我拿得动，他拿不动。o^{22}ta^{35}te^{22}daŋ^{22}, i^{35}ta^{35}pu^{22}daŋ^{22}.

伊个手巧得很，画得好睐得很。他手巧，画得很好看。i^{22}kə^{0}ɕy^{22}tɕ^{h}iau^{22}te^{22}hai^{22}, fa^{11}te^{22}hɤu^{22} lei^{33}te^{22} hai^{22}.

“得[te^{13}]”做结构助词出现在“动/形+得”结构中，“得”后面的话不说出来，发音人有意把“得”音拖得很长，表达无须说出或“难以形容”的意味。例如：

硬好得！太好了！ŋai^{22}hɤu^{22}te^{13}!

桂$^{=}$①只细家嘚乜柜$^{=}$成得乖脱$^{=}$得！那个孩子长得俊！kuei^{13}tɕia^{22}ɕie^{33}ka^{35}te^{21}mi^{35}kuei^{11}dʑie^{13} te^{22}kiæ^{35} tʰiæ^{22}te^{13}!

5.“得 [ti^{33}]”做词素

“得 [ti^{33}]”作为构词成分，与“不”构成复合副词“不得 [pu^{33}ti^{33}]”，相当于“没”或“没有”。如：

我不得食过。我没吃过。o^{22}pu^{33}ti^{33}y^{11}kə^{33}.

不得知讲，不得学过。不会说，没有学过。pu^{33}tai^{22}ti^{35}ko^{22}, pu^{33}ti^{33}ɦɤu^{11}kə^{33}.

我反正不得是讲尔你。我反正没有说你。o^{22}fan^{22}tsen^{35}pu^{33}ti^{33}zʅ^{22}ko^{22}ŋ^{22}.

6.“得 [ti^{0}]”做语气词

“得 [ti^{0}]”用在句末或分句末做语气词，读轻声。

随尔何想得，伊讲行柜$^{=}$行。不管你怎么想，他说走就走。dzei^{13}ŋ^{22}ɦo^{13}ɕio^{22}ti^{0}, i^{22}ko^{22}ɦai^{13}kuei^{11}ɦai^{13}.

随伊何滴做得，我里柜$^{=}$是日$^{=}$滴做。不管他怎么干，我们就这样干。dzei^{13}i^{22}ɦo^{13}ti^{33}tsʅ^{22}ti^{0}, a^{22} li^{35}kuei^{11} dzʅ^{22}ɦŋ^{11}ti^{33}tsʅ^{22}.

桂$^{=}$句话用人话何滴讲得？这句话用人话怎么说？kuei^{13}ki^{33}va^{11}ioŋ^{11}ɦŋ^{13}va^{11}ɦo^{13}ti^{33}ko^{22}ti^{0}?

综上所述，“得”从实词到虚词的语法化过程中，语音层面也发生了变化，其演变的轨迹应是循着复元音单音化→单元音高音化→声调弱化的轨迹，如下所示：

tai^{22} ⟶ te^{22} ⟶ ti^{33} ⟶ ti^{0}

tai^{22} ↘ te^{13}

三　改变词义的音变

指语源相同，因语音变化造成的语义分化。其中最常见的是声调别义，即“用改变声调调类的手法造成意义相关的新词”（游汝杰，2018:45）。峒话中使用声调别义的例子不多，例如：

女 [ny^{22}]：女儿，妻子（例如“老女”）

女 [ny^{13}]：婆媳、母女的合称（例如“两女嘚”）

还有声母不变，声调、韵母发生变化的别义音变。例如：

亮 [lio^{11}]：一般专指“月亮 [vai^{11}lio$^{11-33}$]”，个别情况下也形容光亮，如：亮堂堂 [lio^{11} do^{13}do^{33}]。

亮 [lo^{35}]：更普遍地用于表达光明、光亮等词，相当于普通话的“光”。如：

① □kuei^{13}表近指，相当于“这”，与“桂 [kuei^{35}]”声韵相同，但调不同。本书用“桂$^{=}$”做该近指词的同音字，但声调为阳平调。

堂亮 do^{13}lo^{35} 早上　　堂亮饭 do^{13}lo^{35}pai^{21} 早饭　　天亮 t^{h}ie^{35}lo^{35}

日头亮 ɦŋ^{11}dau^{33}lo^{35} 阳光　　亮头 lo^{35}dau^{33} 光头　　怕亮 p^{h}a^{33}lo^{35} 羞明

点亮 tie^{22}lo^{35} 点灯　　亮光草 lo^{35}kuaŋ^{33}ts^{h}ɤu^{21} 野慈姑

也有少数声调不变，但声、韵发生变化的别义音变。例如：峒话中“油”通过读音区分素油和荤油。素油读“油 [y^{13}]”，如：斋油素油 tɕiæ^{35}y^{33}；荤油读“油 [lɤu^{13}]”，如：猪油渣猪油 tei^{35}lɤu^{13}tɕia^{35}。就整个湘西南苗瑶平话而言，素油和荤油的区分通过音变来实现是普遍存在的，例如，以城步兰蓉和龙胜牛头人话为例：

兰蓉：猪油 tiu^{55}lu^{24}，菜油 tɕ^{h}ia^{44}iu^{24}

牛头：猪油 tiu^{55}lu^{44}，菜油 t^{h}ia^{33}iu^{44}

第六节

古今语音比较

中古音或古音是指《切韵》《广韵》所代表的中古音系；今音，在这里指峒话的音系。比较是从中古音系出发，看古音与峒话语音的对应关系。

表2-15 峒话与中古声母比较表

		清		全浊	
		全清	次清	平	仄
帮组		帮 疤pa^{35}	滂 怕pʰa^{33}	並 婆bɤu^{13}	被bi^{22} 败piæ^{11}
非组		非 斧pu^{22} 废fei^{33}	敷 肺pʰei^{33} 翻fai^{35}	奉 房bo^{13} 符vu^{13}	妇bu^{22} 份poŋ^{11} 福fu^{22}
端泥组		端 多tɤu^{35}	透 拖tʰɤu^{35}	定 徒du^{13}	弟die^{22} 地ti^{11}
精组	今洪	精 煎tsai^{35}	清 秋tsʰai^{35}	从 层dzaŋ^{13}	坐dzɤu^{22} 字tsɿ^{11}
	今细	精 浆tɕio^{35}	清 枪tɕʰio^{35}	从 墙dʑio^{13}	在dʑiæ^{22} 狞tɕi^{11}
知组		知 猪tei^{35} 罩tɕiɤu^{33}	彻 丑tsʰɤu^{22} 趁tɕʰin^{33}	澄 锤dei^{13} 迟dzɿ^{13} 茶dʑia^{13}	重din^{22} 箸tei^{11} 柱dʑy^{22} 撞tɕio^{11}
庄组		庄 盏tɕiai^{22}	初 初tɕʰy^{35}	崇 锄dʑy^{13}	寨tɕiæ^{11} 事sɿ^{11}
章组		章 招tɕy^{35}	昌 穿tɕʰiai^{35}	船 蛇dʑia^{13} 船iai^{13}	顺ɕioŋ^{11} 食ie^{11}
日母					
见晓组	今洪	见 家ka^{35}	溪 窠fɤu^{35} 亏kʰuei^{35}	群 拳guai^{13}	菌goŋ^{22} 柜kuei^{11}
	今细	见 改tɕiæ^{22} 句ki^{33}	溪 牵tɕʰie^{35} 快kʰiæ^{33}	群 棋dʑi^{13}	徛dʑi^{22} 旧tɕy^{11}
影组		影 哑a^{22} 煨vei^{35} 衣i^{35}			

次浊	清	全浊			
		平	仄		
明 马 ma^{22} 袜 yæ^{11}					帮组
微 蚊 moŋ^{35} 万 vai^{11} 问 yn^{11}					非组
泥 泥 ni^{13} 南 na^{13} 来 犁 li^{13} 蓝 la^{13}					端泥组
	心 三 sa^{35}	邪 随 dzei^{13}	席 dʑiæ^{11} 袖 tsei^{11}	今洪	精组
	心 ɕin^{35}	邪 dʑiæ^{13}	象 dʑio^{22} 谢 tɕiæ^{11}	今细	精组
					知组
	生 师 sɿ^{35} 沙 ɕia^{35}				庄组
	书 世 sɿ^{33} 鼠 ɕyei^{22}	禅 常 dʑio^{13} 时 zɿ^{13}	是 zɿ^{22} 勺 dʑiɤu^{11} 树 tɕy^{11}		章组
日 耳 nie^{22} 惹 ia^{22} 人 ɦiŋ^{13}					日母
疑 鹅 ŋo^{13} 蜈 vu^{13} 五 ɦiŋ^{22}	晓 虾 ha^{35} 花 fa^{35}	匣 含 ɦo^{13} 回 vei^{13}	厚 ɦiau^{22} 候 hau^{11} 话 va^{11}	今洪	见晓组
疑 鱼 ny^{13}	晓 喜 ɕi^{22}	匣 嫌 ie^{13}	现 ɕie^{11} 狭 iæ^{11}	今细	见晓组
云 雨 vu^{22} 有 y^{22} 王 ɦo^{13} 以 野 ia^{22} 窑 y^{13} 阎 nie^{13} 匀 ɦioŋ^{13}					影组

表2-16　峒话与中古韵母比较表之一

	一等			二等			
	帮系	端系	见系	帮系	泥组	知庄组	见系
果开		多 tɤu^{35} 驼 do^{13} 大 ta^{11}	歌 kɤu^{35} 我 o^{22}				
果合	破 p^{h}ɤu^{33}	螺 lɤu^{13}	锅 kɤu^{35}				
假开				疤 pa^{35}		茶 dʑia^{13}	家 ka^{35} 假 tɕia^{22}
假合							瓜 kua^{35} 花 fa^{35}
遇合	菩 bu^{13}	赌 tu^{22}	古 ku^{22} 五 ɦŋ^{22}				
蟹开		抬 diæ^{13}	盖 kuei^{33} 改 tɕiæ^{22} 开 fei^{35} 害 hai^{11}	拜 piæ^{33}	奶 niæ^{35}	斋 tɕiæ^{35}	街 tɕiæ^{35}
蟹合	陪 bei^{13}	推 t^{h}ei^{35} 罪 dʑiæ^{22}	块 k^{h}iæ^{33} 煨 vei^{35}				怪 kiæ^{33} 话 va^{11} 拐 kuai^{22} 坏 yæ^{11}
止开							
止合							
效开	毛 mo^{13} 保 pɤu^{22}	刀 tɤu^{35}	高 kɤu^{35}	茅 mo^{13} 饱 pɤu^{22} 卯 mau^{22}	闹 loŋ^{11}	罩 tɕiɤu^{33} 吵 ts^{h}ɤu^{22}	交 kɤu^{35}
流开	剖 p^{h}ɤu^{22}	头 dau^{13}	狗 kau^{22}				

三四等								
帮系	端组	泥组	精组	庄组	知章组	日母	见系	
							茄 dʑia^{13}	果开
								果合
			斜 dʑiæ^{13}		爹 tiæ^{35} 遮 tɕia^{35}	惹 ia^{22}	夜 ia^{11}	假开
								假合
斧 pu^{22}		女 ny^{22}	蛆 tsʰei^{35} 徐 dʑy^{13}	初 tɕʰy^{35}	猪 tei^{35} 煮 tɕy^{22} 鼠 ɕyei^{22}	如 dʑy^{13}	车 tei^{35} 锯 ki^{33} 鱼 ny^{13} 雨 vu^{22}	遇合
米 mi^{22} 闭 pie^{33}	梯 tʰie^{35} 题 di^{13}	泥 nie^{13} 礼 li^{22}	洗 ɕie^{22} 西 ɕi^{35}		世 sɿ^{33}		艺 nie^{11} 鸡 tɕi^{35}	蟹开
肺 pʰei^{33}			岁 sei^{33}					蟹合
碑 pi^{35}	地 ti^{11}	尼 ni^{13}	撕 ɕi^{35} 自 tɕie^{11}	师 sɿ^{35}	枝 tɕi^{35} 是 zɿ^{22}	二 nie^{11} 饵 e^{33}	饥 tɕi^{35}	止开
飞 pi^{35} 味 vei^{11}		泪 li^{11}	嘴 tsei^{22} 绥 ɕy^{35}		锤 dei^{13} 水 ɕyei^{22}		柜 kuei^{11}	止合
庙 mie^{11}	条 dy^{13} 钓 tei^{33}	料 lei^{11}	焦 tsei^{35}		朝 tei^{35} 烧 ɕy^{35}		桥 dʑy^{13}	效开
妇 bu^{22} 浮 bɤu^{13}		柳 lei^{22} 流 ly^{13}	酒 tsei^{22}	愁 dʑiau^{13}	抽 tɕʰy^{35}	柔 nau^{13}	牛 ŋau^{13} 九 tɕy^{22}	流开

表2-17　峒话与中古韵母比较表之二

	一等			二等			
	帮系	端系	见系	帮系	泥组	知庄组	见系
咸舒开		耽 ta^{35} 蚕 dzo^{13}	含 $ɦo^{13}$ 庵 ai^{35}			赚 $tɕiai^{11}$ 杉 $ɕia^{35}$	咸 $ɦa^{13}$ 岩 $niæ^{13}$
咸舒合							
深舒开							
山舒开		单 ta^{35}	竿 ko^{35}	办 pai^{11}		山 $ɕiai^{35}$	眼 $ŋai^{22}$
山舒合	搬 po^{35} 般 pai^{35}	短 to^{22}	官 ko^{35} 丸 vai^{13}			栓 $ɕiai^{35}$	惯 $kuai^{33}$ 湾 vai^{35}
臻舒开		吞 $t^hoŋ^{35}$	跟 kai^{35} 恨 $haŋ^{11}$				
臻舒合	本 $poŋ^{22}$	嫩 $noŋ^{11}$	稳 $voŋ^{22}$				
宕舒开	忙 mo^{13}	糖 do^{13}	钢 ko^{35}				
宕舒合			广 ko^{35}				
江舒开				绑 po^{22}		双 $ɕio^{35}$	江 ko^{35}
曾舒开	崩 $poŋ^{35}$	灯 $taŋ^{35}$	肯 $haŋ^{22}$				
曾舒合							
梗舒开				猛 $moŋ^{22}$	冷 lai^{22}	撑 $tɕ^hiai^{33}$ 省 $soŋ^{22}$	硬 $ŋai^{11}$ 哽 $kaŋ^{22}$
梗舒合							横 vai^{13}

三四等								
帮系	端组	泥组	精组	庄组	知章组	日母	见系	
	甜 die^{13}	镰 lie^{13}	尖 tsai^{35}		占 tɕie^{33}	染 nie^{22}	嫌 ie^{13}	咸舒开
犯 vai^{22}								咸舒合
			浸 tɕin^{33}		深 ɕin^{35}		琴 dʑin^{13}	深舒开
鞭 pie^{35}	田 die^{13}	年 nie^{13}	剪 tsai^{22}		缠 dʑie^{13}	燃 nie^{13}	掀 ɕie^{35}	山舒开
饭 pai^{11}			选 sai^{22}		船 iai^{13}		拳 guai^{13} 远 vai^{22}	山舒合
		鳞 lin^{13}	新 ɕin^{35}		趁 tɕʰin^{33}	人 ɦiŋ^{13}	巾 tɕin^{35}	臻舒开
粉 foŋ^{22} 问 yn^{11}			笋 soŋ^{22}		椿 tɕʰioŋ^{35}	润 nioŋ^{11} 闰 nin^{11}	菌 goŋ^{22} 运 yn^{11}	臻舒合
		凉 lio^{13}	墙 dʑio^{13}	装 tɕio^{35}	胀 tio^{33}	让 tɕio^{11}	姜 tɕio^{35}	宕舒开
房 bo^{13}							框 tɕʰio^{35} 王 ɦo^{13}	宕舒合
								江舒开
					蒸 tɕin^{35}			曾舒开
								曾舒合
病 pie^{11}	钉 tie^{35}	岭 lie^{22}	井 tsai^{22}		声 ɕie^{35}		颈 tɕie^{22}	梗舒开
							兄 fei^{35} 萤 iaŋ^{13}	梗舒合

表2-18 峒话与中古韵母比较表之三

	一等			二等			
	帮系	端系	见系	帮系	泥组	知庄组	见系
通舒合	蓬 $bo\eta^{13}$	动 $da\eta^{22}$ 东 $to\eta^{35}$	孔 $ha\eta^{22}$ 公 $ko\eta^{35}$				
咸入开		搭 ta^{22}	盒 $ɦɤu^{11}$			眨 tsa^{22}	掐 ha^{35} 狭 $iæ^{11}$
咸入合							
深入开							
山入开		辣 la^{11}	割 ko^{13}	八 $piæ^{22}$ 抹 ma^{22}		杀 $ɕiæ^{22}$	瞎 $ɕiæ^{22}$
山入合	钵 $pɤu^{22}$	脱 $t^{h}iæ^{22}$	阔 $fɤu^{22}$				滑 $yæ^{11}$ 刮 kua^{22}
臻入开							
臻入合	不 pu^{22}		骨 $kuei^{22}$ 核 hai^{22}				
宕入开	薄 $bɤu^{11}$	落 $lɤu^{11}$	各 $kɤu^{22}$				
宕入合							
江入开				剥 $pɤu^{22}$		桌 $tsɤu^{22}$	角 $tɕiɤu^{22}$ 学 $ɦɤu^{11}$
曾入开	北 pai^{22}	贼 $dzai^{11}$	黑 hai^{22}				
曾入合			国 kue^{13} 或 fe^{13}				
梗入开				百 pa^{22} 脉 mai^{11}		拆 $tɕ^{h}ia^{22}$	客 ha^{22}
梗入合							
通入合	木 $ɦŋ^{11}$	读 du^{11}	谷 ku^{22}				

三四等								
帮系	端组	泥组	精组	庄组	知章组	日母	见系	
风 poŋ^{35}		龙 lioŋ^{13}	松 dzoŋ^{13}	崇 dzoŋ^{13}	重 din^{22} 钟 tɕioŋ^{35}	绒 ioŋ^{13}	恐 k^{h}oŋ^{22} 胸 ɕioŋ^{35}	通舒合
	帖 t^{h}ie^{22}	猎 lie^{13}	接 tɕie^{22}		折 tɕie^{22}		叶 ie^{11}	咸入开
法 ɕyæ^{22}								咸入合
		笠 li^{11} 粒 ly^{11}			十 dzɿ^{11}	入 ɦiŋ^{11}	急 tɕi^{22}	深入开
篾 mie^{11}	铁 t^{h}ie^{22}		节 tɕie^{22}		舌 ie^{11}	热 nie^{11}	噎 ie^{22}	山入开
发 ɕyæ^{22}			绝 dzei^{11}		拙 tɕyei^{22}		缺 k^{h}uei^{22} 月 vai^{11} 越 vei^{11}	山入合
蜜 mie^{11} 笔 pi^{22}			七 tɕ^{h}i^{22}	虱 ɕiai^{22}		日 ɦiŋ^{11}		臻入开
					出 tɕ^{h}yei^{22}			臻入合
			削 ɕiɤu^{22}		勺 dʑiɤu^{11} 着 tɤu^{22}		脚 tɕiɤu^{22}	宕入开
缚 bɤu^{11}								宕入合
								江入开
		力 lei^{22}	鲫 tɕi^{22}	色 ɕiæ^{22}	直 dei^{11} 食 ie^{11}		翼 ie^{22}	曾入开
								曾入合
	踢 t^{h}i^{11} 笛 die^{11}		脊 tɕiæ^{22}		只 tɕia^{22}		腋 ɕia^{11}	梗入开
								梗入合
福 fu^{22}		绿 lei^{11}	足 tsɤu^{22}		竹 tei^{22} 烛 tɕy^{22}			通入合

表2-19　峒话与中古声调比较表

		阴平[35]	阳平[13]	上声[22]	阴去[33]	阳去[11]
古平声	清	东风开春				
	次浊		门龙牛油			
	全浊		铜皮糖红			
古上声	清			懂古统苦		
	次浊			买老五有		
	全浊			动罪近厚		
古去声	清				冻怪痛快	
	次浊					路硬乱让
	全浊					洞地饭谢
古入声	清			谷百哭拍		
	次浊					六麦叶月
	全浊					白盒缚勺

第七节

音韵特点

一　声母特点

1. 古全浊声母字今逢塞音、塞擦音时，今平声、上声多读不送气浊音；今去声包括两种情况：来自古全浊去声今读阳去调的字读不送气清音，来自古全浊入声今归入阳去调的字则读不送气浊音。例如：

	並	定	从	澄	床	群
平	婆 $bɤu^{13}$	徒 du^{13}	财 $dʑiæ^{13}$	茶 $dʑia^{13}$	蛇 $dʑia^{13}$	桥 $dʑy^{13}$
上	簿 bu^{22}	淡 da^{22}	坐 $dzɤu^{22}$	柱 $dʑy^{22}$	徛 $dʑi^{22}$	
去	稗 $piæ^{11}$	袋 $tiæ^{11}$	就 $tsei^{11}$	撞 $tɕio^{11}$	寨 $tɕiæ^{11}$	柜 $kuei^{11}$
入	薄 $bɤu^{11}$	笛 die^{11}	嚼 $dʑiɤu^{11}$	浊 $dʑiɤu^{11}$		

峒话的浊音正处于清化的过程之中，主要表现在两个方面：第一：浊音声母按调类清化，古浊音只在阳平和上声（浊上归上）中保留，在阳去中大部分已经清化，变为不送气清音，但由浊入归入阳去的多保留了浊音。例如：薄 [$bɤu^{11}$] | 贼 [$dzai^{11}$] | 石 [$dʑia^{11}$]；但少数浊入字也已清化，如：俗~话 [$tɕy^{11}$] 等。第二：浊音声母按发音方法和部位逐步清化，浊塞音的浊音保留最完整，浊塞擦音的浊度较浊塞音稍弱；浊擦音部分气化，或者清化。例如，[ʑ] 声母已经清化，与同部位的清擦音 [ɕ] 合流，[ɦ] 声母是不带声的浊音，主要表现为元音的气化，类似吴语的“清音浊流”，与 [h] 有对立，例如：霍 [ho^{13}] ≠ 含 [$ɦo^{13}$]，口 [hau^{22}] ≠ 厚 [$ɦau^{22}$]；[z] 声母有时的实际音值接近 [ɹ]；声母 [v] 的音值不稳定，多来源于零声母的合口呼字。

古全浊去声字今读阳平调来源于新宁话，逢塞音、塞擦音时读不送气浊音。下面例字“/”之前是峒话音，“/”之后是新宁话音。

寨[tɕiæ^{11}]/寨[dzai^{13}]　　谢[tɕiæ^{11}]/谢[dʑie^{13}]　　洞[taŋ^{11}]/洞[daŋ^{13}]

2.古非组字今多读[p p^{h} m]，与帮组字相同。例如：风[p^{h}oŋ^{35}]｜飞[pi^{35}]｜放[po^{33}]｜肺[p^{h}ei^{33}]｜蜂[p^{h}oŋ^{35}]｜妇[bu^{22}]｜饭[pai^{11}]｜蚊[moŋ^{35}]｜望[mo^{11}]｜尾[mi^{22}]。

3.古知组三等一些日常用字今读与端组混。例如：猪[tei^{35}]｜朝今～[tei^{35}]｜长～短[dio^{13}]｜丈[dio^{22}]｜胀[tio^{33}]｜虫[din^{13}]｜重轻～[din^{22}]｜竹[tei^{22}]。

4.古精组声母在今韵为洪音前读[ts ts^{h} s]，在今韵为细音前读[tɕ tɕ^{h} ɕ]。古知庄章声母今多读[tɕ tɕ^{h} ɕ]。古精组字在细音前读[tɕ]组声母，例如：借[tɕiæ^{33}]｜财[dʑiæ^{13}]｜西[ɕi^{35}]｜新[ɕin^{35}]等。但峒话精组声母读[ts]组声母的字数比读[tɕ]组声母的要多，部分三四等韵的今读为开口韵，如：蛆[ts^{h}ei^{35}]｜焦[tsei^{35}]｜酒[tsei^{22}]｜修[sei^{35}]｜尖[tsai^{35}]｜钱[dzai^{13}]｜千[ts^{h}ai^{35}]｜全[dzai^{13}]｜雪[sei^{22}]｜井[tsai^{22}]｜星[sai^{35}]。

除止开三等章组多读[ts]组声母与精组洪音合流外，其余知庄章三组多读[tɕ]组声母，与见组细音合流。如：茶[dʑia^{13}]｜沙[ɕia^{35}]｜蛇[dʑia^{13}]｜除[dʑy^{13}]｜锄[dʑy^{13}]｜书[ɕy^{35}]｜斋[tɕiæ^{35}]｜斜[dʑiæ^{13}]｜吹[tɕ^{h}yei^{35}]｜水[ɕyei^{22}]｜炒[tɕ^{h}iɤu^{22}]｜烧[ɕy^{35}]｜抽[tɕ^{h}y^{35}]｜愁[dʑiau^{13}]｜收[ɕy^{35}]｜赚[tɕiai^{11}]｜占[tɕie^{33}]｜针[tɕin^{35}]｜盏[tɕiai^{22}]｜栈[tɕiai^{11}]｜缠[dʑie^{13}]｜扇[ɕie^{33}]｜闩[ɕiai^{35}]｜传[dʑiai^{13}]｜砖[tɕiai^{35}]｜真[tɕin^{35}]｜椿[tɕ^{h}ioŋ^{35}]｜顺[ɕioŋ^{11}]｜账[tɕio^{33}]｜状[tɕio^{11}]｜唱[tɕ^{h}io^{33}]｜窗[tɕ^{h}io^{35}]｜升[ɕin^{35}]｜撑[tɕ^{h}iai^{35}]｜生[ɕiai^{35}]｜声[ɕie^{35}]｜铳[tɕ^{h}ioŋ^{33}]。

总的说来，峒话古精组与知庄章组两分，如表2-20所示。

表2-20　峒话精知庄章组今读情况简表

精组	知组	庄组	章组
读[ts]组（多） 读[tɕ]组（少）	读[tɕ]组（多） 读[t]组（知三，少）	[tɕ]组	[tɕ]组

5.古邪母、禅母有读塞擦音的现象；船母有读零声母的现象。例如：邪[dʑiæ^{13}]｜徐[dʑy^{13}]｜随[dzei^{13}]｜袖[tsei^{11}]｜旬[dzaŋ^{13}]｜象[dʑio^{22}]｜席[dʑiæ^{11}]｜社[dʑia^{22}]｜树[tɕy^{11}]｜是[dzɿ^{22}]｜时[dzɿ^{13}]｜十[dzɿ^{11}]｜船[iai^{13}]｜塍[in^{13}]｜舌[ie^{11}]。

6.古见系逢开口二等韵字今读多不腭化。例如：家[ka^{35}]｜教～书[kɤu^{35}]｜夹[ka^{22}]｜间中～[kai^{33}]｜江[ko^{35}]｜更五～[kai^{35}]。

7.古溪母部分日常用字今读擦音。例如：窠[fɤu^{35}]｜苦[fu^{22}]｜口[hau^{22}]｜糠[ho^{22}]｜糠[ho^{35}]｜肯[haŋ^{22}]｜孔[haŋ^{22}]｜客[ha^{22}]。

8. 古疑母字今逢洪音读[ŋ]，逢细音读[n]。例如：饿[ŋo^{11}]｜牙[ŋa^{13}]｜鱼[ny^{13}]｜牛[ŋau^{13}]｜眼[ŋai^{22}]｜孽[nie^{13}]。

9. 古匣母部分合口一二等字今读v声母或零声母。例如：话[va^{11}]｜回[vei^{13}]｜滑[yæ^{11}]｜还~是[iai^{13}]｜丸[vai^{13}]｜横~直[vai^{13}]。

二　韵母特点

1. 韵母的等

参照沈明、周建芳（2017:16-177），将中古十六摄分成两类，甲类具备一二三（四）等，乙类则只有一三等。甲类包括果假（合起来看作有一二三等）、蟹、效、咸、山、宕江（合起来看作有一二三等）、梗9摄。下面列表显示峒话甲类韵母的等是否有别。

表2-21　峒话甲类韵母的等（开口韵）

	一等			二等				三四等	
	帮系	端系	见系	帮系	泥组	知庄	见系	知章组	非知章组
果假		多ɤu 驼o	歌ɤu 我o	疤a		茶ia	家a	爹iæ 遮ia	茄ia
蟹		抬iæ	改iæ 开ei	拜iæ	奶iæ	斋iæ	街iæ	世ɿ	艺ie 鸡i
效	保ɤu	刀ɤu	高ɤu	饱ɤu		罩iɤu	交ɤu	朝ei 烧y	焦ei 桥y
咸舒		耽a	含o 盒ɤu			赚iai 杉ia	咸a 岩iæ	占ie	尖ai 嫌ie
咸入		答a	喝o 合ɤu			眨a	掐a 狭iæ	折ie	叶ie
山舒		单a	竿o	办ai		山iai	眼ai	缠ie	剪ai 掀ie
山入		辣a	割o	八iæ 抹a^{22}		杀iæ	瞎iæ	舌ie	孽ie
宕江舒	忙o	糖o	钢o	绑o		双io	江o	胀io	姜io
宕江入	薄ɤu 泊e	落ɤu 乐o	各ɤu 鹤o	剥ɤu		桌ɤu 镯o	学ɤu 岳io	勺iɤu	脚iɤu 约io
梗舒				彭oŋ	冷ai	撑iai 省oŋ	硬ai	声ie	井ai 颈ie
梗入				百a 脉ai		拆ia	客a	只ia	壁i 腋ia

表2–22 峒话甲类韵母的等（合口韵）

	一等			二等				三四等	
	帮系	端系	见系	帮系	泥组	知庄	见系	知章组	非知章组
果假	破ɤu	螺ɤu	锅ɤu				瓜ua 花a		
蟹	陪ei	推ei	灰ei 块iæ				坏yæ 怪iæ	税uei	肺ei
山舒	搬o 般ai	短o	官o 丸ai			栓iai	弯ai 惯uai	船iai	选ai 拳uai
山入	钵ɤu 泼o	脱iæ 夺o	阔ɤu 活e			刷ua	滑yæ 刮ua		月ai
宕江舒			广o						房o 框io
宕江入			郭o						
梗舒							横ai		兄ei 萤iaŋ

开口韵里，果假、山摄一二等有别。如：鹅[ŋo^{13}]≠牙[ŋa^{13}]｜肝[ko^{35}]≠间[kai^{33}]｜寒[ɦo^{13}]≠闲[ɦai^{13}]，其余摄一二等大致趋同。咸山摄一等见系与非见系的主元音有别。如：耽[ta^{35}]｜胆[ta^{22}]｜男[na^{13}]｜三[sa^{35}]｜含[ɦo^{13}]｜喊[ho^{22}]｜盒[ɦɤu^{11}]；单[ta^{35}]｜弹[da^{13}]｜懒[la^{22}]｜肝[ko^{35}]｜汗[ɦo^{11}]。

果假、山、宕江三四等多同二等，其余摄三四等与二等大多有别。例如：

蟹摄：街[tɕiæ^{35}]｜鞋[iæ^{13}]；世[sɿ^{33}]｜鸡[tɕi^{35}]。

效摄：罩[tɕiɤu^{33}]｜教[kɤu^{35}]；焦[tsei^{35}]｜轿[tɕy^{11}]。

咸舒三等精组与二等同。如：赚[tɕiai^{11}]；尖[tsai^{35}]｜签[tsʰai^{35}]。咸摄三四等非精组舒声字与二等不同。如：咸[ɦo^{13}]｜狭[iæ^{11}]｜鸭[a^{22}]；占[tɕie^{33}]｜盐[ie^{13}]｜嫌[ie^{13}]｜叶[ie^{11}]

山舒三、四等精组、见系（少数字）与二等同。如：山[ɕiai^{35}]｜眼[ŋai^{22}]｜慢[mai^{11}]；箭[tsai^{33}]；线[sai^{33}]｜千[tsʰai^{35}]｜肩[kai^{35}]；其余三四等与二等大多有别。如：慢[mai^{11}]≠面[mie^{11}]；晏[ai^{33}]≠燕[ie^{33}]；闲[ɦai^{13}]≠贤[ie^{13}]。

梗舒三四等精组与二等同。如：撑[tɕʰiai^{35}]；冷[lai^{22}]；坑[hai^{35}]；争[tɕiai^{35}]｜井[tsai^{22}]；请[tsʰai^{22}]；醒[sai^{22}]。其余三四等与二等有别，如：冷[lai^{22}]≠领[lie^{22}]；争[tɕiai^{35}]≠正[tɕie^{35}]；梗[kai^{22}]≠颈[tɕie^{22}]。

合口韵里，一二等完全有别的是果假摄。山摄一二等有同有异。如：灌 [ko33] ≠ 惯 [kuai33]；丸 [vai13] = 环 [vai13]。也就是说，开口韵分一二等的，合口韵大多分；开口韵不分一二等的，合口韵也不分。山舒三四等与二等同，如：环 [vai13] = 缘 [vai13] = 园 [vai13]。蟹、山入、梗舒三四等多不同于二等。

下面再列表显示峒话乙类韵母的等是否有别。

表2–23　峒话乙类韵母的等

	一等			三等					
	帮系	端系	见系	帮系	端系	庄组	知章组	日母	见系
遇	菩 u	赌 u	古 u	斧 u	女 y	初 y	煮 y 猪 ei 鼠 yei	如 y	鱼 y 车 ei 雨 u
流	剖 ɤu	头 au	狗 au	浮 ɤu	流 y 柳 ei	愁 iau	抽 y	柔 au	牛 au 九 y
臻开舒		吞 oŋ	跟 ai 恨 aŋ		新 in		趁 in		巾 in
臻开入				蜜 ie 笔 i	七 i	虱 iai	实 i		乙 ie 一 i
臻合舒	本 oŋ	嫩 oŋ	稳 oŋ	粉 oŋ 问 yn	笋 oŋ		椿 ioŋ 准 yn	润 ioŋ 闰 in	菌 oŋ 运 yn
臻合入			骨 uei 核 ai				出 yei		
曾开舒	朋 oŋ	灯 aŋ	肯 aŋ				剩 in		
曾开入	北 ai	贼 ai	黑 ai		力 ei	色 iæ	食 ie		翼 ie
通合舒	蓬 oŋ	动 aŋ 东 oŋ	孔 aŋ 公 oŋ	风 oŋ	龙 ioŋ		重 in 钟 ioŋ	绒 ioŋ	恐 oŋ 胸 ioŋ
通合入	木 ŋ 扑 u	读 ɤu	谷 u	福 u	绿 ei 陆 ɤu		竹 ei 赎 ɤu		菊 y 欲 iɤu

乙类韵母中，遇、臻开舒、曾一三等不同，其他一三等多相同。例如：

遇摄：粗 [tshu35] | 古 [ku22]；蛆 [tshei35] | 举 [tɕy22]。

臻开舒：跟 [kai35] | 很 [hai22] | 恨 [haŋ11]；巾 [tɕin35] | 近 [dʑin22]。

曾摄：灯 [taŋ35] | 肯 [haŋ11] | 贼 [dzai11] | 黑 [hai22]；蒸 [tɕin35] | 剩 [nin11] | 力 [lei11] |

色[ɕiæ^{22}]｜翼[ie^{22}]。

2. 古开合口的今读音

总的来说，峒话古开合口今读有别。但果一等、山一等见系、宕一等见系古开合口今读相同。如：箩[lɤu^{13}]＝脶[lɤu^{13}]；河[ɦɤu^{13}]＝和[ɦɤu^{13}]；干[ko^{35}]＝官[ko^{35}]；汗[ho^{11}]＝换[ho^{11}]；糠[ho^{35}]＝荒[ho^{35}]；鹤[ho^{13}]＝藿[ho^{13}]。此外，中古合口三四等舒声字有今读开口呼、撮口呼和齐齿呼的现象，如遇摄、止摄、山摄、臻摄、宕摄。例如：

遇合三今读[ei][y]韵，如：蛆[tsʰei^{35}]｜猪[tei^{35}]｜趣[tsʰei^{33}]｜锄[dʑy^{13}]｜煮[tɕy^{22}]｜鱼[ny^{13}]｜柱[dʑy^{22}]｜主[tɕy^{22}]｜树[tɕy^{11}]等。

止合三今读[yei][ei][y]韵，如：吹[tɕʰyei^{35}]｜水[ɕyei^{22}]｜锤[dei^{13}]｜绥[ɕy^{35}]等。

山合三、四今读[(i)ai]韵，如：全[dzai^{13}]｜转[tɕiai^{33}]｜船[iai^{13}]｜贩[fai^{33}]｜饭[pai^{11}]｜县[fai^{11}]等。

臻合三今读[(i)oŋ]韵，如：笋[soŋ^{22}]｜菌[goŋ^{22}]｜粉[foŋ^{22}]｜椿[tɕʰioŋ^{35}]｜顺[ɕioŋ^{11}]等。

宕合三今读[o]韵，如：方[ho^{35}]｜网[mo^{22}]｜王[ɦo^{13}]等。

3. 韵类分合关系

峒话的韵母今读层次较多，分合关系也比较复杂。古阴声韵中果效部分合流，蟹合、止合部分合流，蟹开、假摄部分合流；古阳声韵中保留鼻音韵尾的仅深臻合、开三曾通四摄，咸山宕江臻开一梗的舒声字今鼻音韵尾脱落，与古阴声韵合流。入声韵无塞音韵尾，也与古阴声韵合流。现分述如下：

（1）果一、效一二、宕江入声合流，今读[(i)ɤu]韵。如：歌[kɤu^{35}]＝锅[kɤu^{35}]＝高[kɤu^{35}]；多[tɤu^{35}]＝刀[tɤu^{35}]；稿[kɤu^{22}]＝各[kɤu^{22}]＝角[kɤu^{22}]。

（2）遇合三、效开三章组、见系、流开三知章、见系合流，今读[y]韵。如：梳[ɕy^{35}]＝书[ɕy^{35}]＝烧[ɕy^{35}]＝收[ɕy^{35}]；锄[dʑy^{13}]＝桥[dʑy^{13}]＝仇[dʑy^{13}]。

（3）蟹摄开口一、二等韵的韵尾[-i]消失，今读[iæ]韵，与假摄、梗摄入声有分有合。首先，与假开三精组、知组合流读[iæ]；但与假开二知组、庄组，假开三章组、日母、影组有别，后者读[ia]。例如：栽[tɕiæ^{35}]≠渣[tɕia^{35}]；柴[dʑiæ^{13}]≠茶[dʑia^{13}]；改[tɕiæ^{22}]≠假[tɕia^{22}]；写[ɕiæ^{22}]≠舍[ɕia^{22}]。其次，梗开二三入声字的精组与知章组的今读也存在[iæ][ia]之别。如：脊[tɕiæ^{22}]≠摘[tɕia^{22}]；席[dʑiæ^{22}]≠石[dʑia^{22}]。

（4）蟹合一三、止合三、效开三精组、效开四端系、流开三端系合流，今读[ei]韵。碎[sei^{33}]＝岁[sei^{33}]＝笑[sei^{33}]；消[sei^{35}]＝修[sei^{35}]；肺[pʰei^{33}]｜锤[dei^{13}]｜鸟[tei^{22}]｜柳[lei^{22}]。

（5）咸开一二等，山一等的非见系字今合流读[a]韵，如：耽[ta^{35}]＝单[ta^{35}]；南[na^{13}]＝难[na^{13}]。

（6）咸开一二等见系，山一等见系、宕一三、江开二今合流读[(i)o]韵，如：含[ɦo^{13}]＝寒[ɦo^{13}]＝

行 [ɦo^{13}] = 黄 [ɦo^{13}] = 王 [ɦo^{13}]；　干 [ko^{35}] = 官 [ko^{35}] = 岗 [ko^{35}] = 江 [ko^{35}]；　满 [mo^{22}] = 网 [mo^{22}] = 往 [mo^{22}]；浆 [tɕio^{35}] = 姜 [tɕio^{35}] = 桩 [tɕio^{35}]。

（7）咸开三精组、咸合三、山开二、山开三四精组、山合一帮组、晓匣母、山合二三四、臻开一等见组、梗开二、梗开三精组、曾开一入声今合流读 [(i)ai]，如：

咸摄：尖 [tsai^{35}] ｜签 [tsʰai^{35}] ｜犯 [vai^{22}]。

山摄：山 [ɕiai^{35}] ｜眼 [ŋai^{22}] ｜蛮 [mai^{13}] ｜晏 [ai^{33}]；剪 [tsai^{22}] ｜线 [sai^{33}] ｜千 [tsʰai^{35}]；般 [pai^{35}] ｜丸 [vai^{13}]；闩 [ɕiai^{35}] ｜湾 [vai^{35}] ｜选 [sai^{22}] ｜烦 [vai^{13}] ｜远 [vai^{22}] ｜县 [fai^{11}]。

臻摄：跟 [kai^{35}] ｜很 [hai^{22}]。

梗摄：冷 [lai^{22}] ｜铛 [tɕʰiai^{35}] ｜梗 [kai^{22}] ｜硬 [ŋai^{11}] ｜争 [tɕiai^{35}]；清 [tsʰai^{35}] ｜井 [tsai^{22}] ｜青 [tsʰai^{35}] ｜星 [sai^{35}]。

曾摄：北 [pai^{22}] ｜贼 [dzai^{11}] ｜黑 [hai^{22}]。

（8）咸开三非精组、咸开四、山开三四非精组、梗开三、四等非精组与蟹开四及止开三少数日常用字今合流读 [ie] 韵，如：

咸摄：占 [tɕie^{33}] ｜染 [nie^{11}] ｜甜 [die^{13}] ｜嫌 [ie^{13}]。

山摄：鞭 [pie^{35}] ｜扇 [ɕie^{33}] ｜掀 [ɕie^{35}] ｜见 [tɕie^{33}] ｜篾 [mie^{11}]。

梗摄：病 [pie^{11}] ｜惊 [tɕie^{35}] ｜名 [mie^{13}] ｜声 [ɕie^{35}] ｜颈 [tɕie^{22}] ｜厅 [tʰie^{35}]。

蟹止：泥 [nie^{13}] ｜洗 [ɕie^{22}] ｜自 [tɕie^{11}] ｜二 [nie^{11}]。

（9）古曾开口一、通合一部分字合流读 [aŋ] 韵，例如：

曾摄：灯 [taŋ^{35}] ｜凳 [taŋ^{33}] ｜藤 [daŋ^{13}] ｜层 [dzaŋ^{13}] ｜肯 [haŋ^{22}]。

通摄：冻 [taŋ^{33}] ｜桐 [daŋ^{13}] ｜笼 [laŋ^{13}] ｜送 [saŋ^{33}] ｜空 [haŋ^{35}]。

（10）古咸山摄存在"阳入同变"的现象。例如：

咸摄：胆 [ta^{22}] ｜搭 [ta^{22}]；蓝 [la^{13}] ｜腊 [la^{11}]。

山摄：懒 [la^{22}] ｜辣 [la^{11}]；伞 [sa^{22}] ｜萨 [sa^{22}]；颜 [niæ^{13}] ｜杀 [ɕiæ^{22}]；扇 [ɕie^{33}] ｜舌 [ie^{11}]；见 [tɕie^{22}] ｜结 [tɕie^{22}]。

三　声调特点

峒话固有的单字调是五个：阴平 [35]，阳平 [13]，上声 [22]，阴去 [33]，阳去 [11]。古平声、古去声今读分阴阳。古上声不分阴阳，浊上今读上声，如：五 [ɦŋ^{22}] ｜女 [ny^{22}] ｜弟 [die^{22}] ｜厚 [ɦau^{22}] ｜近 [dʑin^{22}]。古入声中清入归上声，浊入归阳去，如：色 [ɕiæ^{22}] = 写 [ɕiæ^{22}]；烛 [tɕy^{22}] = 九 [tɕy^{22}]；俗 [tɕy^{11}] = 树 [tɕy^{11}]；月 [vai^{11}] = 万 [vai^{11}]。

第三章　同音字汇

说明：

1.本字汇收入麻林瑶族峒话常用字4000个左右，根据《方言调查字表（修订版）》（中国社会科学院语言所编，1981年12月新1版）调查整理所得，删除方言中不用的生僻字，补充了方言口语中使用而《方言调查字表》未收的字，其中包括一部分本字未明的字。

2.本字汇按韵母分类，同韵的字按声母顺序排列，声、韵相同的字按声调顺序排列，声调顺序为峒话固有调类在前，借入的两个新宁话调类如阳平[12]、上声[42]在后。声韵调排列顺序参照第二章。

3.来源不同的简化字读音相同则只分别举例词。例词中本字未明的直接标音。

4.本字未明的用“□”代替，后面加小字注释或举例。举例时用“～”代替该字，对举例的解释放在括号内。字的右上角加“＝”表示同音字。合音字采用“[]”表示。

5.一个字如果有多个义项，不同义项之间用“。”隔开。

6.新老异读，用小字在右下角标出“新”“老”；如果是任意的异读，或不明异读，在字的右下角用数字表示，一般用“1”表示最常用或最口语化的读音，“2”次之，依此类推。

7.峒话属于濒危方言，“峒话”和“新宁话”杂糅严重，经我们严格筛选的发音人也无法避免这一问题，很难严格剥离。为了如实反映麻林瑶族峒话的语言事实，我们把明显受新宁话影响的字音经过反复验证，确实已经融入到峒话中的也收录进来，为了区分，用双竖线“‖”隔开，每个韵先列峒话，后列新宁话。

ʅ

ts [35]‖滞智致稚蛰刺～激志至置布～次 [13]‖质执汁职侄两叔～织组～ [22]痔做纸子～女趾址齿指脂 [33]制痣置～酒‖蜘支咨恣姿资肢知～识痴芝枝～节之 [11]誓字 [42]‖紫止梓

ts^h [35]□唆使 [13]‖斥秩 [33]赐赏～‖疵 [42]‖此～人耻

dz [13]时～辰迟鹚‖植殖治直一～值～班 [22]是相当于“在”：～乜（在那） [11]十 [12]‖时～令瓷雌驰伺池滋辞词磁慈持饲祠寺俟

s [35]狮斯～文师～傅诗尸‖饰试考～式肆势～力 [13]莳‖湿室识适食～堂释失石～榴 [22]屎 [33]世试～一下诉告～势～利眼‖师～长思私施司斯法西～ [11]事 [42]‖矢始使史驶

z [13]‖巳示仕柿市豉士逝氏匙是～非视祀 [22]是表判断侍恃嗣

i

p [35]碑一块～飞$_1$，～起来‖闭禁～弊泌毙蔽 [13]‖蓖毕必逼碧 [22]笔彼比滗 [11]鼻$_2$，鼓～

p^h [35]披屄麻～（女阴） [13]‖霹僻辟璧避臂 [22]匹庇痞 [33]屁箅‖批

b [13]皮‖鄙痹币备被～动陛 [22]被～窠（叠成长筒形的被子） [11]篦 [12]‖琵疲脾枇

m [35]乜那，远指代词‖觅 [13]楣眉‖密谜糜 [22]米尾 [12]‖媚弥迷

t [35]知得~ ‖ 蒂帝~国 [13] ‖ 敌的~确狄 [22]抵□踮：~脚 [33]点3，相当于“些” 得1构词词素：不~（没有）里表方位词缀：屋~ ‖ 滴~水成冰低 [11]第递地 [42] ‖ 的目~

t^h [35] ‖ 剔 [13] ‖ 惕 [11]踢 [42] ‖ 体

d [13]提~土旁 ‖ 直1，~起（起来，起床）

n [35] ‖ 腻~子粉艺~术义意~议 [13]凝 ‖ 谊逆 [11]腻~人 [12] ‖ 霓仪尼呢疑倪

l [35]溜1，滑~~。又读lei[35] ‖ 栗丽厉吏利~益 [13]梨厘 ‖ 立隶励历篱 [22]理李礼鲤里量词：一~狸 [11]痢泪笠利~息 [12] ‖ 离璃黎

tɕ [35]枝柺~（树枝）只副词：~有鸡□用手指夹住今~日饥□蕨~（长叶子蕨菜）□乌~（乌獐）‖ 既际计祭剂药~师济季~节 [13] ‖ 吉迹激级击即疾绩积侄老，~子 [22]姊急织~布几~乎几~个麂鲫挤 [33]剂一~药寄季早~记纪继 ‖ 基肌戟稽讥机 [11]牸~牛（母牛）[42] ‖ 几茶~杞

$tɕ^h$ [35]乞介词、连词：和 ‖ 气~候器汽 [13] ‖ 寂及极 [22]□近视启七漆 [33]赐动词：~死气生~刺鱼~契 ‖ 凄妻欺期 [11]戚 [42] ‖ 起~义

dʑ [13]棋旗糍脐 ‖ 妓歧企缉倚祈藉集籍辑 [22]技徛站立 [12] ‖ 骑岐奇祁其麒齐~整

ɕ [35]丝□~猫（母猫）西稀析撕犀 ‖ 戏~剧弃系 [13] ‖ 席主~息熙实昔惜夕悉习 [22]喜起提~食新：伙~膝死 [33]四些里~（里面）戏~台 ‖ 栖希牺蟋 [42] ‖ 玺

k [33]锯名词句

ø [35]衣依~你 ‖ 要~是（如果）亿忆异易~字辈译 [13]爷2，大~（伯父）姨移~开 ‖ 益一亦抑夷 [22]伊单数第三人称以已椅 [33]意 ‖ 依~靠医 [12] ‖ 移~民

u

p [35] ‖ 布宣~怖 [22]补斧 [33]布~匹不 [11]步起~扑~倒

p^h [35]铺~设 [13] ‖ 仆~人勃赴□钹朴 [22]谱浦普捕 [33]腐豆~铺店~

b [13]扶端，平正地拿：~碗。地名：~成冲 ‖ 脯胸~。果~部步~兵讣菩 [22]妇簿 [11]服~侍伏藏身隐秘处等候：~贼□木工工具：推~（推刨）[12] ‖ 蒲葡

f [35]枯 ‖ 负富驸傅姓附咐赋 [13] ‖ 腑护复~杂，~原复重~辐忽获伏埋~ [22]幅苦药~福甫服衣~佛 [33]戽付裤副 ‖ 呼麸夫俘肤 [42] ‖ 腐~败府浒虎抚辅

v [35]污乌□抱 ‖ 悟误 [13]壶糊梧胡~须。姓户葫符画~湖扶~教（梅山教）‖ 物沪勿戊瓠务父互 [22]雨落~吾屋五~谷□~湿（潮湿） [33]傅师~ ‖ 诬巫 [11]芋雾斛~桶 [12] ‖ 狐符~号芙吴无 [42] ‖ 武舞鹉伍午子~

t [35]毒有~ [22]堵赌

t^h [22]土吐~核 [33]兔

d [13]屠徒 ‖ 镀 [22]肚1□猴~啰（猴子） [11]读独~眼睛

n [13]揉 [22]暖

l [35]□~手（两手交叉在胸前）[13]傩鸬炉□~钩（杀猪用具） [11]路□岔=~（锈蚀）鹭露

ts [35]租 [22]祖 [33] ‖ 珠~江诸蛛

ts^h [35]粗 [22]楚 [33]醋

s　[22]数动词 [42]‖署

z　[42]‖乳

k　[35]箍锢姑孤‖顾雇故固 [13]‖谷山~酷 [22]谷稻~股牯古鼓打~骨~牌 [33]‖孤辜估

k^h　[35]‖库 [22]鼓~鼻（打鼾）苦辛~

g　[13]跍蹲

y

d　[13]条厨~家师傅□跺：~脚

n　[13]鱼团~女2，两~嘚（婆媳、母女的合称）[22]女1，~儿，老~（妻子）[42]‖语

l　[35]□形容词词缀：壮~呱（形容很胖）[13]刘留燎流~水‖律率 [22]了做补语：做得~旅吕 [11]粒 [12]‖驴 [42]‖履

tɕ　[35]招~郎州武冈~朱~砂（药名）拘诛珠~嘚（珠子）‖据蛀拒新：~绝铸注著驻剧 [13]‖橘菊局 [22]举煮主久韭九烛 [33]昼~夜照~镜子救‖驹朱姓株车~马炮居 [11]树轿花~旧蔃俗~话 [42]‖矩

$tɕ^h$　[35]初~一抽‖去~湿趣~味[13]‖屈出~息 [22]丑出~处~理畜 [33]臭‖趋区驱 [42]‖取争~处~所

dʑ　[13]仇求老：~年纪（求年寿）渠除儒荞桥锄‖拒老：~绝距聚苎巨俱拄薯叙具绪惧竖骤序住~房 [22]柱舅~爷 [11]熟 [12]‖如瞿储厨~房殊徐橱

ɕ　[35]烧收梳书输~赢‖述术隧遂庶恕绥 [13]‖戌戍 [22]暑少手守首一~歌许 [33]‖输运~虚嘘舒墟需须胡~，必~

ø　[35]腰熨~帖‖忧郁豫浴慰安~愉御喻玉榆寓预遇役裕誉域疫 [13]窑渔鱼~油油1，茶~于□~蚣叉（蜈蚣）‖去离~，除~ [22]友朋~有雨~衣 [33]要想~‖迂 [11]食动词：~饭（吃饭）又右釉 [12]‖虞娱馀余愚 [42]‖羽禹宇

a

p　[35]芭~蕉笆疤□背‖霸 [22]伯兄：老~（哥哥）百把~柄，一~ [33]拌摔绊跌坝把刀~‖巴芭~蕾爸

p^h　[22]啪拍 [33]怕

b　[13]拔耙爬2，~塘（游泳）‖罢白~杨树 [11]魄白~菜□~~（曾祖父）[12]‖杷琶

m　[35]□生~（分娩）□不~得好（不怎么样）□~头（抬头）[13]麻~木，~风病蟆 [22]抹马码 [33]妈 [11]骂麦莫否定词

f　[35]花 [13]‖发~票法~院猾阀伐 [33]化

v　[35]□摆：~手鸦哇 [13]‖划计~ [22]瓦 [33]蛙 [11]话画□抓：~子（抓子儿）[12]‖华中~。姓

t　[35]单□件：一~衣耽担拿：~东西。~任 [13]‖搭~车答 [22]胆鱼~打□甑箅~（箅子）搭~话 [33]担~子 [11]踏大~~（姐姐）

t^h　[35]滩瘫 [13]‖獭逷邋~ [22]坛1，酒~塔塌 [33]炭探

d　[13]坛2，掌~师痰谈弹~棉花‖达大~黄（药名）[22]淡 [11]沓蹋踩

n　[13]难南~边‖捺

l　[35]□咬或啃 [13]兰篮竹~栏纳蓝~色拦邋~逷爬1，在地上~。又读ba^{13}‖腊~月 [22]揽懒□壁拉 [11]蜡烂腊~肉辣□~哈=（宁可）

ts　[35]‖蔗诈闸 [22]眨铡攒~钱 [33]溅楂喳□筋~鬼（爱挑剔的人）

ts^{h} [35]餐 [13]‖察插~播 [22]擦 [33]‖叉打~

dz [11]杂□刺，插，戳

s [35]三杉银~ [22]镦~猪（已阉的公猪）伞散~开萨菩~ [33]散解~。施舍：~叫花子

k [35]甘1，~心加家~具咖动态助词 [13]‖夹~板 [22]甲指~夹~衣贾隔□~起（差，次）[33]嫁价架‖痂

k^{h} [22]卡~起（两边夹住出不来或动不了）

ŋ [35]丫~口（张嘴）[13]牙芽衙 [11]额

h [35]哈打~~虾□飞~嘚（飞蛾）掐扨夹住：~颈骨（卡脖子）[22]客~人哈~里~气 [33]吓 [11]夏立~蟹

ɦ [13]咸菜~ [22]下底~，~降

Ø [35]阿~喜（喜鹊）桠安1，放：~在床上 [22]我~里（我们）；做单数一人称时读o^{22}轭鸭哑 [33]□水~嘚（蝼蛄）‖阿~哥

ia

n [35]挨黏 [22]□~鼻孔（吸溜鼻涕）[11]娘舅~

l [22]了1，语气词

tɕ [35]渣□疑问代词成分，相当于"哪"遮关：~门‖驾蔗 [13]‖甲~等 [22]假真~。休~扎轧只量词：一~炙~火（烤火）摘~果 [33]榨‖嘉佳炸~油

tɕ^{h} [35]车水~□~公爷（姻伯）叉1，~~裤（开裆裤）杈 [13]‖吃恰洽 [22]扯尺赤拆坼 [33]岔汊□酒~嘚（滤酒器）□~路$^{=}$（锈蚀）

dʑ [13]查茄搽茶蛇择2，~日嘚（择日子）[22]社挂~清 [11]石~头□直~（直爽）择1，~菜蹋跨拃一~（大拇指与中指张开的长度）

ɕ [35]沙赊杉~木湾（地名）纱砂萨~坛 [13]‖辖峡侠 [22]□~~音（知了）舍~不得 [33]□~里（干净）□看：~见 [11]射腋麝□~亮（光滑）

Ø [35]亚 [13]爷1，父亲‖下~水压厦~门押 [22]野惹雅 [33]‖丫~头 [11]夜□洒，甩也 [12]‖涯崖霞

ua

ts [35]‖炸~油

s [13]‖刷

k [35]瓜 [22]剐刮寡括 [33]卦挂

k^{h} [22]胯垮 [33]‖夸

g [13]□名词。爪：~嘚（手残）[22]□动词。抓，挠：~痒

iæ

p [22]八 [33]拜 [11]败稗

p^{h} [22]□坡

b [13]排簰筏牌~~（名词重叠，表小称）

m [13]埋 [22]买卖

t [35]爹爷爷 [22]□~头蒙$^{=}$（刘海儿）啄叩击：~头 [33]带戴 [11]待~客代袋

t^{h} [35]胎 [22]脱 [33]太~岁

d [13]台~盘（桌子）抬~嫁妆苔青~□~子（斜视）[22]溅淋 [11]籴买入粮食

n [35]躷形容词。小奶~~（乳汁，乳房）黏~起来 [13]硙~胡椒（磨胡椒粉）颜~色崖~山（绝壁）岩~山（石头山）[22]镊老：~夹子（镊子）[33]懒烫 [11]奈艾㑚

l [35]□圈圈，环形的东西 [13]来~呱（来了）[22]□穿衣不扣□~肩头（溜肩膀）□舔□白~~（雪白）[11]癞赖~皮□~崽崽（一种可做豆腐的野籽）

tɕ [35]街阶~基斋□聚~（招财童子）灾天~栽

□纺⁼～虫（蟋蟀）[22]改解～开脊 [33]届再～来界～背嘚（地名）戒借 [11]寨～门谢花～了

tɕʰ [35]猜□～公（亲家翁）差～狗子（衙役）。少，欠：～点□～卧⁼觉（打盹儿）[22]撮～谷嘚（用撮箕收拢谷子）插～花酒 [33]菜笪斜

dʑ [13]斜邪裁财发～柴材药～齐崭～ [22]罪得～在 [11]席竹～

ɕ [35]筛揩鳃腮 [22]色红～杀煞锡瞎□摩挲厦偏～写 [33]晒泻

k [35]乖 [33]怪锯动词：～板子

kʰ [22]□泻～（涝）块 [33]快

∅ [13]鞋 [22]矮 [11]狭窄

yæ

ɕ [35]痧 [22]罚法做～事发～财

∅ [13]怀～细家（怀孕）[22]袜挖会～不～ [11]坏滑□哄

e

p [13]‖柏伯～父泊梁山～

pʰ [13]‖泊～船迫

m [13]‖墨～鱼没默陌

f [13]‖活惑或

t [13]‖得2，结构助词：硬好～（太好了）德 [22]嘚名词词缀，相当于"子"得3，助动词：不～来。结构助词：睐～起（看得起）。介词：相当于"在"

tʰ [13]‖特

l [22]呢体助词

ts [13]‖责窄折浙则哲

tsʰ [13]‖撤册泽测侧彻宅策择选～ [33]‖车火～

s [35]‖舍宿～ [13]‖涩设色～鬼摄涉 [22]色桂⁼～（这么）[33]‖些2，快～

z [13]‖热社～会

k [13]‖格革

kʰ [35]丘 [13]‖客～气克刻时～，刀～ [33]去～年。又读y^{13}：入～（进去）

h [13]‖核吓骇

∅ [35]‖贰 [33]饵 [12]‖儿幼～园而

ie

p [35]边鞭□虻～（牛虻）[22]瘪扁憋匾□挽：～袖子 [33]变闭～眼睛 [11]病便方～鼻1，针～孔

pʰ [35]偏遍篇 [13]‖撇～捺 [22]撇～开 [33]骗片

b [13]平便～宜坪‖别～离，区～

m [13]绵眠明名棉‖灭 [22]抿□凹进去 [11]命面～前庙～屋篾蜜沕潜水：遮⁼～嘚

t [35]癫颠钉名词 [13]‖跌 [22]底点～亮（点灯）[33]滴动词：～水钉动词□掷‖爹干～ [11]定五心不～殿

tʰ [35]天梯厅～堂添 [22]帖贴铁 [33]剃听替屉

d [13]提～箱帝皇～填甜田‖谍 [22]弟 [11]碟笛

n [35]‖匿义～气 [13]燃年鲇阎泥‖业宜孽聂 [22]耳碾～头（地名）染～色镊新：～子 [11]热二贰～日艺手～义情～撵追□瘪：～禾壳（秕子）□牙箍～（牙床）

l [13]帘～架（造纸的工具）猎联鲢连莲镰犁‖例裂劣列烈 [22]领岭～上 [33]练炼恋

tɕ [35]正～月惊～来呱（醒来）粳～米 [13]‖竭洁结～束劫 [22]姐小～颈折～叠截节揭接结～痂 [33]颤打～见占～卜，～领 [11]

自忌

tɕʰ [35]轻牵‖窃捷 [13]‖妾杰切一～ [22]切～开 [33]砌□～不泥=得（巴不得）

dʑ [13]成2，～亲 缠‖谢姓 [11]值～钱

ɕ [35]声掀仙水～花‖泄赦卸谢感～ [13]‖谐穴袭协胁 [22]洗歇 [33]细扇‖些1，好一～ [11]现～饭

∅ [35]嫣形容娇嫩可爱：嫩～～烟□～青=（害喜）腌阉液 [13]赢盐延～长檐贤嫌‖爷新：～～（祖父）乙 [22]也～许翼噎 [33]咽‖椰燕 [11]夜～市叶焰易容～页舌食2，名词。指食物：猫匿=～（形容吃得少而精）

ue

s [13]‖说

k [13]‖国

ye

tɕ [13]‖诀掘决倔

tɕʰ [13]‖缺～德

dʑ [13]‖绝～对

ɕ [13]‖恤薛 [33]‖靴

∅ [35]□～子（豁唇子）[13]‖粤曰阅悦

o

p [35]苞蒜～～搬包1，小～（胃）[13]‖驳泼博剥～削 [22]绑～起来 [33]半放～牛‖波玻菠播 [11]傍倚

pʰ [22]纺□～街=虫（蟋蟀）

b [13]婆2，狗～（雌母）盘螃房正～‖薄～荷 [22]蚌

m [35]‖募幕慕墓睦摸牧 [13]茫磨动词茅忙～得很膜毛眉～‖木～耳漠模莫寞目沫 [22]往～年网满 [11]忘望～你来磨名词帽～嘚（帽子）[12]‖魔模摩 [42]‖母

t [35]当～面‖剁 [22]躲戥小型的秤挡短 [33]当～方（地方）当～铺 [11]缎～嘚（缎子）

tʰ [35]汤唾 [13]‖托 [22]椭妥

d [13]驮唐糖膛堂1，拜～塘团～鱼驼‖夺堕惰 [22]舵断～呱（断了）

n [13]‖诺 [11]糯 [12]‖挪

l [35]亮天～□～坏=（哄）[13]郎招～□～转（附近）‖乐快～，音～烙骆洛络 [22]摞卵鸡包～（鸡蛋）□推□打～（大舌头）[33]啰□～～虫（蜻蜓）[11]乱 [12]‖罗骡 [42]‖裸

ts [35]钻动词：～洞庄簪银～ [13]‖琢灼镯作着穿～绰桌书～卓 [33]钻名词：～子 [11]肠 [42]‖佐

tsʰ [35]仓舱‖挫窜措 [13]‖错～误 [33]掺□养

dz [13]藏蚕～嘚屎（家蚕的粪便）

s [35]酸桑2蟀 [13]‖硕朔塑芍 [22]磉琐 [33]算蒜‖梭 [42]‖所

z [13]‖若

k [35]钢缸江河干天～冈竿官‖过～失 [13]‖廓阁鸽割郭葛姓葛草本植物，纤维可织布：～布戈 [22]果讲广 [33]贯～穿□～斧（锛头）虹彩～灌个2，助词，相当于“的”‖哥 [11]箇近指代词，本字为“个”

kʰ [35]‖课阔～气 [13]‖壳堆～纸扩 [22]可 [33]‖科蝌

ŋ [13]蛾鄂鹅 [11]饿 [12]‖俄

h [35]欢荒方糠慌壳1，头～‖货～车 [13]‖霍藿鹤郝合～作喝 [22]窾碓～喊火打～石枉冤～ [33]炕～头 [11]汗□～竿（晾衣架）换焊旱

ɦ [13]和2，~喜□~先（以前）寒~露含□崩⁼~（田埂）黄皇~上蝗蟥何~滴（怎么）王大~行2，量词：一~字‖项一~贺恶~得很 [12]‖何姓

∅ [35]鞍□不平安2，~名（起名）□~喊（吆喝）‖握卧~铺 [22]碗我单数，做复数时读a²² [33]‖阿~胶莴蜗 [11]□~着（睡着）

io

t [35]中~心张1，量词：一~。动词：~饭（盛饭）[33]胀

d [13]长~短场道~常 [22]仗1，炮~丈量词：一~ [11]着丢失：~呱（丢了，掉了）。落：~胎（滑胎）

n [35]□混合物：~饭嘚（几种谷物混合而成的食物）[13]‖虐

l [13]梁量~一下凉良粱粮‖掠略 [22]两俩了2，语气词 [11]亮1，月~

tɕ [35]浆将桩妆嫁~姜生~樟章文~装~病张2，姓 [13]‖爵觉 [22]蒋涨仗2，打~桨掌~坛师 [33]糨~糊壮账收~酱呛刺激：~人 [11]匠撞~伤呱让像着睡~状上~面尚

tɕʰ [35]菖眶枪腔开~框窗叉2，观音~疮生~□~边（贴边）[13]‖雀鹊确 [22]抢厂 [33]唱□禾~（挑柴的工具）□一~（一阵）□喷嚏：喷~

dʑ [13]尝~一口床墙□侧，~起眠（侧起睡）[22]象上~山

ɕ [35]相~亲双霜乡香~气□~青头（蛇名）商~量伤箱桑1 [13]‖学中~ [22]响鸣~师傅想享赏 [33]相~貌□~啵（亲嘴）向

∅ [35]秧殃 [13]羊杨阳‖约弱岳~飞，南~ [22]痒养 [11]样□平原

ai

p [35]掰般班扳斑~鸡 [22]版一~板楼~北摆 [33]扮跰脚跛□~扯鬼（说话不算数的人）[11]饭办~酒席

pʰ [35]攀双手用力抓住：~树‖派 [22]□一~（两臂平伸两手伸直的长度）[33]襻 [11]□背，动词：~包（背包）。名词：~~（包）

b [12]‖牌招~

m [35]‖迈 [13]蛮 [22]晚~崽 [11]慢墨~盘□寻藏~藏（捉迷藏）脉

f [35]翻番 [22]反~复 [33]贩 [11]县新宁~

v [35]湾弯豌‖外~国 [13]还~愿烦缘环玄~孙圆元丸矾园菜~横 [22]犯~事远□~呱（小产）[33]歪剜 [11]外~家（娘家）月院~嘚（院子）万一~怨~嘚（抱怨）愿 [12]‖槐淮怀~念

t [22]得动词：~知（知道）[33]汰□涞⁼~（脏，不干净）

tʰ [35]‖太~守态泰 [33]‖苔舌~

d [13]‖大大夫怠待招~贷殆

n [35]奶新1：~~（祖母）‖耐忍~ [22]奶新2：~娘 [11]耐~烦□勤~（勤快）[42]‖乃

l [35]□掐 [13]□~基⁼（外面）涞□~汰⁼（脏）[22]冷□~嘚（肉）[33]赖~账 [11]□系，捆（物品）[12]‖来~往

ts [35]腈~肉（瘦肉）煎尖‖载年~债再~见 [22]崽剪井 [33]箭‖灾~难 [11]贱旋~嘚（头发旋儿）[42]‖宰

tsʰ [35]签抽~千清~水鲜新~□~柴（把柴从中间破开）青□烟⁼~（害喜）清凉‖蔡 [22]彩

产~量浅请 [33]‖钗差公~ [42]‖采睬

dz [13]前面~晴钱全‖在~意寨大~ [11]贼 [12]‖材~料才人~豺财~产

s [35]腥仙家~星先生2，白~~（形容很白）‖赛 [22]癣醒睡醒。散：包卵~呱（蛋散了）选 [33]线□~何⁼几⁼日（大前天）□灵~（机灵）

k [35]甘2，心~情愿跟耕羹粥肩疥该干~净更打~‖介械界~线丐盖宝~头 [22]赶~山（打猎）杆笔~□股□哭。动物发出的声音：鹅~（鹅叫）梗笕引水的长竹管 [33]间~断‖皆阶~级 [42]‖解~放

kʰ [35]□喊，叫：~你去（叫你去）‖溉慨概 [22]□刀~嗰（放刀的器具，上下有出口）[33]‖开~业 [42]‖凯

ŋ [35]‖爱相~隘碍 [22]眼□蛆~风（腮腺炎）□剁 [33]‖哀 [11]硬 [12]‖岩红~（书名）癌呆捱

h [35]坑阴~：阴沟 [22]很核黑海 [11]害~人苋~菜陷~起呱

ɦ [13]闲行1，动词：~路。量词，一~还副词：~要‖亥害~怕桁 [12]‖孩

ø [35]庵 [33]晏

iai

tɕ [35]争砖 [22]盏 [33]转量词：一~（一趟）。动词：轮子~ [11]赚栈橱柜錾

tɕʰ [35]川穿铛 [22]产~难婆（难产的孕妇）䅟~嗰（一种杂粮，面粉可做粑粑）[33]撑~伞掌串

dʑ [13]传~错呱

ɕ [35]闩山生1，~意栓 [22]闪虱

ø [13]船渔~椽

uai

s [35]‖帅率 [33]‖衰

k [22]拐~脚□生殖器：肏~（交合） [33]惯~势 [42]‖拐~卖

kʰ [35]圈‖会~计 [22]□虫~屎⁼（蚯蚓）□左~子（左撇子）[33]劝 [42]‖刽

g [13]拳

ei

p [35]‖贝 [33]背马~辈‖婢悲碑~文卑 [11]吠背~诵

pʰ [35]胚坯土~嗰（土坯）‖佩沛 [33]配肺猪~

b [13]陪赔 [22]倍焙 [11]卜 [12]‖裴培

m [35]‖昧 [13]梅煤媒霉 [22]每 [11]妹 [12]‖莓玫枚 [42]‖美

f [35]兄飞2，檐~嗰（蝙蝠）开~门灰‖废~气慧肺~病痱费讳彗惠2，优~ [22]血 [33]悔废~呱‖非妃恢辉飞~机麾挥 [42]‖匪毁翡

v [35]幽蓝~~淤煨‖畏位胃魏谓伪慰~问卫 [13]围回‖惠1，贤~桧未汇味~精会能说~道 [22]拐委 [33]爱~财喂‖威 [11]越味~道 [12]‖维微肥危桅绘为苇违惟茴徽唯 [42]‖纬伟萎

t [35]朱姓猪雕堆朝打三~ [22]鸟~儿。屌（男性生殖器）竹~床 [33]对兑钓碓吊 [11]箸筷子

tʰ [35]挑~担嗰推 [33]跳蜕退 [42]‖腿

d [13]□钝槌锤捶‖队 [11]直2，~与弯

l [35]□装鱼的篓子，竹编：泥鳅~~溜~滑‖类擂累内虑 [13]雷 [22]垒礧~嗰（去掉稻壳

的农具）柳~树 [33]眯 [11]绿六料木~嫽玩力 [42]‖累积~屡

ts [35]蕉芭~焦~捞（锅巴）椒睛揪 [22]嘴酒塞~倒 [33]醉醮 [11]就~倒袖衣~

ts^h [35]催蛆锹秋鳅 [22]娶取~下来 [33]趣讲~话黢黑~~

dz [13]随~你 [11]绝~种 [12]‖随~时

s [35]修~屋箫萧硝悄~~话消~化 [22]小粟雪 [33]□鸡食袋：~盘碎岁几~笑

uei

ts [35]‖赘最

ts^h [35]‖翠脆粹 [33]‖炊崔

dz [13]‖罪~犯 [12]‖垂随~便

s [35]‖税岁~月 [13]‖说小~ [22]‖水~果 [33]‖虽

z [13]‖瑞

k [35]龟癸归~家‖贵~州桂 [13]□表近指，相当于“这” [22]蕨~鸡=（长叶子蕨菜）轨鬼骨~头 [33]盖~盖（盖子）贵东西~绢大~峒（地名）‖归当~闺窥圭规 [11]柜□相当于副词“就”：~来（就来）[42]‖诡

k^h [35]亏‖愧溃 [22]跪 [33]‖盔魁

g [12]‖逵

h [35]‖贿

yei

tɕ [35]□~嘚树（果实像板栗的树木）[22]拙

$tɕ^h$ [35]吹 [22]出~来

ɕ [22]鼠水~井

au

P [35]苞1，松树~~包2，线、绳的结。蛋：~卵‖报~告 [33]爆~炸□蹲‖苞花~~胞同~包~子 [42]‖宝~贝保~护堡

p^h [35]藨草莓类野果脬尿~‖雹爆~发 [22]刨1，~花 [33]泡水~炮苞2，~谷糖‖抛~弃 [11]□不实：萝卜~呱心（空心萝卜）[42]‖跑

b [13]□突出物：大脖子‖暴抱曝瀑~布

m [35]猫‖冒貌帽军~ [11]冇 [12]‖矛毛~泽东 [42]‖卯

t [35]蔸逗兜裆‖到~期 [22]陡斗一~ [33]叨 [11]痘豆~腐 [42]‖岛捣祷

t^h [35]偷‖套外~ [33]透‖掏涛滔

d [13]头日~堂2，茶~。又读do13‖道~理导稻 [12]‖陶

n [13]柔软，烂：饭不~（饭不软）[22]脑

l [35]捞~轻□臊气 [13]楼劳~得很（很累）[11]漏□荆棘缠绕 [12]‖劳~动

ts [35]‖照~片 [22]走爪着~急 [33]‖朝~气昭糟~糕招~生遭 [42]‖枣澡找~对象

ts^h [35]‖造~反 [33]凑‖钞抄~家操超

dz [13]‖赵皂召兆 [12]‖韶潮曹皂朝~代

s [35]‖绍邵少 [33]嗽‖稍

z [12]‖饶 [42]‖扰

k [35]钩勾~尺（曲尺）阄‖告~示 [22]狗 [33]□到达‖高~兴糕膏牙~

k^h [35]抠 [22]考拷烤 [33]敲扣靠□~花头（叫花子）劁锯~嘚（阉公猪）

g [13]□~粑糍（小孩吃的米糊）

ŋ [35]凹 [13]熬牛

h [35]□头~（脑袋）耗好喜~ [22]口 [33]号1，一~ [11]候~倒（等候）

ɦ [13]喉猴嚎浩‖号2，~子 [22]厚后~来 [12]‖壕毫豪

Ø [35]瓯杯子 [22]呕 [33]沤怄

iau

p [22]表 [33]‖彪标膘

pʰ [33]‖漂飘票

b [13]□～～（疙瘩）[12]‖瓢嫖

m [35]‖妙庙关帝～ [13]苗描 [22]‖秒藐 [42]‖渺

t [35]‖悼 [33]‖貂刁 [11]镣

tʰ [33]‖挑～剔

d [13]‖调～和调～动 [12]‖辽瞭嘹聊疗

n [35]撩 [33]□皱 [11]尿 [12]‖尧 [42]‖杳

l [35]‖廖料～事如神 [42]‖了～解

tɕ [35]‖较叫 [22]绞狡饺缴剿 [33]□堂～佬（堂叔）‖娇焦～急胶蕉香～郊交～通浇骄

tɕʰ [35]搊‖窍鞘翘～板 [33]翘～天娘（长舌妇）□～嘴：噘嘴 [42]‖巧

dʑ [13]愁‖轿～车 [12]‖乔樵侨

ɕ [35]搜馊‖酵孝～顺 [33]瘦‖销消～息逍霄云～宵 [42]‖晓

Ø [35]‖要重～跃耀 [13]摇‖校学～效 [33]‖幺要～求邀妖 [12]‖淆遥谣姚

ɤu

p [35]胞双～胎包3，～菜 [22]饱保～人剥～皮宝押～拨钵 [33]簸报～伊（告诉他）豹 [11]菢～小鸡刨2，～土

pʰ [35]□檐～鼠（蝙蝠）坡泡～谷种抛～开 [22]剖 [33]破

b [13]浮婆1，狗～（母狗）袍 [11]缚～裙（穿裙子）薄厚～

m [35]‖茂贸 [22]亩牡某 [12]‖谋

f [35]窠 [22]阔宽火 [42]‖否

t [35]多刀‖斗～争 [13]‖督 [22]着穿：～衣朵 [33]倒～水，～塌都～城 [11]盗 [42]‖斗北～星

tʰ [35]拖 [22]讨 [33]套一～

d [13]绹动词，系，捆。名词，绳索淘桃‖豆蚕～踱毒消～渡度妒杜独～轮车 [22]肚2道～士 [11]囟叐扔；丢弃 [12]‖头丫～图涂投途

l [35]捞～钱□动词：～开（搬开）□～丝（蜘蛛）‖怒陋 [13]油2，～渣牢坐～萝痨萝螺□～眼睛（踝子骨）朒箩锣‖赂陆录禄鹿 [22]虏鲁卤努老篓一～炭恼 [11]落□舀：～汤 [12]‖芦庐奴卢

ts [35]糟酒～□欧=～（垃圾）‖咒昼白～奏 [13]‖足筑卒祝竹～字头烛 [22]阻组找～钱桌一～酒早 [33]种～禾左灶造～孽‖洲舟州九～周邹 [11]住～哪

tsʰ [35]搓 [13]‖触束促轴逐 [22]草吵 [33]躁糙‖初～中 [42]‖础丑～陋

dz [13]□剁槽猪～，～～（山谷）嘈‖族助蜀宙纣 [22]坐□～火（去火）□～斧座锉 [11]凿 [12]‖筹绸酬

s [35]蓑骚‖素数名词诉起～ [13]‖缩续淑肃属叔赎宿嘱速俗～气属 [22]锁索嫂首～饰 [33]扫～把，～地臊‖疏苏蔬酥搜

z [13]‖柔温～受售寿授辱

k [35]膏～药蒿锅歌高好～茭交～钱‖够购构教～书 [22]搞稿角牛～各 [33]窖过动词个1，一～人沟告～状‖勾一～（笔画）[42]‖苟

kʰ [35] ‖ 寇 [22] 壳2，木～～（面具）[33] 货到～

ŋ [22] 藕 [33] 坳山～ ‖ 鸥殴 [42] ‖ 偶

h [35] 嬬 [22] 好～坏合～八字 [33] 孝戴～ [11] 号～脉 [42] ‖ 吼

ɦ [13] 和1，～尚禾河荷□～身（身体）‖ 候时～后以～ [22] 祸后～来娘 [11] 盒学散～ [12] ‖ 侯

ø [35] 屙□～糟⁼（垃圾）欧 [22] □～气（落枕）[33] □舀（用瓢、勺等器具取液体）扷用尺量：～布

iɤu

t [33] ‖ 丢

tʰ [13] ‖ 秃突

n [22] 扭纽

l [33] ‖ 溜～～球 [12] ‖ 流～氓榴硫琉镏 [42] ‖ 柳姓

tɕ [35] 燥～呱（干燥）‖ 究 [22] 捉角—～钱脚 [33] 纠鸠罩 [11] 错～呱

tɕʰ [35] 抄～一遍造～纸 [13] ‖ 曲～折曲酒～，歌～ [22] 炒 [33] ‖ 秋～千

dʑ [13] 求新：～礼（定礼）‖ 就～近舅～～ [11] 勺嚼浊□用斧头砍 [12] ‖ 囚仇球

ɕ [35] 筲 ‖ 秀袖领～兽绣 [13] ‖ 蓄旭畜粟 [22] 削 [33] ‖ 羞修～理 [42] ‖ 朽

ø [35] ‖ 柚育诱幼 [13] ‖ 欲狱 [22] ‖ 友～谊 [33] ‖ 幽～默优 [11] 药 [12] ‖ 尤由游油～票犹邮 [42] ‖ 酉

an

p [22] ‖ 板快～ [33] ‖ 颁班平～子（同辈人）斑～纹

b [13] ‖ 办～公室

m [22] □瓣 [12] ‖ 馒瞒

f [33] ‖ 藩 [42] ‖ 返反～文旁

v [35] ‖ 宦幻 [13] ‖ 万～岁范犯罪～ [12] ‖ 还返～完繁环耳～顽桓帆凡烦 [42] ‖ 皖惋晚～上挽

t [35] ‖ 旦诞 [33] ‖ 丹 [42] ‖ 胆～量

tʰ [35] ‖ 叹 [42] ‖ 坦毯 [33] ‖ 摊贪

d [13] ‖ 弹～琴弹子～但蛋 [12] ‖ 谭檀潭

l [35] ‖ 滥难～民 [12] ‖ 兰玉～片篮～球男～性蓝姓南越～ [42] ‖ 榄览缆

ts [35] ‖ 战栈～道赞 [33] ‖ 簪～子 [42] ‖ 斩展

tsʰ [35] ‖ 灿 [33] ‖ 参搀 [42] ‖ 铲惨

dz [13] ‖ 赚暂站 [12] ‖ 谗惭残禅蚕～豆

s [35] ‖ 疝 [33] ‖ 衫珊 [42] ‖ 陕

z [13] ‖ 善 [12] ‖ 然 [42] ‖ 染传～

k [35] ‖ 干单～舰鉴监 [22] ‖ 秆擀减杆 [33] ‖ 甘～蔗干～杯奸柑奸 [42] ‖ 橄赶～水板感

kʰ [35] ‖ 看 [22] ‖ 坎 [33] ‖ 刊勘堪

ŋ [35] ‖ 案暗按岸 [33] ‖ 安～全

h [35] ‖ 汉罕 [33] ‖ 夯

ɦ [13] ‖ 憾限翰 [12] ‖ 寒～假韩咸～丰（地名）函

ian

p [33] ‖ 编 [42] ‖ 贬

b [13] ‖ 便随～辨汴辩

m [35] ‖ 面～粉 [22] ‖ 免勉 [42] ‖ 缅

t [33] ‖ 店 [42] ‖ 典点特～

d [13] ‖ 淀电奠

n [35] ‖ 恋 [22] 碾～米机 [33] ‖ 研～究 [12] ‖ 严言

l [35] ‖ 验念纪～ [12] ‖ 帘窗～廉怜～爱

tɕ [35] ‖ 荐剑建 [33] ‖ 兼坚艰 [42] ‖ 检碱简践柬锏

$tɕ^h$ [35] ‖ □少，差欠歉 [33] ‖ 签～字纤谦迁 [42] ‖ 歼

dʑ [13] 掮用肩扛 ‖ 健键俭件 [12] ‖ 虔钳前从～

ɕ [35] ‖ 献宪 [22] ‖ 险显

ø [35] ‖ 雁谚燕宴厌艳堰 [13] ‖ 研～墨现～在 [33] ‖ 胭 [12] ‖ 炎颜姓～延～安筵 [42] ‖ 演掩

uan

t [35] ‖ 锻 [33] ‖ 端～正

t^h [42] ‖ 喘

d [13] ‖ 断～绝缎绸～段 [12] ‖ 团～长

l [22] ‖ 卵捧爷～子（拍马屁）

s [33] ‖ 删

k [35] ‖ 罐冠贯观惯习～ [22] ‖ 馆 [33] ‖ 官冠鸡～花关棺鳏观

k^h [42] ‖ 款

h [42] ‖ 缓

yan

tɕ [35] ‖ 鹃卷试～绢眷 [33] ‖ 捐专 [11] ‖ 传～记 [42] ‖ 卷～起

$tɕ^h$ [35] ‖ 篡 [42] ‖ 犬

dʑ [13] ‖ 篆 [12] ‖ 泉传～达传～记倦潜权颧船轮～

ɕ [35] ‖ 羡 [33] ‖ 宣轩

ø [35] ‖ 怨埋～院医～阮 [13] ‖ 县～委沿袁辕援原元圆铅～笔员玄悬源弦 [33] ‖ 鸳渊 [12] ‖ 园幼儿～

en

p [35] ‖ 奔

p^h [33] ‖ 烹

b [13] ‖ 笨

m [13] ‖ 门掌～

f [35] ‖ 愤奋 [13] 份年～ [33] ‖ 分～母芬吩婚昏纷

v [13] ‖ 混浑～浊 [12] ‖ 闻横～竖坟纹焚蚊～香刎

t [35] ‖ 灯 [33] ‖ 登～山（把父母棺木抬上山）

d [13] ‖ 盾邓

l [35] ‖ 论 [12] ‖ 仑伦轮能

ts [35] ‖ 俊镇证政症正 [22] ‖ 整
[33] ‖ 尊珍曾侦遵筝增憎征贞赠
[42] ‖ 震振枕～木拯

ts^h [35] ‖ 撑～杆跳衬秤名词 [33] 村 [42] ‖ 惩

dz [13] ‖ 阵郑 [12] ‖ 诚循橙丞橙逞巡成～功曾承呈旬上～存程

s [35] ‖ 胜肾圣 [33] ‖ 伸～张逊参人～生老～僧牲森 [42] ‖ 审损省湖南～沈

z [13] ‖ 人证～任慎甚任乘盛 [12] ‖ 绳纯

k [35] ‖ 更～改更～加 [22] ‖ □～钱（整钱）
[33] ‖ 羹调～庚耕根～据 [42] ‖ 耿

k^h [42] ‖ 恳垦

ŋ [33] ‖ 恩

h [33] ‖ 亨

ɦ [12] ‖ 痕恒衡行～路

in

p [35] ‖ 并兵殡鬓辫 [22] 饼 [33] ‖ 宾冰槟 [42] ‖ 柄丙禀秉

p^h [35] ‖ 聘 [33] ‖ 拼 [42] ‖ 品

b [12] ‖ 苹凭贫凭评萍屏瓶频

m [12] ‖ 冥铭鸣民 [42] ‖ 皿敏闽悯

t [35]砧□堆 [22]顶鼎 [33]□半：一～丁 [11]沉澄定～金订

t^h [35]伸～手 [22]挺艇 [33] ‖ 厅～长

d [13]停亭虫 [22]重 [12] ‖ 廷庭

n [13]银～子浓密 [22]忍 [11]剩闰认

l [35] ‖ 令 [13]铃淋鳞灵～牌怜可～ [22]蚁 ‖ 岭 [11]另念～经 [12] ‖ 宁零灵入～磷磷邻棱陵菱绫林伶临龄凌

tɕ [35]精～嘚水津吮吸针金京蒸巾筋径惊～蛰斤经真 ‖ 竟竞劲禁襟禁晋进境镜望远～ [22]种谷～诊警紧谨枕～头肿景 [33]中射～浸敬镜～嘚（镜子）‖ 今当～晶荆精～神鲸津天～ [11]□～西$^{=}$(大家) [42] ‖ 锦擎

$tɕ^h$ [35]清～早称亲寝侵冲深～（地名）‖ 庆 [22]揿 [33]趁秤 ‖ 钦卿 [11]揿摁

dʑ [13]陈寻城尘情勤琴芹臣成1，年～ ‖ 静仅净靖尽～力 [22]近尽～头 [12] ‖ 秦擒禽

ɕ [35]□捶：～粑糍（打糍粑）深新心身□元～节（元宵节）升 ‖ 性兴～旺讯辛迅 [33]姓信兴～起焮 ‖ 欣猩申薪馨

∅ [35]姻英因阴形容词：～天，背～。动词：～光（熄灭）‖ 映应～酬；～该 [13]幸行不～盈塍田～神～经 [22]影颖引饮隐 [33]应答～印 ‖ 荫音婴莺阴～历殷鹰淫 [12] ‖ 银～行吟刑形壬娠迎仁～义辰型寅

un

k [22] ‖ 滚磙

k^h [35] ‖ 困 [33] ‖ 昆坤

yn

tɕ [35] ‖ 圳深～ [22] ‖ 准～备 [33] ‖ 军均君

$tɕ^h$ [42] ‖ 顷蠢～笨

dʑ [13] ‖ 郡 [12] ‖ 琼

ɕ [35] ‖ 驯殉训教～舜 [33] ‖ 熏勋

∅ [35] ‖ 孕泳咏韵熨～斗 [13] ‖ 文云～梯 [33] ‖ 晕 [11]运问 [12] ‖ 萤～光棒耘莹营荣 [42] ‖ 尹永允

aŋ

p [35]梆敲～子帮□～额头（前额较突出）‖ 棒～得很 [33]□往外拉：～出来 ‖ 邦 [11]棒～～，～叉（笨蛋）[42] ‖ 绑～架榜谤

p^h [35] ‖ 胖 [33]□一～人（一堆人）

b [12] ‖ 旁庞

m [22]蟒莽□～气（气喘）□～虫（蚜虫）[12] ‖ 氓流～盲忙帮～

f [35] ‖ 放～射 [22]仿访谎恍坊晃幌 [33] ‖ 芳

v [35]旺 [13]□摇：～头肪王灶～ ‖ 妄望希～ [33] ‖ 汪 [12] ‖ 皇玉～大帝 房账～妨簧亡隍凰防 [42] ‖ 枉～法往～来

t [35]当～头炮□～长沙（到长沙）灯登～仙 [22]等党档 [33]铛铃～凳冻 [11]洞峒麻林～（地名）

t^h [35]［他人］～里（别人）[22]淌涮：～杯子桶 [33]痛

d [13]藤筒誊腾同副词。全，都：～来了（都来了）桐 ‖ 荡 [22]动 [12] ‖ 堂棠糖

l [35] ‖ 浪 [13]［男人］～家笼聋咙喉～ ‖ 郎～君 [33]□缝隙：门～～□后～背（后脑窝子）[12] ‖ 囊榔狼廊 [42] ‖ 朗

ts [35]‖障莽瘴账~房 [22]□~呱（东西朽烂）[33]甑‖张主~ [11]［昨日］~嘚（昨天）[42]‖掌~门

ts^h [35]‖倡畅 [42]‖敞

dz [13]旬几~（多少岁）层‖仗~势杖 [12]‖尝~试场赶~

s [35]丧 [33]送‖商~店 [42]‖偿嗓

z [42]‖壤

k [35]杠根树~ [22]哽 [33]‖豇纲刚江长~岗 [42]‖港

k^h [35]‖抗 [22]□灰尘扑~（蓬头垢面）[33]‖康慷

ŋ [12]‖昂

h [35]空~心菜，~缺 [22]肯孔鼻~ [11]□脓恨

ɦ [13]‖巷项~羽 [12]‖杭航

iaŋ

t [35]点差~咖嘚⁼（差点儿）

n [35]‖酿~造 [22]酿侍弄：~田（耕田），~菜（种菜）[11]娘接生~（接生婆）

l [35]‖谅量数~

tɕ [35]‖降下~ [22]奖 [33]□岭‖江走~湖僵姜姓将刚~~章盖~

$tɕ^h$ [33]□欺负，逼迫‖枪~毙昌腔~调睁缰疆框病字~（偏旁）[11]□踩

dʑ [13]□~呱（掉了）丈动词：~田 [11]犟性格执拗 [12]‖强详祥翔场冇睐~（没看头）

ɕ [35]‖橡 [33]□渗□脚粘~（脚跟）‖湘厢香~菇 [42]‖响影~

ø [35]‖恙 [13]萤~火虫 [33]‖央 [12]‖烊降~服洋鸯扬疡 [42]‖仰

uaŋ

ts [33]‖脏~水赃妆化~装服~

ts^h [35]‖创 [22]撞1，~见 [33]‖苍疮痔~[42]‖闯

dz [13]‖藏西~脏五~撞2，~酒（米酒与甜酒的混合酒）

s [33]‖孀 [42]‖爽

k [33]‖光电~ [22]‖广~州

k^h [35]‖况矿旷 [33]‖框2，四~栏（偏旁）筐匡

g [12]‖逛狂

oŋ

p [35]风动~（刮风）枫崩□~含⁼（田埂）分1，~家 [22]本 [33]‖绷 [11]份一~

p^h [35]埲~尘（灰尘）锋利~呱（锋利）蜂喷~香‖碰 [22]捧 [33]喷~水

b [13]□漫篷□~河（投水自尽）□~豆（饭豆）彭朋棚獖盆 [12]‖蓬鹏

m [35]蚊~嘚（蚊子）‖孟 [13]门开~□头~（头发） [22]懵猛 [11]梦□~栏（牛发情）闷□晕[12]‖盟蒙萌

f [35]烘荤封讽分2，一~ [22]粉 [33]粪~门（肛门）‖风伤~峰锋雷~疯丰 [11]缝一条~

v [35]□涝，淹：水~呱（水淹了）瘟温 [13]逢魂‖奉俸 [22]稳 [33]瓮 [12]‖缝~纫机

t [35]墩东冬端~午节‖栋 [22]懂董 [33]种芒~（节气）扽顿敦竖，直立

t^h [35]通吞 [22]捅统

d [13]同~学铜‖峒洞~口县 [12]‖童

l [35]‖弄~堂 [13]笼~头龙~宫 [22]陇拢

	[11]闹嫩□倒，靠弄依靠，表感谢：～起尔（靠你啊）[12]‖农脓胧隆 [42]‖垄
ts	[35]宗祖～中～夕节（中秋节）‖众纵棕粽 [22]总种几～ [33]‖鬃忠衷中当～综钟宗～教踪
tsʰ	[35]葱囱 [33]寸‖冲～动聪匆充 [11]揰～卧⁼着（打瞌睡） [42]‖宠
dz	[13]松～树重～新仲 [12]‖重～复崇从丛
s	[35]甥松～紧宋孙 [22]耸怂榫省～钱笋 [11]㞞丑，难看
z	[13]‖讼颂诵
k	[35]功～夫公弓躬工蚣供～不起‖贡 [22]拱 [33]棍供～养‖龚功～劳宫恭攻 [42]‖巩汞
kʰ	[35]‖控 [22]恐孔～子 [33]空～军
g	[13]裙‖共～产党 [22]菌
h	[33]‖轰
ɦ	[13]凤云红匀□炖，熬：～菜 [12]‖冯虹霓～弘宏洪鸿
ø	[33]‖翁

ioŋ

n	[13]浓与"淡"相对 [11]润～谷嘚（被水浸泡的谷子）
l	[13]龙九～（地名）
tɕ	[35]钟终中郎～ [22]准 [33]圳水沟 [11]共～伞（共用一把伞）
tɕʰ	[35]椿春 [22]蠢～得很 [33]铳
dʑ	[13]穷 [22]□钝
ɕ	[35]凶吉～，～恶胸 [33]训～话嗅□漱匈 [11]顺□一～官（一任官员）
ø	[13]溶容镕雄～鸡公（公鸡）熔融绒 [22]涌拥勇 [33]‖庸 [11]用 [12]‖戎熊茸雄英～蓉榕 [42]‖恿

ŋ

ɦ	[13]人～话 [22]五～个午端～ [11]木～头日入□～滴(这样)
ø	[22]尔你

第四章 词汇特点

从词汇的构成系统上来说，峒话必然有一部分词是与共同语说法和表义一致的，如天、地、人、风、雨、雪、水等，这些是从共同语中传承下来的；也有相当一部分是普通话和新宁话向峒话输入的借词，如：火车、汽车、电话、电脑、空调、网络等。这些借词进入峒话有三种情况：第一种是外来词语连音带义整体直接进入峒话，借词中这种情况占多数。如："水泥 $suei^{22}ni^{13}$""西装 $ɕi^{33}tsuaŋ^{33}$""军帽 $tɕyn^{33}mau^{35}$""贪官 $t^{h}an^{33}kuan^{33}$""发票 $fa^{13}p^{h}iau^{35}$"，等等；第二种是在借词内部，峒话音夹杂新宁话音，形成峒话与新宁话语音合璧词。如："火车 $fɤu^{22}ts^{h}e^{33}$"中的"火"读 $[fɤu^{22}]$ 是峒话音，"车"读 $[ts^{h}e^{33}]$ 是新宁话音；"百货店 $pa^{22}ho^{33}tian^{33}$"中的"百"读 $[pa^{22}]$ 是峒话音，"货"和"店"的读音都来自新宁话；第三种是新宁话的说法被折合进峒话的音系。例如：蝙蝠，峒话有两种说法："檐蜂鼠 $ie^{13}p^{h}oŋ^{55}ɕyei^{22}$"和"檐飞嘚 $ie^{13}fei^{35}te^{21}$"。前者是峒话本来的说法，后者是新宁话的说法，新宁话称蝙蝠为"檐飞子 $ian^{21}fei^{33}tsɿ^{0}$"，这一说法被峒话吸纳进入词汇系统，"子"尾在峒话中被"嘚"尾取代，语音也进行了折合。

此外，峒话还包含了一些在造词理据、构词方式、词义范围等方面与周边汉语方言有显著差异的特色词语，本章从方言特别词、方言古语词、民俗文化词三方面来分析瑶族峒话的词汇特点。

第一节

方言特别词

一　区别于湘语新宁话的词汇特点

从所处的语言环境来看，峒话受新宁话的影响较大，但也保留了自身的词语特色。新宁话以县治所在地的金石镇话为代表，属于湘语娄邵片邵武小片（鲍厚星、陈晖，2005）。下面将从构词方式、源流差异等方面来分析峒话区别于湘语新宁话的词语特点。若有举例，前者为峒话，后者为新宁话。

（一）构词方式

1. 词根不同，音节数目不同

同一个词，峒话与新宁话的构词词根不同，音节数目也不一样。从命名理据上看，峒话更偏向直观、形象，具有更强的地域色彩，新宁话受西南官话影响较大，命名也向官话靠拢，造成词根的不同。例如："食指"，新宁话从数目上着眼，称"二手指"，峒话从形象性出发，称"鸡公手指"；"青蛙"，新宁话称"蛤蟆"，与官话接近，峒话突出了事物的外形及色彩特点，称"青麻婆"；同样，"山药"，新宁话称"淮山"，更接近官话，峒话则称"狗拐$^{=}$薯"，突出了形状和属类。

峒话是多音节词，新宁话是双音节或三音节词。如：

蜜蜂嘚糖蜂蜜 mie^{22}p^{h}oŋ^{35}te^{21}do^{13}	蜜糖 mi^{13}daŋ^{42}
过年粑糍 kɤu^{33}nie^{13}pa^{35}dʑi^{33}	年糕 nian^{12}kau^{31}
天老大人老天爷 t^{h}ie^{35}lɤu^{22}ta^{11}ɦŋ^{33}	天老爷 t^{h}ian^{33}lau^{42}ie^{21}
寻藏墨$^{=}$藏捉迷藏 dʑin^{13}dzo^{13}mai^{11}dzo^{33}	躲屏屏 to^{42}paŋ^{35}paŋ^{55}
打相打 ta^{22}ɕio^{35}ta^{22}	打架 ta^{44}tɕia^{35}

2.结构方式的差异

峒话与新宁话词语结构方式的不同，主要体现为峒话多用重叠式构词，新宁话多为单音节词、派生词或复合词。例如：

疤疤 pa^{35}pa^{55}	疤 pa^{33}
瓢$^{=}$瓢$^{=}$疙瘩 biau^{13}biau^{33}	瓢$^{=}$biau^{12}
心心 ɕin^{35}ɕin^{55}	馅 ɕian^{35}
竹竹 tei^{22}tei^{22}	竹子 tsɤu^{13}tsɿ^{0}
盖盖 kuei^{33}kuei^{33}	盖子 kai^{35}tsɿ^{0}
棍棍 koŋ^{33}koŋ^{33}	棍子 kun^{35}tsɿ^{0}
鸟鸟 tei^{22}tei^{22}	鸟崽 tiau^{42}tsai^{21}
锤锤锤子 dei^{13}dei^{33}	钉锤 tin^{33}dzuei^{33}
渣渣垃圾 tɕia^{35}tɕia^{55}	河$^{=}$□ ɣo^{12}tsʰo^{33}
槽槽里 dzɤu^{13}dzɤu^{33}ti^{33}	山谷 san^{33}ku^{13}
坑坑水沟儿 hai^{35}hai^{55}	水圳 suei^{42}tsuen^{35}
埲埲灰尘 pʰoŋ^{35}pʰoŋ^{55}	灰 xuei^{33}
打跑跑发抖 ta^{22}pʰau^{22}pʰau^{22}	打摆子 ta^{44}pai^{42}tsɿ^{0}
房水水 bo^{13}ɕyei^{22}ɕyei^{21}	奶水 lai^{42}suei^{21}
拱拱琴 koŋ^{22}koŋ^{55}dʑin^{13}	二胡 e^{35}vu^{21}
麦嘚梗梗麦秸 ma^{11}te^{0}kai^{22}kai^{22}	麦秆 me^{13}kan^{42}

新宁话多用“子”尾或“崽”表小，但峒话多用“崽崽”重叠表小，且使用范围比新宁话广。例如：

猪崽崽 tei^{35}tsai^{22}tsai^{22}	猪崽 tsu^{33}tsai^{42}
羊崽崽 io^{13}tsai^{22}tsai^{22}	羊崽 iaŋ^{21}tsai^{42}
鸡崽崽 tɕi^{35}tsai^{22}tsai^{22}	鸡崽 tɕi^{33}tsai^{42}
豆腐崽崽豆腐脑 tau^{11}pʰu^{22}tsai^{22}tsai^{22}	嫩豆腐 nen^{35}tɤu^{53}fu^{31}
［男人］家崽崽男孩 laŋ^{13}ka^{55}tsai^{22}tsai^{22}	伢子家 ŋa^{12}tsɿ^{42}ka^{33}
妹嘚家崽崽女孩 mei^{22}te^{0}ka^{35}tsai^{22}tsai^{22}	女子家 ny^{42}tsɿ^{42}ka^{33}
瓜崽崽瓜子儿 kua^{35}tsai^{22}tsai^{22}	瓜子 kua^{33}tsɿ^{0}
蜂崽崽蜂幼虫 pʰoŋ^{35}tsai^{22}tsai^{22}	蜂子 pʰoŋ^{33}tsɿ^{0}
鱼嘚崽崽鱼苗儿 ny^{13}te^{0}tsai^{22}tsai^{22}	鱼花 y^{12}xua^{33}

3.词序差异

峒话的少数词语与新宁话的词序不同。例如：

闹热 loŋ^{11}nie^{11}	热闹 ze^{21}nau^{35}	爷娘 ia^{13}nia^{21}	娘爷 niaŋ^{21}ia^{22}
弟兄 die^{22}fei^{55}	兄弟 ɕioŋ^{33}di^{44}	粑糍 pa^{35}dʑi^{33}	糍粑 dzɿ^{12}pa^{33}
崖山 niæ^{13}ɕiai^{55}	山崖 san^{33}ia^{12}		

（二）源流差异

1.保留古语词

峒话中沿用了一批古汉语词语，这些词语已不见于新宁话。现列举如下，对词语的考证详见本章第二节。

瓯嘚 au^{55}te^{21}	杯子 pei^{33}tsɿ^{0}	箸 tei^{11}	筷子 k^{h}uai^{35}tsɿ^{0}
啼 die^{13}	叫 tɕiau^{35}（公鸡）	吠 pei^{11}	叫 tɕiau^{35}（狗）
食 y^{11}	吃 tɕ^{h}ia^{13}	归 kuei^{35}	回 uei^{12}
睐 lei^{33}	看 k^{h}an^{35}	蹋 da^{11}	踩 ts^{h}ai^{42}
着丢失 dio^{11}	失 se^{13}	安 a^{35}	放 faŋ^{35}
阔 fɤu^{22}	宽 k^{h}uan^{33}	利 li^{11}	快 k^{h}uai^{35}
伊 i^{22}	他 t^{h}a^{33}	伯伯 pa^{22}pa^{22}	哥哥 ko^{33}ko^{33}
铛 tɕ^{h}iai^{35}	鼎 tin^{42}	嫽玩 lei^{11}	咍 hai^{33}
着～衣 tɤu^{22}	穿 ts^{h}uan^{33}	狭 iæ^{13}	窄 tse^{13}
[illegible]投掷 dɤu^{11}	丢 tiəu^{33}	躰小 niæ^{35}	细 ɕi^{35}

2.方言特色词语

峒话有一批特有的方言词语，不见或少见于新宁话，属于方言特色词语。现分类列举如下：

（1）表示“月”或“月份”的“月日 vai^{11}ɦŋ^{21}”

月日 vai^{11}ɦŋ^{21} 指某一月，月份

一个月日 i^{13}kɤu^{22}vai^{11}ɦŋ^{21} 一个月

两个月日 lio^{22}kɤu^{22}vai^{11}ɦŋ^{21} 两个月

头个月日 dau^{13}kɤu^{33}vai^{11}ɦŋ^{21} 前个月

桂$^{=}$个月日 kuei^{13}kɤu^{22}vai^{11}ɦŋ^{21} 这个月

下个月日 ɦa^{22}kɤu^{33}vai^{11}ɦŋ^{21} 下个月

每个月日 mei^{22}kɤu^{33}vai^{11}ɦŋ^{21} 每个月

（2）表示“下午”的时间词“夜饭 ia^{11}pai^{21}”

夜饭 ia^{11}pai^{21} 下午

上夜饭 dʑio^{11}ia^{11}pai^{21} 约指下午两点到三点

半夜饭 po^{33}ia^{11}pai^{21} 约指下午三点到四点

下夜饭 $ɦa^{22}ia^{11}pai^{21}$ 约指下午五点到六点

头夜饭 $dau^{13}ia^{11}pai^{21}$ 昨天下午

（3）表示“蛋”的“包卵 $pau^{35}lo^{21}$”

鸡包卵 $tɕi^{35}pau^{35}lo^{21}$ 鸡蛋

鱼嘚包卵 $ny^{13}te^{0}pau^{35}lo^{21}$ 鱼的卵

荷包卵 $ɦɤu^{13}pau^{35}lo^{21}$ 荷包蛋

煎包卵 $tsai^{35}$ $pau^{35}lo^{21}$ 煎鸡蛋

水荷包卵 $ɕyei^{22}ɦɤu^{13}pau^{35}lo^{21}$ 水煮蛋

包卵汤 $pau^{35}lo^{21}t^{h}o^{55}$ 蛋羹

咸鸭嘚包卵 $ɦa^{13}a^{22}te^{0}pau^{35}lo^{21}$ 咸鸭蛋

（4）表示原料为粉状的食物“粑糍 $pa^{35}dʑi^{33}$”

粑糍 $pa^{35}dʑi^{33}$ 一般专指糯米糍粑，也可作为用其他食材磨粉制成的粑粑的统称

糯米粑糍 $lo^{11}mi^{22}$ $pa^{35}dʑi^{33}$

过年粑糍 $kɤu^{33}nie^{13}pa^{35}dʑi^{33}$ 年糕

□粑糍 $gau^{13}pa^{35}dʑi^{33}$ 米糊

根粑糍 $kaŋ^{35}pa^{35}dʑi^{33}$ 蕨粑

金瓜粑糍 $tɕin^{35}kua^{55}pa^{35}dʑi^{33}$ 南瓜粑粑

穇嘚粑糍 $tɕ^{h}iai^{22}te^{0}pa^{35}dʑi^{33}$ 杂粮粑粑

（5）表示“云”的“云露 $ɦoŋ^{13}lu^{21}$”

云露 $ɦoŋ^{13}lu^{21}$ 云

白云露 $ba^{11}ɦoŋ^{13}lu^{21}$ 白云

黑云露 $hai^{22}ɦoŋ^{13}lu^{21}$ 黑云，预示下雨

马尾云露 $ma^{22}vei^{22}ɦoŋ^{13}lu^{21}$ 红黄色的云，预示风调雨顺

崖山云露 $niæ^{13}ɕiai^{35}ɦoŋ^{13}lu^{21}$ 像山崖的岩石一样的云，有红、灰、白三种颜色混杂而成，预示下雨

二　区别于源方言——城步青衣苗平话的词语特点

据史料记载，今麻林瑶族雷、蓝、江三大姓的迁出地分别为城步苗族自治县的兰蓉、丹口、新寨，这些地方都是城步青衣苗平话的核心区。根据笔者对瑶族峒话（麻林）和苗族平话的兰蓉（属于城步苗族自治县）、羊石（属于城步苗族自治县）、关峡（属于绥宁县）、牛头（属于广西壮族自治区龙胜各族自治县）共五个方言点的调查，发现其词汇内部的一致性不高。在我们普查的1500多个词语当中，麻林、兰蓉、羊石、关峡、牛头五个方言点

完全一致而且与普通话不同的方言词有104个，占6.3%，多数情况是两两相同，三三有异。整体而言，麻林峒话与城步兰蓉人话较为接近。下面从一般词语和亲属称谓两个方面举例说明峒话与源方言——苗族平话的词语差异。

1. 一般词语的差异

	麻林	兰蓉	羊石	关峡	牛头
淋雨	溅[$diæ^{22}$]雨	淋雨	淋雨	溅[$tɕya^{21}$]雨	淋雨
雾	云雾	罩子	罩嘚	罩哩	罩子
下雾	扯云雾	落罩	起罩嘚	挂罩哩	起罩子
伏天	暖天	伏天	伏天	伏日	伏天
早上	堂亮	堂亮	朝昼里	朝昼头	大早朝
河	河	水江	江（边）	江（边）	河
山谷	槽槽里	山冲	山冲冲	山坳	山冲冲
时候	年嘚	时辰	时辰	时辰	时辰
韭菜	韭葱	韭菜	韭菜	韭菜	韭菜
茄子	茄瓜	茄嘚	茄嘚	茄哩	茄哩
映山红	红花嘚	亮山花	水山花	映山红	山头花
公羊	羊公	羊牯头	羊牯嘚	羊牯	羊牯
牛圈	牛栏	牛楼	牛楼	牛楼	牛楼
蝼蛄	水阿⁼嘚	土狗嘚	土狗嘚	土狗哩	土狗哩
鱼苗	鱼嘚崽崽	鱼秧	鱼秧	鱼秧	鱼秧
蛋	包卵	包卵	□ko^{11}	□$kəu^{213}$	白包
桌子	台盘	台盘	桌嘚	桌哩	台盘
厕所	屎楼	茅司	茅司	茅司	茅司
粥	羹	羹	柔饭	粥	柔饭
接生	等生	接生	接生	接生	接生
纸钱	钱纸	纸钱	纸钱	纸钱	钱纸
看	睐	望	看	看	望
作揖	唱和喜	打拱手	唱诺	唱诺	唱诺
洗澡	爬塘	爬塘	澡洗	澡洗	洗身
肥（动物）	壮	肥	肥	肥	壮
（鸡）叫	□kai^{22}	啼	啼	打鸣	啼
（狗）叫	□kai^{22}	吠	吠	吠	吠

麻林峒话与源方言——城步青衣苗平话在一般词语中所体现出来的差异既源于迁出后各自封闭、独立的发展所产生的地域差异，也源于受周边方言的影响。例如，“茄子”在其余人话点都为派生词，但在麻林却是复合词“茄瓜”，应是受新宁话的影响。因为新宁话不但“茄子”被称为“茄瓜”，“西红柿”也被称为“洋茄瓜”。

2.亲属称谓词的差异

（1）“母亲”的称谓

	麻林	兰蓉	羊石	关峡	牛头
母亲	娘 $niaŋ^{11}$/nia^{11}	姐 tsi^{33}	阿姐 $a^{13}tɕi^{33}$	阿姐 $a^{44}tsi^{44}$	娘 $ȵiɑ^{52}$

苗族平话称母为“姐”，其来源较早。《说文解字》：“姐，蜀谓母曰姐。”“姐”又写做“毑”，《广雅·释亲》：“毑，母也。”《玉篇》：“姐，古文作毑。”例如，长沙等地方言呼“祖母”为“娭毑”。峒话没有保留这一古老称谓，峒话的“娘”有[$niaŋ^{11}$]和[nia^{11}]两读，读[$niaŋ^{11}$]应该是新宁话的影响，如：新宁话中“母亲”为“娘[$niaŋ^{22}$]”；读[nia^{11}]应该是土著音，如：牛头人话称“娘”为[$ȵiɑ^{52}$]。据峒话发音人陈述：“娘”读[$niaŋ^{22}$]时比较正式、尊重并且亲近，一般称呼自己的母亲或者用于正式的场合，“娘”读[nia^{22}]时比较随意，多用于亲戚之间的称谓，如“舅娘 $dʑy^{22}nia^{21}$”“晚娘叔母 $mai^{22}nia^{21}$”，这也佐证了权威方言的影响使得两个异源的音叠加在一起，但在使用域上有差异。

（2）“祖父”和“父亲”的称谓

	麻林	兰蓉	羊石	关峡	牛头
祖父	爹爹 $tiæ^{35}tiæ^{55}$	爷 ia^{24}	爷爷 $ia^{24}ia^{44}$	爷爷 $ia^{22}ia^{44}$	爹 tia^{55}
父亲	爷 ia^{13}	爹爹 $tia^{55}tia^{55}$	爹 tie^{13}	爹爹 $tie^{44}tie^{44}$	伯 $pɑ^{11}$

峒话“祖父”与“父亲”的称谓与大多数苗族人话的称谓正相反，“爹爹”在峒话中指“祖父”，在苗族人话中多指“父亲”；“爷”在峒话中指“父亲”，而在苗族人话中多指“祖父”。牛头对“祖父”的称呼与麻林一致，但称“父亲”为“伯”，这是与麻林有区别的地方。

（3）“哥哥”的称谓

	麻林	兰蓉	羊石	关峡	牛头
哥哥	伯伯 $pa^{22}pa^{22}$	哥 ko^{55}	伯 pa^{44}	哥哥 $ka^{44}ka^{44}$	哥 ko^{55}

峒话用“伯伯”或“老伯”称呼“哥哥”，类似的表达还有“表老伯 $piau^{22}lɤu^{22}pa^{21}$”（表兄），“堂老伯 $do^{13}lɤu^{22}pa^{21}$”（堂兄），同时还可以用来称呼“夫之兄”，如“伯伯 $pa^{22}pa^{22}$”（大伯子），“夫之弟”，如“躷伯伯 $niæ^{35}pa^{22}pa^{21}$”（小叔子）。这样的表达在苗族人话中也有个别点存在，如羊石；但在牛头，则用“伯”称父亲，见上例。关于“伯”的来源详见本章第二节。

（4）“重孙”的称谓

	麻林	兰蓉	羊石	关峡	牛头
重孙	重孙	元孙	玄孙	玄孙	白$^{=}$孙
	dzoŋ^{13}soŋ^{55}	ye^{24}soŋ^{55}	ɕyan^{22}soŋ^{44}	ɕyan^{22}soŋ^{44}	ba^{211}ɬoŋ^{55}

三　方言特别词列举

火殃 fɤu^{22}io^{35} 迷信认为是一种红色的天火，所落之处有火灾发生。

祸殃 ɦɤu^{22}io^{35} 迷信认为是一种绿色的天火，所落之处有冤气。

孝殃 hɤu^{11}io^{35} 迷信认为是一种白色的天火，所落之处会死人。

狗牙霜 kau^{22}ŋa^{33}ɕio^{55} 背阴的松土上的霜，形状像狗的牙齿。

猪婆槽 tei^{35}bo^{33}dzɤu^{13} 比较陡峭的山谷。

杀抈 ɕiæ^{22}vei^{22} 即杀青，“青”为山上嫩叶嫩草，折断采集来做田里肥料。

杀崩$^{=}$含$^{=}$ ɕiæ^{22}poŋ^{35}ɦo^{13} 除掉田埂上的杂草。

蓑衣丘 sɤu^{35}i^{35}k^{h}ie^{35} 形容小块的田地，八峒地区山多田少，俗语：“蓑衣一丘，斗笠一丘”，也称“笠斗丘 li^{11}tau^{22}k^{h}ie^{35}”。

过水丘 kɤu^{33}ɕyei^{22}k^{h}e^{35} 过水田，指灌溉农田时水所流经的田。

抬犁 diæ^{13}lie^{33} 旧时瑶山特有的农具，因缺少耕牛而使用人力犁田的农具，由抬杠、犁头、犁面、犁把、犁弓等构成。

走草 tsau^{22}ts^{h}ɤu^{22} 狗、猪发情。

梦$^{=}$栏 moŋ^{11}la^{13} 牛发情。

杀号 ɕiæ^{22}hɤu^{11} 猫发情。

□kai^{22} 人哭或动物发出的声音，～娘～爷：哭爸哭妈；牛～：牛叫；鸡～：鸡叫。

矮脚门 iæ^{22}tɕiɤu^{22}moŋ^{33} 用石块砌成的侧门，一般是修了围墙的大户人家才有。

分路碑 boŋ^{35}lu^{11}pi^{35} 在岔路口指示道路的石碑，旧时迷信认为小孩带了将军箭（一种官煞），就立碑分路，小孩易养成人。

栈 tɕiai^{11} 碗柜，瑶家旧时橱柜多用竹篾编制而成并挂于墙上。

马勺 ma^{22}dʑiɤu^{21} 楠竹蔸或水杨树杆雕刻而成，一般用于舀糠、舀米，现已不多见。

根粑槌 kaŋ^{35}pa^{55}dei^{13} 专门打蕨根粑粑所用的木槌，制作竹根傩面时用来捶须。

巴狗崽 pa^{35}kau^{22}tsai^{21} 妇女改嫁带的儿女。

大大 ta^{11}ta^{55} ①大姑子，夫之姐。②姐姐。

大襟衣 ta^{11}tɕin^{35}i^{55} 旧时瑶民的衣服比较宽大，在右边系扣子。

大裤头 ta^{11}fu^{22}dau^{33} 旧时瑶民的裤腰很大，要用腰带系住。

青包头 $ts^hai^{35}p\gamma u^{35}dau^{33}$ 男子头上用青色布缠头，旧时瑶族男子喜缠头巾，当面为人字形，顶部略呈圆拱状。

衣襟 $ni\text{æ}^{35}i^{35}t\text{ɕ}in^{33}$ 小襟，中间扣扣子，也叫“对衣襟 $tei^{33}i^{35}t\text{ɕ}in^{33}$”。

客包嘚鞋 $ha^{22}p\gamma u^{55}te^{0}i\text{æ}^{33}$ 旧时瑶人称汉族裹脚妇女穿的弓鞋。

斑鸡鞋 $pai^{35}t\text{ɕ}i^{55}i\text{æ}^{13}$ 旧时瑶民特制布鞋，前端尖而翘起，状如斑鸠嘴，鞋尖、鞋面都刺绣各种花纹，鞋底厚实。

皮草鞋 $bi^{13}ts^h\gamma u^{22}i\text{æ}^{33}$ 用旧轮胎皮手工制成，专门用于上山做工的鞋。

万民伞 $vai^{11}mie^{33}sa^{21}$ 旧时绅民为颂扬地方官的德政而赠送的伞。

桐油纸伞 $da\eta^{13}y^{13}ts\text{ɿ}^{22}sa^{21}$ 桐油刷过的纸伞，旧俗认为可辟邪。

焦捞 $tsei^{35}l\gamma u^{55}$ 锅巴。

油渣 $l\gamma u^{13}t\text{ɕ}ia^{55}$ 旧指荤油，一般由猪板油熬制而成。

椒香嘚油 $tsei^{35}\text{ɕ}io^{55}te^{0}y^{13}$ 山胡椒油。

盐糖 $ie^{13}do^{33}$ 白糖，色白如盐。

堂亮 $do^{13}lo^{35}$ 早上。

堂亮饭 $do^{13}lo^{35}pai^{21}$ 早饭。

爬塘 $ba^{13}do^{13}$ ①洗澡，旧时瑶人劳作完毕，在山塘水里爬一爬，洗去身上的汗水脏污，这是洗澡最初的本义。②现在也指游泳。

直起 $di^{13}\text{ɕ}i^{22}$ 起床。

上□ $d\text{ʑ}io^{22}\text{ɕ}io\eta^{11}$ 上任。

退勤 $t^hei^{33}d\text{ʑ}in^{13}$ 卸任。

唱和喜 $t\text{ɕ}^hio^{33}\text{ɦ}o^{13}\text{ɕ}i^{22}$ 作揖，旧时行礼的一种方式。

捧爷卵子 $p^ho\eta^{22}ie^{13}luan^{22}ts\text{ɿ}^{0}$ 巴结，贬义。

上百位 $d\text{ʑ}io^{22}pa^{22}vei^{11}$ 上席，也称“上台盘”。

台盘 $di\text{æ}^{13}bo^{33}$ 桌子，下～：下席。

伙铺 $f\gamma u^{22}p^hu^{33}$ 饭馆，下～：下馆子。

扶 bu^{13} 端，平正地拿。～菜：端菜。

爆⁼倒 $pau^{33}t\gamma u^{22}$ 蹲着。

□ lai^{11} ①系。②捆。担马绹～起：用马绳捆起。

酿 $nia\eta^{22}$ 侍弄，～田：耕田；～菜：种菜。

□ gua^{22} 动词，抓，握，挠。

□嘚 $gua^{13}te^{21}$ 名词，指手残的人。

阴 in^{35} ①形容词，暗淡，～天，背～。②动词，熄灭，～亮：熄灯；吹～：吹熄；火～呱：

火熄了。

安a^{35}动词，放，～起，～在桌上。

抚ɤu^{33}量，～衣：量衣服。《集韵》："乌到切，音奥。量也。"

融ioŋ^{13}稠，粥太～了。

壮tɕio^{33}①肥，指动物。②胖，指人。

怕傱$p^{h}a^{33}$soŋ^{11}腼腆。傱：傻，蠢，贬损之语。如"～鬼""～得很"等峒话中均为骂人愚蠢、无能之词。

躲niæ^{35}形容词，①表体积小。～凳嘚：小板凳儿；～锅：小锅。②表年龄、辈分小。～姨：姨妈，母之妹；～老女：小老婆。

爀niæ^{33}热、烫，温～水：温热水。《广韵》去声泰韵落盖切："火毒之貌。"

乞$tɕ^{h}i^{35}$①介词，跟，给，同，如：我～你讲。②连词，和：我～伊都姓王。

是dzɿ^{22}相当于普通话"在"的用法。①动词，表示存在。～乜，不得～里。在那儿，不在这儿。②介词，～月里在月子里。

第二节

方言古语词

峒话口语中保留了一批古语词，这些古语词有的是传承古通语词汇，有的则是古方言的遗留。有的古语词通行于湘西南苗瑶平话流行的区域，有的也见于湘语区或西南官话区。

藨 p^{h}au^{35} 野生莓类果子。峒话说“吃藨”为“食藨 y^{11}p^{h}au^{35}”。《尔雅・释草》：“藨麃。”郭璞注：“莓也，江东人呼为藨莓。”另《尔雅・释木》：“葥，山莓。”郭璞注：“今之木莓，实似藨莓而大。”这里“藨”“莓”并举。藨，《广韵》“醋莓可食”，普袍切。张衡《南都赋》：“其草则藨苎薠莞”。“藨”也泛见于湘语。

瓯 au^{35} 杯。峒话中用“瓯”指“杯”，如：“茶瓯嘚茶杯 dʑia^{13}au^{55}te^{21}”，“酒瓯嘚酒杯 tsei^{22}au^{55}te^{21}”。《说文》：“瓯，小盆也，从瓦区声。”《广韵》平声侯韵乌侯切：“瓦器亦瓯。”唐代茶文化盛行，“茶瓯”一词广为流传，唐・王建《酬柏侍御闻与韦处士同游灵台寺见寄》诗：“各自具所须，竹笼盛茶瓯。”唐・皮日休专作《茶瓯诗》赞美当时著名的瓷窑——邢窑。今“茶瓯”一词已由古通语变为方言词，流行于闽越地区，在湘方言区还比较少见。

沕 mie^{11} 潜水。峒话中有“栽水沕嘚游泳，头朝下钻到水里 tɕiæ^{35}ɕyei^{22}mi^{11}te^{21}”，沕，《广韵》美笔切，音密。潜藏也。一曰尘浊谓之沕。又《集韵》莫佩切，音妹。义同。贾谊《吊屈原赋》：“袭九渊之神龙兮，沕深潜以自珍。”“沕潜泳”也泛见于湘语、西南官话、客家话。

徛 dʑi^{22} 站。“徛”在文献中有两种用法：（1）名词，放在水中用以过河的石头。《说文》：“举胫有渡也。从彳奇声。去奇切。”《尔雅・释宫》：“石杠谓之徛。郭璞注曰：‘聚石水中以为步渡彴也。’”（2）动词，指站立。《广韵》上声纸韵渠绮切，音技，“立也”。动词意义由名词义引申而来。峒话保留了动词义，如“倒徛 tɤu^{22}dʑi^{22}”，倒立。用“徛”表示“站立”泛见于湘语。“徛”也写作“企”，章太炎《新方言・释言》：“今福州……谓立谓‘企’。”

敦 toŋ^{33} 直立，竖立。《广韵》去声慁韵都困切：“敦，竖也。”《庄子・列御寇》：“伯昏瞀人北面而立，敦杖蹙之乎颐。”成玄英疏：“敦，竖也，以杖柱颐。”陆德明释文：“敦，音顿，司马云：‘竖也。’”“敦”表“竖立”义，今泛见于吴语、湘语、赣语、闽语等地。

睐 lei^{33} 看。《说文》：“目童子不正也。从目来声。洛代切。”“睐”在通语中做动词时多表示“旁视，斜视”。曹植《洛神赋》：“明眸善睐。”李善注：“睐，旁视也。”《古诗十九首·凛凛岁云暮》：“盼睐以适意，引领遥相睎。”“盼睐”亦作“眄睐”：观看；顾盼。峒话指“看”，如“睐病看病 lei^{33}pie^{11}”“睐当方女方相亲 lei^{33}to^{33}ho^{55}”“睐风水看风水 lei^{33}foŋ^{33}çyei^{21}”“睐得起看得起 lei^{33}te^{22}tç^{h}i^{22}”。属于词义范围的扩大。

嫽 lei^{11} 玩。《广韵》萧韵力吊切，音料，“相嫽戏也”。峒话中“嫽 lei^{11}”与“料 lei^{11}”同音，音合义合。峒话关于“玩”的表示有“去嫽去玩 y^{13}lei^{11}”“来嫽来玩 liæ^{13}lei^{11}”“嫽一日玩一天 lei^{11}i^{13}ŋ^{11}”。方言中用“嫽”表示“玩”也见于客家话和粤语，如于都：“出去嫽下子。”东莞：“成日嫽总唔使做整天玩，什么事都不用干！”

踉 dʑia^{11} 迈，跨。《说文·足部》：“足所履也。从足。叚聲。”《广韵》麻韵胡加切：“踉，下。”《集韵》麻韵何加切。但“踉”在方言文献中还有来自古群母的读音，明·李实《蜀语》：“侈足曰踉〇踉，其遮切，音茄。急行曰大步踉。”清·唐训方《里语征实》：“阔步曰踉。踉，其遮切，音茄。俗作茄，去声。”“遮”，《集韵》“之夜切”。峒话“踉”可做动词，表示迈、跨之义，也可做名词，表示要跨过去的东西，如“门踉门槛儿 moŋ^{13}dʑia^{11}”。“踉”的用法见于江淮官话、西南官话、吴语、湘语等。

炙 tçia^{22} 炙火：烤火。《广韵》之石切，音只，入声昔韵章母。又，之夜切，去声祃韵章母。“烤”义的用例如《诗·小雅·瓠叶》：“有兔斯首，燔之炙之。”毛传：“炕火曰炙。”《乐府诗集·相和歌辞十二·西门行》：“饮醇酒，炙肥牛。”

抈 vei^{22} 折。《广韵》月韵疑母入声，鱼厥切。《说文·手部》：“抈，折也。”段玉裁注：“按依韦注，是谓此‘抈’为‘扤’之假借字也。”汉·扬雄《太玄·羡》：“车轴折，其冲抈。”峒话指用手折断。如“杀抈 çiæ^{22}vei^{22}”即“杀青”，“青”为山上嫩叶嫩草，折断、采集做田里肥料。

铛 tç^{h}iai^{35} 锅。峒话中一般称煮猪食、烧水的大锅为“铛”。如“猪铛 tei^{35}tç^{h}iai^{55}”“水铛 çyei^{22}tç^{h}iai^{55}”；把火炉上架锅子的三脚铁架子叫“铛架 tç^{h}iai^{35}ka^{33}”。《广韵》庚韵初母平声，楚庚切。“铛”在古代主要指有耳、有足的锅，后来泛指所有的锅。《太平御览》卷七五七引汉·服虔《通俗文》：“鬴有足曰铛。”唐·杜牧《阿房宫赋》：“鼎铛玉石，金块珠砾，弃掷逦迤。”

晏 ai^{33} 晚。如“来晏呱来晚了 liæ^{13}ai^{33}kua^{22}”。《广韵》去声谏韵乌涧切：“柔也，天清也，晚也，又姓。”《诗经·卫风·氓》“总角之宴，言笑晏晏”，“晏晏”就是和悦温柔的意思。《楚辞·九歌·山鬼》中有“留灵修兮憺忘归，岁既晏兮孰华予”之句，其中“晏”字正是

“晚也，迟也”之意。又《墨子·尚贤中》：“蚤朝晏退。”“蚤”通“早”，与“晏”义相对。《汉书·扬雄传》有“于是天清日晏”之句，即“天晴无云”之意。

清 tsʰai³⁵ 水凉。如“清水 tsʰai³⁵çyei²²”。《说文》：“清，寒也。”《玉篇》：“清，冷也。”《广韵》七姓切：“清，温清。”《墨子·辞过》：“古之民未知为衣服时，衣皮带茭，冬则不轻而温，夏则不轻而清。”《礼记·曲礼上》：“凡为人子之礼，冬温而夏清。”郑玄注：“温以御其寒，清以致其凉。”“清”的使用泛见于湘语、吴语、闽语等地。

㲉 tsei³³ 拧、拗。如“㲉手巾拧毛巾 tsei³³çy²²tɕin³⁵”。㲉，《广韵》宥韵居又切：“强击。”《说文》：“揉屈也。”

着 tɤu²² 穿（衣）。如“着衣 tɤu²²i³⁵”。峒话“～衣”即“穿衣”。上古汉语用“服”统称穿衣服鞋袜，到了汉代逐渐用“着（著）”取代了“服”。如《木兰诗》：“脱我战时袍，着我旧时裳。”普通话只在“穿着”“衣着”等复合词中保留了这一意义，今峒话不用“穿”而用“着”，是古语词在方言俗语中的保留。

缚 bɤu¹¹ 穿（裙，裤）。如“缚裙穿裙 bɤu¹¹goŋ³³”“缚裤穿裤 bɤu¹¹fu²²”。《广韵》药韵符镢切：“系也。”《说文》：“束也，从纟尃声”。

蹋 da¹¹ 穿（鞋）。如“蹋鞋穿鞋 da¹¹iæ¹³”。“蹋”，《说文》：“践也。从足㧒声。徒盍切。”《广韵》入声盍韵徒盍切：“践也。”《广雅·释诂一》：“蹋，履也。”《后汉书·东夷传》：“舞辄数十人相随，蹋地为节。”清·金人瑞《青溪行》：“蓦逢老妪犹相识，槌胸蹋地说青溪。”峒话“蹋”音[da¹¹]，阳去调，峒话浊入归阳去，符合浊入的读音演化规律。

归 kuei³⁵ 回。如“归屋回家 kuei³⁵vu²²”“归去回去 kuei³⁵y¹³”。《广韵》微韵举韦切：“还也。《公羊传》曰：妇人谓嫁曰归。”《诗经·国风·桃夭》“之子于归，宜其室家”。程俊英（1987）注：“于归，古代称女子出嫁叫‘于归’，或单称‘归’。”往后，“归”的意义范围扩大，表示“返回”“归附”“归到一处”等义项。如晋·陶渊明《归园田居》“晨兴理荒秽，带月荷锄归”等。《水浒传》第七十二回：“从小在外，今日方归。”

绹 dɤu¹³ 动词。①拴；系（牲畜），～牛。②捆绑：把伊～起把他捆起。“绹”做名词时指绳索，如：马～，牛～：指捆马、捆牛的绳子。《尔雅·释言》：“绹，绞也。”郑樵注：谓纠绞绳索也。《集韵》平声豪韵徒刀切，“绹，绞也。”《诗·豳风·七月》：“昼尔于茅，宵尔索绹。”郑玄笺：“夜作绞索，以待时用。”明·宋濂《五泄山水志》：“第四潭咸不敢往，或以绹围腰，系巨杙，俯崖而瞰。”

丟 dɤu¹¹ 动词。①投掷。如“丟百 dɤu¹¹pa²²”，一种游戏名，从远处掷石头把目标打倒。②丢弃。“丟不起人丢人 dɤu¹¹pu³³tɕʰi²²ɦŋ¹³”。“丟”的异体字是“㲎”，《说文》：“椎毄物也。从殳豕声。冬毒切。”“丟”做投掷义或丢弃义主要见于吴语,《太仓州志·卷三·风土》（民国刻本）：掷物曰豁又曰丟（当入声）;《江苏·昆新两县续修合志·卷一·风俗》（成文出版社影光绪十七年刻本）：掷物曰豁又曰丢〔当入声〕；《上海·青浦县志（成文出版社影光绪五年刻本）·卷二·疆域下·风俗》：弃曰丢。

伏 bu¹¹ ①趴。如“伏倒眠趴着睡 bu¹¹tɤu²²mie¹³”。②藏身隐秘处等候。如“伏倒 bu¹¹tɤu²¹”“伏贼 bu¹¹dzai¹¹”。伏，《说文》：“司也。从人从犬。”《广韵》房六切，屋韵奉母入声，“匿藏也，伺也，隐也”。《礼记·曲礼上》：“寝毋伏”，《老子》：“福兮祸所伏”，《史记·屈原贾生列传》：“入武关，秦伏兵绝其后。”

箸 tei¹¹ 筷子，“用箸 ioŋ¹¹tei¹¹”即使筷子，“箸藤 tei¹¹daŋ³³”即藤编的筷笼。箸，《说文》：“饭攲也。从竹者声。”陟虑切，又，迟倨切。古代“箸”是通语词，如《荀子·解蔽》：“从山下望木者，十仞之木若箸。”《汉书·周勃传》：“上居禁中，召亚夫赐食。独置大胾，无切肉，又不置箸。”唐·李白《行路难》：“停杯投箸不能食。”

食 y¹¹/ie¹¹ “食”在峒话中的使用频率较高，有动词和名词两种用法，读音也有区别。①动词，读[y¹¹]，～饭、～烟、～茶。峒话一般不说“吃”而说“食”。②名词，读[ie¹¹]，猪～，不化～：不消食。“食”，《说文》：“一米也。从皀亼声。”《集韵》实职切，音蚀。“食”在文献中也有动词、名词两种用法。用作动词，相当于“吃东西”的“吃”，《左传·隐公元年》：“食舍肉。”《战国策·齐策四》：“长铗归来乎，食无鱼！”上述两例“食”均为动词。《乐羊子妻》：“廉者不受嗟来之食。”此例中的“食”为“食物”通称，做名词。

面 mie¹¹ 脸，如：“面罗嘚 mie¹¹lo³³te²¹”“面巴嘚 mie¹¹pa⁵⁵te²¹”都是指脸，脸蛋儿。“洗面水 ɕie²²mie²¹ɕyei²²”即洗脸水。“面”，《广韵》线韵明母去声，弥箭切。“面”在古代指人的整个面部。《战国策·赵策》：“必唾其面。”唐·元稹《遣春》诗之十：“三杯面上热，万事心中去。”唐·白居易《卖炭翁》：“满面尘灰烟火色。”其中的“面”均指脸面。

狭 iæ¹¹ 窄。如：“路狭路窄 lu¹¹iæ¹¹”。狭，《广韵》侯夹切，入声洽韵匣母。峒话读音符合语音对应规律。《吴子·料敌》：“险道狭路，可击。”晋·陶渊明《桃花源记》：“便舍船，从口入。初极狭，才通人。”宋·洪皓《松漠记闻》卷上：“其江甚深，狭处可六七十步，阔处至百步。”

阔 fɤu²² 宽。如：“阔托⁼宽敞 fɤu²²tʰo²²”，峒话中“阔”与“狭”相对，表示“宽”与“窄”。阔，《说文》：“阔，疏也。”《尔雅·释诂》：“阔，远也。”《广韵》入声末韵溪母，苦括切。《诗·邶风·击鼓》：“于嗟阔兮，不我活兮。”程俊英注：“阔，道路辽远。”往后，“阔”有了（面积）“宽”义，如白居易《寄微之》：“有山万丈高，有江千里阔。”柳永《雨霖铃》：“暮霭沉沉楚天阔。”这里的“阔”均指宽横的距离大。

伯 pa²² 兄长。如：“老伯哥哥 lɤu²²pa²¹”“表老伯表兄 piau²²lɤu²²pa²¹”。伯，《说文》卷八人部：“长也，从人白声，博陌切。”古汉语“伯氏”，指长兄。《诗·小雅·何人斯》：“伯氏吹埙，仲氏吹篪。”程俊英注：“伯氏，指大哥。”唐·韩愈《复志赋》：“常岁行之未复兮，从伯氏以南迁。"《现代汉语词典》关于“伯”（普通话音[po^{35}]）的解释有如下义项：①伯父，大～。②在兄弟排行的次序里代表老大：～兄。“伯仲叔季”指弟兄排行的次序，“伯”是老大，“仲”是老二，“叔”是老三，“季”是最小的。峒话称“兄长”为“伯”，当是直接承继“长也”的意义。

第三节

民俗文化词

八峒瑶山地处湘桂交界的越城岭山脉，平均海拔900多米，峰峦叠嶂，山高川深，森林覆盖率高，曾经是虎豹豺狼栖居之所。瑶族先民利用峡谷山坡开垦层层叠叠的梯田，垦田种稻，开始从游猎到定居的农耕生活。他们在艰苦劳作的同时也创造了丰富灿烂的民族文化，如独特的方言、遍地的山歌，具有民族特色的祭祀、婚嫁、丧葬、节庆、禁忌等习俗。本节将从节庆、饮食、婚姻丧葬、狩猎及禁忌、地名以及独具地域特色的竹文化等方面列举一些文化词语，窥探一斑。

一　节庆文化

八峒瑶族每年最隆重的节日有四个：春节、半年节、盘王节、鸟儿节。其中春节习俗与汉族基本相同，这里不再赘述，下面介绍其他几个节日。

（一）盘王节

打古堂·庆盘王 $ta^{22}ku^{22}do^{13}{\cdot}tɕ^hin^{33}bo^{33}ɦo^{33}$ 即盘王节，为每年农历十月十六日。打古堂是八峒瑶族最古老和最隆重的祭祀盘王的活动，又称“跳鼓坛”“跳古坛”“跳古堂”。自古以来，一直延续着三年一小祭，七年一大祭的习俗，直到1948年最后一次公演，之后有56年停演。2004年10月上旬，为抢救非物质文化遗产，经县文化部门挖掘整理，邀请中日专家学者观摩，在麻林瑶族乡民族中学举行了一次恢复性演出。2006年“八峒瑶族跳鼓坛”被列为湖南省第一批非物质文化遗产保护项目。2009年，为申报国家级非物质文化遗产项目，新宁县又组织了一次七天七夜的打古堂演出。打古堂是集歌、舞、乐、傩及祭祀仪式于一体的综合性艺术，是新宁瑶族传统文化的集中体现，具有不可替代的人类学、民族学、民俗学和文化学研究价值。以下是打古堂部分文化词语列举。

1. 打古堂所用法器、法服词语

牌神带 biæ13in13tiæ33 由两块长短相等、长约30厘米、宽6厘米、厚5厘米的木板夹着36块刺绣祖师神像和花卉文字的布条做成。据说有通天达地、求神镇鬼等法力。

屈板 tɕʰy13pai21 牙简，亦名“玉简”。仿朝官上奏皇帝时手持之笏而制，雕刻有神人、神面、吞口、龙等，系神权象征，请神圣用。

图 1　牌神带（右）和屈板（左）　黄金瑶族乡黄金村 /2017.8.7/ 胡萍 摄

师公刀 sɿ35koŋ55tɤu55 也叫七星连环剑，铁制，柄端为圆圈形，内扣象征七星的七个小铁环，系画符敕变和镇鬼驱邪法器。

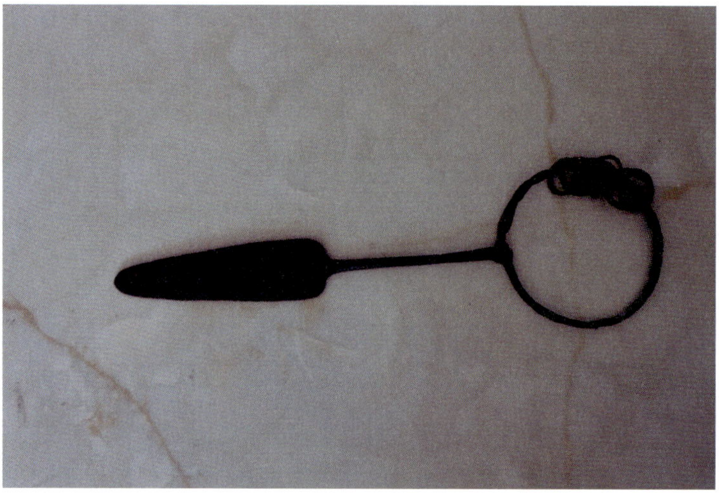

图 2　师公刀　麻林瑶族乡百宝村 /2018.7.23/ 胡萍 摄

开煞刀 fei35ɕiæ22tɤu55 师公开天煞用的月斧。

铜铃 daŋ13lin33 请圣法器，亦为唱跳时打击拍子之响器。据说铜能辟邪，故仪式中多用。

师树棍 sɿ^{35}tɕy^{11}koŋ^{55} 师公棍，木制，末端有能插地的铁尖，系请神行兵之法器。

牛角 ŋau^{13}kəu^{21} 谓吹牛角以开天门或召集神兵，发号施令。

波罗棍 po^{33}lo^{13}koŋ^{33} 唱土地时所用法器。

五福官 ɦŋ^{22}fu^{22}ko^{55} 即神头，巫师行法事扎在额上的法冠，以示神性。并排七片，一般用彩布贴叠缝制而成，或用牛皮纸剪成。刺绣出上清、玉清、太清等神像，上面涂一层漆，金光闪闪。

法衣 ɕyæ^{22}i^{55} 师公服，绛色，普通法服。用以请师请神，科演法仪。

九州衣 tɕy^{22}tɕy^{35}i^{55} 师公法服，背褡，绛色，巫师行驱鬼邪或动作量大的法事时穿着。

古堂地 ku^{22}do^{13}ti^{11} 打古堂的地方，设有萨台、内坛、四值功曹坛等。打古堂源于瑶族先民开发瑶山的劳动，为保证劳动安全，派人在古堂地上专司警报，擂鼓鸣锣，牛角呜呜，竹梆声声，歌声高亢，使得虎豹豺狼闻声远遁。后来每年秋后大家欢聚古堂地，载歌载舞“庆古堂”，纪念祖先开发八峒的艰苦历程。

萨坛 ɕia^{35}da^{33} 外坛，坛内供奉的全是祖先神。用高约 1.1 米的竹篾围成圆形，直径大约 5 米。在圆上设东、南、西、北、中五个门。各门均立纸扎的叉星、蛇星、獐星盘王像和梅山董、宪大王像，人字寮（见下“观音叉”）前置纸扎的坐式竹王像，竹王像前立一开天辟地盘王像。

法坛 ɕyæ^{22}da^{33} 也叫“人坛”“内坛”。旧时是设在堂屋里，由请圣台、傩坛、土地坛等组成，供奉着各路神仙的牌位、面具和神像。

观音叉 kuai^{35}in^{35}tɕʰio^{55} 人字寮，也叫“茅厂厂”。瑶族祖先最初是以狩猎和采集为生，住的是“剪茅叉木”搭起的三角式的临时草棚，聊以遮蔽风雨。其状像观音合掌，故俗称“观音叉”；又因正面像“人”字，旧称“人字寮”。打古堂时在萨坛设人字寮，内用三块石头竖成三脚灶，上置破铁锅，灶旁用石头架床，上铺稻草，用两块木头为坐凳，以示祖先住室十分原始简陋。

2. 打古堂流程①

打古堂仪式演出人员最少需十名法师，由年轻的六男六女扮瑶族始祖盘瓠王的十二姓子女参与科演。整个仪式由十数个部分组成：告报（设圣），请水净坛，朝幡、朝榜，立五楼四寨，打五猖（也说“发五猖”），请圣下马，开坛受祭，一祭盘王，上云梯开天煞，二祭盘王，接何氏六娘，三祭盘王，过火海，扛郎君，接土地，四祭盘王，做辞送，倒台发散等，是集歌、舞、傩、乐及祭祀仪式为一体的综合性艺术。下面是其中几个重要环节：

---

① 此部分根据林河（1995）《古傩寻踪·古夜郎国的竹王祭》，张劲松（2006）《新宁县麻林瑶族乡的“跳古坛 ”》和参演过“打古堂”仪式的巫师雷学勇、陆大猷、雷代信等人的口述及提供的材料改写。

请水发牒 ts^{h}ai^{22}çyei^{22}çyæ^{22}die^{11} 人的生命和生活离不开水，故赋予水以神性神力。仪式活动需要水，故行请水法事，谓请来五龙法水，解除戾秽、净洁坛场等，此为打古堂仪式的开端，也叫清水净坛。

立五楼四寨 li^{22}ɦŋ^{22}lau^{33}çi^{33}tçiæ^{11} “五楼四寨”是供给来仪场的祖先、神圣休息和住宿的地方。五楼为东南西北中五楼，四寨为东南西北四寨。

发五猖 çyæ^{22}ɦŋ^{22}tç^{h}io^{35} 仪式中有妖魔鬼怪来侵扰坛场，为了镇妖降魔，保仪场安全，便行此科仪。东方是青五猖，南方是赤五猖，西方是白五猖，北方是黑五猖，中央是黄五猖。五猖是强兵，差五猖兵担负围护古坛的责任。

请圣下马 ts^{h}ai^{22}çin^{35}ɦa^{22}ma^{22} 立了五楼四寨，安排了猖兵保卫，接下来就是请神下马安住并宴请神灵了。

一祭盘古 i^{13}tçi^{13}bo^{13}ku^{22} 即一祭盘王。[1]在纸扎盘古大王像前设供，两法师穿常服，头戴树枝草冠，高挽裤腿，赤脚站请圣台前请盘古大王。另两位法师赤身穿树叶衣（现用剪成树叶状的布片代替），拿牌神带、持牙简从北门进入萨坛，先对盘古大王像致礼，进人字寮棚，出来在盘古大王像前上香、献祭，述说盘古大王开天辟地功绩，祈求盘古大王庇佑人口吉祥、六畜兴旺，求得来年风调雨顺、五谷丰登，告诫后人不忘先祖，牢记先祖伐木开山、艰苦创业的不朽功勋，最后唱《盘古开天辟地》歌。

开天煞 fei^{35}t^{h}ie^{35}çiæ^{22} 打古堂活动中最精彩的部分，上云梯开天煞，可驱鬼镇邪。法师施法之后，用开天煞月斧头，将自己的额头划破，鲜血四溅。据说昔时法师用开天煞的人血拌酒给信众喝，说是喝了“血酒”则百病不侵，心想事成，消灾除邪，延年益寿。

二祭盘古 nie^{11}tçi^{33}bo^{13}ku^{22} 即二祭盘王。据张劲松（2005）和师公陆大献介绍：此祭实为祭竹王[2]。在竹王位前摆设供物。法师请师后，领着穿树叶衣、笋壳裤、打赤脚、扛土铳的六男六女在外坛、内坛转场唱词。然后，摹演寻找、跟踪野兽足迹，用土铳猎获一只山羊，抬山羊回萨坛竹王前宰杀，涂羊血于竹王脸上和身上。再象征性地在寮棚三脚灶上煮熟羊肉，然后六男六女相聚谈笑着吃羊肉。接下来，有一些独特的巫术表演：一是东庆，

---

① 张劲松（2005）认为：“‘跳古坛’源起于瑶族图腾崇拜的‘盘瓠祭’，因为盘瓠图腾崇拜是瑶族最原始的祖先”，又指出：“宋代迁徙到贵州的瑶族接受了古夜郎的竹图腾文化，在‘盘瓠祭’中纳入了祭竹王。这类瑶族来新宁八峒定居后，瑶汉长期杂居并接受了汉族盘古化生、创造万物的神话信仰，在‘盘瓠祭’仪式中又纳入了“祭盘古大王”，并将盘古大王与盘瓠王的关系作了自己的诠释。”

② 打古堂仪式中有四祭盘王，究竟哪一祭为祭竹王，哪一祭为祭盘王，现有文献及参加过2004年和2009年两次祭演的师公们有不同的说法。师公雷代信认为先祭竹王，再祭盘王。林河（1995）考察时认为：跳鼓坛祭祀的主神是竹王，其次才是三峒蛮王、盘古大王、傩公傩娘、梅山大王等。盘王的祭祀是安排在整个祭祀流程的第“五天五夜”，是祀神活动的最后一天。

法师率首士舞者从东门入祭坛，做春种夏耕秋收冬藏等农事表演，向众神敬献山果家粮；二是南走，率队转入南门做逐兽打猎状，称为“勾脚kau^{22}tɕiɤu^{22}”；三是中盘，做男女求爱状，山歌传情，又称“盘脚bo^{13}tɕiɤu^{22}”；四是北挂，法师率众男女转入北门，在地上挂脚爬扯，表演男女交配舞，故称“挂脚kua^{22}tɕiɤu^{22}”；五是西拐，法师率众到西门表演子孙繁荣舞，老人拄杖，携儿带女，故称“拐脚kuai^{22}tɕiɤu^{22}”。这一系列表演表现了瑶族人从生产、生活、男女相爱、交合生育、儿女成群到年老西逝的整个人生旅程。

过火海 kɤu^{22}fɤu^{22}hai^{22} 也叫“□踩犁面火 tɕ^{h}iaŋ^{11}lie^{13}mie^{11}fɤu^{22}”。仪式中法师必表演称能驱恶鬼的法术绝技。在萨坛摆设供品，生起一堆干柴火，将铁犁瓦和小铁块放火中烧红。法师穿背褡，请师后，用燃香化一碗“九龙水”，以之蘸脚，据说可变成能过火海之脚。一法师手拿一把点燃的干柴，又将烧红的铁犁从火中拿出，与火把合在一起，再喷水于火上。此时火势很旺，法师在仪场挥舞火把，不时将火把从脚下晃过，以象征“过火海”。

限于篇幅，其他科仪如“唱土地tɕ^{h}io^{33}t^{h}u^{22}ti^{11}”“做辞送tsɿ^{22}dzɿ^{13}saŋ^{33}”“纸船收瘟tsɿ^{22}iai^{13} ɕy^{35}voŋ^{35}”“捉三祸tɕiɤu^{22}sa^{35}ɦɤu^{22}”“上云梯dʑio^{22}yn^{13}t^{h}i^{55}”等不一一介绍。总而言之，“打古堂”具有深厚的传统文化内涵，是集原始文化、瑶族文化、古夜郎国多元文化于一体的复合型民族文化，具有很高的文化价值和学术价值。

（二）其他节庆

半年节 po^{33}nie^{33}tɕie^{22} 农历六月初六，又叫“团圆节”，在这一天，要接女儿女婿外孙等亲人回家团聚会餐，当地有俗语“六月六，当了锄头要吃肉”，意思是说，这一天，哪怕家里再困难，也要想方设法弄钱买肉，接儿女回家团聚。2018年7月18日正是农历六月初六，笔者应黄金瑶族乡黄金村雷学勇老先生之邀，在他家过半年节。

图3　半年节　黄金瑶族乡黄金村/2018.7.18/唐乔 摄

鸟哨节 tei^{22}te^{0}tɕie^{22} 鸟儿节，为二月初一，也叫“粑粑节”，用米做成粑粑拿到田间去祭鸟儿。据雷学勇介绍，用糯米粉子做成鸟窠一样的粑粑，用细粉揉成小粒的蛋形放在窠里，窠上安一糯米粉揉成的鸟状物，以示孵蛋。鸟的嘴巴是封住的，意告诫鸟儿不要啄谷，勿伤害庄稼。

乌饭节 vu^{35}pai^{11}tɕie^{22} 相传为了纪念祖先，在农历四月初八这天，瑶山各家各户都要上山掐乌饭草、嫩杉尖等草叶，或三种，或五至七种，浸成乌汁做饭。乌饭煮熟后要让长辈先尝，然后一家大小同吃。据说吃了乌饭，夏天不会生痧、疖子和其他肿毒。

腊八节 la^{11}pa^{22}tɕie^{22} 旧时过腊月初八，家家户户要杀年猪、烘腊肉；家里父母、子女、兄弟姐妹一起吃杀猪饭，也叫“食血汤 y^{11}fei^{22}t^{h}o^{55}”；用大米、黑豆熬粥，叫“食腊八羹 y^{11}la^{11}pa^{22}kai^{35}”。

二 婚丧文化

（一）婚姻习俗

定亲 tin^{11}tɕ^{h}in^{35} 专指男方首次到女方家去相亲。

衣布乞黄糖 i^{35}pu^{33}tɕ^{h}i^{35}ɦo^{13}do^{33} 衣布和黄糖，过去男方定亲时的见面礼。“衣布”指六尺宽的布料，布料是20世纪七八十年代比较时兴的的确卡、灯芯绒等布料，一般凭大队所发指标到供销社去买。“黄糖”也叫片糖，封两包。如果女方满意，见面礼就收下，不满意，当面即退回。随着经济水平的提高，时下已流行送红包作为见面礼。

睐当方 lei^{33}to^{33}ho^{55} 女方收了见面礼后，母亲带着女儿到男方家，看地方和家境，如果女方满意就接男方红包，如果不接，这门亲事就黄了。

算八字 so^{33}piæ^{22}tsɿ^{21} 看当方之后，女方经过商议认可，双方报八字以免相冲。

送求礼 saŋ^{33}dʑiɤu^{13}li^{22} 八字若合，女方告诉媒婆可以让男方送求礼，即送定礼定亲。

挂红庚 kua^{33}ɦoŋ^{13}ken^{33} 用红色庚帖写上双方生辰八字表示订婚。

插花酒 tɕ^{h}iæ^{22}fa^{35}tsei^{21} 也叫“上门酒”，女方出嫁前在娘家办的酒，男方需送女方猪头、四爪（猪脚）寓意全心全意；送鸡，也叫“离娘鸡”；送鱼，寓意年年有余。男方除了新郎官还要委派家户长（一般由辈分比较高、德高望重的男子担任）去陪对方的亲戚吃酒。

离娘饭 li^{13}nia^{11}pai^{21} 临嫁前的半夜，母亲和女儿吃的一顿离别饭，叙母女亲情，教育女儿在婆家如何做媳妇及处世之道。

等亲 taŋ^{22}tɕ^{h}in^{35} 男方携铜锣棒鼓和唢呐乐队、花轿、礼盒等接亲。

抬盒 diæ^{13}ɦɤu^{11} 下聘礼的担子，一般由两人抬着。抬盒里面放米，米上放衣布，两边挂鱼。

图4 抬盒 麻林瑶族乡上林村/2016.7.26/赵宇航 摄

拜盒 piæ^{33}ɦɤu^{11} 放置在抬盒里面，内有红包、聘礼清单以及男方的生辰八字等。

新嫁女打伞 ɕin^{35}ka^{33}ny^{22}ta^{22}sa^{22} 上轿和出轿，新媳妇都需打红伞，寓意是新娘子不能见天。一般由一个黄花闺女（叫“引亲女”）负责开伞，把新娘从娘家接到男方，送入洞房。

鸣响师傅 min^{13}ɕio^{22}sɿ^{33}vu^{11} 接亲时吹唢呐、敲铜锣棒鼓的师傅，一般五个人。迎新娘队伍快到男方家门时会停在路边，路上摆一凳子，上设香案、酒、生肉，鸣响师傅杀鸡取血，以示除晦气，家族兴旺。

拦门酒 la^{13}moŋ^{33}tsei^{21} 新娘队伍走至男方家门口，男方的长辈出来说吉利话，送亲的长辈需回话，回得圆满就请女方的人喝酒，把门打开；回不上，就意味对方没有能干的人送亲，有点为难女方的意思。

蹋瓦 da^{11}va^{22} 新娘子踏入夫家时，接亲人置米筛于地，米筛上放两片瓦，新娘子需把瓦踩烂，寓意新娘子踩破了夫家的地头，今后就是夫家的人了。

蝦火盆 dʑia^{11}fɤu^{22}boŋ^{33} 蹋瓦之后再过火盆，寓意除秽气，新娘入伙新家。

拜堂 piæ^{33}do^{13} 良辰已到，铺上竹席，家户长主持，新郎、新娘拜天拜地，拜父母尊辈。

拜堂酒 piæ^{33}do^{13}tsei^{21} 喜宴开始，家户长陪同新郎、新娘到每一桌去敬酒。

回门 vei^{13}moŋ^{13} 旧时瑶俗，结婚的第二天新娘携新郎回娘家，第三天才回夫家。近二十年来则改为结婚的当天下午回门，吃过晚饭就回来。

细家哷亲 ɕie^{11}ka^{55}te^{21}tɕʰin^{35} 娃娃亲。

招郎牯 tɕy^{35}lo^{13}ku^{0} 上门女婿。八峒瑶山有招上门女婿的风俗，如果哪家只有女儿，没有儿子，就会选定一个女儿招上门女婿，承担养老送终的义务。

半招半嫁 po^{33}tɕy^{35}po^{33}ka^{33} 瑶家招上门女婿，双方婚前会有一些约定。如将来生下的孩子，第一个随母姓，第二个随父姓等，也叫“半招半嫁”。

（二）丧葬习俗

落气钱 lɤu^{11}tɕʰi^{33}dzai^{13} 三斤六两钱纸放在火盆边，人断气的时候，把钱纸烧掉，放一挂落气炮仗，告知众人，把亡人放在板子上。

入灵 ɦŋ^{11}lin^{12} 入殓，断气时辰马上进棺，如果不当即进棺，就等风水先生看时辰后才能进棺。

开路 fei^{35}lu^{11} 亡人需等良辰吉日才能筑土，风水先生看好日子，确定时间再来开路。开路有开大开小两种，根据经济情况确定。开大路是满堂宫灯，所需人力物力均大；开小路则在神龛上挂一个宫灯，所需费用较少。

唱葬歌 tɕʰio^{33}tso^{33}kɤu^{35} 开路之后，道士进门。由孝眷请来歌师，冬天在堂户围坐，中间烧柴火，夏天在户前禾场进行，歌师须先请神烧香、化纸，然后开始唱歌。歌词每句尾声拖得很长，需要听众齐声帮腔，音调非常低沉凄凉，充满悲痛哀悼气氛。

化床铺草 fa^{33}dʑio^{13}pʰu^{35}tsʰɤu^{22} 为逝者开路后，道士接灵，家里的孝子孝女把逝者床上的稻草，被子、衣物拿到十字路口去烧掉。如果配偶在世，想再娶、再嫁的话，会留下一半的床铺草不烧。

封棺 foŋ^{33}kuan^{33} 封棺的时辰由风水先生看好，逝者是男性，由本族的家户长封棺，讲封棺好话；逝者是女性，请母家的长辈封棺。棺材里放金银及子女的衣角，有几个孝子孝女，就放几个衣角，为的是保佑家人平安。

起丧压$^{=}$米 tɕʰi^{22}so^{35}ia^{11}mi^{11} 起丧的时候，桌子上的米筛上放碗，碗里放米，起丧时，连桌子带碗全部翻掉，这个动作带点煞气，寓意可吓退鬼神。

出殡 tɕʰyei^{22}pin^{35} 做竹篙火把，点燃，道士引导丧夫（抬棺人）把棺材从堂屋里抬出去，摆在堂屋外面的凳子上，亡人从那刻起就真正离开家了。

引路鸡 in^{22}lu^{11}tɕi^{35} 开大路的丧事会请道士在迎棺路上离坟山四十到五十米左右，杀鸡畝血，寓意阻挠孤魂野鬼缠身。

跳杠鸡 tʰei^{33}ko^{33}tɕi^{35} 风水先生在坟头筑土杀鸡，把鸡血洒在泥土里，说一些吉利的话：鸡血落地，百无禁忌，财源广进，兴旺发达。之后，亡人入土为安。

三　狩猎及禁忌文化

（一）狩猎

撵山 nie^{11}ɕiai^{35} 打猎。八峒瑶族先民原以游猎为生，为捕猎而逐步由八峒边缘进入瑶山中心。从朝来暮返到携带干粮短暂停留，再到播种试种，所收皆佳，才过上了定居的生活。

敬梅山 tɕin^{33}mei^{13}ɕiai^{35} 八峒瑶民信仰梅山猎神，将梅山猎神牌位或雕塑的倒头梅山形象（名为番坛倒峒张五郎）四时供奉于家堂神龛上，迷信梅山猎神拥有千军万马，能借助其神力捕获更多野兽。每次出猎前要摆香烧纸，进供猪头猪脚，掌坛师占卦问梅山神，今日财喜好不好，走哪个方向？每次出猎或猎获归来，掌坛师必向梅山猎神祈求与酬谢。

掌坛师 tɕio^{22}da^{13}sɿ^{55} 旧时猎队外出狩猎时的主事，通晓梅山教，负责掌控出猎的吉时、忌日，保证猎队既有收获又确保人员安全。每个成员必须绝对听从掌坛师的梅山筒号指挥。

梅筒 mei^{13}daŋ^{33} 梅山筒，是梅山弟子特有的标志信号，为一截中指宽，长约二十厘米的紫竹竹筒。发现猎物后，掌坛师把梅筒交给蹄脚师傅（根据脚印辨认方向的人）掌管。吹一声，猎物走近，提高警惕；吹两声，猎物出现；吹三声，猎物到手，收卡。

伏铳 bu^{11}tɕ^{h}ioŋ^{33} 打猎时候藏身树丛隐秘处等候猎物。

张套 tio^{35}t^{h}au^{33} 专捕猎物的工具，也叫“张索嘚 tio^{35}sɤu^{22}te^{21}”，按照所猎动物的大小决定绳子的粗细。

□包 p^{h}ai^{11}pɤu^{55} 动词，背包。名词，指专指猎人背的包，皮制或布制，放置打猎的工具。

捭山份 nie^{11}ɕiai^{35}poŋ^{11} 每次出猎回来会遵循“见者有份”分酬，每个打猎的人都有一份，也叫人份嘚。

掌山份 tɕio^{22}ɕiai^{35}poŋ^{11} 掌坛师额外拿的一份。

蹄脚份 die^{13}tɕiɤu^{22}poŋ^{11} 循踪追赶猎物者额外拿的一份。

铳头份 tɕ^{h}ioŋ^{33}dau^{13}poŋ^{11} 击中猎物者额外拿的一份。

狗头份 kau^{22}dau^{13}poŋ^{11} 猎狗也有专属的一份。

踼劳份 da^{11}lau^{13}poŋ^{11} 专门煮饭帮厨的人额外拿的一份。

（二）狩猎禁忌

瑶家人民信奉多神教，禁忌较多：一是忌踩烧火的三脚撑架；二是忌食狗肉、蛇肉、龟肉、鸽子肉；三是每月初一、十五两天早晨，不得向别人家引火种，不消费不得向别人收债或借贷；四是瑶族猎队到猎场以第一次的座位为准，不得随意乱坐，早上煮饭不能有生米，铳的摆放有规矩，必须信奉“梅山神”，绝对听从掌坛师的梅山筒哨号的指挥。以下列举一些狩猎时的禁忌词。

恋窠 lie^{33}fɤu^{35} 睡觉的委婉语。“窠”寓指动物的巢穴。

恋塘 lie^{33}do^{13} 洗澡的委婉语，寓意是第二天猎物容易到手，有收获。

食藨 y^{11}p^{h}au^{35} 吃饭的委婉语，“藨”是山上的野果，不说“食饭”。

食佩嘚 y^{11}p^{h}ei^{35}te^{21} 喝水的委婉语，不能说“食水”，因“水”有“放水”之意，对狩猎不利。之所以把水叫“佩嘚 p^{h}ei^{35}te^{21}”，发音人陈菊解释水是不可缺少的生命之源，人人出门都要佩戴好水壶、水杯等。

麻叶嘚 ma^{13}ie^{11}te^{21} 肉的委婉语，不说“冷$^{=}$肉 [lai^{22}]”。“麻叶嘚”就是苎麻的叶子，野

生苎麻的叶子又厚又大，适合隐藏。

横爬嘚 vai^{11}ba^{13}te^{21} 筷子的委婉语，不说“箸”。把筷子横摆着，寓意横着走的动物更易被捕捉到。

皮嘚 bi^{13}te^{21} 衣服的委婉语。

四　饮食文化

根粑糍 kaŋ^{35}pa^{55}dʑi^{33} 蕨粑。八峒瑶山的主食有大米、红薯、穇子、粟子、荞麦等，过去由于大米等主食产量很低，维持不了生活，人们还得依靠蕨根等杂粮维持生活。立秋以后，人们上山挖蕨根，蕨叶带毛的没有蕨根粉，不带毛的才有蕨根粉。蕨根根系发达，深入泥土，最浅有五十厘米，最深有七十厘米。挖蕨根的锄头叶子大约三十厘米长，比一般的锄头长。挖来的蕨根需放在小溪里泡几个小时，清水洗干净，放到石板上去捶成粉末，再放入桶子里清洗过滤之后才为可食的蕨粑粉，可做成干、湿两种，但多吃则易消食、消瘦。

捶根石 dei^{13}kaŋ^{55}dʑia^{11} 捶打蕨根的石板。

根粑槌 kaŋ^{35}pa^{55}dei^{13} 平时打蕨根粑粑所用。

图 5　蕨根、捶根石及根粑槌　麻林瑶族乡上林村 /2008.7.28/ 郑远江 摄

粑糍 pa^{35}dʑi^{33} 糯米糍粑，一般在春节和重阳节制作。

金瓜粑糍 tɕin^{35}kua^{55}pa^{35}dʑi^{33} 南瓜粑粑。

穇子粑糍 tɕ^{h}iai^{22}te^{0}pa^{35}dʑi^{33} 穇子磨粉制作的粑粑。

糍草嘚粑糍 dʑi^{13}tsʰɤu^{22}te^{0}pa^{35}dʑi^{33} 新宁话叫“燕子花粑”，一种野生植物开的花，带叶子和花一起打成浆，用箭杆叶包好放锅里蒸，味道香甜。

斋粑 tɕiæ^{35}pa^{55} 办丧事时做法事用的供品粑粑。

赖⁼崽崽豆腐 liæ^{11}tsai^{22}tsai^{22}tau^{11}pʰu^{22} 一种叫作赖⁼树的植物结的果实，农历九月成熟。果实去皮，浸泡于流水中，去涩，把水分挤干，磨成粉，用袋子兜浆，放在锅里用柴火煮熟煮干，装进盆中，冷却后便成豆腐样。

图 6　赖⁼崽崽豆腐　黄金瑶族乡黄金村 /2018.7.18/ 唐乔 摄

鸭屎叶豆腐 a^{22}sɿ^{22}ie^{11}tau^{11}pʰu^{22} 山上一种土名叫鸭屎叶的植物，夏天采来加入井水揉烂、过滤，加入碱水，用盆子盛好，用手巾盖好放置阴凉处，十来分钟后凝固成果冻样，也叫“神仙豆腐”，可解渴、消暑，饥荒时可充饥。

巴羊豆腐 pa^{35}io^{13}tau^{11}pʰu^{22} 巴羊崽树果实做成的豆腐，味道清淡。

陈糖 dʑin^{13}do^{33} 红薯加麦芽熬成的糖，也叫“红薯糖”。

打糖 ta^{22}do^{33} 谷子熬的，加麦芽，比较硬。卖的时候用锤子敲成一块块的，所以叫打糖。

苞谷糖 pʰau^{33}ku^{22}do^{33} 将玉米爆成玉米花，加上陈糖，倒在木箱里摊开、压实、捶紧成为一块，用刀切块。

桐禾酒 doŋ^{13}ɦɤu^{13}tsei^{21} 用八侗瑶山特产的桐禾糯酿造而成，浓酽清香，味凉甘洌，一般只有在打古堂等重大节日敬神、接待贵宾才用，以黄豆佐酒，边喝边唱。

撞酒 dzuaŋ^{13}tsei^{22} 用粳米酿出米酒，加糯米甜酒混合，泡上三个月，甜酒渣融化后酒呈金黄色，又香又甜，接待贵客所用。

五 地名文化

地名是一类特殊的词汇，地名中包含着丰富的社会生活和文化历史的内涵。地名一般由专名和通名组成。大多数方言地名是通用部分用方言，考察一个地区的地名通名，往往能反映地名的区域特征和该地历史地理等文化背景。

峒话中地名通名的常用字为“峒”“冲”“坳”“岭”“脚”“背”“塘”等，从中可以看出当地多山多岭的地貌特征，也反映旧时瑶人好入山壑、不乐平旷的生活习性。

峒 taŋ^{11} ①山中的小块平地；②少数民族社会的组织形式，宋代以后羁縻州辖属的行政单位。大者称州，小者称县，又小者称峒。“峒”在当地使用甚广。瑶人称自己说的话为“峒话”，称自己住的地方为“八峒瑶山”。八峒瑶山之名始于明景泰间（1450—1456年），新宁县缩编为4里半，将“半里”即县域九分之一的瑶区设为八峒，分别为：麻林峒、大圳峒、桃盆峒、黄崖峒、深冲峒、黄卜峒、圳源峒、逻绕峒。“八峒瑶族”之名也肇始于此。“峒”最初的本义是“山中的小块平地”，随着人们聚居而耕形成一个个自然的村落，进而成为少数民族社会的一种组织形式。

冲 tɕʰin^{35} 两山之间的狭长地带。用“冲”命名的地名较多，如：万丈冲、长冲、半冲、竹皮冲、五里冲、陈家冲、烂泥冲、茶冲、扶成冲、蔡家冲、田家冲、米家冲、野牛冲、麻条冲等。

坳 ŋɤu^{33} 低凹的地方，山间平地。带“坳”的地名如：潘家坳、石猪坳、胡家坳、黄皮坳、张家坳、高毛坳、矮毛坳等。

岭 lin^{22} 指山峰，相连的山脉。带“岭”的地名往往指山高之地，如：横界岭、分水岭、黑龙岭、贺归岭、罗盘岭等。

脚 tɕiɤu^{22} 在地名中一般指处在山脚的村庄。带“脚”的地名如：崖山脚、大山脚，有时候“脚”与“底”合用，同样表示山脚，如：山脚底、崖脚底。

背 pei^{33} 在峒话中，“背”一般表示方位“后面”，在地名中指处在某地后面的村庄，有时也与“底”合用，表示“后面”“末尾”的意思。如：寨嘚背、山背嘚、水背底、界背底等。

塘 do^{13} 指池塘，带“塘”的地名，往往不指塘本身，而是指塘边的村庄。带“塘”的地名如：沉牛塘、芹菜塘、黄沙塘、九龙塘、承天塘等。

六 竹文化

瑶山的地理环境适合竹子生长，因此竹林资源丰富，光楠竹面积就达8万多亩，杂竹品种也是丰富多样。瑶族群众世世代代靠竹为生，竹子是当地主要的经济收入来源，同时也创造了内容丰富、形式多样的竹文化。与汉族竹文化以竹喻人，体现虚心、清雅、高风亮节的民族气质不同的是，八峒瑶族竹文化体现了原始的竹崇拜信仰，具有浓郁的巫傩色彩和原生态特色。下面以表现宗教信仰的“打古堂·祭竹王”，体现巫傩文化和民间技艺的“竹根傩面”，体现民间手工艺的“竹料造纸”等文化事象中的竹文化词为例分类列举。

（一）打古堂与祭竹王

如前所述，八峒瑶族信仰多神多教，如梅山教、佛教和道教，且有许多原始信仰的遗存，如龙犬盘瓠图腾崇拜、傩神崇拜、竹图腾崇拜、梅山猎神信仰、巫师崇拜等。“打古堂”祭祀就是融合了原始文化、瑶族文化和古夜郎国文化等多元文化集中展示的一个古老舞台。“打古堂”祭祀仪式中与竹崇拜相关的部分文化词语：

祭竹王 tɕie^{22}tei^{22}ɦo^{13} 明万历年所修《武冈州志·瑶俗篇》记载：“八峒瑶族人崇奉之神玉面天尊即竹王也。”古夜郎国有竹图腾崇拜，据《华阳国志》“南中志”载：“有竹王者，兴于遁水。先是，有一女子浣于水滨，有三节大竹流入女子足间，推之不肯去，闻有儿声，取持归，破之，得一男儿。养之，长有才武，遂雄夷濮，氏以竹为姓。”据史料记载八峒瑶民有部分是从贵州迁徙来的[①]，学者如林河（1995）、张劲松（2005）等推测这些移民在贵州接受了夜郎祭祀竹王的文化并带入了八峒，同时在“打古堂”祭祀中将竹王崇拜、盘瓠崇拜、巫师崇拜等等多神崇拜杂糅在一起展示了出来。昔日打古堂在野外设坛，由最高的掌坛法师在依山傍水的竹林中选出祀神场地，结竹为寮。在寮上悬挂彩旗，清除荆棘杂草，平整场地并扎制竹王、盘王、三峒蛮王等神像，摆设供品等。明万历年所修《宝庆府志》载有古诗赞咏：“竹公溪畔水茫茫，溪上人家赛竹王；铜鼓蛮歌争上日，竹林深处拜三郎。”

竹王菩萨 tei^{22}ɦo^{13}bu^{13}sa^{22} 夜郎王，也称“玉面天尊”，八峒瑶族的祖先神。竹王兴于遁水（即北盘江）、生于三节大竹的传说，最早见于《华阳国志》，范晔修《后汉书》时又转引了这个故事。夜郎故地的竹崇拜遍及西南诸省，新宁八峒瑶族的竹王崇拜应与祖先有自贵州辗转迁徙而来的经历有关。其神像为坐式，白面无须，双耳赤色，披头散发，身穿笋壳衣，手执竹节鞭，置于“人字寮”旁。人字寮内用三块石头竖成三脚灶，上置破铁锅，锅里煮一些野果作为祭祀竹王的供品。师公雷代信说竹王是最早的祖先，当时条件艰苦，只有野生的瓜果可食。

扬幡挂榜 io^{13}fan^{35}kua^{33}paŋ^{22} 扬幡是在萨坛东南方向的四值功曹神位旁树立两根上端有叶相隔约大门宽的楠竹幡，名为“槽门”“宫朝门”，意为远在他方的始祖经迁徙路线来到八峒瑶山，经此门进入古坛地接受祭祀。

---

① 据麻林乡瑶民手抄本《过山榜》载：北宋靖康末年瑶族祖先因避兵祸从江西吉安一带迁出，先到贵州的古州黎平，再至广西古宜和龙胜。元初，危、蒲、沈三姓瑶人自广西西部的龙胜、古宜迁入桃盆峒，在花竹山一带居住。

图7　祭竹王　麻林瑶族乡 /2009.4.20/ 郑远江 摄

具有强烈竹文化特征的玉面天尊竹王，是显性竹崇拜的代表。隐形竹崇拜则表现在祭祀的用器上，祭器多用竹做成，如竹面具、竹碗 [tei^{22}o^{22}]、竹瓯（竹杯）[tei^{22}au^{35}]、竹刀 [tei^{22}tɤu^{35}]、竹鼓筒（竹鼓，打古堂特有的乐器）[tei^{22}ku^{22}daŋ^{13}]、叶嘚衣（竹叶衣）[ie^{22} te^{0}i^{35}] 等。

（二）竹根傩面

竹头壳 tei^{22}dau^{13}ho^{55} 竹根傩面，用楠竹根雕刻的面具，又叫“竹面罗嘚”。竹傩面具主要用于傩舞、傩仪和傩戏。打古堂祭祀中使用的竹傩面具一套共有36个，傩面具在祭祀中的使用功能不一，有的作为供奉面具，如傩公、傩母、三峒蛮王等；有的作为扎像面具，如竹王（玉面天尊）面具；有的作为法事表演面具，如傩舞中使用的五色猖兵面具等。

傩面具是傩文化的重要组成部分，具有悠久的历史。新宁八峒瑶山的傩面具选用竹蔸雕刻而成，所雕面具原始、古朴，且工艺复杂讲究，承继的是宋代傩面雕刻技艺，技术成熟老道，是优秀的民间传统雕刻。2009年“竹根傩面”被列为邵阳市第二批非物质文化遗产保护名录，传承人为新宁县麻林瑶族乡民间艺人唐光旭先生。

笔者于2016年7月和2017年7月两次专程拜访过唐光旭先生，在此根据他的叙述和提供的资料就竹根傩面的制作流程和面具称谓作简要介绍。令人惋惜的是，唐光旭先生不幸于2019年2月因病去世，竹根傩面制作技艺这项非物质文化遗产也濒临失传。

1. 制作流程

选料 sai^{22}lei^{11} 选材，每年立秋后至第二年的立春前进竹山选竹蔸材料，但这个季节的首尾半个月采集的材料可能会生蛀虫。为了保存的时间长，以霜、雪天气为最佳。选定当阳的陡坡上五至十年的老竹，竹茎或圆或扁，根须明显裸露在土面，挖掘时每方保留三寸根须长度，连竹带蔸挖倒后，从根须往上量40—50厘米锯断。

图8 选料 麻林瑶族乡 /2009.11.13/ 新宁县文化馆 提供

开料 fei^{35}lei^{11} 采挖好的竹蔸，截去竹茎搬运到清溪边开片破蔸。

洗料 ɕie^{22}lei^{11} 将开片后的竹蔸拿到溪水旁洗涤泥沙，边洗边捶，将竹须表皮捶掉洗净，只留须骨如麻。

修头毛胡嘚 sei^{35}dau^{13}mo^{33}vu^{13}te^{21} 凿须，雕刻第一步。根雕的基本原则是按照材料的生成顺其自然，不做强制性的改造。将泥沙冲洗干净之后，通过观察蔸形的胖瘦、弯直、轮廓来确定雕哪个人物为宜，初步确定人物眉毛、胡须、头发的定位。有头发的人物像属于“顺雕”，留有大量胡须的属于“逆雕”。

定眼睛 tin^{11}ŋai^{22}tsei^{35} 人物像的眼睛一般在从下颌往上至头顶的五分之三位置。眼睛是心灵的窗户，唐光旭（2013）介绍：“由夜郎部落迁移到八峒定居的瑶族先民，过的是刀耕火种，巡山狩猎度日的游耕生活。所以人物像大多都是怒目巡视、机警彪悍，表现有顽强生存的历史沧桑。”

定鼻孔 tin^{11}pie^{11}haŋ^{22} 人物像的鼻孔一般安在正中，根据不同的鼻形如狮鼻、塌鼻等确定大小，再进行钻鼻孔、安鼻孔等步骤。

图 9　钻鼻孔　麻林瑶族乡 /2009.11.13/ 新宁县文化馆　提供

画口 fa^{11}hau^{22} 人物像的口角根据性别确定宽窄，男性口角等于双眼球之间的距离，人物性格彪悍的会夸张地露出獠牙；女性口角窄于双眼球，宽于鼻翼，笑不露齿。

陋⁼射⁼亮 lɤu^{35}ɕia^{11}lo^{35} 打磨。形象初成，将竹青和多余骨节刮去以便上漆。

浸石灰水 tɕin^{33}dʑia^{11}fei^{35}ɕyei^{22} 竹面具成形晾干后要进行防腐处理，具体做法是将竹面具放进石灰水浸泡防腐。

图 10　浸石灰水　麻林瑶族乡 /2009.11.13/ 新宁县文化馆　提供

蒸壳壳 tɕin^{35}k^{h}ɤu^{22}k^{h}ɤu^{22} 古法防腐术。据唐光旭介绍：古法防腐处理是采集山上皂角树上结的皂荚，架起大锅木甑，甑内下置成套竹傩面，上放剁碎的皂荚，蒸煮三天三夜后，再倒入大木桶里浸泡七天。现代科学证明，皂荚含有天然防腐成分。

漆壳壳 tɕ^{h}i^{22}k^{h}ɣu^{22}k^{h}ɣu^{22} 调色上漆。用生桐油一市斤，熬煎成光油，降温冷却之后，加入二两生漆。胡须、背面均上光油，面部上漆油。旧俗认为桐油具有驱邪之效，因此各种法事也多用桐油。

2. 竹傩面具形象及称谓

竹傩面具主要用于傩舞、傩仪和傩戏。“打古堂”祭祀中使用的傩面具一套共有36个，面具形象代表的祖先神或各路神仙大致有：傩公、傩母、玉面天尊（竹王）、五峒梅山（上峒胡大王、中峒李大王、下峒赵大王、左峒董大王、右峒宪大王）、三峒蛮王（上峒叉星蛮王、中峒蛇星蛮王、下峒獐星蛮王）、四大元帅（王、马、殷、赵）、三元将军（上元唐将军、中元郭将军、下元周将军）、四值功曹（年值、月值、日值、时值）、五色猖兵猖将（红、绿、白、黑、黄）以及判官、小鬼、土地、招财童子、进宝郎君、张赵二郎、监斋、把坛刘太宝、何氏六娘等。每一副面具在峒话中都有独特的称谓（参见第五章分类词表）。列举几例：

狗公 kau^{22}koŋ^{55} 傩公，瑶族十二姓的始祖。相传评王手下的侍卫犬盘瓠，因护国有功，评王将自己的公主许配于他，生育了六男六女，也就是后来的瑶家的十二姓。面具呈犬头形，双目闪烁有神，两耳朝前挺直，鼻孔粗大，毛发如鬃，面颊金黄。

狗婆 kau^{22}bo^{13} 傩母，一说为评王宫女，一说为评王公主。因嫁给了盘瓠并与盘瓠生下六男六女而被敬奉。面具呈女子像，柳叶眉、丹凤眼，嫩葱鼻、荷包嘴，目不斜视齿不露。

图 11 傩公 新宁县文化馆 /2017.7.26/ 赵宇航 摄

图 12 傩母 新宁县文化馆 /2017.7.26/ 赵宇航 摄

竹王 tei^{22}ɦo^{33} 见前“竹王菩萨”。

和包 ɦo^{13}pɤu^{55} 何氏六娘，也叫“吉祥”。面具呈女子像，面色红润，唇边一颗朱雀痣。传说吉祥是一个卖甜酒的瑶家媳妇，平日经常化解邻里之间的矛盾，是个和事佬。

乌鸡$^{=}$vu^{35}tɕi^{55} 乌獐，三峒蛮王中的下峒獐星蛮王，面具形象为白发白眉白胡须，大鼻圆脸，目正口方的忠厚相。关于梅山三峒，民间历来有“上峒梅山，赶山打猎；中峒梅山，背鹏赶鸭；下峒梅山，捕鱼捞虾”的俗语。

绿猖 lei^{13}tɕʰio^{55} 五色猖兵中的一种人物形象，祭竹王傩舞用。面具形象为黑发、红须、绿面，眉心一条黄线，獠牙尖利。五猖是掌管东西南北中五方的猖兵，五猖中的黄猖、红猖、黑猖、白猖、绿猖这五色与传统的金木水火土五行相合，如绿猖掌管东方，东方五行属木，木为青色，故谓绿猖。

上述这些人物形象来源复杂，或从道教、佛教而来，或从盘瓠崇拜、竹图腾崇拜而来，或从梅山教而来，还有来自地方的传说等等，也从侧面反映了八峒瑶山打古堂是一个多元文化融合的民族祭祀仪式。

（三）古法竹料造纸

八峒瑶山的古法造纸是继承于蔡伦的造纸术。在清初时期，由湖南省邵阳市隆回县的滩头镇引进而来。百多年来，手工造纸都是瑶乡人民赖以生存的技术，麻林乡原名“麻丝”，因乡内盛产利用嫩楠竹生产竹麻丝（造纸原料）而得名，后觉“麻丝”不雅，遂改名叫“麻林”。20世纪80年代以前，麻林、黄金瑶乡主要以集体造纸为主，每家派出主要男丁去造纸。20世纪80年代是造纸的鼎盛时期，当时的麻林乡基本每家每户都会造纸，年产各种纸品几十万担，远销河南、河北、浙江等地，生产的纸张种类有：

堆壳纸 tei^{35}kʰo^{13}tsɿ^{22} 钱纸，也叫“大纸 ta^{11}tsɿ^{22}”。

老浆纸 lau^{22}tɕiaŋ^{33}tsɿ^{22} 纸厚而短灰，也叫“老灰纸”，主要用于书画。

官堆纸 kuan^{33}tei^{35}tsɿ^{22} 纸薄而细，主要用于书画。

香妃纸 ɕio^{35}fei^{33}tsɿ^{22} 纸白，造纸过程中掺入米浆，用于书画，今已失传。

20世纪80年代以后，尤其是进入21世纪以来，机械造纸厂的出现，导致传统古法造纸的衰落。目前，在整个八峒瑶山地区，坚持使用古法造纸的仅存麻林瑶族乡上林村陈菊一家。笔者曾多次走访手工造纸匠人陈菊，据他亲述，其祖父陈明福（光绪戊寅年生）承传祖上造纸技术，一生从事造纸业。父亲陈显仁从小跟随祖父造纸，他自己又从小跟着父亲学会了造纸，祖祖辈辈代代相传。陈菊介绍，手工造纸需要经过十二道主要工序，耗时半年才能完成。造纸所需要的工具参见第五章分类词表，以下是堆壳纸制造的主要工序：

□竹麻 ŋai^{22}tei^{22}ma^{33} 砍料，造纸所选竹子宜为当年生的嫩竹，砍伐的时间宜在小满（农历四月）前后。

破竹麻 p^{h}ɣu^{22}tei^{22}ma^{33} 把嫩竹破开成片，即破料。

下塘 ɦa^{22}do^{13} 下凼，把破好的竹料一捆捆铺放在塘里，放一层石灰放一层竹料。

浸料 tɕin^{33}lei^{11} 洗过的竹料需在石灰塘里浸40天左右的时间。

洗竹麻 ɕie^{22}tei^{22}ma^{33} 洗料，洗完料后还需放置一个月等竹料变软。

打料 ta^{22}lei^{11} 打料浆，把浸好的竹料放入打料机打成竹浆。

操纸 tɕ^{h}iɣu^{35}tsɿ^{22} 是整个工序中最为关键的一环，其中"横水"和"直水"是操纸的两个基本步骤，这两步全凭手感，最能衡量一个造纸匠人的技术精湛与否。"操纸"的过程中为了防止纸浆粘连，增强浆液的流动性，需要加入由野山椒树叶和石灰水为原料熬制的滑水。

图13　操纸·直水　麻林瑶族乡 /2017.5.10/ 郑远江 摄

榨纸 tɕia^{33}tsɿ^{22} 压纸，把刚操的纸放在压纸架压制成型。

取纸 tɕ^{h}i^{22}tsɿ^{22} 揭纸，将压制成堆的纸张每次分几十张揭开。

图 14　吹纸　麻林瑶族乡 /2017.5.10/ 郑远江　摄

吹纸 tɕʰyei²²tsɿ²² 晾纸，刚刚造出来的纸叫“水纸”，需要晾在事先搭好的竹竿上，放置于通风处晾干。

齐纸 dʑiæ¹³tsɿ²² 把晾干的纸取下码放整齐。

□纸 lai¹¹tsɿ²² 最后一道工序，把码齐的纸打捆装好。

另外，制造不同品种的纸，中间还会有一些特别的细节工序。手工造纸系纯手工、纯植物制造而成，无任何化学添加剂，对使用者和环境都不会造成危害，具有很高的环保价值。

第五章　分类词表

说明：

1. 本表收录新宁瑶族峒话的词汇，共计5000余条。

2. 第一节收录《中国语言资源调查手册·汉语方言》中的词汇条目，根据新宁县麻林瑶族峒话的实际情况有所删减。共14类，1180条，均附视频。视频目录与《中国语言资源调查手册·汉语方言》词汇条目一致。（本方言不说的除外；同义词共用一个视频条目）

3. 第二节收词以《汉语方言词语调查条目表》（《方言》2003年第1期）为基础，根据峒话的实际情况有所增删。增补的词条如与词表中某些词条意义有紧密联系，则插在该词条之后，否则按意义附在各大类或各次类之后。由于《中国语言资源调查手册·汉语方言》与《汉语方言词语调查条目表》中词汇条目有部分重合的地方，凡在第一节出现过的词条，第二节略去，不再重复出现。本节词条共30类，约3900条，均不附视频。

4. 每个词条先写汉字，后标读音，最后释义。有歧义的词条，分别列为不同的条目并注释，有不同义项的词条，注释时分别用圆圈数码“①②”等表示，并用句号“。”隔开。

5. 一般实物性的名词只记录字形、字音，抽象名词、形容词、动词以及一些语法性的词语，不仅给出注释，必要时加上例句。在例句中，该词条用“～”代替。字的右上角加“=”号表示写的是同音字。方框“□”表示有音无字的音节。合音字用“[]”表示。

6. 同义词或近义词排在一起，按使用频率呈降序排列，第一条顶格排列，其余各条缩一格另行排列。

7. 一个词条的内容超过一行时，回行缩二格排列。

8. 所收词语一律标注瑶族峒话老派读音，用字与标音依第三章峒话同音字汇。词条中可有可无的字和音均加圆括号表示。标音只标实际读音，变调规律和变声变韵规律分别参见第一章第三节和第五节。

9. 口语中有些词语有不同读法时，用“/”隔开相应的读法，按不同读音使用频率降序排列。

10. 凡第四章已收的词语，前加“*”，只写词条和音标，不作说明或解释。

第一节

《中国语言资源调查手册·汉语方言》

一　天文地理　　六　服饰饮食　　十一　动作行为

二　时间方位　　七　身体医疗　　十二　性质状态

三　植物　　八　婚丧信仰　　十三　数量

四　动物　　九　人品称谓　　十四　代副介连词

五　房舍器具　　十　农工商文

一　天文地理

日头 ɦiŋ^{11}dau^{33} ①太阳。②阳光

月亮 vai^{11}lio^{33} ①月亮。②月光

星嘚 sai^{35}te^{21} 星星

云 ɦioŋ^{13}

风 poŋ^{35}

台风 diæ^{13}poŋ^{55}

火闪 fɤu^{22}ɕiai^{21} 闪电，名词

雷 lei^{13}

雨 vu^{22}

落雨 lɤu^{11}vu^{22} 下雨

溦 diæ^{22} 淋

晒 ɕiæ^{33}

雪 sei^{22}

雪构嘚 sei^{22}kau^{33}te^{21} 冰

冰雹 pin^{33}p^{h}au^{55}

霜 ɕio^{35}

云雾 ɦioŋ^{13}vu^{21} 雾

露水 lu^{11}ɕyei^{21} 露

虹 ko^{33}

天狗食日头 t^{h}ie^{35}kau^{22}y^{11}ɦiŋ^{11}dau^{33} 日食

天狗食月亮 t^{h}ie^{35}kau^{22}y^{11}vai^{11}lio^{33} 月食

天色 t^{h}ie^{35}ɕiæ^{21} 天气

晴 dzai^{13}

*阴 in^{35}

干 ko^{35} 旱

水□呱 ɕyei^{22}voŋ^{35}kua^{22} 涝

天亮 t^{h}ie^{35}lo^{35}

水田 çyei^{22}die^{33}

干地 ko^{35}ti^{21} 旱地

田塍 die^{13}in^{33} 田埂

路 lu^{11}

山 çiai^{35}

槽槽里 dzɤu^{13}dzɤu^{33}ti^{33} 山谷

江 ko^{35}

圳 tçioŋ^{33} 溪，水沟

坑坑 hai^{35}hai^{55} 水沟儿

湖 vu^{13}

塘 do^{13} 池塘

水凼 çyei^{22}dɤu^{21} 水坑儿

大水 ta^{11}çyei^{22} 洪水

浸 tçin^{33} 淹

河边里 ɦɤu^{13}pie^{55}ti^{33} 河岸

坝 pa^{33}

地震 ti^{11}tsen^{11}

漏眼 lau^{11}ŋai^{22} 窟窿

眼眼 ŋai^{22}ŋai^{22}

缝缝 foŋ^{11}foŋ^{11} 缝儿

坼 tç^{h}ia^{22}

石头 dʑia^{11}dau^{33}

土 t^{h}u^{22}

泥 nie^{13}

水泥 suei^{22}ni^{33}

沙嘚 çia^{35}te^{21} 沙子

砖 tçiai^{35}

瓦 va^{22}

煤 mei^{13}

煤油 mei^{13}y^{33}

炭 t^{h}a^{33}

灰 fei^{35}

埲埲 p^{h}oŋ^{35}p^{h}oŋ^{55} 灰尘，《广韵》蒲蠓切，尘起貌

灰尘 fei^{35}dʑin^{33}

火 fɤu^{22}

烟 ie^{35}

起火 tç^{h}i^{22}fɤu^{22} 失火

水 çyei^{22}

浸水 tç^{h}in^{35}çyei^{21} 凉水

爔水 niæ^{33}çyei^{21} 热水

滚水 koŋ^{22}çyei^{21} 开水

磁铁 dzʅ^{13}t^{h}ie^{22}

二　时间方位

年嘚 nie^{13}te^{21} 时候

么个年嘚 mo^{22}ko^{33}nie^{13}te^{21} 什么时候

现今 çie^{11}tçin^{35} 现在

何$^{=}$先 ɦo^{13}sai^{35} 以前

背嘚 pei^{33}te^{21} 以后

一世 i^{13}sʅ^{33} 一辈子

今年 tçie^{35}nie^{33}

明年 mie^{13}nie^{33}

后年 ɦau^{22}nie^{33}

去年 k^{h}e^{33}nie^{33}

何$^{=}$儿$^{=}$年 ɦo^{13}tçi^{22}nie^{33} 前年

往年 mo^{22}nie^{33}

年初 nie^{13}tç^{h}y^{35}

年底 nie^{13}tie^{22}

今日 tçi^{35}ɦŋ^{21} 今天

明嘚 mie^{13}te^{22} 明天

后日 ɦau^{22}ɦŋ^{21} 后天

外后日 vai^{11}ɦau^{22}ɦŋ^{21} 大后天

[昨日]嘚 tsaŋ^{11}te^{22} 昨天

何=儿=日 ɦo^{13}tɕi^{22}ɦŋ^{21} 前天

线=何=儿=日 sai^{33}ɦo^{13}tɕi^{22}ɦŋ^{21} 大前天

一日 i^{13}ɦŋ^{21} 整天

每日 mei^{22}ɦŋ^{21} 每天

清早 tɕʰin^{35}tsɤu^{21} 早晨

*堂亮 do^{13}lo^{35}

半日 po^{33}ɦŋ^{21} 中午

夜饭 ia^{11}pai^{21} 下午

断黑 do^{22}hai^{22} 傍晚

白天日 ba^{11}tʰie^{55}ɦŋ^{21} 白天

夜头 ia^{11}dau^{33} 夜晚

半夜 po^{33}ia^{21}

正月 tɕie^{35}vai^{21}

大年初一 ta^{11}nie^{13}tɕʰy^{35}i^{13}

元夕节 vai^{13}ɕi^{33}tɕie^{21} 元宵节

清明 tsʰai^{35}mie^{33}

端午节 toŋ^{35}ɦŋ^{21}tɕie^{22}

月半节 vai^{11}po^{33}tɕie^{22} 七月十五

中夕节 tsoŋ^{35}ɕi^{33}tɕie^{22} 中秋

冬至 toŋ^{33}tsɿ^{35}

十二月 dzɿ^{11}nie^{11}vai^{11} 腊月

过年 kɤu^{33}nie^{13} 除夕

新书 ɕin^{35}ɕy^{55} 历书

阴历 in^{33}li^{33}

阳历 iaŋ^{11}li^{33}

星期日 ɕin^{33}tɕʰi^{33}ɦŋ^{11}

地方 ti^{11}ho^{55}

　当方 to^{33}ho^{55}

么个地方 mo^{22}ko^{33}ti^{11}ho^{55} 什么地方

屋里 vu^{22}ti^{33} 家里

城里 dʑin^{13}ti^{33}

乡上 ɕio^{35}dʑio^{21} 乡下

头上 dau^{13}dʑio^{21} 上面

脚嘚 tɕiɤu^{22}te^{22} 下面

左边 tsɤu^{22}pie^{55}

右边 y^{11}pie^{55}

中心里 tio^{35}ɕin^{35}ti^{33} 中间

面前 mie^{11}dzai^{33} 前面

背嘚 pei^{33}te^{21} 后面

顶背嘚 tin^{22}pei^{33}te^{21} 末尾

对面 tei^{33}mie^{11}

面前 mie^{11}dzai^{33}

背嘚 pei^{33}te^{21} 背后

里些 li^{22}ɕi^{33} 里面

□基=lai^{13}tɕi^{33} 外面

边里 pie^{35}ti^{33} 旁边

上 dʑio^{22}

下 ɦa^{22}

边里 pie^{35}ti^{33} 边儿

角角里 kɤu^{22}kɤu^{22}ti^{33} 角儿

上去 dʑio^{22}y^{33}

下来 ɦa^{22}liæ^{33}

入去 ɦŋ^{11}y^{33} 进去

出来 tɕʰyei^{22}liæ^{33}

出去 tɕʰyei^{22}y^{33}

归来 kuei^{35}liæ^{33} 回来

起来 tɕʰi^{22}liæ^{33}

三　植物

树 tɕy^{11}

木 ɦŋ^{11} 木头

松树 dzoŋ^{13}tɕy^{21}

柏树 pai^{11}tɕy^{21}

杉树 ɕia^{35}tɕy^{21}

柳树 lei^{22}tɕy^{21}

竹竹 tei^{22}tei^{22} 竹子

笋嘚 soŋ^{22}te^{22} 笋

叶嘚 ie^{11}te^{22} 叶子

花 fa^{35}

花苞苞 fa^{35}pau^{33}pau^{33} 花蕾

梅花 mei^{13}fa^{55}

牡丹 mɤu^{22}tan^{33}

荷花 ɦɤu^{13}fa^{55}

草 tsʰɤu^{22}

藤 daŋ^{13}

刺 tɕʰi^{33}

水果 suei^{22}ko^{42}

苹果 bin^{12}ko^{42}

桃嘚 dɤu^{13}te^{21} 桃子

梨嘚 li^{13}te^{21} 梨子

李嘚 li^{22}te^{21} 李子

杏 ɕin^{35}

柑子 kan^{33}tsɿ^{0} 橘子

柚子 iɤu^{35}tsɿ^{0}

柿花 zɿ^{13}fa^{33} 柿子

石榴 sɿ^{13}liɤu^{22}

红枣 ɦoŋ^{13}tsau^{21}

板栗 pan^{22}li^{55}

核桃 hai^{22}dɤu^{33}

白果 ba^{11}kɤu^{21} 银杏

甘蔗 kan^{33}tse^{55}

木耳 mo^{13}e^{21}

菌嘚 goŋ^{22}te^{21} 蘑菇

香菇 ɕiaŋ^{33}ku^{33}

禾 ɦɤu^{13} 稻子

谷嘚 ku^{22}te^{21} ①泛指五谷。②稻谷

秆草 kan^{22}tsʰɤu^{21} 稻草

大麦嘚 ta^{11}ma^{11}te^{21} 大麦

躿麦嘚 niæ^{35}ma^{11}te^{21} 小麦

麦嘚梗梗 ma^{11}te^{0}kai^{22}kai^{22} 麦秸

糙米 tsʰɤu^{22}mi^{21} 谷子

高粱 kɤu^{35}lio^{33}

玉米 y^{35}mi^{22}

棉花 mie^{13}fa^{55}

油菜 y^{13}tɕʰiæ^{33}

油麻嘚 y^{13}ma^{33}te^{21} 芝麻

日头花 ɦiŋ^{11}dau^{33}fa^{55} 向日葵

蚕豆 dzan^{12}dɤu^{33}

刀把豆 tɤu^{35}pa^{22}tau^{21} 豌豆

落花生 lo^{13}fa^{33}sen^{33} ①花生。②蚕蛹

黄豆嘚 ɦo^{13}tau^{11}te^{21} 黄豆

绿豆嘚 lei^{11}tau^{11}te^{21} 绿豆

豆角嘚 tau^{11}ki^{22}te^{21} 豇豆

白菜 ba^{11}tɕʰiæ^{33}

包包菜 pɤu^{35}pɤu^{55}tɕʰiæ^{33} 包心菜

扯根菜 tɕʰia^{22}kaŋ^{55}tɕʰiæ^{33} 菠菜

芹菜 dʑin^{13}tɕʰiæ^{33}

莴笋 o^{35}sen^{22}

韭葱 tɕy^{22}tsʰoŋ^{35} 韭菜

芫荽菜 vai^{11}ɕin^{55}tɕʰiæ^{33} 香菜

葱 tsʰoŋ^{35}

蒜 so^{33}

姜 tɕio^{35}

洋葱 iaŋ^{12}tsʰoŋ^{33}

海椒 hai^{22}tsei^{55} 辣椒

茄瓜 dʑia^{13}kua^{55} 茄子

西红柿 ɕi^{33}ɦoŋ^{33}zɿ^{13}

萝卜 lɤu^{13}pei^{21}

红萝卜 ɦoŋ^{13}lɤu^{33}pei^{21} 胡萝卜

黄瓜 ɦo^{13}kua^{55}

线瓜 sai^{33}kua^{55}

金瓜 tɕin^{35}kua^{55} 南瓜

慈姑 dzʅ^{12}ku^{33} 荸荠

红薯 ɦoŋ^{13}dʑy^{33}

马铃薯 ma^{22}lin^{12}dʑy^{13}

芋嘚 vu^{11}te^{22} 芋头

狗拐$^{=}$薯 kau^{22}kuai^{22}dʑy^{13} 山药

藕 ŋɤu^{22}

四　动物

老虫 lɤu^{22}din^{33} 老虎

猴肚$^{=}$嘚 ɦau^{13}du^{21}te^{22} 猴子

蛇 dʑia^{13}

老鼠 lɤu^{22}ɕyei^{22}

檐蜂鼠 ie^{13}pʰoŋ^{55}ɕyei^{22} 蝙蝠

　檐飞嘚 ie^{13}fei^{35}te^{21}

鸟鸟 tei^{22}tei^{22} 鸟儿

斑雀嘚 pai^{35}tɕʰiɤu^{22}te^{22} 麻雀

阿喜 a^{35}ɕi^{21} 喜鹊

老鸦 lɤu^{22}va^{35} 乌鸦

鸽子 ko^{13}tsʅ^{0}

翼胛 ie^{22}ko^{22} 翅膀，鸟的，统称

□脚 gua^{13}tɕiɤu^{21} 爪子，鸟的，统称

尾巴 mi^{22}pa^{55}

窠 fɤu^{35} 窝

虫 din^{13}

飞虾$^{=}$嘚 pi^{35}ha^{35}te^{21} ①灯蛾。②蝴蝶

啰$^{=}$啰$^{=}$虫 lo^{33}lo^{33}din^{33} 蜻蜓

蜜蜂嘚 mie^{22}pʰoŋ^{35}te^{21} 蜜蜂

蜜蜂嘚糖 mie^{22}pʰoŋ^{35}te^{21}do^{13} 蜂蜜

舍$^{=}$舍$^{=}$音 ɕia^{22}ɕia^{22}in^{33} 知了

蚂蚁嘚 ma^{22}lin^{22}te^{21} 蚂蚁

虫□屎 din^{13}kʰuai^{21}sʅ^{22} 蚯蚓

蚕嘚 dzo^{13}te^{21} 蚕

陋$^{=}$丝 lɤu^{35}ɕi^{55} 蜘蛛

蚊嘚 moŋ^{35}te^{21} 蚊子

饭蚊嘚 pai^{11}moŋ^{35}te^{21} 苍蝇

　屎蚊嘚 sʅ^{22}moŋ^{35}te^{21}

狗虱 kau^{22}ɕiai^{21} 跳蚤

虱婆 ɕiai^{22}bɤu^{33} 虱子

鱼嘚 ny^{13}te^{21} 鱼

鲤鱼 li^{22}ny^{33}

大头壳鱼嘚 ta^{11}dau^{13}ho^{35}ny^{13}te^{21} 鳙鱼

鲫鱼 tɕi^{22}y^{33}

团鱼 do^{13}ny^{33} 甲鱼

鱼嘚鳞 ny^{13}te^{21}lin^{12} 鳞

虾公嘚 ha^{35}koŋ^{55}te^{21} 虾

螃蟹 bo^{13}ha^{21}

青麻婆 tsʰai^{35}ma^{13}bɤu^{33} 青蛙

癞皮麻婆 liæ^{11}bi^{13}ma^{13}bɤu^{33} 癞蛤蟆

马 ma^{22}

驴 ly^{12}

骡 lo^{12}

牛 ŋau^{13}

沙牯 ɕia^{35}ku^{0} 公牛

牸牛 tɕi^{11}ŋau^{33} 母牛

　牛婆 ŋau^{13}bɤu^{33}

睐牛 lei^{33}ŋau^{13} 放牛

　放牛 po^{33}ŋau^{13}

羊 io^{13}

猪 tei^{35}

脚猪 tɕiɤu^{22}tei^{55} 种猪

镦猪 $sa^{22}tei^{55}$ 公猪

草猪 $ts^{h}ɤu^{22}tei^{55}$ 母猪

猪崽崽 $tei^{35}tsai^{22}tsai^{22}$ 猪崽

猪栏 $tei^{35}la^{33}$ 猪圈

喂猪 $vei^{33}tei^{35}$ 养猪

猫 mau^{35}

牯猫 $ku^{22}mau^{55}$ 公猫

西⁼猫 $ɕi^{35}mau^{55}$ 母猫

狗 kau^{22}

狗公 $kau^{22}koŋ^{55}$ 公狗

草狗 $ts^{h}ɤu^{22}kau^{21}$ 没生育的母狗

狗婆 $kau^{22}bɤu^{13}$ 生育过的母狗

吠 pei^{11}（狗）叫

兔嘚 $t^{h}u^{33}te^{21}$ 兔子

鸡 $tɕi^{35}$

鸡公 $tɕi^{35}koŋ^{55}$ 公鸡

鸡婆 $tɕi^{35}bɤu^{13}$ 母鸡

啼 die^{13}（鸡）叫

生 $ɕiai^{35}$ 下蛋

菢 $pɤu^{11}$ 孵

鸭嘚 $a^{13}te^{21}$ 鸭

鹅 $ŋo^{13}$

锯劁嘚 $ki^{33}k^{h}au^{33}te^{21}$ 阉公猪

阉 ie^{35} 阉母的猪、鸡等

喂 vei^{33}

杀猪 $ɕiæ^{22}tei^{35}$

破 $p^{h}ɤu^{33}$ 杀

五　房舍器具

村 $ts^{h}en^{33}$ 村庄

街嘚上 $tɕiæ^{35}te^{0}dʑio^{21}$ 街道

盖屋背 $kuei^{33}vu^{22}pei^{33}$ 盖房子

屋 vu^{22} 房子

房 bo^{13} 屋子

房 bo^{13} 卧室

茅屋 $mo^{13}vu^{21}$ 草房

茶头 $dʑia^{13}dau^{33}$ 厨房

灶 $tsɤu^{22}$

锅 $kɤu^{35}$

饭铛 $pai^{11}tɕ^{h}iai^{55}$ 饭锅

炒菜锅 $tɕ^{h}iɤu^{22}tɕ^{h}iæ^{33}kɤu^{55}$ 菜锅

屎楼 $sʅ^{22}lau^{33}$ 厕所

椽皮 $iai^{13}bi^{33}$ 檩；承瓦的木板

柱嘚 $dʑy^{22}te^{21}$ 柱子

大门 $ta^{11}moŋ^{13}$

门踱 $moŋ^{13}dʑia^{11}$ 门槛儿

窗嘚眼 $tɕ^{h}io^{35}te^{0}ŋai^{21}$ 窗

楼梯 $lau^{13}t^{h}ie^{55}$ 可移动的梯子

扫牯 $sɤu^{22}ku^{21}$ 扫把，用竹枝扎成的扫帚

　扫把 $sɤu^{22}pa^{21}$

扫屋 $sɤu^{22}vu^{22}$ 扫地

　扫地 $sɤu^{22}ti^{11}$

渣渣 $tɕia^{35}tɕia^{55}$ 垃圾

家具 $tɕia^{33}tɕy^{35}$

东西 $toŋ^{35}ɕi^{55}$ 物件

床 $dʑio^{13}$

枕头 $tɕin^{22}dau^{33}$

被 bi^{22}

纳被 $la^{11}bi^{22}$ 棉絮

贴被 $t^{h}ie^{22}bi^{22}$ 床单

贴纳被 $t^{h}ie^{22}la^{11}bi^{22}$ 褥子

席 $dʑiæ^{11}$

蚊嘚被 $moŋ^{35}te^{0}bi^{22}$ 蚊帐

台盘 $diæ^{13}bo^{33}$ 桌子

柜 kuei^{11}
推箱 tʰei^{35}ɕio^{55} 抽屉
案桌 ŋan^{35}tso^{22} 长条形的条案
椅嘚 i^{22}te^{21} 椅子
凳 taŋ^{33} 凳子
马桶 ma^{22}tʰaŋ^{21}
菜刀 tɕʰiæ^{33}tɤu^{55}
* 马勺 ma^{22}dʑiɤu^{21}
缸孔 ko^{35}haŋ^{22} 缸
坛嘚 tʰa^{22}te^{21} 坛子
瓶子 bin^{12}tsɿ^{0}
盖盖 kuei^{33}kuei^{33} 盖子
碗 o^{22}
箸 tei^{11} 筷子
汤勺 tʰo^{35}dʑiɤu^{21} 瓷的，小的羹匙
柴 dʑiæ^{13} 柴火
火柴 fɤu^{22}dʑiæ^{33}
锁 sɤu^{22}
锁匙 sɤu^{22}zɿ^{13} 钥匙
爤水壶 niæ^{33}ɕyei^{22}vu^{33} 暖水瓶
　开水壶 kʰai^{33}suei^{22}vu^{33}
洗面盆 ɕie^{22}mie^{21}boŋ^{13} 脸盆
洗面水 ɕie^{22}mie^{21}ɕyei^{22} 洗脸水
手巾 ɕy^{22}tɕin^{55} 毛巾
小手巾 sei^{22}ɕy^{22}tɕin^{55} 手绢
胰子油 i^{13}tsɿ^{0}iɤu^{21} 肥皂
　肥皂 vei^{12}dzau^{21}
梳 ɕy^{35}
针 tɕin^{35}
剪刀 tsai^{22}tɤu^{55}
蜡烛 la^{11}tɕy^{21}
电光 dian^{13}kuaŋ^{33} 手电筒
伞 sa^{22}
线车 ɕian^{35}tsʰe^{33} 自行车

六　服饰饮食

衣服 i^{35}fu^{22}
着 tɤu^{22} 穿
脱 tʰiæ^{22}
* □ lai^{11}
衬衣 tsʰen^{35}i^{33}
纱褂子 sa^{33}kua^{35}tsɿ^{0} 背心
洋索子衣 iaŋ^{13}so^{22}tsɿ^{0}i^{35} 毛衣
夹衣 ka^{22}i^{35} 棉衣
衣袖 i^{35}tsei^{21}
衣袋袋 i^{35}tiæ^{33}tiæ^{33} 口袋
裤 fu^{33}
短裤 to^{22}fu^{33}
裤脚 fu^{33}tɕiɤu^{21} 裤腿
帽嘚 mo^{11}te^{21} 帽子
鞋 iæ^{13}
袜嘚 yæ^{11}te^{0} 袜子
围巾 vei^{12}tɕin^{33}
劳裙嘚 lau^{13}goŋ^{33}te^{21} 围裙
屁贴嘚 pʰi^{33}tʰie^{22}te^{21} 尿布
扣嘚 kʰau^{33}te^{21} 扣子
扣 kʰau^{33} ～扣嘚扣扣子
戒箍子 kai^{35}ku^{55}tsɿ^{0} 戒指
手箍□ ɕy^{22}ku^{55}liæ^{35} 手镯
剪头 tsai^{22}dau^{13} 理发
梳头 ɕy^{35}dau^{13}
白米饭 ba^{11}mi^{22}pai^{21}
羹 kai^{35} 稀饭，粥
面粉 mian^{35}fen^{21}

面 mie^{11} 面条
粉 foŋ^{22} 面粉
馒头 man^{13}dɤu^{0}
包子 pau^{33}tsɿ^{0}
饺子 tɕiau^{22}tsɿ^{0} 水饺
饺子 tɕiau^{22}tsɿ^{0} 馄饨
心心 ɕin^{35}ɕin^{55} 馅儿
油条 iɤu^{13}diau^{21}
豆浆 tau^{11}tɕio^{55}
豆腐崽崽 tau^{11}p^{h}u^{22}tsai^{22}tsai^{22} 豆腐脑
丸嘚 vai^{13}te^{21} 元宵
粽子 tsoŋ^{35}tsɿ^{0}
过年粑糍 kɤu^{33}nie^{13}pa^{35}dʑi^{33} 年糕
零碎东西 lin^{13}sei^{33}toŋ^{35}ɕi^{55} 点心
菜 tɕ^{h}iæ^{33}
干菜 ko^{35}tɕ^{h}iæ^{33}
豆腐 tau^{11}p^{h}u^{22}
猪血 tei^{35}fei^{21}
猪蹄子 tei^{35}di^{33}tsɿ^{0}
猪舌子头 tei^{35}ie^{11}tsɿ^{0}dau^{33} 猪舌头
猪心 tei^{35}ɕin^{55} 猪肝
下水 ia^{13}suei^{21} 内脏
鸡包卵 tɕi^{35}pau^{35}lo^{21} 鸡蛋
皮蛋 bi^{13}tan^{33} 松花蛋
猪油渣 tei^{35}lɤu^{13}tɕia^{35} 猪油
香油 ɕio^{35}y^{33}
酱油 tɕio^{33}y^{33}
盐 ie^{13}
醋 ts^{h}u^{33}
纸烟 tsɿ^{22}ie^{35} 香烟
旱烟 ho^{11}ie^{35}
白酒 ba^{11}tsei^{21}
黄酒 ɦo^{13}tsei^{21}
甜酒 die^{13}tsei^{21} 江米酒
茶叶 dʑia^{13}ie^{21}
泡茶 p^{h}au^{33}dʑia^{13} 沏茶（动宾）
冰棒 pin^{33}paŋ^{55} 冰棍儿
酿饭 niaŋ^{22}pai^{11} 做饭
炒菜 tɕ^{h}iɤu^{22}tɕ^{h}iæ^{33} 做菜（总称）
煮 tɕy^{22}
煎 tsai^{35}
炸 tsai^{33}
蒸 tɕin^{35}
揉 no^{13}
擀 kan^{22}
食堂亮饭 y^{11}do^{13}lo^{35}pai^{21} 吃早饭
食半日饭 y^{11}po^{33}ɦŋ^{11}pai^{21} 吃午饭
食夜头饭 y^{11}ia^{11}dau^{0}pai^{21} 吃晚饭
食 y^{11} 吃：～饭
食 y^{11} 喝：～酒
　喝 ho^{13}
食 y^{11} 喝：～茶
　喝 ho^{13}
食 y^{11} 抽：～烟
张 tio^{35} 盛：～饭装饭
镊 niæ^{22} 夹
斟 tɕin^{35}
口干 ho^{22}ko^{35} 渴
肚饥 du^{22}tɕi^{35} 饿
噎起 ie^{33}tɕ^{h}i^{22} 噎

七　身体医疗

头 dau^{13}
头蒙$^{=}$ dau^{13}moŋ^{33} 头发

辫嘚pin^{35}te^{21}辫子

旋嘚tsai^{11}te^{21}旋

额头ŋa^{11}dau^{33}

相貌ɕio^{33}mo^{21}面相，长相

面罗⁼嘚mie^{11}lo^{33}te^{21}脸

眼睛ŋai^{22}tsei^{55}

眼睛珠嘚ŋai^{22}tsei^{35}tɕy^{35}te^{21}眼珠

眼泪ŋai^{22}li^{21}

眉毛mi^{13}mo^{33}

耳嘚nie^{22}te^{21}耳朵

鼻孔pie^{11}haŋ^{22}鼻子

鼻孔水pie^{11}haŋ^{22}ɕyei^{22}鼻涕

擤soŋ^{22}～鼻涕

嘴巴tsei^{22}pa^{55}

嘴巴皮tsei^{22}pa^{55}bi^{33}嘴唇

口水hau^{22}ɕyei^{21}

舌子头ie^{11}tsɿ^{0}dau^{33}舌头

牙齿ŋa^{13}tsɿ^{21}

下巴ɦa^{22}pa^{33}

胡嘚vu^{13}te^{21}胡子

颈骨tɕie^{22}kuei^{21}脖子

喉咙ɦau^{13}laŋ^{33}

肩头kai^{35}dau^{33}肩膀

手把嘚ɕy^{22}pa^{33}te^{21}胳膊

手ɕy^{22}

左手tsɤu^{22}ɕy^{22}

右手y^{11}ɕy^{22}

拳头牯guai^{13}dau^{33}ku^{0}拳头

手指头ɕy^{22}tsɿ^{22}dau^{33}手指

大手指ta^{11}ɕy^{22}tsɿ^{21}大拇指

鸡公手指tɕi^{35}koŋ^{55}ɕy^{22}tsɿ^{21}食指

中手指tɕin^{33}ɕy^{22}tsɿ^{21}中指

有名指mau^{11}mie^{33}tsɿ^{21}无名指

晚手指man^{11}ɕy^{22}tsɿ^{21}小手指

手指甲ɕy^{22}tsɿ^{22}ka^{21}指甲

脚把嘚tɕiɤu^{22}pa^{33}te^{21}腿

脚tɕiɤu^{22}

膝头包ɕi^{22}dau^{33}pau^{55}膝盖

背pei^{33}名词

肚嘚du^{22}te^{21}肚子

肚脐眼du^{22}dʑi^{33}ŋai^{21}肚脐

奶奶niæ^{35}niæ^{55}乳房

屁股pʰi^{33}ku^{21}

粪门foŋ^{33}moŋ^{33}肛门

鸟把tiau^{22}pa^{55}阴茎

麻屄ma^{13}pʰi^{55}女阴

肏拐⁼niæ^{11}kuai^{22}交合

精嘚水tɕin^{35}te^{0}ɕyei^{21}精液

做好事tsɿ^{22}hɤu^{22}sɿ^{11}来月经

屙屎ɤu^{35}sɿ^{22}拉屎

屙尿ɤu^{35}niau^{11}撒尿

打屁ta^{22}pʰi^{33}放屁

　放屁po^{33}pʰi^{33}

发病ɕyæ^{22}pie^{11}

冻呱taŋ^{33}kua^{22}着凉

咳嗽kʰai^{22}sau^{33}

发烧ɕyæ^{22}ɕy^{35}

打跑跑ta^{22}pʰau^{22}pʰau^{22}发抖

肚嘚痛du^{22}te^{0}tʰaŋ^{33}肚子疼

过肚kɤu^{33}du^{22}拉肚子

　泻肚嘚ɕiæ^{33}du^{22}te^{21}

打摆嘚ta^{22}pai^{22}te^{21}患疟疾

中暑tsoŋ^{35}ɕy^{22}

肿tɕin^{22}

灌恨$^{=}$ko^{33}haŋ^{11} 化脓
疤疤 pa^{35}pa^{55}
癣 sai^{22}
痣 tsɿ^{33}
瓢$^{=}$瓢$^{=}$biau^{13}biau^{33} 疙瘩
狐兹$^{=}$气 vu^{13}tsɿ^{33}tɕ^{h}i^{33} 狐臭
睐病 lei^{33}pie^{11} 看病
号脉 hɤu^{11}mai^{11} 诊脉
打银针 ta^{22}nin^{13}tɕin^{35} 针灸
打针 ta^{22}tɕin^{35}
打吊针 ta^{22}tei^{33}tɕin^{35}
食药 y^{11}iɤu^{11} 吃药
缸药 ko^{35}iɤu^{11} 汤药
病轻呱 pie^{11}tɕ^{h}ie^{35}kua^{22} 病轻了

八　婚丧信仰

做媒 tsɿ^{33}mei^{13}
媒人 mei^{13}ɦŋ^{33}
睐亲 lei^{22}tɕ^{h}in^{35} 相亲
道喜 dau^{22}ɕi^{22} 订婚
嫁妆 ka^{33}tɕio^{55}
*拜堂 piæ^{33}do^{13}
讨老女 t^{h}ɤu^{22}lɤu^{22}ny^{22} 娶妻子
嫁女 ka^{33}ny^{22} 出嫁
新郎 ɕin^{35}lo^{33}
新嫁女 ɕin^{35}ka^{33}ny^{22} 新娘子
怀胎婆 yæ^{13}t^{h}iæ^{35}bɤu^{33} 孕妇
怀□ yæ^{13}ma^{35} 怀孕
烟$^{=}$青$^{=}$ie^{35}ts^{h}ai^{35} 害喜
生□ ɕiai^{35}ma^{35} 分娩
还呱 vai^{13}kua^{22} 流产
双胞胎 ɕio^{35}pa^{55}t^{h}iæ^{35}
是月里 dzɿ^{22}vai^{11}ti^{33} 坐月子
食奶奶 y^{11}niæ^{35}niæ^{55} 吃奶
扎房 tɕia^{22}bo^{13} 断奶
满月 mo^{22}vai^{11}
生日 ɕiai^{35}ɦŋ^{21}
做生日酒 tsɿ^{33}ɕiai^{35}ɦŋ^{11}tsei^{22} 做寿
死 ɕi^{22} 统称
行呱路呱 ɦai^{13}kua^{22}lu^{11}kua^{22} 死，婉称
寻短路 dʑin^{13}to^{22}lu^{21} 自杀
断气 do^{22}tɕ^{h}i^{33} 咽气
*入灵 ɦŋ^{11}lin^{12}
方嘚 po^{35}te^{21} 棺材
*出殡 tɕ^{h}yei^{22}pin^{35}
灵牌嘚 lin^{13}biæ^{33}te^{21} 灵位
祖先 tsu^{22}ɕiai^{35} 坟墓
挂清 kua^{35}ts^{h}ai^{35} 上坟
钱纸 dzai^{13}tsɿ^{22} 纸钱
天老大人 t^{h}ie^{35}lɤu^{22}ta^{11}ɦŋ^{33} 老天爷
菩萨 bu^{13}sa^{22}
观音 kuan^{33}in^{33}
灶王菩萨 tsau^{35}vaŋ^{13}bu^{13}sa^{22} 灶神
庵堂 ai^{35}do^{33} 寺庙
供堂 koŋ^{33}daŋ^{33} 祠堂
和尚 ɦɤu^{13}tɕio^{21}
尼姑婆 ni^{13}ku^{33}bɤu^{33} 尼姑
道士 dɤu^{22}sɿ^{21}
*算八字 so^{35}piæ^{22}tsɿ^{21}
运气 yn^{11}tɕ^{h}i^{35}
保护 pɤu^{22}vu^{21} 保佑

九　人品称谓

人 ɦŋ^{13}

［男人］家laŋ^{13}ka^{55}男人

妹嘚家mei^{11}te^{0}ka^{55}女人

单身牯ta^{35}ɕin^{55}ku^{0}单身汉

老女lɤu^{22}ny^{22}老姑娘

月窠窠vai^{11}fɤu^{35}fɤu^{55}婴儿

细家嘚ɕie^{11}ka^{55}te^{21}小孩

［男人］家崽崽laŋ^{13}ka^{55}tsai^{22}tsai^{22}男孩

妹嘚家崽崽mei^{22}te^{0}ka^{35}tsai^{22}tsai^{22}女孩

老大人lɤu^{22}ta^{11}ɦiŋ^{13}老人，长辈

亲戚tɕʰin^{35}tɕʰi^{21}

朋友boŋ^{13}y^{21}

隔拉⁼ka^{22}la^{22}邻居

客ha^{22}

农民loŋ^{12}min^{22}

做生意个tsɿ^{22}ɕiai^{35}i^{33}ko^{0}商人

手艺人ɕy^{22}nie^{11}ɦiŋ^{13}

砌匠tɕʰie^{33}tɕio^{21}泥水匠

木匠ɦiŋ^{11}tɕio^{21}

裁缝dʑiæ^{13}voŋ^{33}

剃头匠tʰie^{33}dau^{33}tɕio^{21}理发师

厨家师傅dy^{13}ko^{35}sɿ^{33}vu^{21}厨师

师傅sɿ^{35}vu^{33}

徒弟du^{13}di^{22}

靠⁼花头kʰau^{33}fa^{35}dau^{33}乞丐

婊子piau^{22}tsɿ^{0}妓女

下流鬼ia^{13}liɤu^{33}kuei^{21}流氓

　痞子pʰi^{22}tsɿ^{0}

贼dzai^{11}

瞎嘚ɕiæ^{22}te^{21}瞎子

聋嘚laŋ^{13}te^{21}聋子

哑巴a^{22}pa^{55}

驼嘚do^{13}te^{21}驼子

跰嘚pai^{33}te^{21}瘸子

癫嘚tie^{35}te^{21}疯子

哈哈ha^{22}ha^{55}傻子

棒棒paŋ^{11}paŋ^{55}笨蛋

爹爹tiæ^{35}tiæ^{55}爷爷

奶奶nai^{35}nai^{55}（新）

　阿母a^{33}mu^{22}（旧）

公爹koŋ^{35}tiæ^{55}外祖父

婆bɤu^{13}外祖母

爷娘ia^{13}nia^{21}父母

爷ia^{13}父亲，叙称

娘niaŋ^{11}母亲，叙称

爷ia^{13} 爸爸，呼称

娘niaŋ^{11}①妈妈，呼称。②婆婆，呼称

继爷tɕi^{33}ia^{33}继父

继娘tɕi^{33}niaŋ^{21}继母（叙称）

　后来娘ɦiɤu^{22}lai^{33}nia^{21}

亲爷tɕʰin^{35}ia^{55}①岳父。②干爹

　客公ha^{22}koŋ^{55}岳父

亲娘tɕʰin^{35}nia^{21}①岳母。②干娘

　客婆ha^{22}bɤu^{33}岳母

［男人］家个爷laŋ^{13}ka^{35}ko^{0}ia^{13}公公，叙称

婆婆娘bɤu^{13}bɤu^{33}nia^{21}婆婆，叙称

大爷da^{13}i^{33}伯父

大娘da^{13}niaŋ^{21}伯母

晚晚mai^{22}mai^{21}叔父

　躮爷niæ^{35}ia^{33}

晚爷mai^{22}ia^{33}排行最小的叔父

晚娘mai^{22}nia^{21}叔母

　躮女niæ^{35}ny^{21}

姑娘ku^{33}nia^{21}姑，呼称，统称

姑爷ku^{35}ia^{33}姑父

舅爷 dʑy^{22}ia^{33} 舅舅

舅娘 dʑy^{22}nia^{21} 舅妈

姨 i^{13}

姨丈 i^{13}dio^{21} 姨父

弟兄 die^{22}fei^{55}

姊妹 tɕi^{22}mei^{21}

伯伯 pa^{22}pa^{22} 哥哥

嫂嫂 sɤu^{22}sɤu^{22}

老弟 lɤu^{22}die^{21} 弟弟

老弟嫂 lɤu^{22}die^{22}sɤu^{21} 弟媳

*大大 ta^{11}ta^{55}

姊佬 tɕi^{22}lau^{22} 姐夫

妹妹 mei^{11}mei^{55} ①小姑子，夫之妹。②妹妹

妹郎 mei^{11}lo^{13} 妹夫

堂弟兄 do^{13}fei^{55}die^{21} 堂兄弟

表弟兄 piau^{22}fei^{55}die^{21} 表兄弟

叔伯母 sɤu^{13}pa^{22}mu^{21} 妯娌

连襟 lie^{13}tɕin^{55}

崽 tsai^{22} 儿子

新妇 ɕin^{35}bu^{21} 儿媳妇

女 ny^{22}

郎 lo^{13} 女婿

孙 soŋ^{35}

重孙 dzoŋ^{13}soŋ^{55} 重孙子

侄儿子 tɕi^{13}e^{33}tsɿ^{0} 侄子

外生甥 vai^{13}ɕiai^{55}soŋ^{55} 外甥

外孙 vai^{35}sen^{33} 外孙

两个老 lio^{22}kɤu^{33}lɤu^{22} 夫妻

主家人 tɕiɤu^{22}ka^{35}ɦiŋ^{33} 丈夫

老女 lɤu^{22}ny^{22} 妻子

名字 mie^{13}tsɿ^{21}

亚号 ia^{35}hau^{33} 绰号

十　农工商文

做事 tsɿ^{33}sɿ^{11} 干活儿

事 sɿ^{11} 事情

莳田 sɿ^{13}die^{13} 插秧

杀禾 ɕiæ^{22}ɦɤu^{13} 割稻

酿菜 niaŋ^{22}tɕ^{h}iæ^{33} 种菜

犁 lie^{13}

锄头 dʑy^{13}dau^{33}

镰嘚刀 lie^{13}te^{0}tɤu^{55} 镰刀

把把 pa^{22}pa^{22} 把儿

担竿 ta^{33}ko^{55} 扁担

箩 lɤu^{13} ①筐。②竹编的底方上圆的器具

筛筛 ɕiæ^{35}ɕiæ^{55} 筛子

撮谷筲箕 tɕ^{h}iæ^{22}ku^{22}ɕiɤu^{35}tɕi^{55} 专用于收谷子的簸箕

簸箕 pɤu^{33}tɕi^{55}

独轮车 dɤu^{13}len^{12}ts^{h}e^{33}

盘盘 bo^{13}bo^{33} 轮子

碓 tei^{33}

碓窾 tei^{33}ho^{21} 臼

磨 mo^{11}

年成 nie^{13}dʑin^{33}

走江湖 tsau^{22}tɕiaŋ^{33}vu^{13}

打工 ta^{22}koŋ^{35}

斧头 pu^{22}dau^{33} 斧子

钳夹子 dʑian^{13}ka^{22}tsɿ^{0} 钳子

起子 tɕ^{h}i^{22}tsɿ^{0} 螺丝刀

锤锤 dei^{13}dei^{33} 锤子

钉嘚 tie^{35}te^{22} 钉子

索嘚 sɤu^{22}te^{22} 绳子

棍棍 koŋ^{33}koŋ^{33} 棍子

做生意 tsɿ^{22}ɕiai^{35}i^{33} 做买卖

铺上 pʰu^{33}dʑio^{21} 商店（旧说）

　商店 saŋ^{33}tian^{35}（新说）

*伙铺 fɤu^{22}pʰu^{33}

旅社 ly^{22}ze^{33} 旅馆

贵 kuei^{33}

便宜 bie^{13}nie^{33}

划得来 va^{13}te^{22}liæ^{13} 合算

打折 ta^{22}tse^{13}

亏本 kʰuei^{35}poŋ^{22}

钱 dzai^{13}

零钱 lin^{13}dzai^{33}

锡毫子 tʰi^{22}ɦau^{13}tsɿ^{0} 硬币

本钱 poŋ^{22}dzai^{33}

工钱 koŋ^{35}dzai^{33}

路费 lu^{11}fei^{35}

花 fa^{33} 用掉

赚 tɕiai^{11} 做买卖得利

赚 tɕiai^{11} 挣

欠 tɕʰian^{35} ～伊三元钱

算盘 so^{33}bo^{33}

秤 tɕʰin^{33} 统称

称 tɕʰin^{35} 用杆秤～

赶场 kan^{22}dzaŋ^{12} 赶集

市场 zɿ^{13}dzaŋ^{22} 集市

庆庙屋 tɕʰin^{33}mie^{11}vu^{22} 庙会

学堂 ɦɤu^{11}dau^{33} 学校

教室 tɕiau^{35}sɿ^{33}

读书 du^{11}ɕy^{35} 上学

散学 sa^{33}ɦɤu^{11} 放学

考试 kʰau^{22}sɿ^{35}

书包 ɕy^{35}pɤu^{55}

本嘚 poŋ^{22}te^{21} 本子

铅笔 yan^{13}pi^{33}

钢笔 kaŋ^{33}pi^{33}

圆子笔 yan^{12}tsɿ^{0}pi^{21} 圆珠笔

墨笔 mai^{11}pi^{22} 毛笔

墨 mai^{11}

墨盘 mai^{11}bo^{33} 砚台

信 ɕin^{33}

细家嘚书 ɕie^{33}ka^{35}te^{0}ɕy^{35} 连环画

寻藏墨$^{=}$藏 dʑin^{13}dzo^{13}mai^{11}dzo^{33} 捉迷藏

跳绳 tʰiau^{35}zen^{12}

毽嘚 tɕie^{33}te^{21} 毽子

风筝 foŋ^{33}tsen^{33}

耍狮嘚 sua^{22}sɿ^{35}te^{21} 舞狮

炮仗 pʰau^{33}dio^{22} 鞭炮

唱歌 tɕʰio^{33}kɤu^{35}

唱戏 tɕʰio^{33}ɕi^{33} 演戏

锣鼓 lɤu^{13}ku^{22}

拱拱琴 koŋ^{22}koŋ^{55}dʑin^{13} 二胡

笛嘚 die^{11}te^{21} 笛子

划拳 fa^{11}guai^{13}

动棋 daŋ^{22}dʑi^{13} 下棋

打扑克 ta^{22}pʰu^{22}kʰe^{33}

打麻将 ta^{22}ma^{13}tɕiaŋ^{55}

耍魔术 sua^{22}mo^{13}ɕy^{55} 变魔术

讲白话 ko^{22}ba^{11}va^{11} 讲故事

猜白字 tɕʰiæ^{33}ba^{11}tsɿ^{11} 猜谜语

嫽 lei^{11} 玩儿

行人家 ɦai^{13}ɦŋ^{13}ka^{55} 串门儿

闹家 lau^{11}ka^{35} 走亲戚

十一　动作行为

睐 lei^{33} 看

听 t^{h}ie^{33}

嗅 çioŋ^{33} 闻：用鼻子～

津 tɕin^{35} 吸：～气

睁 tɕ^{h}iaŋ^{33}

闭 pie^{33}

眨 tsa^{22}

丫 ŋa^{35} 张

闭 pie^{33}

□ la^{35} 咬

嚼 tɕiɤu^{22}

咽 ie^{33}

□ liæ^{22} 舔

含 ɦo^{13}

相$^{=}$啵 çio^{33}po^{35} 亲嘴

津 tɕin^{35} 吮吸

吐 t^{h}u^{22}

呕 au^{22} 吐

　打吐嘚 ta^{22}t^{h}u^{22}te^{21}

打喷腔$^{=}$ta^{22}p^{h}in^{33}tɕ^{h}io^{55} 打喷嚏

担 ta^{35} 拿

把 pa^{22} 给

摸 mo^{35}

伸 t^{h}in^{35}

*□ gua^{22}

□ lai^{35} 掐：用拇指和食指～皮肉

毂 tsei^{33} 拧：～螺丝

毂 tsei^{33} 拧：～毛巾

揉 no^{13} 捻

掰 pai^{35}

剥 pɤu^{22}

撕 çi^{35}

扚 vei^{22} 折

扯 tɕ^{h}ia^{22} 拔

摘 tɕia^{22}

徛 dʑi^{22} 站

傍 po^{11} 倚

跍 gu^{13} 蹲

　*爆$^{=}$pau^{33}

坐 dzɤu^{22}

跳 t^{h}ei^{33}

踉 dʑia^{11} 迈，跨

蹋 da^{11} 踩

　□ tɕ^{h}iaŋ^{11}

架 ka^{33} 翘

弯 vai^{35}

挺 t^{h}in^{22}

伏 bu^{11} 趴

爬 la^{13}/ba^{13}

行 ɦai^{13} 走

走 tsau^{22} 跑

走 tsau^{22} 逃

撵 nie^{11} 追

□ gua^{22} 抓

乌$^{=}$vu^{35} 抱

巴$^{=}$pa^{35} 背

搀 ts^{h}an^{33}

卵$^{=}$lo^{22} 推

绊 pa^{33} 跌

撞 tɕio^{11}

挡 to^{22}

藏 dzo^{13} 躲～

藏dzo^{13}收～

*安a^{35}

沓da^{11}摞

埋miæ^{13}

盖kuei^{33}

压ia^{13}

揿tɕ^{h}in^{11}摁

杂$^{=}$dza^{11}捅：～鸟窝

插tɕ^{h}iæ^{22}～香

杂$^{=}$dza^{11}戳：～个洞

□ŋai^{22}砍

槽$^{=}$dzɤu^{13}剁

削ɕiɤu^{22}

爆坼pau^{33}tɕ^{h}ia^{22}裂

□niau^{33}皱

泻呱ɕiæ^{33}kua^{22}腐烂

擦ts^{h}a^{22}

空haŋ^{35}倒

厾dɤu^{11}丢弃

厾dɤu^{11}扔，投掷

丈$^{=}$dʑiaŋ^{13}掉落

滴tie^{22}～水

着dio^{11}丢失

寻dʑin^{13}找

捡tɕie^{22}

提die^{13}

担ta^{35}挑

掮dʑian^{13}用肩扛

抬diæ^{13}

举tɕy^{22}

撑tɕ^{h}iai^{35}

撬tɕ^{h}iɤu^{22}

选sai^{22}挑

收拾ɕy^{35}zɿ^{11}

扁$^{=}$pie^{22}挽：～袖子

淌t^{h}aŋ^{22}涮：～杯子

洗ɕie^{22}

捞lɤu^{35}

系tɕi^{33}拴

*□lai^{11}①系。②捆

解tɕiæ^{22}

搬po^{35}挪

*扶bu^{13}

拌pa^{33}摔

掺ts^{h}a^{35}

烧ɕy^{35}

拆tɕ^{h}ia^{22}

转tɕiai^{33}

升$^{=}$ɕin^{35}捶

捶dei^{13}打

打相打ta^{22}ɕio^{35}ta^{22}打架

敨间t^{h}au^{22}kai^{35}休息

打丫口ta^{22}ŋa^{35}hau^{22}打哈欠

揰卧$^{=}$着ts^{h}oŋ^{11}ŋo^{11}tɕio^{22}打瞌睡

眠mie^{13}睡

鼓鼻k^{h}u^{22}pi^{11}打呼噜

做梦tsɿ^{22}moŋ^{11}

　夜梦ie^{33}moŋ^{11}

*直起di^{13}ɕi^{22}

刷牙齿sua^{22}ŋa^{13}tsɿ^{21}刷牙

*爬塘ba^{13}do^{13}

悟vu^{35}想

想ɕio^{22}

打算ta^{22}so^{33}

记得 tɕi^{22}te^{22}

忘记 mo^{11}tɕi^{35}

怕 p^{h}a^{33}

信 ɕin^{33} 相信

愁 dʑiau^{13} 发愁

小心 sei^{22}ɕin^{35}

喜欢 ɕi^{22}ho^{35}

带厌 tai^{33}ian^{35} 讨厌

舒服 ɕy^{33}fu^{33}

吃亏 tɕ^{h}ia^{33}k^{h}uei^{35} 难受

不好过 pu^{33}hɤu^{22}kɤu^{33} 难过

喜欢 ɕi^{22}ho^{35} 高兴

烦躁 vai^{13}ts^{h}ɤu^{33} 生气

怪 kiæ^{33} 责怪

悔想 fei^{22}ɕio^{21} 后悔

眼红 ŋai^{22}ɦoŋ^{13} 忌妒

*怕偢 p^{h}a^{33}soŋ^{11}

出丑 tɕ^{h}yei^{22}tɕ^{h}y^{22} 丢脸

昌$^{=}$ tɕ^{h}iaŋ^{33} 欺负

装 tɕio^{35}

痛 t^{h}aŋ^{33} 疼

要 y^{33}

有 y^{22}

冇 mau^{11} 没有

是 zɿ^{13}

不是 pu^{33}zɿ^{13}

在 dʑiæ^{22}

不在 pu^{33}dʑiæ^{22}

得知 tai^{22}ti^{35} 知道

不得知 pu^{33}tai^{22}ti^{35} 不知道

懂 toŋ^{22}

不懂 pu^{33}toŋ^{22}

挖$^{=}$ yæ^{22} 会

不挖$^{=}$ pu^{33}yæ^{22} 不会

认得 nin^{11}te^{22} 认识

不认得 pu^{33}nin^{11}te^{22} 不认识

要得 y^{33}te^{22} 行

要不得 y^{33}pu^{33}te^{22} 不行

肯 haŋ^{22}

应该 in^{35}kai^{33}

要得 y^{33}te^{22} 可以

　可以 k^{h}o^{22}i^{22}

讲 ko^{22} 说

话 va^{11} 说话

讲丫口白话 ko^{22}ŋa^{35}ho^{22}ba^{11}va^{11} 聊天儿

喊 ho^{22} 叫

安$^{=}$喊 o^{35}ho^{22} 吆喝

*□ kai^{22}

骂 ma^{11}

逗气 dɤu^{13}tɕ^{h}i^{33} 吵架

骗 p^{h}ie^{33}

□ lo^{35} 哄

　坏$^{=}$ yæ^{11}

扯谎 tɕ^{h}ia^{22}faŋ^{22} 撒谎

吹牛 tɕ^{h}yei^{22}ŋau^{13}

*捧爷卵子 p^{h}oŋ^{22}ie^{13}luan^{22}tsɿ^{0}

讲笑 ko^{22}sei^{33} 开玩笑

告诉 kɤu^{22}sɿ^{33}

感谢 kan^{22}ɕie^{35} 谢谢

对不住 tei^{33}pu^{33}dʑy^{13} 对不起

慢行 mai^{22}ɦai^{13} 再见

　留步 ly^{13}pu^{11}

十二　性质状态

大 ta^{11}

*躭 niæ^{35}

粗 ts^{h}u^{35}

细 ɕie^{33}

长 dio^{13} 线～

短 to^{22} 线～

长 dio^{13} 时间～

短 to^{22} 时间～

*阔 fɤu^{22}

阔托$^{=}$ fɤu^{22}t^{h}o^{22} 宽敞

*狭 iæ^{11} 窄

高 kɤu^{35} 飞得～

矮 iæ^{22} 低：飞得～

高 kɤu^{35} 他比我～

矮 iæ^{22} 他比我～

远 vai^{22}

近 dʑin^{22}

深 ɕin^{35}

浅 ts^{h}ai^{22}

清 ts^{h}ai^{35}

浊 dʑiɤu^{11} 浑

圞 lo^{13} 圆

扁 pie^{22}

方 ho^{35}

尖 tsai^{35}

平 bie^{13}

*壮 tɕio^{33}

腈 tsai^{35} 瘦：～肉

壮 tɕio^{33} 肥，形容猪等动物

*壮 tɕio^{33}

瘦 ɕiau^{33} 形容人、动物

黑 hai^{22}

白 ba^{11}

红 ɦoŋ^{13}

黄 ɦo^{13}

蓝 la^{13}

绿 lei^{11}

紫 tsɿ^{22}

灰 fei^{35}

多 tɤu^{35}

少 ɕy^{22}

重 din^{22}

轻 tɕ^{h}ie^{35}

直 dei^{11}

陡 tau^{22}

弯 vai^{35}

偏 p^{h}ie^{35} 歪

厚 ɦau^{22}

薄 bɤu^{11}

硬 ŋai^{11}

柔 nau^{13} 稀

浓 nin^{13} 密

稀 ɕi^{35}

亮 lio^{11}

黑 hai^{22}

暖 nu^{22} 热，指天气

暖索$^{=}$ nu^{22}so^{22} 天气暖和

凉修$^{=}$ lio^{13}sei^{35} 天气凉

冷 lai^{22} 天气冷

*爊 niæ^{33}

冷 lai^{22} 水凉

干 ko^{35} 干燥

吾⁼湿 vu^{22}sɿ^{21} 潮湿

□利⁼ɕia^{33}li^{21} 干净

涞⁼汰⁼lai^{13}tai^{33} 脏

利 li^{11}

□ dʑioŋ^{22} 钝

快 k^{h}iæ^{33}

慢 mai^{11}

早 tsɤu^{22}

晏 ai^{33} 晚：来～了

晏 ai^{33} 晚：天色～

松 soŋ^{35}

紧 tɕin^{22}

容易 ioŋ^{13}ie^{11}

难 na^{13}

新 ɕin^{35}

旧 tɕy^{11}

老 lɤu^{22}

年轻 nie^{13}tɕ^{h}ie^{35}

柔 nau^{13} 软

硬 ŋai^{11}

烂 la^{11}

糊 vu^{13}

经事 tɕin^{35}sɿ^{11} 结实

破 p^{h}ɤu^{33}

有得很 y^{22}te^{33}hai^{11} 富

穷 dʑioŋ^{13}

忙 mo^{13}

空 haŋ^{35}

劳 lau^{13} 累

痛 t^{h}aŋ^{33} 疼

痒 io^{22}

闹热 loŋ^{11}nie^{11} 热闹

熟 dʑy^{11} 熟悉

生 ɕiai^{35} 陌生

味道 vei^{11}dau^{35}

气味 tɕ^{h}i^{33}vei^{11}

咸 ɦa^{13}

淡 da^{22}

酸 so^{35}

甜 die^{13}

苦 fu^{22}

辣 la^{11}

新鲜 ɕin^{35}ts^{h}ai^{55}

香 ɕio^{35}

臭 tɕ^{h}y^{22}

馊 ɕiau^{35}

腥 sai^{35}

好 hɤu^{22}

坏 yæ^{11}

嘎⁼起 ka^{22}tɕ^{h}i^{22} 差

对 tei^{33}

错 tɕiɤu^{11}

乖脱⁼kiæ^{35}t^{h}iæ^{22} 漂亮

㞞 soŋ^{11} 丑

勤耐⁼dʑin^{13}nai^{11} 勤快

懒 la^{22}

乖 kiæ^{35}

调皮 t^{h}iau^{35}bi^{13} 顽皮

老实 lɤu^{22}ɕi^{35}

哈 ha^{11} 傻

笨 ben^{13}

拙 tɕyei^{22}

大方 ta^{13}faŋ^{33}

小相 sei^{22}ɕio^{35} 小气

直石$^{=}$dei^{11}dʑia^{11}直爽

犟dʑiaŋ^{11}

十三　数量

一i^{13}

两lio^{22}二

三sa^{35}

四ɕi^{33}

五ɦŋ^{22}

六lei^{11}

七tɕ^{h}i^{22}

八piæ^{22}

九tɕy^{22}

十dzɿ^{11}

二十nie^{11}dzɿ^{11}

三十sa^{35}dzɿ^{11}

一百i^{13}pa^{22}

一千i^{13}ts^{h}ai^{35}

一万i^{13}vai^{11}

一百零五i^{13}pa^{22}lin^{13}ɦŋ^{22}

一百五十i^{13}pa^{22}ɦŋ^{22}dzɿ^{11}

第一ti^{11}i^{13}

二两nie^{11}lio^{22}

几个tɕi^{22}kɤu^{33}几个

两（个）lio^{22}俩

三（个）sa^{35}你们仨

个把kɤu^{33}pa^{22}

个kɤu^{33}

匹p^{h}i^{22}一～马

只tɕia^{22}头：一～牛

只tɕia^{22}头：一～猪

只tɕia^{22}一～狗

只tɕia^{22}一～鸡

只tɕia^{22}一～蚊子

只tɕia^{22}条：一～鱼

行ɦai^{13}条：一～蛇

只tɕia^{22}张：一～嘴

只tɕia^{22}张：一～桌子

床dʑio^{13}一～被子

张tio^{35}领：一～席子

两lio^{22}双：一～鞋

把pa^{22}一～刀

把pa^{22}一～锁

行ɦai^{13}条：一～绳子

支tsɿ^{33}一～毛笔

副fu^{33}一～眼镜

面mie^{11}一～镜子

坨do^{13}块：一～香皂

部bu^{13}辆：一～车

座dzɤu^{22}一～屋

座dzɤu^{22}一～桥

条dy^{13}一～河

条dy^{13}一～路

蔸tau^{35}棵：一～树

朵tɤu^{22}一～花

粒ly^{22}颗：一～珠嘚

粒ly^{22}粒：一～米

餐ts^{h}a^{35}顿：一～饭

副fu^{33}剂：一～中药

股ku^{22}一～香味

　杆$^{=}$kai^{22}股

行ɦo^{13}一～字

块k^{h}iæ^{33}一～钱

角tɕiɤu^{22}毛：一～钱

只 tɕia^{22} 件：一～事情

点咖嘚 tiaŋ^{35}ka^{0}te^{21} 点儿：～东西

点 ti^{33} 些：一～东西

下 ɦa^{22} 打一～

下 ɦa^{22} 会儿：来了一～

顿 toŋ^{33} 打一～

餐 tsʰa^{35} 顿

唱$^{=}$ tɕʰio^{33} 阵：下了一～雨

转 tɕiai^{33} 趟：走一～；回：闹一～，洗一～衣裳洗一水

十四　代副介连词

我 o^{22}

尔 ŋ^{22} 你

尔 ŋ^{22} 您

伊 i^{22} 他

我里 a^{22}li^{35} 我们

我里 a^{22}li^{35} 咱们

尔里 ŋ^{22}li^{35} 你们

伊里 i^{22}li^{35} 他们

大家 ta^{11}tɕia^{35}

自家 tɕie^{11}ka^{35} 自己

[他人]里 tʰaŋ^{35}li^{33} 别人

我个爷 o^{22}ko^{33}ia^{13} 我爸

尔个爷 ŋ^{22}ko^{33}ia^{13} 你爸

伊个爷 i^{22}ko^{33}ia^{13} 他爸

桂$^{=}$个 kuei^{13}ko^{33} 这个

桂$^{=}$只 kuei^{13}tɕia^{22}

箇个 ko^{11}ko^{33}

箇只 ko^{11}tɕia^{33}

乜个 mi^{35}ko^{33} 那个

乜只 mi^{35}tɕia^{22}

桂只乜 kuei^{13}tɕia^{22}mi^{35}

遮$^{=}$个 tɕia^{35}kɤu^{33} 哪个

遮$^{=}$个 tɕia^{35}kɤu^{33} 谁

箇头 ko^{11}dau^{13} 这里

里家嘚 li^{22}ka^{35}te^{21}

箇头乜 ko^{11}dau^{13}mi^{35} 那里

乜家嘚 mi^{35}ka^{35}te^{21}

遮$^{=}$头 tɕia^{35}dau^{13} 哪里

日$^{=}$滴$^{=}$ ɦŋ^{11}ti^{33} 这样

桂$^{=}$样个 kuei^{13}io^{11}ko^{33}

日$^{=}$滴$^{=}$乜 ɦŋ^{11}ti^{33}mi^{35} 那样

何滴$^{=}$ ɦo^{13}ti^{33} 怎样

日$^{=}$滴$^{=}$ ɦŋ^{11}ti^{33} 这么

何滴$^{=}$ ɦo^{13}ti^{33} 怎么

么个 mo^{22}ko^{33} 什么：这个是～字？

么个 mo^{22}ko^{33} 什么：你找～？

为么个 vei^{11}mo^{22}ko^{33} 为什么

做么个 tsɿ^{33}mo^{22}ko^{33} 干什么

好多 hɤu^{22}tɤu^{35} 多少

很 hai^{22}

死 ɕi^{22} 非常

还 ɦai^{13} 更：今天比昨天～热

特 tʰie^{13} 太

最 tsuei^{35}

同 daŋ^{13} 都：大家～来了

一共 i^{13}goŋ^{13}

一起 i^{13}tɕʰi^{22}

只 tɕi^{35} 我～去过一转

刚刚 tɕiaŋ^{33}tɕiaŋ^{33} ～合适

刚刚 tɕiaŋ^{33}tɕiaŋ^{33} 刚：我～到

还只 ɦai^{13}tɕi^{35} 才：你～来啊？

柜$^{=}$ kuei^{11} 就

只个 tɕi^{35}kɤu^{33} 经常：我～去

又 y^{11} 伊～来呱

还 ɦai^{13} 你～没回家

再 tɕiæ^{33} 明日～来

也 ia^{11} 我～去；我～是老师

反正 fan^{22}tsen^{35}

不滴$^{=}$pu^{33}ti^{33} 没有：昨日我～去

不 pu^{33} 明日我～去

莫 ma^{11} 别：你～去

莫 ma^{11} 甭：你～客气

快 kʰiæ^{33} 天～亮了

差点咖嘚 tɕʰiæ^{35}tiaŋ^{35}ka^{0}te^{21} 差点儿

烂$^{=}$哈$^{=}$la^{11}ha^{35} 宁可

恣意 tsɿ^{33}i^{33} 故意

随便 dzuei^{12}bian^{13}

白 ba^{11} ～跑一趟

硬 ŋai^{11} 肯定

可能 kʰo^{22}len^{12}

一边 i^{13}pie^{35}

*乞 tɕʰi^{35}

*乞 tɕʰi^{35}

对 tei^{33} 伊～我很好

朝 dzau^{12} 往

对 tei^{33} 向：～伊借一本书

按 ŋan^{35}

替 tʰie^{33}

要是 i^{35}zɿ^{22} 如果

不管 pu^{33}kuan^{22}

第二节

《汉语方言词语调查条目表》

一　天文	十一　身体	二十一　文体活动
二　地理	十二　疾病医疗	二十二　动作
三　时令时间	十三　衣服穿戴	二十三　位置
四　农业	十四　饮食	二十四　代词等
五　植物	十五　红白大事	二十五　形容词
六　动物	十六　日常生活	二十六　副词介词等
七　房舍	十七　讼事	二十七　量词
八　器具用品	十八　交际	二十八　附加成分
九　称谓	十九　商业交通	二十九　数字等
十　亲属	二十　文化教育	三十　八峒地名

一　天文

大日头 ta^{11}ɦŋ^{11}dau^{33} 大太阳

日头地 ɦŋ^{11}dau^{33}ti^{21} 太阳照到的地方

向倒日头 ɕio^{35}tɤu^{22}ɦŋ^{11}dau^{33} 向阳

　朝阳 tɕʰio^{13}io^{13}

背阴 pei^{11}in^{35}

日头打伞 ɦŋ^{11}dau^{33}ta^{22}sa^{22} 日食

日头□□ ɦŋ^{11}dau^{33}liæ^{35}liæ^{55} 日晕

日头亮 ɦŋ^{11}dau^{33}lo^{35} 阳光

圞月 lo^{13}vai^{11} 满月

弯月亮 vai^{35}vai^{11}lio^{33} 月牙儿

月亮地 vai^{11}lio^{33}ti^{21} 月亮照到的地方

月亮打伞 vai^{11}lio^{33}ta^{22}sa^{22} 月食

月亮起□□ vai^{11}lio^{33}tɕʰi^{22}liæ^{35}liæ^{55} 月晕

北斗星 pai^{11}tɤu^{21}sai^{55}

　七星姑 tɕʰi^{13}ɕin^{33}ku^{33}

皇帝星 ɦo^{13}die^{13}sai^{55} 启明星

　天明星 tʰie^{35}min^{22}sai^{55}

天河 $t^hie^{35}ɦɤu^{13}$ 银河

星嘚屎 $sai^{35}te^0sɿ^{22}$ ①流星。②祥兆

流星 $ly^{13}sai^{55}$

灾星 $tɕiæ^{35}ɕin^{33}$ 彗星

大风 $ta^{11}poŋ^{35}$

蛮大个风 $mai^{13}ta^{11}kə^0poŋ^{55}$ 狂风

躲风 $niæ^{35}poŋ^{55}$ 小风

摰摰风 $tsei^{33}tsei^{33}poŋ^{55}$ 旋风

羊角风 $io^{13}kəu^{21}poŋ^{55}$

顶风 $tei^{22}poŋ^{55}$ 迎风，逆风

顺风 $ɕioŋ^{11}poŋ^{55}$ 行进方向与风向相同

动风 $daŋ^{22}poŋ^{55}$ 刮风

风停呱 $poŋ^{35}din^{13}kua^{22}$ 风停了

*云露 $ɦoŋ^{13}lu^{21}$

*白云露 $ba^{11}ɦoŋ^{13}lu^{21}$

*黑云露 $hai^{22}ɦoŋ^{13}lu^{21}$

*马尾云露 $ma^{22}vei^{22}ɦoŋ^{13}lu^{21}$

*崖山云露 $niæ^{13}ɕiai^{35}ɦoŋ^{13}lu^{21}$

霞 ha^{35}

堂霞 $do^{13}ha^{55}$ 早霞

夜霞 $ia^{11}ha^{55}$ 晚霞

动雷 $daŋ^{22}lei^{13}$ 打雷

炸雷 $tsa^{33}lei^{13}$ 雷声很大

雷打呱 $lei^{13}ta^{22}kua^{22}$ 打雷了：大树被～

打火闪 $ta^{22}fɤu^{22}ɕiai^{21}$ 闪电（动宾）

大火闪 $ta^{11}fɤu^{22}ɕiai^{21}$ 大闪电

*火殃 $fɤu^{22}io^{55}$

*祸殃 $ɦɤu^{22}io^{55}$

*孝殃 $hɤu^{33}io^{55}$

雷公火闪 $lei^{13}koŋ^{35}fɤu^{22}ɕiai^{21}$ ①雷电闪电。②雷阵雨

掉雨啦 $tie^{33}vu^{22}la^0$ 掉点（了）

躲雨 $niæ^{35}vu^{21}$ 小雨

毛毛雨 $mo^{13}mo^{33}vu^{21}$

大雨 $ta^{11}vu^{22}$

雹子雨 $p^hau^{35}tsɿ^{22}vu^{21}$ 下冰雹

日头雨 $ɦŋ^{11}dau^{33}vu^{21}$ 太阳雨

开天雨 $fei^{35}t^hie^{55}vu^{21}$ ①清早下的一场雨。②久雨快晴的时候下的雨

雨停呱 $vu^{22}din^{13}kua^{22}$

虹食水 $ko^{33}y^{11}ɕyei^{22}$ 弯弓形的彩虹一头挂在天边，一头在井边

连连锥 $lie^{13}lie^{33}tɕy^{55}$ 冰锥

构起呱 $kau^{33}tɕ^hi^{22}kua^{22}$ 结冰

雪豆嘚 $sei^{22}tau^{21}te^{22}$ 雪珠子，冰雹

雹子 $p^hau^{35}tsɿ^0$

落雪 $lɤu^{11}sei^{22}$ 下雪

铺雪 $p^hu^{35}sei^{22}$ 鹅毛雪

鹅毛雪 $ŋo^{13}mo^{33}sei^{22}$

牛毛雪 $ŋau^{13}mo^{33}sei^{22}$ 细密的雪

雨夹雪 $vu^{22}ka^{22}sei^{22}$

融雪 $ioŋ^{13}sei^{22}$ 化雪

露 lu^{11}

下露 $ɦa^{22}lu^{11}$

打霜 $ta^{22}ɕio^{35}$ 下霜

白头霜 $ba^{11}dau^{33}ɕio^{55}$

盐霜 $ie^{13}ɕio^{55}$

*狗牙霜 $kau^{22}ŋa^{33}ɕio^{55}$

水霜 $ɕyei^{22}ɕio^{55}$ 水里起的霜

扯云雾 $tɕ^hia^{22}ɦoŋ^{13}vu^{21}$ 起雾

晴天 $dzai^{13}t^hie^{55}$

阴天 $in^{35}t^hie^{55}$

暖 lu^{22}（天气）热

冷 lai^{22}（天气）冷

暖天 lu^{22}tʰie^{55} 农历四月到七月
入暖天 ɦiŋ^{11}lu^{22}tʰie^{55} 进入热的季节
出暖天 tɕʰyei^{22}lu^{22}tʰie^{55}
天干 tʰie^{35}ko^{35} 天旱
泻块⁼呱 ɕiæ^{33}kʰiæ^{22}kua^{22} 涝了
涨大水 tɕio^{22}ta^{11}ɕyei^{21} 发大水
开天 fei^{35}tʰie^{35} 连雨转晴
倒春 tɤu^{22}tɕʰioŋ^{35}
寒潮 ɦan^{12}dzau^{22}
端午水 toŋ^{35}ɦiŋ^{22}ɕyei^{21} 端午时节涨水

二　地理

平养⁼ bie^{13}io^{21} 平原
* 峒 taŋ^{11}
　峒里些 taŋ^{11}li^{22}ɕi^{33}
* 八峒瑶山 piæ^{22}taŋ^{11}iau^{13}ɕiai^{55}
菜地 tɕʰiæ^{33}ti^{21}
荒地 ho^{35}ti^{21} 耕种多年现在荒芜的地
沙嘚地 ɕia^{35}te^{0}ti^{21} 沙土地
陡地 tau^{22}ti^{21} 坡地
坪 bie^{13} 平坦的场地
草坪坪 tsʰɤu^{22}bie^{13}bie^{33} 草坪
半腰地 po^{33}y^{55}ti^{21} 山腰
山脚嘚 ɕiai^{35}tɕiɤu^{22}te^{21} 山脚
* 猪婆槽 tei^{35}bo^{33}dzɤu^{13}
坑坑里 hai^{35}hai^{55}ti^{33} 山涧
冲冲里 tɕʰin^{35}tɕʰin^{55}ti^{33} 两山之间的狭长地
偏⁼拉⁼ pʰie^{35}la^{21} 山坡
□ pʰiæ^{22} 坡
□□上 pʰiæ^{22}pʰiæ^{22}dʑio^{21} 坡坡上
山顶顶 ɕiai^{35}tin^{22}tin^{21} 山头
崖山 niæ^{13}ɕiai^{55} 山崖
山清水 ɕiai^{35}tɕʰin^{35}ɕyei^{21} 山涧
脊上 tɕiæ^{22}dʑio^{21} 山梁
丫屙⁼ ŋa^{35}ɤu^{22} 山岭中间的最低处
河 ɦɤu^{13}
河里些 ɦɤu^{13}li^{22}ɕi^{33} 河里
𨈐坑坑 niæ^{35}hai^{55}hai^{55} 小水沟
深塘 ɕin^{35}do^{13} 潭（深的天然的）
海 hai^{22}
江边里 ko^{35}pie^{35}ti^{33} 江边
坝基脚 pa^{33}tɕi^{55}tɕio^{21} 堤
坝 pa^{33}
沙基 ɕia^{35}tɕi^{55} 水中陆地
河滩 ɦɤu^{13}tʰa^{55}
清水 tsʰai^{35}ɕyei^{21}
浊水 dʑiɤu^{11}ɕyei^{21} 浑水
雨水 vu^{22}ɕyei^{21}
涨大水 tɕio^{22}ta^{11}ɕyei^{22}
出龙 tɕʰyei^{22}lioŋ^{13} 传说认为动物修炼成精了就要出来，伴随着涨大水
崩味⁼ poŋ^{35}vei^{11} 指滑坡、泥石流
冷水 lai^{22}ɕyei^{21} 凉水
井水 tsai^{22}ɕyei^{21} 泛指泉水和井水
冒井水 mau^{33}tsai^{22}ɕyei^{21} 泉水涌出来
温攋水 voŋ^{35}niæ^{33}ɕyei^{21} 温水
冷滚水 lai^{22}koŋ^{22}ɕyei^{21} 凉白开
屋檐水 vu^{22}ie^{33}ɕyei^{21} 下雨时沿屋檐流下的水
回水坨 vei^{13}ɕyei^{22}do^{13} 激流回旋形成的水湾
澄 tin^{11} 把水里的杂质沉淀下去
大石头 ta^{11}dʑia^{11}dau^{33} 大石块
𨈐石头 niæ^{35}dʑia^{11}dau^{33} 小石块
石板 dʑia^{11}pai^{21}
石头崽崽 dʑia^{11}dau^{33}tsai^{22}tsai^{22} 鹅卵石

小石头 sei^{22}dʑia^{11}dau^{33} 鹅卵石

粉石 foŋ^{22}dʑia^{21} 快风化的石头

清石 tsʰai^{35}dʑia^{21} 用来烧石灰的石头

磨刀石 mo^{13}tɤu^{55}dʑia^{21}

白石头 ba^{11}dʑia^{11}dau^{33} 可以打火的石头

麻石 ma^{13}dʑia^{21} 用来制作碓臼等的坚硬石头

沙嘚地 ɕia^{35}te^{0}ti^{21} 沙土（含沙很多的土）

沙基脚 ɕia^{35}tɕi^{55}tɕio^{21} 沙滩

土坯嘚 tʰu^{22}pʰei^{55}te^{21} 土坯

砖坯嘚 tɕiai^{35}pʰei^{55}te^{21} 砖坯

大砖 ta^{11}tɕiai^{55}

碎砖 sei^{33}tɕiai^{55}

红砖 ɦoŋ^{13}tɕiai^{55}

青砖 tsʰei^{35}tɕiai^{55}

水泥砖 sei^{22}ni^{13}tɕiai^{55}

火砖 fɤu^{22}tɕiai^{55}

断砖 do^{22}tɕiai^{55} 不完整的砖头

烂砖 la^{11}tɕiai^{55}

泥瓦 nie^{13}va^{21} 土瓦

盖瓦 kuei^{33}va^{21} 瓦房顶最上层的瓦片

　蓑衣瓦 sɤu^{35}i^{55}va^{21}

槽瓦 dzɤu^{13}va^{21} 放在盖瓦下面比较结实的瓦

碎瓦 sei^{33}va^{21}

灰灰 fei^{35}fei^{55} 飘在空中的杂尘

埲尘 pʰoŋ^{35}dʑin^{33} 落在家具上的灰尘

灰尘扑□ fei^{35}dʑin^{13}pʰu^{22}kʰaŋ^{22} 形容蓬头垢面，满身灰尘

泻泥 ɕiæ^{33}nie^{33} 烂泥

泻泥巴糍 ɕiæ^{33}nie^{13}pa^{35}dʑi^{33} 烂泥巴

泥糊包渣 nie^{13}vu^{13}pɤu^{55}tɕia^{35} 满身泥土

干泥巴 ko^{35}nie^{13}pa^{33}

泥巴糍 nie^{13}pa^{55}dʑi^{13} 泥巴块

金 tɕin^{35}

银 nin^{13}

铜 doŋ^{13}

铁 tʰie^{22}

锡 ɕiæ^{22}

汽油 tɕʰi^{35}iɤu^{22}

石灰 dʑia^{11}fei^{55}

岔⁼路⁼ tɕʰia^{33}lu^{11} 锈（铜铁）

玉 y^{35}

白炭 ba^{11}tʰa^{33}

城墙 dʑin^{13}dʑio^{33}

壕坑 ɦɤu^{13}hai^{55} 壕沟

城里些 dʑin^{13}li^{22}ɕi^{33} 城内

城□基⁼ dʑin^{13}lai^{13}tɕi^{33} 城外

城门 dʑin^{13}moŋ^{33}

乡上 ɕio^{35}dʑio^{21} 相对于对城市而言

老家 lɤu^{22}ka^{55} 家乡

街嘚上 tɕiæ^{35}te^{0}dʑio^{21} 街道

巷子 ɦaŋ^{13}tsɿ^{0}

大路 ta^{11}lu^{21}

躲路 niæ^{35}lu^{21} 小路

　小路 sei^{22}lu^{21}

阴坑 in^{35}hai^{55} 阴沟

溜埠 lei^{35}pu^{21} 滑落竹木的坑道

三　时令时间

春天 tɕʰioŋ^{35}tʰie^{55}

暖天 lu^{22}tʰie^{55} 夏天

秋天 tsʰei^{35}tʰie^{55}

冬天 toŋ^{35}tʰie^{55}

　冷天 lai^{22}tʰie^{55}

立春 li^{11}tɕʰioŋ^{35}

开春 fei^{35}tɕʰioŋ^{35} 初春

雨水 y^{22}ɕyei^{21}

惊蛰 tɕin^{33}tsɿ^{35}

春分 tɕʰioŋ^{35}foŋ^{55}

谷雨 ku^{22}y^{21}

立夏 li^{11}ha^{11}

小满 sei^{22}mo^{21}

芒种 mo^{13}toŋ^{33}

夏至 ha^{11}tsɿ^{55}

躲暑 niæ^{35}ɕy^{21} 小暑

大暑 ta^{11}ɕy^{22}

立秋 li^{11}tsʰei^{35}

处暑 tɕʰy^{33}ɕy^{21}

白露 ba^{11}lu^{21}

秋分 tsʰei^{35}foŋ^{55}

寒露 ɦo^{13}lu^{21}

霜构 ɕio^{35}kau^{33} 霜降

立冬 li^{11}toŋ^{35}

躲雪 niæ^{35}sei^{21} 小雪

大雪 ta^{11}sei^{22}

躲寒 niæ^{35}ɦo^{33} 小寒

大寒 ta^{11}ɦo^{13}

三十日夜头 sa^{35}dzɿ^{11}ɦŋ^{11}ia^{11}dau^{33} 除夕

团年 do^{13}nie^{13} 大年三十吃团圆饭

拜年 piæ^{33}nie^{13}

拜溜年 piæ^{33}lei^{35}nie^{33} 拜晚年，指晚辈超过午时才来拜年，带有贬义

耍龙灯 sa^{22}lioŋ^{13}taŋ^{55} 正月初五之后开始舞龙灯

*乌嘚节 tei^{22}te^{0}tɕie^{22}

*乌饭节 vu^{35}pai^{11}tɕie^{22}

寻风药 dʑin^{13}foŋ^{35}iɤu^{21} 端午节至五月底这段时间，家庭主妇们上山寻找艾叶、大风藤、勾藤等草药，拿回砍断、晾干，煮水洗澡，认为可祛风寒，特别是坐月子的妇女洗了此药浴之后方可喂奶

躲端午 niæ^{35}toŋ^{35}ɦŋ^{21} 五月初五，小端午

大端午 ta^{11}toŋ^{35}ɦŋ^{21} 五月十五，不如小端午隆重

*半年节 po^{33}nie^{33}tɕie^{22}

六月六 lei^{11}vai^{11}lei^{11}

七夕 tɕʰi^{13}ɕi^{13}

七月半 tɕʰi^{22}vai^{11}po^{33} 中元节

重年节 dʑioŋ^{13}nie^{33}tɕie^{22} 重阳节

寒食节 ɦan^{12}sɿ^{13}tɕie^{22}

*腊八节 la^{11}pa^{22}tɕie^{22}

杀年猪 ɕiæ^{22}nie^{33}tei^{35} 旧时过腊月初八，家家户户要杀年猪、烘腊肉

腊八羹 la^{11}pa^{22}kai^{35} 腊月初八用大米、黑豆熬的粥

食血汤 y^{11}fei^{22}tʰo^{55} 杀年猪当日，家里父母、子女、兄弟姐妹一起吃杀猪饭

逢年过节 voŋ^{13}nie^{13}kɤu^{33}tɕie^{22}

庆风神菩萨 tɕʰin^{35}foŋ^{35}yn^{13}bu^{13}sa^{22} 庆风神，每逢干旱无雨，扎高台，请师公祭拜求雨

年份 nie^{13}fen^{33}

线$^{=}$前年 sai^{33}dʑie^{13}nie^{33} 大前年

大后年 ta^{11}ɦau^{22}nie^{33}

每年 mei^{22}nie^{33}

年中心 nie^{13}tio^{35}ɕin^{55} 年中

年尾巴 nie^{13}mi^{22}pa^{55} 年底

上半年 dʑio^{22}po^{33}nie^{33}

下半年 ɦa^{22}po^{33}nie^{33}

一年当头 i^{13}nie^{33}taŋ^{35}dau^{13} 整年

阳春 io^{13}tɕ^{h}ioŋ^{35} 庄稼长势：今年个～好

九冬十月 tɕy^{22}toŋ^{35}dzʅ^{11}vai^{21} 入冬

十一二月 dzʅ^{11}i^{13}nie^{11}vai^{21}

闰月 nin^{11}vai^{21}

初头嘚 tɕ^{h}y^{35}dau^{33}te^{21} 月初

月半 vai^{11}po^{33}

月底 vai^{11}tie^{22}

*月日 vai^{11}ɦiŋ^{11}

*一个月日 i^{13}kɤu^{22}vai^{11}ɦiŋ^{21}

*两个月日 lio^{22}kɤu^{22}vai^{11}ɦiŋ^{21}

*头个月日 dau^{13}kɤu^{33}vai^{11}ɦiŋ^{21}

*桂⁼个月日 kuei^{13}kɤu^{22}vai^{11}ɦiŋ^{21}

*下个月日 ɦa^{22}kɤu^{33}vai^{11}ɦiŋ^{21}

*每个月日 mei^{22}kɤu^{33}vai^{11}ɦiŋ^{21}

上旬 dʑio^{22}dʑin^{33}

中旬 tɕioŋ^{33}dʑin^{33}

下旬 ɦa^{22}dʑin^{33}

大月 ta^{11}vai^{21} 农历三十天的月份

小月 sei^{22}vai^{21} 农历二十九天的月份

贰日 nie^{13}ɦiŋ^{21} 某日的下一天

转几日 tɕiai^{22}tɕi^{22}ɦiŋ^{21} 前几天

一星期 i^{13}ɕin^{33}tɕi^{33}

一整日 i^{13}tsen^{22}ɦiŋ^{21} 整天

白灯⁼黑 ba^{11}taŋ^{35}hai^{22} 从白天到晚上

十几日 dzʅ^{11}tɕi^{22}ɦiŋ^{21} 十几天

上半日 dʑio^{22}po^{33}ɦiŋ^{21} 上午十一点到十二点

正半日 tɕin^{33}po^{33}ɦiŋ^{11} 十二点左右

下半日 ɦa^{22}po^{33}ɦiŋ^{21} 下午

大半日 ta^{11}po^{33}ɦiŋ^{21} 大半天

上半日 dʑio^{22}po^{33}ɦiŋ^{21} 午前

半日 po^{33}ɦiŋ^{21} 中午

下半日 ɦa^{22}po^{33}ɦiŋ^{21} 午后

*上夜饭 dʑio^{11}ia^{11}pai^{21}

*半夜饭 po^{33}ia^{11}pai^{21}

*下夜饭 ɦa^{22}ia^{11}pai^{21}

*头夜饭 dau^{13}ia^{11}pai^{21}

麻影哩 ma^{13}in^{22}le^{0} 天快黑的时候，人影绰绰

雾岭⁼哩 vu^{35}lin^{22}le^{0} 人影模糊

黑啦 hai^{22}la^{0}（天）黑了

上半夜 dʑio^{22}po^{33}ia^{21}

下半夜 ɦa^{22}po^{33}ia^{21}

深更半夜 ɕin^{35}ka^{35}po^{33}ia^{21}

一夜 i^{13}ia^{11} 整夜

每日夜头 mei^{22}ɦiŋ^{11}ia^{11}dau^{33} 每天晚上

日嘚 ɦiŋ^{11}te^{21} 日子

面前 mie^{11}dzai^{13} 先前

头转 dau^{13}tɕiai^{22} 首次

桂⁼转 kuei^{13}tɕiai^{22} 这次

现在 ian^{13}tsai^{13}

　箇开⁼嘚 ko^{11}fei^{35}te^{21} 现在

闲起呱 ɦai^{13}tɕ^{h}i^{22}kua^{22} 农闲

四　农业

春工 tɕ^{h}ioŋ^{35}koŋ^{55}

早收 tsɤu^{22}ɕy^{55} 夏收

背嘚收 pei^{33}te^{0}ɕy^{55} 秋收

修田塍 sei^{35}die^{13}in^{33}

酿秧田 niaŋ^{22}io^{35}die^{33}

浸谷种 tɕin^{35}ku^{22}tɕin^{21}

泡谷种 p^{h}ɤu^{35}ku^{22}tɕin^{21}

　发芽 ɕyæ^{22}ŋa^{13}

下泥 ɦa^{22}nie^{13} 下谷种

　下种 ɦa^{22}tɕin^{22}

睐水 lei^{33}ɕyei^{22} 看水，灌田

犁田 lie^{13}die^{13}

巴田塍 pa^{33}die^{13}in^{33} 把田埂加高以蓄水

修崩$^{=}$含$^{=}$ sei^{35}poŋ^{35}ɦo^{13} 修田埂

耙田 ba^{13}die^{13}

挖地 yæ^{22}ti^{11} 整地

* 杀拐 ɕiæ^{22}vei^{22}

担淤 ta^{33}vei^{35} 挑牛粪、猪粪

莳田 sɿ^{13}die^{13} 插秧

扯草 tɕ^{h}ia^{22}ts^{h}ɤu^{22}

薅田 hɤu^{35}die^{13}

扯稗嘚 tɕ^{h}ia^{22}piæ^{11}te^{21}

* 杀崩$^{=}$含$^{=}$ ɕiæ^{22}poŋ^{35}ɦo^{13}

杀虫 ɕiæ^{22}din^{13} 打药

打禾 ta^{22}ɦɤu^{13} 割稻子

担谷嘚 ta^{35}ku^{22}te^{21}

晒谷嘚 ɕiæ^{33}ku^{22}te^{21}

收谷嘚 ɕy^{35}ku^{22}te^{21}

润谷嘚 nioŋ^{11}ku^{22}te^{21} 没有晒的谷子

二燥谷 nie^{11}tɕiɤu^{35}ku^{22} 晒了一天的谷子

燥谷嘚 tɕiɤu^{34}ku^{22}te^{21} 晒好的谷子

入仓 ɦŋ^{11}ts^{h}o^{35}

* 蓑衣丘 sɤu^{35}i^{35}k^{h}ie^{35}

笠斗丘 li^{11}tau^{22}k^{h}ie^{35} 很小的一块田

* 过水丘 kɤu^{33}ɕyei^{22}k^{h}e^{35}

隔圳 ka^{22}tɕioŋ^{33} 取代过水丘而修建的水道

禾线嘚 ɦɤu^{13}sai^{33}te^{21} 稻穗

杀麦嘚 ɕiæ^{22}ma^{11}te^{21} 割麦

禾堂 ɦɤu^{13}dau^{33} 场院

锄地 dʑy^{13}ti^{11}

安肥料 a^{35}vei^{12}liau^{33} 施肥

淤大淤 vei^{35}ta^{11}vei^{35} 浇粪

积肥料 tɕie^{22}vei^{13}liau^{33} 积肥

大淤 ta^{11}vei^{35} 粪肥

牛屎 ŋau^{13}sɿ^{21}

羊屎 io^{13}sɿ^{21}

猪屎 tei^{35}sɿ^{21}

鸡屎 tɕi^{35}sɿ^{21}

化肥 fa^{35}vei^{22}

淤水 vei^{35}ɕyei^{22} 浇水

放水 po^{33}ɕyei^{22} 使水入地

□水 ɤu^{33}ɕyei^{22} 从井里或河里取水

井塘 tsai^{22}do^{33} 水井

水桶 ɕyei^{22}t^{h}aŋ^{21}

索嘚 sɤu^{22}te^{21} 井绳

水车 ɕyei^{22}tɕ^{h}ia^{55}

大车 ta^{11}ts^{h}e^{33}

独龙车 du^{11}loŋ^{33}ts^{h}e^{33} 手推车

牛轭 ŋau^{13}a^{33}

牛笼头 ŋau^{13}loŋ^{13}dau^{33} 牛笼嘴

牛歪$^{=}$嘚 ŋau^{13}vai^{33}te^{21} 牛鼻桊儿

* 抬犁 diæ^{13}lie^{33}（以下至犁弯为抬犁部件）

抬杠 diæ^{13}ko^{33} 长条形木棍，前后两人扛在肩上，一人在前拉，一人在后扶犁

犁头 lie^{13}dau^{33}

犁面 lie^{13}mie^{11}

犁把 lie^{13}pa^{33}

犁弓 lie^{13}koŋ^{55}

犁弯 lie^{13}vai^{55} 犁身

耙 ba^{13}（以下至耙齿为耙的部件）

耙把手 ba^{13}pa^{22}ɕy^{21}

耙木 ba^{13}ɦŋ^{11}

耙齿 ba^{13}ts^{h}ɿ^{22}

仓 ts^{h}o^{35} 存放粮食的器具

风车poŋ^{35}tɕ^{h}ia^{33}

石磙dʑia^{11}kun^{22}

礌嘚lei^{22}te^{21}砻，脱去稻谷外皮的农具

石磨dʑia^{11}mo^{11}

磨盘mo^{11}bo^{33}

磨把手mo^{11}pa^{33}ɕy^{21}磨把儿

磨心mo^{11}ɕin^{35}磨扇中心的铁轴

磨钩mo^{13}kau^{55}推磨的把手

米筛mi^{22}ɕiæ^{55}

四叶筛ɕi^{33}ie^{11}ɕiæ^{55}底方上圆，形状像箩筐

灰筛fei^{35}ɕiæ^{55}筛地灰等用的器具

粉筛foŋ^{22}ɕiæ^{55}筛粉末状细物用的器具

禾枷ɦɤu^{13}ka^{55}连枷

晒地ɕiæ^{33}ti^{21}晒谷的席子

碓嘴tei^{33}tsei^{21}碓杵，铁制

升$^{=}$窾ɕin^{35}ho^{21}专门打糍粑的碓窾

粑糍槌pa^{35}dʑi^{33}dei^{13}

水碓ɕyei^{22}tei^{33}

钉钯tie^{35}ba^{33}

脚钯tɕiɤu^{22}ba^{33}加高田埂的时候用来刨土的钯子

羊角锄io^{13}kɤu^{22}dʑy^{33}镐

大板锄ta^{11}pai^{22}dʑy^{33}松土用

躲板锄niæ^{35}pai^{22}dʑy^{33}锄草用

三角锄sa^{35}kɤu^{22}dʑy^{33}刨卵石用

挖根锄yæ^{22}kaŋ^{35}dʑy^{33}较重，锄刃较长，挖蕨根专用

根槌kaŋ^{35}dei^{33}打蕨根的槌子，木制

根石kaŋ^{35}dʑia^{11}捶蕨根的石头

铡刀tsa^{22}tɤu^{55}

扬锹io^{13}ts^{h}ei^{55}木锹

铲锹ts^{h}an^{22}tɕ^{h}iau^{55}平口的铁锹

把筲箕pa^{22}ɕiɤu^{35}tɕi^{55}撮箕

筲箕ɕiɤu^{35}tɕi^{55}①竹编，撮物工具。②簸箕形的指纹

皮筲箕bi^{13}ɕiɤu^{35}tɕi^{55}宽而薄的篾条制成，盛谷器具

谷筲箕ku^{22}ɕiɤu^{35}tɕi^{55}篾条窄而厚，盛谷器具

淤筲箕vei^{35}ɕiɤu^{35}tɕi^{55}没有包边，旁边有三个孔眼，担草、担粪等

撮谷嘚tɕ^{h}iæ^{22}ku^{22}te^{21}收拢谷子

撮渣渣tɕ^{h}iæ^{22}tɕia^{35}tɕia^{55}扫拢垃圾

欧$^{=}$糟$^{=}$ɤu^{35}tsɤu^{55}垃圾

箩箩lɤu^{13}lɤu^{33}

□□lei^{35}lei^{55}装鱼的用具

尿桶niau^{11}t^{h}aŋ^{22}担肥料用

担担嘚ta^{35}ta^{33}te^{21}挑担子

鸡卵$^{=}$槌tɕi^{35}lo^{22}dei^{13}驱逐家禽的用具

虾粑ha^{35}ba^{33}捉虾的渔具

禾唱$^{=}$ɦɤu^{13}tɕ^{h}io^{33}挑柴的工具，两头扁尖

*搻山nie^{11}ɕiai^{35}

*掌坛师tɕio^{22}da^{13}sɿ^{55}

*梅筒mei^{13}daŋ^{33}

*敬梅山tɕin^{33}mei^{13}ɕiai^{35}

铳tɕ^{h}ioŋ^{33}

*伏铳bu^{11}tɕ^{h}ioŋ^{33}

*□包p^{h}ai^{11}pɤu^{55}

*张套tio^{35}t^{h}au^{33}

*张索嘚tio^{35}sɤu^{22}te^{21}

*厂嘚tɕ^{h}io^{22}te^{21}

*食蔗嘚y^{11}p^{h}au^{35}te^{21}

*练塘lie^{33}do^{13}

*麻叶嘚ma^{13}ie^{11}te^{21}

*横爬嘚vai^{11}ba^{13}te^{21}

*皮嘚 bi^{13}te^{21}

*撵山份 nie^{11}ɕiai^{35}poŋ^{11}

人份嘚 ɦŋ^{13}poŋ^{11}te^{21}

*蹄脚份 die^{13}tɕiɤu^{22}poŋ^{11}

*铳头份 tɕ^{h}ioŋ^{33}dau^{33}poŋ^{11}

*狗份嘚 kau^{22}poŋ^{22}te^{21}

*蹋劳份 da^{11}lau^{13}poŋ^{11}

野牛膏 ia^{11}ŋau^{33}kɤu^{55} 把野牛骨头熬制成膏供食用

野猪膏 ia^{11}tei^{55}kɤu^{55} 把野猪骨头熬制成膏供食用

乌堂 tei^{22}do^{13} 打乌坪

五　植物

粮食 nio^{13}ie^{21}

五谷 vu^{22}ku^{22}

荞嘚 dʑy^{13}te^{21} 荞麦

小米 sei^{22}mi^{22} 小米儿

早禾 tsɤu^{22}ɦɤu^{33} 早稻

晚稻 van^{22}tau^{35}

稗嘚 piæ^{11}te^{21} 稗子

□禾壳 nie^{11}ɦɤu^{13}k^{h}ɤu^{21} 秕子

米 mi^{22}

糯米 lo^{11}mi^{21}

粳米 tɕie^{35}mi^{21} 相对糯米而言

籼米 san^{33}mi^{21}

早米 tsɤu^{22}mi^{21}

晚稻米 van^{33}tau^{35}mi^{21} 晚米

白米 ba^{11}mi^{21}

䅟嘚 tɕ^{h}iai^{22}te^{21} 一种杂粮

棉花桃 mie^{13}fa^{55}dɤu^{33}

麻 ma^{13} 苎麻

日头花崽崽 ɦŋ^{11}dau^{33}fa^{55}tsai^{22}tsai^{22} 葵花籽

白红薯 ba^{11}ɦoŋ^{33}dʑy^{33} 白薯

红红薯 hoŋ^{13}ɦoŋ^{33}dʑy^{33}

洋芋 iaŋ^{13}y^{55} 土豆

芋梗 vu^{11}kai^{22} 指芋这种植物

莲子 lian^{13}tsɿ^{0}

黑豆嘚 hai^{22}tau^{21}te^{21}

红豆嘚 ɦoŋ^{13}tau^{21}te^{21}

峨眉豆 ŋo^{13}mi^{33}tau^{21} 扁豆

苦瓜 fu^{22}kua^{55}

冬瓜 toŋ^{35}kua^{55}

葫芦嘚 vu^{13}lu^{33}te^{21} 葫芦

大瓜 ta^{11}kua^{55} 瓠子

边叶葱 pie^{35}ie^{11}ts^{h}oŋ^{35} 比一般的香葱粗壮，形状类似大蒜叶子

葱叶 ts^{h}oŋ^{35}ie^{21}

葱蔸蔸 ts^{h}oŋ^{35}tau^{55}tau^{55} 葱白

蒜苞苞 so^{33}po^{35}po^{55} 蒜头

蒜苗嘚 so^{33}miau^{13}te^{21} 蒜的花茎

青蒜 ts^{h}ai^{35}so^{33} 嫩的蒜梗和蒜叶

蒜酱 so^{33}tɕio^{33} 蒜泥

韭葱花 tɕy^{22}ts^{h}oŋ^{55}fa^{55} 韭黄

苋菜 hai^{11}tɕ^{h}iæ^{33}

皮箩海椒 bi^{13}lɤu^{33}hai^{22}tsei^{55} 圆椒

海椒面 hai^{22}tsei^{55}mie^{11} 辣椒面儿

葱菜 ts^{h}oŋ^{35}tɕ^{h}iæ^{33} 芥菜

胡椒 vu^{13}tsei^{55}

包白菜 pɤu^{35}ba^{11}tɕ^{h}iæ^{33} 洋白菜

⿰身卜白菜 niæ^{35}ba^{11}tɕ^{h}iæ^{33} 小白菜

莴笋叶嘚 o^{22}sen^{22}ie^{11}te^{21} 莴笋叶

生菜 ɕiai^{35}tɕ^{h}iæ^{33}

野芹菜 ia^{22}dʑin^{13}tɕ^{h}iæ^{33}

大芹菜 ta^{11}dʑin^{13}tɕʰiæ^{33} 长在山中

⿰身卜芹菜 niæ^{35}dʑin^{13}tɕʰiæ^{33} 长在水边

椿篦芽 tɕʰioŋ^{35}pi^{11}ŋa^{13} 香椿芽

圆心菜 vai^{13}ɕin^{55}tɕʰiæ^{33} 芫荽

茼蒿菜 doŋ^{13}kɤu^{55}tɕʰiæ^{33} 蒿子秆儿

干萝卜 ko^{35}lɤu^{33}pei^{21} 糠心萝卜

萝卜菜 lɤu^{13}pei^{21}tɕʰiæ^{33} 萝卜缨儿

干萝卜 ko^{35}lɤu^{13}pei^{21} 萝卜干儿

包包菜 pɤu^{35}pɤu^{55}tɕʰiæ^{33} 苤蓝

茭笋 kɤu^{35}soŋ^{21} 茭白

油菜薹 y^{13}tɕʰiæ^{33}diæ^{13}

油菜崽崽 y^{13}tɕʰiæ^{33}tsai^{22}tsai^{22} 油菜籽

空心菜 haŋ^{35}ɕin^{55}tɕʰiæ^{33} 蕹菜

鸟鸟菜 tei^{22}tei^{22}tɕʰiæ^{33} 荠菜

雷公屎 lei^{13}koŋ^{35}sɿ^{21} 地菜，黑色或白色，木耳状，多生长在石头或朽木上，可食用

崽根 tsai^{22}kaŋ^{55} 鱼腥草

蕨嘚 kuei^{22}te^{21} 蕨菜的芽

蕨鸡$^{=}$ kuei^{22}tɕi^{35} 长叶子蕨菜

蕨根 kuei^{22}kaŋ^{35}

猪耳嘚 te^{35}nie^{22}te^{21} 车前草

亮光草 lo^{35}kuaŋ^{33}tsʰɤu^{21} 野慈姑

马鞭草 ma^{22}pie^{35}tsʰɤu^{21} 狗牙根，可用来保持水土

苦菜公 fu^{22}tɕʰiæ^{33}koŋ^{55} 白花败酱（攀倒甑），味苦，可食用

辣里草 la^{11}li^{22}tsʰɤu^{21} 辣蓼，药材

芋藤梗 vu^{11}daŋ^{13}kai^{21} 芋头的梗茎

树山 tɕy^{11}ɕiai^{55} 树林

树秧秧 tɕy^{11}io^{35}io^{55} 树苗

树杆杆 tɕy^{11}kai^{22}kai^{21} 树干

树尖尖 tɕy^{11}tsai^{35}tsai^{55} 树梢

树根根 tɕy^{11}kaŋ^{35}kaŋ^{55} 树根

树叶嘚 tɕy^{11}ie^{11}te^{21} 树叶

树垮$^{=}$枝 tɕy^{11}kʰua^{22}tɕi^{55} 树枝

栽树 tɕiæ^{35}tɕy^{11} 植树

□树 ŋai^{22}tɕy^{11} 砍树

松树丝 dzoŋ^{13}tɕy^{11}ɕi^{55} 松针

松树苞苞 dzoŋ^{13}tɕy^{11}pau^{35}pau^{55} 松球

松树酱 dzoŋ^{13}tɕy^{11}tɕio^{55} 松香

杉树刺 sa^{35}tɕy^{11}tɕʰi^{33} 杉针

桑叶树 ɕio^{35}ie^{11}tɕy^{21} 桑树

桑叶 ɕio^{35}ie^{21}

桐嘚树 daŋ^{13}te^{0}tɕy^{21} 桐树

桐嘚 daŋ^{13}te^{21} 桐子

桐油 daŋ^{13}y^{33}

红豆树 ɦioŋ^{13}tau^{11}tɕy^{21}

厚壳树 ɦau^{22}kʰɤu^{22}tɕy^{21} 厚朴树

椿篦芽树 tɕʰioŋ^{35}pi^{11}ŋa^{13}tɕy^{21} 香椿树

□嘚树 tɕyei^{35}te^{0}tɕy^{21} 新宁话叫“圆珠树”，果实可食用

锄$^{=}$树 dʑy^{13}tɕy^{21} 椤木石楠树，木质红色，坚硬，适合做砧板

白选$^{=}$嘚树 ba^{11}sai^{22}te^{0}tɕy^{21} 白栎树

牛筋树 ŋau^{13}tɕin^{55}tɕy^{21} 雷公鹅耳枥，木质红色，可做锄头柄

苦梨嘚树 fu^{22}li^{13}te^{0}tɕy^{21} 苦槠树

巴羊崽树 pa^{35}io^{13}tsai^{22}tɕy^{21} 钩栗树，果实可做豆腐

乌饭嘚树 vu^{35}pai^{11}te^{0}tɕy^{21} 乌饭树，果实可食用，叶子可用来做乌饭

石州树 dʑia^{11}tɕy^{55}tɕy^{21} 青冈栎树，木质坚硬，可做木工推子、家具等

毛藤梨树 mo^{13}daŋ^{13}li^{33}tɕy^{21} 野生猕猴桃树

空头蕉树 haŋ^{13}dau^{13}pʰau^{35}tɕy^{21} 木姜石栎树，树的嫩叶可制甜茶

桃嘚树 dɤu^{13}te^{0}tɕy^{21} 桃树

金钩刺 tɕin^{35}kau^{35}tɕʰi^{33} 荆棘类，高两米左右，其根可酿酒

倒挂刺 tɤu^{33}kua^{33}tɕʰi^{33} 草药类，可消毒消炎

刺葱头 tɕʰi^{33}tsʰoŋ^{35}dau^{33} 楤木

竹麻鞭 tei^{22}ma^{33}pie^{55} 竹鞭

方竹竹 ho^{35}tei^{22}tei^{22} 方竹，可供观赏和造纸

皮竹竹 bi^{13}tei^{22}tei^{22} 凤尾竹

毛竹竹 mo^{13}tei^{22}tei^{22} 楠竹，也是造纸原料

苦竹竹 kʰu^{22}tei^{22}tei^{22} 苦竹

花竹竹 fa^{35}tei^{22}tei^{22} 花竹，竹身有青、黄两色

黄麻竹 ɦo^{13}ma^{33}tei^{22} 黄竹，可制作乐器

赤竹竹 tɕʰia^{22}tei^{22}tei^{22} 赤竹

箭牯竹 tsai^{33}ku^{22}tei^{22} 箭竹

水竹竹 ɕyei^{22}tei^{22}tei^{22} 水竹，可编制竹器

金竹竹 tɕin^{35}tei^{22}tei^{22} 金竹

冬笋 toŋ^{35}soŋ^{21} 冬天发的楠竹笋，味道较好

春笋 tɕʰioŋ^{35}soŋ^{21} 春天发的楠竹笋，味道较差

黄毛笋 ɦo^{13}ma^{33}soŋ^{22} 黄毛竹的嫩笋，农历二月出笋，口味纯正

马鞭笋 ma^{22}pie^{35}soŋ^{22} 农历七八月，竹根（俗称“马鞭”）发的笋，较嫩较甜

方竹笋 ho^{35}tei^{22}soŋ^{22} 农历十月出笋，味道类似马鞭笋

白米笋 ba^{11}mi^{22}soŋ^{22} 清明之后出的笋，埋得深，长得慢，味道好

甜竹笋 die^{13}tei^{22}soŋ^{22} 麻竹的嫩笋，农历四月出笋

水竹笋 ɕyei^{22}tei^{22}soŋ^{22} 清明后出笋，味道好

玉兰片 y^{35}lan^{12}pʰian^{35} 当地传统土特产品，有着悠久的生产历史，以本土当年原生态无污染的春笋为原材料加工而成，新鲜洁白、醇香清脆、美味可口

笋壳叶 soŋ^{22}kʰɤu^{22}ie^{21} 笋壳

竹竿 tei^{22}ko^{55}

竹叶嘚 tei^{22}ie^{11}te^{21} 竹叶儿

篾片 mie^{11}pʰie^{33}

黄篾 ɦo^{13}mie^{21} 篾黄

青篾 tsʰai^{35}mie^{21} 篾青

茅草 mo^{13}tsʰɤu^{21}

麻藤 ma^{13}daŋ^{33} 可作绳子使用

红藤 ɦoŋ^{13}daŋ^{33} 用来给簸箕缠边

簸箕藤 pɤu^{33}tɕi^{33}daŋ^{13} 可编制椅子

漏$^{=}$ lau^{11} 柴草荆棘缠绕

漏$^{=}$窠 lau^{11}fɤu^{55} 灌木丛

刺漏$^{=}$窠 tɕʰi^{33}lau^{11}fɤu^{35} 带刺的灌木丛

干果 ko^{35}ko^{21}

米桃 mi^{22}dɤu^{33} 桃品种之一，颜色较白

油桃 y^{13}dɤu^{33} 桃品种之一，表皮无毛而光滑

苦李嘚 fu^{22}li^{22}te^{21} 李子

奈李 lai^{35}li^{21}

骨头 kuei^{22}dau^{33} 果核

飞膏嘚 pi^{35}kɤu^{35}te^{21} 野生果，形状像柿子，略小，可食用

石梨嘚 dʑia^{13}li^{13}te^{21} 长在岩石上，果实较小，可食

古桃崽 ku^{22}dɤu^{33}tsai^{21} 果实像荔枝，表皮有泡，野生可食

哈哈崽 ha^{35}ha^{55}tsai^{21} 野果的统称

枇杷 bi^{13}ba^{33}

干柿花 ko^{35}dzɿ^{13}fa^{33} 柿饼

橙子 dzen^{13}tsɿ^{0}

柑子筋 kan^{33}tsɿ^{0}tɕin^{55} 橘络

𨈓柑子 niæ^{35}kan^{33}tsɿ^{0} 金橘

木瓜 mo^{13}kua^{33}

龙眼 loŋ^{13}ŋai^{21}

龙眼冷= loŋ^{13}ŋai^{22}lai^{21} 龙眼肉

荔枝 li^{35}tsɿ^{33}

芒果 maŋ^{12}ko^{21}

菠萝 po^{33}lo^{33}

白果树 ba^{11}kɤu^{22}tɕy^{21} 银杏

瓜栗嘚 kua^{33}li^{33}te^{21} 野板栗

西瓜 ɕi^{35}kua^{33}

瓜崽崽 kua^{35}tsai^{22}tsai^{22} 瓜子儿

甜瓜 die^{13}kua^{55}

慈姑 dzɿ^{12}ku^{33} 荸荠

甘蔗根 kan^{33}tɕia^{35}kaŋ^{55} 甘蔗

花生米 fa^{33}sen^{33}mi^{21}

花生壳壳 fa^{33}sen^{33}k^{h}ɤu^{22}k^{h}ɤu^{22} 花生皮

鸡枣 tɕi^{35}tsau^{22} 野生枣

桂花 kuei^{35}fa^{33}

菊花 tɕy^{13}fa^{33}

荷叶 ɦɤu^{13}ie^{11}

莲蓬 lie^{13}boŋ^{33}

水仙花 suei^{22}ɕie^{55}fa^{33}

茉莉花 mo^{13}li^{33}fa^{33}

牵牛花 tɕie^{35}ŋau^{33}fa^{33}

杜鹃花 dɤu^{13}tɕyan^{33}fa^{33}

芙蓉花 vu^{12}ioŋ^{22}fa^{33}

万年青 vai^{11}nie^{33}ts^{h}ai^{55}

仙人掌 sai^{35}ɦiŋ^{33}tɕio^{21}

红花嘚 ɦoŋ^{13}fa^{55}te^{21} 映山红

报春花 pɤu^{33}tɕ^{h}ioŋ^{55}fa^{33}

花片 fa^{35}p^{h}ie^{33} 花瓣儿

花芯芯 fa^{35}ɕin^{33}ɕin^{33} 花蕊

芦苇 lɤu^{12}vei^{21}

香菌嘚 ɕio^{35}goŋ^{22}te^{21} 香菇

干菌嘚 ko^{35}goŋ^{22}te^{21} 冬菇

青苔 ts^{h}ei^{35}diæ^{33}

蕨嘚 kuei^{22}te^{21} 蕨子

赖= 崽崽 liæ^{11}tsai^{22}tsai^{22} 赖= 树结的果实，可打豆腐

藨 p^{h}au^{35} 草莓类野果

三月藨 sa^{35}vai^{11}p^{h}au^{55} 三月藨树结的果实，由青到红，两年生

莳田藨 sɿ^{13}die^{13}p^{h}au^{55} 插秧的时候结果，红色

和尚藨 ɦɤu^{13}tɕio^{11}p^{h}au^{55} 一年生，果实较光滑，红色，味淡，不可食用

狗尿藨 kau^{22}niau^{11}p^{h}au^{55}

癞嘚头藨 liæ^{11}te^{0}dau^{13}p^{h}au^{55}

蛇皮藨 dʑia^{13}bi^{33}p^{h}au^{55}

白藨嘚 ba^{11}p^{h}au^{55}te^{21} 一年生，白色，形状类似和尚藨，香甜可口

桑叶藨 so^{35}ie^{11}p^{h}au^{55} 桑葚

皮桑藨 bi^{13}so^{55}p^{h}au^{55} 皮桑树结的果实，成熟时红色，不可食用

老虫藨 lɤu^{22}din^{33}p^{h}au^{55} 荆棘类结的果实，农历四五月成熟，红色，可口

打禾藨 ta^{22}ɦɤu^{13}p^{h}au^{55} 荆棘类结的果实，农历八九月成熟，红色，可食

细米藨 sei^{33}mi^{22}p^{h}au^{55} 红色，味酸，形状小

狗屎藨 kau^{22}sɿ^{22}p^{h}au^{55} 黑色，微苦

焦捞藨 tsei^{35}lɤu^{55}p^{h}au^{55} 像锅巴样，味甜，新宁话叫“拔船藨”，农历五月成熟

飞叶藨 pi^{35}ie^{11}p^{h}au^{55} 冬季野生茶树的嫩叶受寒冻结而成，大小不一，可食用，脆甜

茶蕉嘚 dʑia^{13}p^{h}au^{55}te^{21} 茶树的果实，即茶籽

麻瓯嘚 ma^{13}au^{35}te^{21} 野葡萄

糖罐刺 daŋ^{13}kuan^{33}tɕ^{h}i^{33} 果实圆形，有刺，味道酸甜，可浸酒，但馅心吃了喉咙痒。当地俗语“山里来了一个兵，满身插满针，大人看见都不怕，小孩只怕挖圆心。”

牛奶奶 ŋau^{13}niæ^{35}niæ^{55} 野藤结的果实，形状像牛的奶子，可食用

狗奶奶 kau^{22}niæ^{35}niæ^{55} 野藤结的果实，形状像狗的奶子，可食用

马奶奶 ma^{22}niæ^{35}niæ^{55} 野藤结的果实，形状像马的奶子，可食用

六　动物

畜生 tɕ^{h}y^{22}ɕie^{55} 牲口

马公嘚 ma^{22}koŋ^{55}te^{21} 公马

马婆嘚 ma^{22}bɤu^{13}te^{21} 母马

阉马 ie^{35}ma^{22} 骟马

牛牯 ŋau^{13}ku^{0} 公牛

阉沙牯 ie^{35}ɕia^{55}ku^{0} 阉过的公牛

黄牛 ɦo^{13}ŋau^{33}

　沙牛 ɕia^{35}ŋau^{33}

水牛 ɕyei^{22}ŋau^{33}

牛崽崽 ŋau^{13}tsai^{22}tsai^{22} 牛犊

驴公嘚 ly^{12}koŋ^{55}te^{21} 公驴

驴婆嘚 ly^{12}bɤu^{33}te^{21} 母驴

骡子 lo^{12}tsɿ^{0}

骆驼 lo^{13}do^{33}

羊公 io^{13}koŋ^{55} 公羊

羊婆 io^{13}bɤu^{33} 母羊

绵羊 mie^{13}io^{33}

石羊 dʑia^{11}io^{33} 野生山羊

羊崽崽 io^{13}tsai^{22}tsai^{22} 羊羔

龙狗 lioŋ^{13}kau^{21} 公狗

狗崽崽 kau^{22}tsai^{22}tsai^{22}

哈巴狗 ha^{35}pa^{33}kau^{21} ①犬种。②比喻阿谀奉承的人

狗□ kau^{22}kai^{22} 狗叫

　狗吠 kau^{22}pei^{11}

四眼狗 ɕi^{33}ŋai^{22}kau^{22} ①眼眶周围是白色的狗。②借指戴眼镜的人。③比喻人目光短浅

豮猪 boŋ^{13}tei^{55} 未成年的公猪

架子猪 ka^{33}te^{0}tei^{55} 处于生长期的肉猪

壮猪 tɕio^{33}tei^{55} 待杀的猪

猪婆 tei^{35}bɤu^{33} 母猪

阉猪 ie^{35}tei^{35}

*走草 tsau^{22}ts^{h}ɤu^{22}

*梦⁼栏 moŋ^{11}la^{13}

*杀号 ɕiæ^{22}hɤu^{11}

雄鸡公 ioŋ^{13}tɕi^{35}koŋ^{55} 公鸡

开声 fei^{35}ɕie^{35} 公鸡第一次打鸣

鸡□ tɕi^{35}kai^{22} 鸡叫

　鸡啼 tɕi^{35}die^{13}

阉鸡 ie^{35}tɕi^{35} ①动词，摘除公鸡的睾丸。②名词，阉过的公鸡

菢鸡婆 bɤu^{11}tɕi^{35}bɤu^{33} ①抱窝鸡。②蒲公英。③比喻脾气暴躁易激惹

鸡转嘚 tɕi^{35}tɕiai^{22}te^{21} 未成年的小母鸡

鸡崽崽 tɕi^{35}tsai^{22}tsai^{22} 小鸡儿

生包卵 ɕiai^{35}pau^{35}lo^{21} 下蛋

包卵花 pau^{35}lo^{22}fa^{55} 母鸡杀死后，留在腹内未生出的蛋

照寡包卵 tɕy^{33}kua^{22}pau^{35}lo^{21} 母鸡孵蛋到一定

的时候，把蛋拿到灯光下检查好坏

鸡冠子 tɕi^{35}kuan^{33}tsɿ^{0} 鸡冠

鸡爪子 tɕi^{35}tsau^{22}tsɿ^{0}

笑⁼盘 sei^{33}bo^{13} 鸡嗉子

鸡血 tɕi^{35}fei^{21}

鸡肠嘚 tɕi^{35}tso^{11}te^{21}

鸡把嘚 tɕi^{35}pa^{33}te^{21} 鸡腿

鸭公 a^{22}koŋ^{35} 公鸭

鸭婆 a^{22}bɤu^{13} 母鸭

鸭崽崽 a^{22}tsai^{22}tsai^{22} 小鸭子

鸭包卵 a^{22}pau^{35}lo^{21} 鸭蛋

鹅崽崽 ŋo^{13}tsai^{22}tsai^{22} 小鹅儿

杀 ɕiæ^{22} 宰杀动物

野东西 ia^{22}toŋ^{55}ɕi^{55} 野兽

狮嘚 sɿ^{35}te^{21} 狮子

老虫婆嘚 lɤu^{22}din^{13}bɤu^{33}te^{21} 母老虎

熊巴 ioŋ^{22}pa^{55} 熊

豹嘚 pɤu^{33}te^{21}

豺狗 dʑia^{13}kau^{21} 狐狸

乌鸡⁼ vu^{35}tɕi^{55} 乌獐

麂嘚 tɕi^{22}te^{21}

黄老鼠 ɦo^{13}lɤu^{22}ɕyei^{21} 黄鼠狼

娄⁼鼠 lɤu^{13}ɕyei^{21} 一种以竹为食的动物

猋老鼠 piau^{22}lɤu^{22}ɕyei^{22} ①尾巴很长，行动迅速的一种鼠。②形容跑得很快的人

菜花蛇 tɕʰia^{33}fa^{55}dʑia^{33} 蛇名，有毒

黄瓯蛇 ɦo^{13}au^{55}dʑia^{33} 蛇名，无毒

乌虾公 vu^{35}ɕia^{55}koŋ^{55} 蛇名，无毒

笋口斑 soŋ^{22}kʰau^{22}pai^{55} 蛇名，有毒

香⁼青头 ɕio^{35}tsʰei^{55}dau^{33} 蛇名，有毒

五步蛇 ɦŋ^{22}pu^{22}dʑia^{33} 蛇名，有剧毒

麻嘚蛇 ma^{13}te^{0}dʑia^{33} 蛇身有麻点，无毒，味臭

狗鼻蛇 kau^{22}pie^{11}dʑia^{33} 蜥蜴

水鼻蛇 ɕy^{22}pie^{11}dʑia^{33}

燕鸟鸟 ie^{35}tei^{22}tei^{22} 燕子

天鹅 tʰie^{35}ŋo^{33} 雁

斑鸡 pai^{35}tɕi^{55} 斑鸠

大麻 ta^{11}ma^{13} 林蛙

竹鸡 tei^{22}tɕi^{55} 鹧鸪

报工鸟 pau^{35}koŋ^{33}tei^{21} 布谷鸟

啄木钩 tiæ^{22}ɦŋ^{11}kau^{33} 啄木鸟

哭棺鸟 kʰu^{13}kuan^{33}tei^{21} 猫头鹰

八哥嘚 piæ^{22}kɤu^{55}tei^{21} 八哥

鹤 ho^{13}

崖鹰 niæ^{13}in^{55} 老鹰

野鸡 ia^{22}tɕi^{55}

禾鸡 ɦɤu^{13}tɕi^{55} 长在禾田的野鸡

野鸭嘚 ia^{22}a^{22}te^{21}

鸬鹚 lɤu^{13}dzɿ^{33}

鹭鸶 lu^{11}ɕi^{55}

嘴巴 tsei^{22}pa^{55} 嘴（鸟类之嘴）

鸟鸟窠 tei^{22}tei^{22}fɤu^{55} 鸟窝

蚕嘚屎 dzo^{13}te^{0}sɿ^{21} 家蚕的屎

蜂崽崽 pʰoŋ^{35}tsai^{22}tsai^{22} 蜂幼虫

水阿⁼嘚 ɕyei^{22}a^{33}te^{21} 蝼蛄

鼻孔虫 pie^{11}haŋ^{22}din^{33} 蜗牛

于⁼蚣叉 y^{13}koŋ^{55}tɕʰia^{55} 蜈蚣

蝎子 ɕie^{13}tsɿ^{0}

猫家虫 ma^{35}ka^{55}din^{33} 毛虫

米虫 mi^{22}din^{33} 米里的蛀虫

□虫 maŋ^{22}din^{33} 蚜虫

牛蚊嘚 ŋau^{13}moŋ^{35}te^{21}

虻鞭⁼ mo^{13}pie^{55} 牛虻

舍命王 ɕia^{22}mie^{11}ɦo^{13} 蚊子的一种，叮人厉害

地虱婆 ti^{11}ɕiai^{22}bɤu^{33} 虱子的一种，生活在细沙、细泥里，可做药材

臭虫 tɕʰy^{33}din^{33}

纺⁼街⁼虫 pʰo^{22}tɕiæ^{35}din^{13} 蟋蟀

　蟋蟀 ɕi^{22}so^{35}

骚夹 sɤu^{35}ka^{21} 蟑螂

跳鸡⁼嘚 tʰei^{33}tɕi^{55}te^{21} 蝗虫

上香虫 dʑio^{22}ɕio^{22}din^{33} 螳螂

　夹夹虫 ka^{22}ka^{22}din^{33}

黄瓜虫 ɦo^{13}kua^{55}din^{33} 蝉

吊脚蜂 tei^{33}tɕiɤu^{22}pʰoŋ^{55} 马蜂

叮人 tie^{33}ɦŋ^{13}（马蜂）蜇人

蜂窠 pʰoŋ^{35}fɤu^{55} 蜂窝

萤火虫 iaŋ^{13}ho^{22}dzoŋ^{33}

　园园火 vai^{13}vai^{33}fɤu^{21}

臭骚虫 tɕʰy^{33}sɤu^{55}din^{33} 臭大姐

晚姑娘 mai^{22}ku^{35}nia^{21} 蝴蝶一种，外形漂亮

硬壳虫 ŋai^{11}kʰɤu^{22}din^{33} 瓢虫

天牛 tʰie^{35}ŋau^{33} 蜗牛

鳊鱼 pie^{22}ny^{33}

草鱼 tsʰɤu^{22}ny^{33}

黄鱼 ɦo^{13}ny^{33}

带鱼 tai^{35}y^{12}

墨鱼 me^{13}y^{12}

大头鱼 ta^{11}dau^{33}ny^{33} 胖头鱼

黄马鱼 ɦo^{13}ma^{22}ny^{33}

羊瓜鱼 io^{13}kua^{55}ny^{33}

泥鳅 nie^{13}tsʰei^{55}

泥鳅□□ nie^{13}tsʰei^{55}lei^{35}lei^{55} 装泥鳅的篓子

黄鳝 ɦo^{13}tɕie^{11} 鳝鱼

鱼鳞嘚 ny^{13}nin^{33}te^{21}

鱼嘚刺 ny^{13}te^{0}tɕʰi^{33} 鱼刺

鱼泡 ny^{13}pʰau^{33} 鱼鳔儿

腮巴 ɕiæ^{35}pa^{55} 鱼腮

鱼嘚包卵 ny^{13}te^{0}pau^{35}lo^{21} 鱼的卵

鱼嘚崽崽 ny^{13}te^{0}tsai^{22}tsai^{22} 鱼苗儿

钓鱼嘚 tei^{33}ny^{13}te^{21}

钓竿 tei^{33}kai^{21} 钓鱼竿儿

钓鱼钩 tei^{33}ny^{33}kau^{33}

洋⁼巴□ iaŋ^{12}pa^{55}lei^{35} 鱼篓儿

　鱼嘚□□ ny^{13}te^{0}lei^{35}lei^{55}

网 mo^{22} 渔网

虾公冷⁼ ha^{35}koŋ^{55}lai^{22} 鲜虾仁儿

干虾公嘚 ko^{35}ha^{55}koŋ^{33}te^{21} 干虾米

虾嘚包卵 ha^{35}te^{0}pau^{35}lo^{21} 虾子

乌龟 vu^{35}kuei^{33}

黄泥麻婆 ɦo^{13}nie^{33}ma^{13}bɤu^{33} 黄泥蛙

秧麻嘚 io^{35}ma^{33}te^{21} 蝌蚪

蚂蟥 ma^{22}ɦo^{33} 水蛭

田螺 die^{13}lɤu^{33} 螺蛳

蚌脑壳 po^{33}lau^{22}kʰɤu^{21} 蚌

七　房舍

修 sei^{35} 造（房子）

正屋 tɕin^{33}vu^{22}

横屋 vai^{13}vu^{22} 偏厦，用来养牛、养猪

正屋楼 tɕin^{33}vu^{22}lau^{13} 一般用来放杂物的房子

横屋楼 vai^{13}vu^{22}lau^{13} 一般放牛草，有的也做房子使用

禾堂 ɦɤu^{13}dau^{33} 院子

围墙 vei^{13}dʑio^{33} 院墙

厅堂 tʰie^{35}dau^{33} ①指外间。②客厅

里些房 li^{22}ɕi^{33}bo^{33} 里间

正房tɕin^{33}bo^{33}大门进去居右的房间，父母居住

厢房ɕio^{35}bo^{33}大门进去居左的房间，子女居住

楼房lau^{13}bo^{33}

洋房iaŋ^{12}vaŋ^{22}

楼上lau^{13}dʑio^{21}

楼脚嘚lau^{13}tɕiɤu^{22}te^{21}楼下

脚门嘚tɕiɤu^{22}moŋ^{33}te^{21}侧门

牌楼biæ^{13}lau^{33}

板梯pai^{22}t^{h}ie^{55}建在室内或室外的楼梯，一般见于老式建筑

阳台io^{13}diæ^{33}

窖kɤu^{33}储藏物品的洞

窖眼kɤu^{33}ŋai^{22}

梁lio^{13}

桁条ɦai^{13}dy^{33}屋梁上的横木

正条tɕin^{33}dy^{33}堂屋里最高的柱子

梁条lio^{13}dy^{33}正柱上面横着的柱子

椽皮iai^{13}bi^{33}承瓦的木板

歇凉柱ɕie^{22}lio^{13}dʑy^{21}阶基上的两根柱子，人们一般在此歇凉

磉石so^{33}dʑia^{11}柱下石

阶基tɕiæ^{35}tɕi^{33}台阶儿

麻条ma^{13}dy^{33}阶基所用方形条石

天花板t^{h}ie^{35}fa^{55}pa^{21}

正门tɕin^{33}moŋ^{33}

*矮脚门iæ^{22}tɕɤu^{22}moŋ^{33}

后门ɦau^{22}moŋ^{33}

边门pie^{35}moŋ^{33}

门背嘚moŋ^{13}pei^{33}te^{21}门后（门扇的后面）

门栓moŋ^{13}ɕiai^{55}

门墩moŋ^{13}toŋ^{55}木门扇的支撑

门墩石moŋ^{13}toŋ^{55}dʑia^{11}

门蔸moŋ^{13}tau^{55}门墩和门扇结合的部位

门□□moŋ^{13}laŋ^{33}laŋ^{33}门缝

围嘚墩vei^{13}te^{0}toŋ^{55}当官的人家立在大门外的石墩

桩墩tɕio^{35}toŋ^{55}

地脚方ti^{11}tɕiɤu^{22}po^{55}修房时放在地基上的木方，起固定柱子的作用

照面方tɕiau^{35}mian^{35}faŋ^{33}固定正屋的梁

框框tɕ^{h}io^{35}tɕhio^{55}

窗台tɕ^{h}io^{35}diæ^{33}

阶阶头tɕiæ^{35}tɕiæ^{55}dau^{33}走廊

过道kɤu^{22}dau^{33}

楼板lau^{13}pai^{21}

茶堂里dʑia^{13}dau^{33}ti^{33}厨房

磨房mo^{11}bo^{33}磨粉、榨油的房

马栏ma^{22}la^{33}马厩

牛栏ŋau^{13}la^{33}牛圈

猪槽tei^{35}dzɤu^{33}猪食槽

猪盆tei^{35}boŋ^{33}猪食盆

羊栏io^{13}la^{33}羊圈

狗窠kau^{22}fɤu^{55}狗窝

鸡窠tɕi^{35}fɤu^{55}鸡窝

鸡笼tɕi^{35}laŋ^{33}

鸡罩罩tɕi^{35}tɕiɤu^{33}tɕiɤu^{33}

柴□dʑiæ^{13}tin^{55}柴草垛

*分路碑boŋ^{35}lu^{11}pi^{35}

桥dʑy^{13}

桥墩嘚dʑy^{13}toŋ^{55}te^{21}

八　器具用具

家什 ka^{35}sɿ^{21} 家具

火柜 fɤu^{22}kuei^{21} 长方形的烤火箱

*栈 tɕiai^{11}

圞台盘 lo^{13}diæ^{33}bo^{33} 圆桌

四方台盘 ɕi^{33}ho^{55}diæ^{13}bo^{33} 方桌

办公桌 ban^{13}koŋ^{33}tso^{21}

桌布 tɕiɤu^{22}pu^{33} 铺在桌面上的布

围布 vei^{13}pu^{33} 挂在桌子前面的布

藤椅 daŋ^{13}i^{21}

太师椅 tʰai^{35}sɿ^{33}i^{21}

妈凳嘚 ma^{35}taŋ^{22t}e^{21} 小孩坐的小凳子

坨坨 do^{13}do^{33} 用一截木头做成的坐具

栏嘚 la^{13}te^{21} 竹制的小孩座椅

蒲□ bu^{13}tin^{55} 草制的坐垫

眠椅 mie^{13}i^{21} 躺椅

椅嘚靠背 i^{22}te^{0}kʰau^{33}pei^{33} 椅子背儿

椅嘚穿方 i^{22}te^{0}tɕʰiai^{35}po^{55} 椅子橕儿

板凳 pai^{22}taŋ^{33} 方凳

躷凳嘚 niæ^{35}taŋ^{33}te^{21} 小板凳儿

圞圞凳 lo^{13}lo^{55}taŋ^{33} 圆凳

高凳 kɤu^{35}taŋ^{33} 高凳子

骨牌凳 ku^{22}biæ^{13}taŋ^{33} 旧时嫁妆，可放床头放置衣物

困柜 kʰun^{35}kuei^{21} 较大的木箱子，两个连在一起可以当床

铺板 pʰu^{33}pai^{21}

床绷嘚 dʑio^{13}poŋ^{55}te^{21} 棕绷

竹竹床 tei^{22}tei^{22}dʑio^{33} 竹床

床方 dʑio^{13}po^{55}

炕头 ho^{33}dau^{13} 炕腊肉的地方

蚊嘚被钩钩 moŋ^{35}te^{0}bi^{13}kau^{33}kau^{33} 帐钩

帐檐 tɕio^{33}iai^{33} 帐檐儿

毯子 tʰan^{22}tsɿ^{0}

被窠 bi^{13}fɤu^{55} 为睡觉叠成的长筒形被子

被芯嘚 bi^{13}ɕin^{55}te^{21} 被里

包被 pɤu^{35}bi^{33} 被面

竹竹席 tei^{22}tei^{22}dʑiæ^{11} 竹篾编的席

枕头套 tɕin^{22}dau^{33}tʰau^{33}

枕头芯芯 tɕin^{22}dau^{33}ɕin^{35}ɕin^{55}

梳妆台 ɕy^{35}tɕio^{55}diæ^{33}

镜嘚 tɕin^{33}te^{21}

提箱 die^{13}ɕio^{55}

衣架嘚 i^{35}ka^{33}te^{21}

汗 $^{=}$ 竿 ho^{11}ko^{55} 晾衣架

水架 ɕyei^{22}ka^{33} 洗脸架

水桶 ɕyei^{22}tʰaŋ^{21}

糠桶 ho^{35}tʰaŋ^{21}

斛桶 vu^{11}tʰaŋ^{22} 打禾的农具

尿壶 niau^{11}vu^{33} 夜壶

火桶 fɤu^{22}tʰaŋ^{21} 冬日取暖的凳子，下置火盒可放炭

提火桶 die^{13}fɤu^{22}tʰaŋ^{22} 手提的烤火用具

火盆 fɤu^{22}boŋ^{33}

火筒 fɤu^{22}daŋ^{33} 吹火用，竹制

爤水瓶 niæ^{33}ɕyei^{22}bin^{12} 暖水瓶

爤壶 niæ^{33}vu^{33} 保暖用的旧式茶壶

风炉嘚 poŋ^{35}lu^{13}te^{21} 风箱

通条 tʰoŋ^{35}dy^{33} 用来通炉子的铁条

杂 $^{=}$ 条 dza^{11}dy^{33}

铁夹 tʰie^{22}ka^{21} 火钳

香锹 ɕio^{35}tsʰei^{55} 铲炉灰用的

柴草 dʑiæ^{13}tsʰɤu^{21}

柴蔸蔸 dʑiæ^{13}tau^{35}tau^{55}

禾秆秆 ɦɤu^{13}kai^{22}kai^{21} 稻秆

麦嘚秆秆 ma^{11}te^{0}kai^{22}kai^{21} 麦秸

高粱秆 kɤu^{35}lio^{33}kai^{21} 高粱秆儿

豆嘚秆秆 tau^{11}te^{0}kai^{22}kai^{21} 豆秸

锯齿屎 ki^{33}tsʰɿ^{22}sɿ^{21} 锯末灰

　木壳屎 ɦŋ^{11}ho^{55}sɿ^{21}

刨泡 pʰau^{22}pʰau^{33} 刨花

锅锣墨 kɤu^{35}lo^{33}mai^{21} 锅烟子

烟囱 ie^{35}tsʰoŋ^{33}

铝锅 ly^{11}kɤu^{55}

沙煨 ɕia^{35}vei^{55} 沙锅

荷叶锅 ɦɤu^{13}ie^{11}kɤu^{55} 大锅

躲锅 niæ^{35}kɤu^{55} 小锅

猪铛 tei^{35}tɕʰiai^{55} 潲鼎

水铛 ɕyei^{22}tɕʰiai^{55} 水鼎

铛架 tɕʰiai^{35}ka^{33} ①三脚铁架。②指灶神

锅盖 kɤu^{35}kuei^{33}

饭锹 pai^{11}tsʰei^{55} 锅铲

　菜锹 tɕʰiæ^{33}tsʰei^{55}

漏勺 lau^{11}dʑiɤu^{11} 笊篱

躲椒礌礌 niæ^{35}tsei^{35}lei^{22}lei^{22} 胡椒臼

水壶 ɕyei^{22}vu^{33}

饭碗 pai^{11}o^{21}

大饭碗 ta^{11}pai^{11}o^{21} 海碗

茶瓯嘚 dʑia^{13}au^{55}te^{21} 茶杯

钵钵 pɤu^{22}pɤu^{22} 钵子，食器，敞口器皿

饭钵钵 pai^{11}pɤu^{22}pɤu^{22}

菜钵钵 tɕʰiæ^{33}pɤu^{22}pɤu^{22}

碟嘚 die^{11}te^{21} 碟子

饭勺 pai^{11}dʑiɤu^{21} 盛饭用的勺子

水勺 ɕyei^{22}dʑiɤu^{21} 舀水用的瓢

　勺 dʑiɤu^{11}

箸藤 tei^{11}daŋ^{33} 藤编的筷笼

茶盘 dʑia^{13}boŋ^{33} 瓷的碟形的茶托

酒瓯嘚 tsei^{22}au^{55}te^{21} 酒杯

酒壶 tsei^{22}vu^{33}

酒坛嘚 tsei^{22}tʰa^{22}te^{21} 酒坛子

酒岔⁼嘚 tsei^{22}tɕʰia^{33}te^{21} 过滤酒的用具，用竹篾编织而成

酸菜坛嘚 ɕio^{35}tɕʰiæ^{33}tʰa^{22}te^{21} 腌酸菜的坛子

煨煨 vei^{35}vei^{55} 罐子

瓶子盖盖 bin^{12}tsɿ^{0}kuei^{33}kuei^{33} 瓶盖儿

砧板 tin^{35}pai^{21} 切菜板

案板 ŋan^{35}pai^{21} 卖肉用的长板

水桶 ɕyei^{22}tʰaŋ^{21}

碓船 niæ^{13}iai^{33} 铁制研磨药材用具，船形

饭桶桶 pai^{11}tʰaŋ^{22}tʰaŋ^{21}

升嘚 ɕin^{35}te^{21} 量米用具

蒸笼 tɕin^{35}laŋ^{33}

甑 tsaŋ^{33} 蒸饭用的木制桶状物

甑盖盖 tsaŋ^{33}kuei^{33}kuei^{33} 甑上的盖子

甑箅打⁼ tsaŋ^{33}pʰi^{33}ta^{22} 箅子

水缸孔 ɕyei^{22}ko^{35}haŋ^{21} 水缸

猪水桶 tei^{35}ɕyei^{22}tʰaŋ^{21} 泔水缸

猪水 tei^{35}ɕyei^{21} 泔水

抹巾布 ma^{11}tɕin^{55}pu^{33} 抹布

拖把 tʰɤu^{35}pa^{21}

推伏⁼ tʰei^{22}bu^{11} 推刨

偏斧 pʰian^{33}fu^{21} 木工工具

清山斧 tsʰai^{35}ɕiai^{55}pu^{21} 砍树工具

勺⁼柴斧 dʑiɤu^{11}dʑiæ^{13}pu^{21} 劈柴工具

坐⁼斧 dzɤu^{22}pu^{21} 锯匠工具

贯⁼斧 ko^{33}pu^{21} 锛子

锯 ki^{33}

凿嘚 dzɤu^{11}te^{21}

尺 tɕʰia^{22}

勾尺 kau^{35}tɕʰia^{21} 曲尺

三尺 sa^{35}tɕʰia^{21} 米尺

裁尺 dʑiæ^{13}tɕʰia^{21} 折尺

卷尺 tɕyan^{42}tɕʰia^{21}

圆尺 vai^{13}tɕʰia^{21} 画圆器具，类似圆轨的用途

墨斗 mai^{11}tau^{21}

墨斗线 mai^{11}tau^{22}sai^{33}

马钉 ma^{22}tie^{55} 用来钉马掌的钉子

钉锤 tin^{33}dei^{33}

镊夹子 niæ^{22}ka^{22}tsɿ^{0} 镊子

合页 ho^{13}ie^{33}

瓦刀 va^{22}tɤu^{55}

铁烫嘚 tʰie^{22}tʰo^{33}te^{21} 抹子

木烫嘚 ɦŋ^{11}tʰo^{33}te^{21} 瓦工用来盛抹墙物的木板

錾嘚 tɕiai^{11}te^{21} 凿石头或金属用的小凿子

铁砧 tʰie^{22}tin^{55} 打铁时垫铁块用的砧子

剃头刀 tʰie^{33}dau^{33}tɤu^{55}

推崽 tʰei^{33}tsai^{21} 推子

清推 tsʰai^{35}tʰei^{55}

烫布 tʰo^{33}pu^{33} 鐾刀布

缝纫机 hoŋ^{12}zen^{33}tɕi^{33}

熨斗 yn^{35}tɤu^{21}

　烫斗 tʰo^{33}tɤu^{21}

　烙铁 lo^{13}tʰie^{21}

纺车 pʰo^{22}tɕʰia^{55}

织布机 tɕi^{22}pu^{33}tɕi^{33} 旧式的纺织工具

梭子 so^{33}tsɿ^{0} 织布用的工具

　车婆 tɕʰia^{35}bo^{33}

把盆 pa^{33}boŋ^{13} 洗饭碗用的盆

洗面架 ɕie^{22}mie^{11}ka^{33} 脸盆架

澡盆 tɕiɤu^{22}boŋ^{33}

香肥皂 ɕio^{35}vei^{13}tsau^{22} 香皂

洗衣粉 ɕie^{22}i^{35}foŋ^{21}

脚盆 tɕiɤu^{22}boŋ^{33}

抹脚布 ma^{22}tɕiɤu^{22}pu^{33} 擦脚布

气灯 tɕʰi^{33}taŋ^{55} 煤油灯，亮度很大，一般看戏的时候才用

马灯 ma^{22}taŋ^{55} 煤油（柴油）灯，平时照明用

烛 tɕy^{22} 蜡烛

香炉钵 ɕio^{35}lɤu^{13}pɤu^{22} 烧香的器皿

煤油灯 mei^{13}y^{33}taŋ^{55}

灯心 taŋ^{35}ɕin^{55}

灯罩罩 taŋ^{35}tɕiɤu^{33}tɕiɤu^{33}

灯盏 taŋ^{35}tɕiai^{21} 旧时的油灯

灯草 taŋ^{35}tsʰɤu^{21}

灯油 taŋ^{35}y^{13}

灯笼 taŋ^{35}laŋ^{33}

手提包 ɕy^{22}die^{13}pɤu^{55}

钱包 dzai^{13}pɤu^{55}

章子 tɕiaŋ^{33}tsɿ^{0} 私人用的图章

望眼镜 vaŋ^{13}ŋan^{22}tɕin^{55} 望远镜

糨糊 tɕio^{33}vu^{33}

手顶嘚 ɕy^{22}tie^{22}te^{21} 顶针儿

针鼻孔 tɕin^{35}pie^{11}haŋ^{22}

针嘴巴 tɕin^{35}tsei^{22}pa^{55} 针尖

针屁股 tɕin^{35}pʰi^{33}ku^{22} 针脚

穿针 tɕʰiai^{35}tɕin^{35}

钻嘚 tso^{33}te^{21} 锥子

挖耳嘚 yæ^{22}nie^{22}te^{21} 耳挖子

搓衣板 tsʰɤu^{35}i^{55}pai^{21} 洗衣板儿

洗衣木槌 ɕie^{22}i^{35}mo^{13}dei^{33} 棒槌，手工洗衣用

鸡毛扫扫 tɕi^{35}mo^{33}sɤu^{22}sɤu^{21} 鸡毛掸子

扇 ɕie^{33}

蒲扇 bu^{13}ɕie^{33}

把棍 pa^{22}koŋ^{22} 中式的拐杖

文明棍 ven^{12}min^{22}kun^{55} 西式的手杖

手纸 ɕy^{22}tsʅ^{22}

* 万民伞 vai^{11}mie^{33}sa^{21}

* 桐油纸伞 daŋ^{13}y^{13}tsʅ^{22}sa^{22}

水烟筒 ɕyei^{22}ie^{35}daŋ^{33} 竹制，抽水烟工具

花鸡笼 fa^{35}tɕi^{35}laŋ^{33} 结婚时，男方给女方家送鸡用的笼子

九　称谓

嫩细家 loŋ^{11}ɕie^{33}ka^{55} 刚生下不久的婴儿

老头嘚 lɤu^{22}dau^{33}te^{0} 老头子（带贬义）

老大娘 lɤu^{22}ta^{35}niaŋ^{21} 老太婆

老太婆 lɤu^{22}tʰai^{35}bɤu^{33} 带贬义

后生家 ɦau^{22}ɕiai^{55}ka^{55} 小伙子

城里人 dʑin^{13}ti^{33}ɦŋ^{33}

乡巴佬 ɕio^{35}pa^{55}lɤu^{21} 带贬义

乡上人 ɕio^{35}tɕio^{11}ɦŋ^{33} 乡下人

客牯头 ha^{22}ku^{22}dau^{33} 旧时瑶人对讲新宁话的汉人的称呼，带贬义

峒牯头 doŋ^{13}ku^{22}dau^{33} 旧时汉人对瑶人的称呼，带贬义

一家人 i^{13}ka^{35}ɦŋ^{33} 同宗同姓的

□基⁼人 lai^{13}tɕi^{33}ɦŋ^{33} 外地人

本地人 poŋ^{22}ti^{11}ɦŋ^{33}

外国人 vai^{35}kue^{22}ɦŋ^{33}

自家人 tɕie^{11}ka^{55}ɦŋ^{33}

[他人] 里 tʰaŋ^{35}li^{21} 外人，不是自己人

同年 doŋ^{13}nie^{33} 同庚

里手 li^{22}ɕy^{22} 内行

门外人 moŋ^{13}vai^{35}ɦŋ^{33} 外行

童年新妇 doŋ^{13}nie^{33}ɕin^{35}bu^{21} 童养媳

二嫁 nie^{11}ka^{33} 妇女再嫁

单身婆 ta^{35}ɕin^{55}bɤu^{33} 寡妇

婊子婆 piau^{22}tsʅ^{22}bɤu^{33} 婊子

野老婆 ia^{11}lau^{22}bɤu^{33} 姘头

野崽 ia^{22}tsai^{21} 私生子

白崽 ba^{11}tsai^{21} 未婚先育的孩子

坐牢个 dzɤu^{22}lɤu^{33}kə^{0} 囚犯

小相鬼 sei^{22}ɕio^{55}kuei^{21} 吝啬鬼

败家子 piæ^{11}ka^{55}tsʅ^{0}

走江湖个 tsau^{22}tɕiaŋ^{33}vu^{33}kə^{0}

骗嘚 pʰie^{33}te^{0} 骗子

坏人子 yæ^{11}ɦŋ^{33}tsʅ^{0}

土匪 tʰɤu^{22}fei^{21}

强盗 dʑio^{13}tɤu^{11}

扒嘚手 ba^{13}te^{0}ɕy^{21} 扒手

半桶水 po^{33}tʰaŋ^{22}ɕye^{21} 比喻没本事却浮夸的人

半罐水 po^{33}ko^{33}ɕyei^{21} 指略知皮毛却喜欢炫耀的人

油打鬼 iɤu^{22}ta^{22}kuei^{21} 大事做不来，小事又不做，还喜欢惹是生非的人

扮⁼扯鬼 pai^{33}tɕʰia^{22}kuei^{21} 指说话不算数的人

老老实实个人 lɤu^{22}lɤu^{22}ɕi^{22}ɕi^{22}kə^{0}ɦŋ^{33} 老实人

筋喳⁼鬼 tɕin^{33}tsa^{33}kuei^{21} 爱挑剔的人

邋遢鬼 la^{13}tʰa^{22}kuei^{21} 不讲卫生的人

木坨坨 ɦŋ^{11}do^{13}do^{33} 比较呆滞的人

蛮扮⁼鬼 mai^{13}pai^{33}kuei^{21} 不讲道理的人

戆直人 tɕʰioŋ^{22}dei^{11}ɦŋ^{33} 又戆又犟的人

吵事鬼 tsʰɤu^{22}sʅ^{11}kuei^{21} 搬弄是非的人

翘天娘 tɕʰiau^{33}tʰian^{33}niaŋ^{21} 爱说空话、搬弄

是非的妇女

打卦刺 ta²²kua³³tsɿ³⁵ 话多的女人

香当刺 ɕio³⁵to⁵⁵tsɿ³⁵ 爱说重复话的人

懒鬼 la¹¹kuei²²

勤耐⁼人 dʑin¹³nai¹¹ɦŋ³³ 勤快人

人贩子 ɦŋ¹¹fai²²te⁰

工人 koŋ³⁵ɦŋ³³

长工 dio¹³koŋ⁵⁵

短工 to²²koŋ⁵⁵

零工 lin¹³koŋ⁵⁵

老板 lɤu²²pai²²

东家 toŋ³⁵ka⁵⁵

主人家 tɕy²²ɦŋ³³ka⁵⁵

老板娘 lɤu²²pai²²nia²¹

伙计 fɤu²²tɕi³³

客 ha²² 顾客

小贩嘚 sei³³fai³³te²¹

摊贩嘚 tʰan³³fai³³te²¹

教书先生 kɤu³⁵ɕy⁵⁵sai³³ɕiai³³ 私塾老师

老师 lau²²sɿ³³ 学校教员

学生 ɦɤu¹¹ɕiai⁵⁵

同学 doŋ¹³ɕio³³

窗友 tsʰuaŋ³³iɤu²¹

朋友 boŋ¹³y²²

兵 pin³⁵

兵拐⁼嘚 pin³⁵kuai²²te²¹

警察 tɕin²²tsʰa³³

医生 i³³sen³³

郎中 lo¹³tɕioŋ⁵⁵ 中医

送信个 saŋ³³ɕin³³kə⁰ 邮差

司机 sɿ³³tɕi³³

瓦匠 va²²tɕio²¹

锡匠 ɕiæ²²tɕio²¹

铜匠 doŋ¹³tɕio²¹

铁匠 tʰie²²tɕio²¹

镥疤匠 lu²²pa⁵⁵tɕio²¹ 补锅的匠人

篾匠 mie¹¹tɕio²¹

解匠 kiæ²²tɕio²¹ 专门分解木头的匠人

石匠 dʑia¹¹tɕio²¹

焊匠 ho¹¹tɕio²¹ 焊洋铁壶的匠人

裁缝师傅 dʑiæ¹³hoŋ³³sɿ³⁵fu²¹

屠户 du¹³vu²¹ 宰杀牲畜的人

屠户师傅 du¹³vu¹¹sɿ³³vu²¹

阉猪匠 ie³⁵tei⁵⁵tɕio²¹ 专门阉牲畜、家禽的人

脚夫 tɕiɤu²²fu³³

担夫 ta³⁵fu³³

轿夫 tɕy¹¹fu³³

管家 ko²²ka⁵⁵

伙计 fɤu²²tɕi³³

厨官 dʑy¹³ko⁵⁵ 厨师

奶娘 nai²²niaŋ²¹ 奶妈

奶爷 nai²²ia¹³ 奶妈之夫

佣人 ioŋ¹¹ɦŋ³³ 仆人

丫头 ia³³dɤu⁰ 女仆

丫鬟 ia³³vai³³

接生娘 tɕie¹³sən³³niaŋ²¹ 接生婆

催生婆 tsʰei³⁵ɕiai⁵⁵bɤu³³

尼姑 ni¹³ku³³

出家道士 tɕʰyei²²ka⁵⁵dɤu²²sɿ³³

师公 sɿ³⁵koŋ⁵⁵ 巫教的行教者，也叫巫师

掌坛师 tɕio²²da¹³sɿ³³ 从事法事活动的首领

十　亲属

白⁼白⁼ba¹¹ba¹¹ 曾祖父

婆婆 bɤu^{13}bɤu^{33} 曾祖母
　妹嘚家白⁼白⁼mei^{11}te^{0}ka^{55}ba^{11}ba^{11}
爷 ia^{13} ①父亲，指称。②夫之父
爷爷 ia^{13}ia^{33} 父亲，对称
爷老［大人］ia^{13}lɤu^{22}taŋ^{33} 父亲的尊称
娘 niaŋ^{11} ①母亲。②夫之母
外家娘 vai^{11}ka^{35}niaŋ^{21} 娘家母亲，叙称
娘老［大人］niaŋ^{11}lɤu^{22}taŋ^{33} 母亲的尊称
公公爷 koŋ^{35}koŋ^{55}ia^{33} 夫之父，叙称
家娘 ka^{35}nia^{21} 夫之母，婆婆，叙称
　屋里娘 vu^{22}ti^{33}niaŋ^{21}
䠷娘 niæ^{35}niaŋ^{21} 继母
大晚爷 ta^{11}mai^{22}ia^{13} 大叔父
大晚娘 ta^{11}mai^{22}nia^{21} 大叔母
大姑娘 ta^{11}ku^{22}nia^{21} 姑妈，父之姐
　大晚 ta^{11}mai^{22}
䠷晚 niæ^{35}mai^{22} 姑妈，父之妹
大娘 ta^{11}nia^{21} 姨妈，母之姐
䠷姨 niæ^{35}i^{33} 姨妈，母之妹
大姨丈 ta^{11}i^{13}dio^{22} 大姨夫
䠷姨丈 niæ^{35}i^{13}dio^{22} 小姨夫
车⁼公爷 tɕʰia^{35}koŋ^{55}ia^{33} 姻伯，弟兄的岳父、姐妹的公公
姑奶奶 ku^{35}nai^{22}nai^{22} 姑奶奶，父之姑母
姨奶奶 i^{13}nai^{22}nai^{22} 姨奶奶，父之姨母
堂焦⁼佬 do^{13}tɕiau^{33}lau^{22} 堂叔
平班子 bin^{12}pan^{33}tsɿ^{0} 平辈
老女 lɤu^{22}ny^{22} ①妻。②老姑娘
䠷老女 niæ^{35}lɤu^{22}ny^{22} 小老婆
老伯 lɤu^{22}pa^{21} 哥哥
䠷伯伯 niæ^{35}pa^{22}pa^{22} 小叔子，夫之弟
外家舅舅 vai^{11}ka^{33}dʑiɤu^{13}dʑiɤu^{33} 内兄弟，妻之兄弟
大舅 ta^{11}dʑiɤu^{13} 内兄
䠷舅 niæ^{35}dʑiɤu^{33} 内弟
䠷姨 niæ^{35}i^{33} 小姨子
老伯嫂 lɤu^{22}pa^{22}sɤu^{21} 老兄嫂
大嫂 ta^{11}sɤu^{21} 嫂子
妹佬⁼mei^{11}lau^{33} 妹夫
堂老伯 do^{13}lɤu^{22}pa^{21} 堂兄
堂老弟 do^{13}lɤu^{22}die^{21} 堂弟
堂姊妹 do^{13}tɕi^{22}mei^{21}
堂大大 do^{13}ta^{11}ta^{55} 堂姐
堂妹妹 do^{13}mei^{11}mei^{55} 堂妹
表老伯 piau^{22}lɤu^{22}pa^{21} 表兄
表嫂 piau^{22}sɤu^{21}
表老弟 piau^{22}lɤu^{22}die^{21} 表弟
表姊妹 piau^{22}tɕi^{22}mei^{21} 表姐妹
表大大 piau^{22}ta^{11}ta^{55} 表姐
表妹 piau^{22}mei^{21}
后辈 ɦau^{22}pei^{33} 晚辈
崽女 tsai^{22}ny^{22} 儿子和女儿的总称
大崽 ta^{11}tsai^{21} 大儿子
䠷崽 niæ^{35}tsai^{21} 小儿子
　晚伢子 mai^{22}ŋa^{22}tsɿ^{0}
带倒个崽 tiæ^{33}tɤu^{22}kə^{0}tsai^{21} 养子
孙新妇 soŋ^{35}ɕin^{35}pu^{21} 孙媳妇
孙女 soŋ^{35}ny^{21}
孙郎 soŋ^{35}lo^{13} 孙女婿
重孙女 dzoŋ^{13}soŋ^{35}ny^{21}
玄孙 vai^{13}soŋ^{55}
玄孙女 vai^{13}soŋ^{55}ny^{21}
外生孙 vai^{11}ɕiai^{35}soŋ^{55} 外孙
外生孙女 vai^{11}ɕiai^{35}soŋ^{55}ny^{21} 外孙女

外生甥女 vai^{11}ɕiai^{55}soŋ^{35}ny^{21} 外甥女

侄伢子 tɕi^{13}ŋa^{22}tsɿ^{0} 侄子

侄女 tɕi^{13}ny^{21}

外侄伢子 vai^{35}tɕi^{13}ŋa^{22}tsɿ^{0} 妻的兄弟之子

外侄儿子 vai^{35}tɕi^{13}e^{33}tsɿ^{0}

外侄女 vai^{35}tɕi^{13}ny^{21} 妻的兄弟之女

亲家 tɕʰin^{35}ka^{33}

差⁼公娘 tɕʰiæ^{35}koŋ^{55}niaŋ^{21} 亲家母

差⁼公 tɕʰiæ^{35}koŋ^{55} 亲家公

亲戚 tɕʰin^{35}tɕʰi^{21}

行亲戚 ɦai^{13}tɕʰin^{35}tɕʰi^{21} 走亲戚

*巴狗崽 pa^{35}kau^{22}tsa^{21}

巴狗女 pa^{35}kau^{22}ny^{21}

亲女 tɕʰin^{35}ny^{21} 干女

亲郎 tɕʰin^{35}lo^{13} 干女婿

外家 vai^{11}ka^{55} 娘家

自家 tɕie^{11}ka^{55} 婆家

［男人］家 laŋ^{13}ka^{55} 从外人角度说，婚姻关系中的男方

妹嘚家 mei^{11}te^{0}ka^{55} 从外人角度说，婚姻关系中的女方

婆屋里 bɤu^{13}vu^{22}ti^{33} 姥姥家

外家 vai^{11}ka^{55} 丈人家

十一　身体

和⁼身 ɦɤu^{13}ɕin^{55} 身体

头壳 dau^{13}ho^{55} 脑壳

梆⁼额头 paŋ^{35}ŋa^{11}dau^{33} 奔儿头，前额突出

亮头 lo^{35}dau^{33} 秃头

亮头□ lo^{35}dau^{33}hau^{55} 秃顶

头壳尖尖 dau^{13}ho^{55}tsai^{35}tsai^{55} 头顶

后脑勺 ɦau^{22}lau^{22}so^{22}

后□背 ɦau^{22}laŋ^{33}pei^{33} 后脑窝子

脱头蒙⁼ tʰiæ^{22}dau^{33}moŋ^{33} 掉头发

气门心 tɕʰi^{33}moŋ^{33}ɕin^{55} 囟门

连巴胡 lie^{13}pa^{33}vu^{33} 鬓角

揪巴 tɕiɤu^{22}pa^{33} 髻，中老年盘在脑后的鬏

啄头蒙⁼ tiæ^{22}dau^{33}moŋ^{33} 刘海儿

面巴嘚 mie^{11}pa^{55}te^{21} 脸蛋儿

面撑骨 mie^{11}tɕʰiai^{33}ku^{21} 颧骨

酒凼 tsei^{22}dɤu^{21} 酒窝

鼻孔根 pie^{11}haŋ^{22}kai^{55} 人中

眼睛□□ ŋai^{22}tsei^{55}liæ^{35}liæ^{55} 眼眶，眼圈

白珠嘚 ba^{11}tɕy^{55}te^{21} 白眼珠儿

黑珠嘚 hai^{22}tɕy^{55}te^{21} 黑眼珠儿

瞳仁嘚 doŋ^{13}nie^{33}te^{21} 瞳仁

眼睛角角 ŋai^{22}tsei^{55}kɤu^{22}kɤu^{21} 上下眼睑的接合处

眼屎 ŋai^{22}sɿ^{21} 眼眵

眼睛皮 ŋai^{22}tsei^{55}bi^{33} 眼皮儿

单眼睛皮 ta^{35}ŋan^{22}tsei^{55}bi^{33} 单眼皮

双眼睛皮 ɕio^{35}ŋan^{22}tsei^{55}bi^{33} 双眼皮

眼睛毛 ŋan^{22}tsei^{55}mo^{33} 眼睫毛

□额头 niau^{33}ŋa^{11}dau^{33} 皱眉头

流鼻涕 ly^{13}pie^{11}haŋ^{22} 鼻涕（液体）

鼻孔屎 pie^{11}haŋ^{22}sɿ^{22} 鼻垢

鼻孔眼 pie^{11}haŋ^{22}ŋai^{22} 鼻孔

鼻孔毛 pie^{11}haŋ^{22}mo^{33} 鼻毛

鼻孔尖尖 pie^{11}haŋ^{22}tsai^{35}tsai^{55} 鼻尖

鼻孔灵 pie^{11}haŋ^{22}lin^{13} 嗅觉灵敏

鼻孔根 pie^{11}haŋ^{22}kai^{55} 鼻梁儿

酒鼻孔 tsei^{22}pie^{11}haŋ^{21} 酒糟鼻子

红鼻孔 ɦoŋ^{13}pie^{11}haŋ^{21}

舌子头皮头 ie^{11}tsɿ^{0}dau^{33}bi^{13}dau^{33} 舌苔

打卵⁼ta^{22}lo^{22} 大舌头（口齿不清）

当面牙齿 to^{35}mie^{11}ŋa^{13}tsʰɿ^{21} 门牙

坐牙 dzɤu^{22}ŋa^{33} 大牙

留⁼牙 ly^{13}ŋa^{33} 虎牙

牙齿衣衣 ŋa^{13}tsʰɿ^{22}i^{35}i^{55} 牙垢

牙箍二⁼ŋa^{13}ku^{55}nie^{21} 牙床

虫牙 din^{13}ŋa^{33}

耳嘚眼 nie^{22}te^{0}ŋai^{21} 耳朵眼儿

耳嘚屎 nie^{22}te^{0}sɿ^{21} 耳屎

耳嘚聋呱 nie^{22}te^{0}laŋ^{13}kua^{22} 耳背，听不清

喉包 ɦau^{13}pau^{55} 喉结

八字胡嘚 pa^{13}tsɿ^{33}vu^{33}te^{21} 八字胡子

下巴胡嘚 ɦa^{22}pa^{33}vu^{33}te^{21} 下巴须

心口头 ɕin^{35}hau^{22}dɤu^{0} 胸

肩头子子 kai^{35}dau^{33}tsɿ^{22}tsɿ^{21} 肩胛骨

□肩头 liæ^{11}kai^{55}dɤu^{0} 溜肩膀儿

手节节 ɕy^{22}tɕie^{22}tɕie^{21} 胳膊

手包 ɕy^{22}pau^{55} 胳膊肘儿

腋根嘚 ɕia^{11}kaŋ^{55}te^{21} 胳肢窝

手弯 ɕy^{22}vai^{55} 手腕子

节节 tɕie^{22}tɕie^{21} 指关节

手指头□□ ɕy^{22}tsɿ^{22}dau^{33}laŋ^{33}laŋ^{33} 手指缝儿

硬坨坨 ŋai^{11}do^{13}do^{33} 手茧子

大手指头 ta^{11}ɕy^{22}tsɿ^{22}dau^{33} 大拇指

手肚嘚 ɕy^{22}du^{22}te^{21} 手指头肚儿

手板嘚 ɕy^{22}pai^{22}te^{21} 手掌

巴掌 pa^{35}tɕio^{21}

手心 ɕy^{22}ɕin^{55}

手背 ɕy^{22}pei^{33}

脚 tɕiɤu^{22} 整条腿

大脚巴嘚 ta^{11}tɕiɤu^{22}pa^{55}te^{21} 大腿

大脚巴嘚根根 ta^{11}tɕiɤu^{22}pa^{55}te^{21}kaŋ^{35}kaŋ^{55} 大腿根儿

⿰身小脚肚嘚 niæ^{35}tɕiɤu^{22}du^{22}te^{21} 小腿

脚肚嘚 tɕiɤu^{22}du^{22}te^{21} 腿肚子

当面骨 to^{35}mie^{11}kuei^{21} 胫骨，小腿内侧的长骨

胯骨 kʰua^{22}kuei^{21}

下裆 ɦa^{22}tau^{55} 裆，两条腿的中间

屁股面巴嘚 pʰi^{22}ku^{21}mie^{11}pa^{55}te^{21} 屁股蛋

屁股坑坑 pʰi^{22}ku^{21}hai^{35}hai^{55} 屁股沟儿

尾巴骨头 mi^{22}pa^{55}kuei^{22}dau^{33} 尾骨

脚牯肚肚 tɕiɤu^{22}ku^{22}dɤu^{22}dɤu^{21} 脚腕子

螺⁼眼睛 lɤu^{13}ŋai^{22}tsei^{55} 踝子骨

赤脚 tɕʰia^{22}tɕiɤu^{21}

脚背 tɕiɤu^{22}pei^{33}

脚板嘚 tɕiɤu^{22}pai^{22}te^{21} 脚掌

脚板心 tɕiɤu^{22}pai^{22}ɕin^{55} 脚心

脚尖 tɕiɤu^{22}tsai^{55}

脚趾头 tɕiɤu^{22}tsɿ^{22}dau^{33}

脚趾甲 tɕiɤu^{22}tsɿ^{22}ka^{21}

脚牯厢⁼tɕiɤu^{22}ku^{0}ɕiaŋ^{33} 脚跟

脚印 tɕiɤu^{22}in^{33}

鸡眼睛 tɕi^{35}ŋai^{22}tsei^{55} 鸡眼，一种脚病

心口 ɕin^{35}hau^{21} 心口儿

胸脯 ɕioŋ^{35}pu^{22}

边嘚骨 pie^{35}te^{0}kuei^{21} 肋骨

房 bo^{13} 乳房

房水水 bo^{13}ɕyei^{22}ɕyei^{21} 奶汁

房籽籽 bo^{13}tsɿ^{22}tsɿ^{22} 奶头

小肚嘚 sei^{22}du^{22}te^{21} 小肚子（小腹）

腰 y^{35}

背心 pei^{33}ɕin^{55} 脊背

背脊骨 pei^{33}tɕiæ^{22}kuei^{21} 脊梁骨

双旋嘚 ɕio^{35}tsai^{11}te^{21} 双旋儿

手指头印印 ɕy^{22}tsɿ^{22}dau^{33}in^{33}in^{33} 指纹

斗 tau^{22} 圆形的指纹

寒毛嘚 ɦo^{13}mo^{55}te^{21}

寒毛嘚眼眼 ɦo^{13}mo^{33}te^{0}ŋai^{22}ŋai^{21} 寒毛孔

骨 kuei^{22}

筋 tɕin^{35}

血 fei^{22}

脉管 mai^{11}kuan^{21} 血管

脉 mai^{11}

五脏 ɦŋ^{22}tsaŋ^{33}

圆心 vai^{13}ɕin^{55} 心

心 ɕin^{35} 肝

肺 p^{h}ei^{33}

胆 ta^{22}

脾 bi^{13}

小包 sei^{22}po^{55} 胃

腰嘚 y^{35}te^{21} 肾

肠嘚 tso^{11}te^{21} 肠

大肠嘚 ta^{11}tso^{11}te^{21} 大肠

躿肠嘚 niæ^{35}tso^{11}te^{21} 小肠

倒肠 tɤu^{33}tso^{21} 盲肠

十二　疾病医疗

小病 sei^{22}pie^{21}

大病 ta^{11}pie^{21} 重病

病好呱 pie^{11}hɤu^{22}kua^{22} 病好了

请医生 ts^{h}ai^{22}i^{33}sen^{55}

　请郎中 ts^{h}ai^{22}lo^{13}tɕioŋ^{55}

诊病 tɕin^{22}pie^{11} 医病

开药单嘚 fei^{35}iɤu^{11}ta^{55}te^{21} 开药方子

偏方单嘚 p^{h}ie^{35}ho^{55}ta^{55}te^{21} 偏方儿

□药 gua^{22}iɤu^{11} 抓药（中药）

中药铺 tsoŋ^{33}iɤu^{11}p^{h}u^{33}

干药 ko^{35}iɤu^{11} 中药

厚壳 ɦau^{22}k^{h}ɤu^{22}

黄皮 ɦo^{13}bi^{33} 中药材

金鸡黄连 tɕin^{35}tɕi^{55}ɦo^{13}lie^{33} 八峒独有的品种，叶子像鸡脚

刺黄连 tsɿ^{35}ɦo^{13}lie^{33}

八角黄连 piæ^{22}kɤu^{22}ɦo^{13}lie^{33}

九牛藤 tɕy^{22}ŋau^{13}daŋ^{33} 草药名

大风藤 ta^{11}foŋ^{35}daŋ^{33} 草药名

阴爪风 in^{35}tsau^{22}foŋ^{55} 草药名

阳爪风 io^{13}tsau^{22}foŋ^{55} 草药名

豆风柴 tau^{11}foŋ^{35}dʑiæ^{33} 草药名，可治疗小孩出水痘

梓草 tsɿ^{22}ts^{h}au^{22} 草药名

西药铺 ɕi^{35}iɤu^{11}p^{h}u^{33} 药房

药引嘚 iɤu^{11}in^{22}te^{21} 药引子

药煨嘚 iɤu^{11}vei^{35}te^{21} 药罐子

煨药 vei^{35}iɤu^{11} 煎药

药膏 iɤu^{11}kɤu^{55} 西药

膏药 kɤu^{35}iɤu^{21} 中药

药粉粉 iɤu^{11}foŋ^{35}foŋ^{55} 药面儿

搽膏药 dʑia^{13}kɤu^{35}iɤu^{21} 搽药膏

上药 dʑio^{22}iɤu^{11}

出汗 tɕ^{h}yei^{22}ho^{11} 发汗

去风 tɕy^{35}poŋ^{35}

坐 = 火 dzɤu^{22}fɤu^{22} 去火

去湿 tɕ^{h}y^{35}sɿ^{13}

解毒 tɕia^{22}tu^{35} 去毒

消化 sei^{33}fa^{22} 消食

打针筒 ta^{22}tɕin^{35}daŋ^{13} 拔火罐子

打颤颤 ta^{22}tɕie^{33}tɕie^{33} 发冷

起鸡皮嘚 tɕʰi^{22}tɕi^{35}bi^{13}te^{21} 起鸡皮疙瘩

伤风 ɕio^{35}foŋ^{33}

莽⁼气 maŋ^{22}tɕʰi^{33} 气喘

气管炎 tɕʰi^{33}kuan^{22}ian^{12}

发痧 ɕyæ^{22}ɕyæ^{35} 中暑

上火 dʑio^{22}fɤu^{22}

不化食 pu^{22}fa^{22}ie^{11} 积滞

心口头疼 ɕin^{35}hau^{22}dɤu^{33}tʰaŋ^{33} 胸口疼

头壳闷 dau^{13}ho^{55}moŋ^{11} 头晕

闷车 moŋ^{11}tsʰe^{33} 晕车

闷船 moŋ^{11}iai^{13} 晕船

头壳痛 dau^{13}ho^{55}tʰaŋ^{33} 头疼

心翻 ɕin^{35}fai^{35} 恶心，要呕吐

呕呱 au^{22}kua^{22} 吐了

膀牯涨气 bo^{13}ku^{22}tio^{33}tɕʰi^{33} 疝气

翻峰⁼门 fai^{35}foŋ^{33}moŋ^{33} 脱肛

发瘟 ɕyæ^{22}voŋ^{35} 霍乱

麻嘚 ma^{13}te^{21} ①麻疹。②天花

水痘嘚 ɕyei^{22}tau^{11}te^{21} 水痘

放痘嘚 po^{33}tau^{11}te^{21} 种痘

黄皮 ɦo^{13}bi^{33} 黄疸

牛皮癣 ŋau^{13}bi^{33}sai^{21}

　铜钱癣 doŋ^{13}dzai^{33}sai^{21}

号记 hɤu^{11}tɕi^{33} 胎记

肝炎 kan^{33}ian^{22}

痨病 lɤu^{13}pie^{21} 肺炎

胃病 vei^{35}pie^{21}

绊伤呱 pa^{33}ɕio^{35}kua^{22} 跌伤

撞伤呱 tɕio^{11}ɕio^{35}kua^{22} 碰伤

擦脱皮 tsʰa^{22}tʰiæ^{22}bi^{13} 蹭破皮儿

杂⁼只口口 dza^{11}tsa^{22}hau^{22}hau^{21} 刺个口子

出血 tɕʰyei^{22}fei^{22}

青呱 tɕʰin^{33}kua^{22} 淤血

肿起 tɕin^{22}tɕʰi^{22} 红肿

结痂痂呱 tɕie^{22}ka^{33}ka^{33}kua^{22} 结痂

疤嘚 pa^{35}te^{21} 疤

蛆眼⁼风 tsʰei^{35}ŋai^{22}foŋ^{33} 腮腺炎

生疮嘚 ɕiai^{35}tɕʰio^{35}te^{21} 长疮

结疔疔 tɕie^{13}tin^{35}tin^{55} 长疔

痔疮 tsɿ^{35}tsʰuaŋ^{33}

疥疮 kai^{35}tsʰuaŋ^{33}

沙痱子 sa^{33}fei^{35}tsɿ^{0} 痱子

汗斑 ho^{11}pai^{55} 汗斑

黄结子 ɦo^{13}tɕie^{22}tsɿ^{0} 瘊子

土斑 tʰu^{22}pai^{55} ①痦子。②雀斑

骚疔 sɤu^{35}tin^{33} 粉刺

口臭 hau^{22}tɕʰy^{33}

暴⁼ bau^{13} 大脖子

鼻孔不通 pie^{11}haŋ^{22}pu^{33}tʰoŋ^{35} 鼻子不灵

躲腰牯 niæ^{35}y^{55}ku^{0} 水蛇腰

鸭公声气 a^{22}koŋ^{55}ɕie^{35}tɕʰi^{33} 嗓音沙哑

独眼睛 du^{11}ŋai^{22}tsei^{55} 一只眼儿

近□眼 dʑin^{22}tɕʰi^{22}ŋai^{21} 近视眼

老花眼 lɤu^{22}fa^{55}ŋai^{21}

鼓眼睛 ku^{22}ŋai^{22}tsei^{55} 鼓眼泡儿

斗□眼 tei^{33}tɕʰi^{22}ŋai^{21} 斗鸡眼儿

台⁼子 diæ^{13}tsɿ^{0} 斜视

烂眼睛 la^{11}ŋai^{22}tsei^{22} 眼疾

怕亮 pʰa^{33}lo^{35} 羞明

羊角风 io^{13}kɤu^{22}foŋ^{55} 癫痫

扯风 tɕʰia^{22}foŋ^{35} 惊风（小儿病）

扯风 tɕʰia^{22}foŋ^{35} 抽风

中风 tsoŋ^{35}foŋ^{33}

　风瘫 foŋ^{35}tʰa^{35}

瘫呱 tʰa^{35}kua^{22}

结巴 tɕie^{13}pa^{55}

哈包牯 ha^{22}pɤu^{55}ku^{0} 傻瓜

*□嘚 gua^{13}te^{21}

麻嘚 ma^{13}te^{21} 脸上有麻子的人

□子 ye^{35}tsɿ^{0} 豁唇的人

六手指 lei^{11}ɕy^{22}tsɿ^{21} 六指儿

左块⁼子 tsɤu^{22}kʰuai^{22}te^{0} 左撇子

十三　衣服穿戴

衣襟 i^{35}tɕin^{33}

*大襟衣 ta^{11}tɕin^{35}i^{55}

*大裤头 ta^{11}fu^{22}dau^{33}

*青包头 tsʰai^{35}pɤu^{35}dau^{33}

*𨈏衣襟 niæ^{35}i^{35}tɕin^{33} 对襟儿

　对衣襟 tei^{33}i^{35}tɕin^{33}

打扮 ta^{22}pai^{33}

制服 tsɿ^{35}fu^{21}

唐装 daŋ^{12}tsuaŋ^{33} 中装

西装 ɕi^{33}tsuaŋ^{33}

长衣 dio^{13}i^{55} 长衫

马褂嘚 ma^{22}kua^{55}te^{21}

旗袍 dʑi^{13}pɤu^{33}

皮衣 bi^{13}i^{55} 皮袄

大衣 ta^{11}i^{55}

罩衣 tɕiɤu^{33}i^{55} 外衣

里衣 li^{22}i^{55} 内衣

衣领 i^{35}lie^{21} 领子

巴肩 pa^{35}kai^{55} 坎肩

背心 pei^{33}ɕin^{55}

衣摆 i^{35}pai^{21} 下摆

裙 goŋ^{13}

里裙 li^{22}goŋ^{33} 衬裙

罩裙 tɕiɤu^{22}goŋ^{33} 用来包裹小孩身体，挡风雪的外披

暴⁼肚 bau^{13}dɤu^{22} 系在小孩肚子上的棉布，防着凉

包裙 pɤu^{35}goŋ^{33} 三尺长宽的小棉被，用来包裹小婴儿的

单裤 ta^{35}fu^{33}

短裤嘚 to^{22}fu^{33}te^{21} 裤衩儿，贴身穿的

巴带裤 pa^{35}tiæ^{33}fu^{33} 旧时儿童背带裤

襻襻裤 pʰai^{33}pʰai^{33}fu^{33} 连脚裤

叉叉裤 tɕʰia^{35}tɕʰia^{55}fu^{33} 开裆裤

锁裤裆 sɤu^{35}fu^{33}tau^{33} 死裆裤

裤裆 fu^{33}tau^{55}

裤头 fu^{33}dau^{33} 裤腰

裤带嘚 fu^{33}tiæ^{33}te^{21} 裤腰带

袋袋 tiæ^{33}tiæ^{33} 衣服上的口袋

布扣嘚 pu^{33}kʰau^{33}te^{21} 扣襻，中式的

扣嘚眼 kʰau^{33}te^{0}ŋai^{21} 扣眼儿，西式的

蓑衣 sɤu^{35}i^{55}

雨衣（新式的）y^{22}i^{55}

𨈏板子 niæ^{35}pai^{33}tsɿ^{0} 拖鞋

布鞋 pu^{33}iæ^{33}

皮鞋 bi^{13}iæ^{33}

*斑鸡鞋 pai^{35}tɕi^{55}iæ^{13}

*皮草鞋 bi^{13}tsʰɤu^{22}iæ^{33}

绒绒鞋 ioŋ^{13}ioŋ^{33}iæ^{33} 毡鞋

草鞋 tsʰɤu^{22}iæ^{33}

钩耙 kau^{35}ba^{13} 带钩子的打草鞋工具

草鞋耙 tsʰɤu^{22}iæ^{13}ba^{13} 不带钩的打草鞋工具

花鞋 fa^{35}iæ^{33} 绣花鞋

襻襻鞋 pʰai^{33}pʰai^{33}iæ^{33} 有襻子的鞋

踩脚鞋 tsʰai^{22}tɕiɤu^{22}iæ^{33} 鞋口较浅的鞋子

絮鞋 ɕy^{35}iæ^{33} 棉鞋

鞋底 iæ^{13}tie^{21}

鞋面嘚 iæ^{13}mie^{11}te^{21} 鞋帮儿

楦子 ɕyan^{33}tsɿ^{0} 鞋楦子

靴子 ɕye^{33}tsɿ^{0} 雨鞋（橡胶做的）

木躲板子 ɦŋ^{11}niæ^{55}pai^{22}tsɿ^{0} 木屐

鞋带嘚 iæ^{13}tiæ^{33}te^{21} 鞋带儿

线袜嘚 sai^{33}yæ^{22}te^{21}

丝袜嘚 ɕi^{35}yæ^{22}te^{21}

袜嘚带 yæ^{22}te^{0}tiæ^{33} 袜带

尖尖鞋 tsai^{35}tsai^{55}iæ^{33} 弓鞋

　*客包嘚鞋 ha^{22}pɤu^{55}te^{0}iæ^{33}

包脚 pɤu^{35}tɕiɤu^{22} 裹脚

缠脚布 dʑie^{13}tɕiɤu^{22}pu^{22} 裹腿布

　包脚布 pɤu^{35}tɕiɤu^{22}pu^{33}

皮帽嘚 bi^{13}mo^{11}te^{21} 皮帽

礼帽 li^{22}mo^{21}

砂煨盖盖帽嘚 ɕia^{35}vei^{55}kuei^{33}kuei^{33}mo^{11}te^{21} 瓜皮帽

军帽 tɕyn^{33}mau^{35}

草帽嘚 tsɤu^{22}mo^{11}te^{21} 草帽

洋索子帽嘚 iaŋ^{13}so^{22}tsɿ^{22}mo^{11}te^{21} 毛线帽

大风帽 ta^{11}foŋ^{33}mo^{21} 小孩戴的御寒帽子

笠斗 li^{11}tau^{22} 斗笠

帽嘚带带 mo^{11}te^{0}tiæ^{33}tiæ^{33} 帽带子

巴皮带 pa^{35}bi^{13}tiæ^{33} 背小孩的布带

顶头手巾 tin^{22}dau^{13}ɕy^{22}tɕin^{55} 妇女包在头上防晒、防雨的花手巾

首饰 sɤu^{22}sɿ^{33}

项链 ɦaŋ^{13}lian^{35}

项佩 ɦaŋ^{13}pʰei^{33} 项圈

大铜钱 ta^{11}doŋ^{13}dzai^{33} 小孩带在身上的铜钱，可辟邪

八仙菩萨 piæ^{22}sai^{35}bu^{13}sa^{22} 小孩头饰，银制，可辟邪

环照 vai^{13}tsau^{35} 新娘过门时带在身上的圆形首饰，里面有朱砂可辟邪，由男方提供

百家锁 pa^{22}ka^{55}sɤu^{21} 为祝婴儿长命向许多亲友乞钱购买的锁形金银饰品

别针 pie^{13}tsen^{33}

别簪 pie^{22}tso^{55} 簪子

　簪子 tsan^{33}tsɿ^{0}

银别簪 nin^{13}pie^{22}tso^{55} 银簪子

竹别簪 tei^{22}pie^{22}tso^{55} 竹簪子

耳环 e^{22}van^{22}

胭脂 ian^{33}tsɿ^{33}

围裙 vei^{13}ɡoŋ^{33}

口水袋 hau^{22}ɕyei^{22}tiæ^{33} 围嘴儿

手套 ɕy^{22}tʰau^{55}

眼镜 ŋan^{22}tɕin^{33}

手表 ɕy^{22}piau^{21}

十四　饮食

食饭 y^{11}pai^{11} 吃饭

*堂亮饭 do^{13}lo^{35}pai^{21}

半日饭 po^{33}ɦŋ^{11}pai^{21} 午饭

夜头饭 ia^{11}dau^{33}pai^{21} 晚饭

打尖 ta^{22t}sai^{35} 途中吃点东西

　打点心 ta^{22}tie^{22}cin^{55}

食个东西 y^{11}kə^{0}toŋ^{35}ɕi^{55} 食物

点心 tie^{22}ɕin^{55} 糕饼之类食品

半夜饭 po^{33}ia^{11}pai^{21} 白喜事的守夜饭

饭 pai^{11} 米饭

现饭 ɕie^{11}pai^{21} 吃剩下的饭或不是本餐新做的

焦呱 tsei^{35}kua^{22} 饭煳了

馊呱 ɕiau^{35}kua^{22} 饭馊了

*焦捞 tsei^{35}lɤu^{55}

粳米羹 tɕie^{35}mi^{22}kai^{55}

糯米羹 lo^{11}mi^{22}kai^{55}

岩头羹 ŋai^{11}dau^{33}kai^{55} 比较稠、硬的粥

篷⁼豆嘚羹 boŋ^{13}tau^{11}te^{0}kai^{35} 饭豆粥

饭汤水 pai^{11}t^{h}o^{55}ɕyei^{21} 煮饭滗出来的米汤

□粑糍 gau^{13}pa^{35}dʑi^{33} 米糊

*根粑糍 kaŋ^{35}pa^{35}dʑi^{33}

*捶根石 dei^{13}kaŋ^{55}dʑia^{11}

*根粑槌 kaŋ^{35}pa^{55}dei^{33}

*粑糍 pa^{35}dʑi^{33}

*金瓜粑糍 tɕin^{35}kua^{55}pa^{35}dʑi^{33}

*䅟子粑糍 tɕ^{h}iai^{22}te^{0}pa^{35}dʑi^{33}

*糍草嘚粑糍 dʑi^{13}ts^{h}ɤu^{22}te^{0}pa^{35}dʑi^{33}

*斋粑 tɕiæ^{35}pa^{55}

麻谷嘚 ma^{13}ku^{22}te^{21} 谷名，米质带红色

䅟嘚 tɕ^{h}iai^{22}te^{21} 一种杂粮，磨粉可食用

面条 mie^{11}dy^{33}

挂面 kua^{22}mie^{21}

刀切面 tɤu^{35}tɕ^{h}ie^{22}mie^{21} 机制的宽的干面条

汤面 t^{h}o^{35}mie^{21} 带汤的面条

臊嘚 sɤu^{33}te^{0} 肉末

馒坨 man^{12}do^{33} 馒头

烧饼 ɕy^{35}pin^{21}

烤饼 k^{h}au^{22}pin^{21} 烙饼（名词）

花卷 fa^{35}tɕyan^{42}

蛋糕 dan^{13}kau^{33}

圆嘚 vai^{13}te^{21} 元宵

汤圆嘚 t^{h}o^{35}vai^{33}te^{21}

月饼 ye^{13}pin^{21}

饼干 pin^{22}kan^{33}

壮冷⁼ tɕio^{22}lai^{22} 肥肉

腈冷⁼ tsai^{35}lai^{22} 瘦肉

冷⁼坨坨 lai^{22}do^{33}do^{33} 肉丁

冷⁼片片 lai^{22}p^{h}ie^{33}p^{h}ie^{33} 肉片

冷⁼丝丝 lai^{22}ɕi^{35}ɕi^{55} 肉丝

冷⁼酱 lai^{22}tɕio^{33} 肉末

冷⁼皮 lai^{22}bi^{33} 肉皮

手把嘚 ɕy^{22}pa^{55}te^{21} 猪肘子

猪脚 tei^{35}tɕiɤu^{21} 猪蹄儿

腰里冷⁼ y^{35}li^{22}lai^{22} 里脊

脚筋 tɕiɤu^{22}tɕin^{55} 蹄筋

牛舌子头 ŋau^{13}ie^{11}tsʅ^{0}dau^{33} 牛舌头

肺 p^{h}ei^{33} 肺（猪的）

肠嘚 tso^{11}te^{21} 肠子（猪的）

脆骨 ts^{h}ei^{33}kuei^{21} 腔骨（猪的）

边嘚骨 pie^{35}te^{0}kuei^{21} 排骨（猪的）

牛肚嘚 ŋau^{13}du^{22}te^{21} 牛百叶

心 ɕin^{35} 肝（猪的）

腰嘚 y^{35}te^{21} 肾（猪的）

鸡杂 tɕi^{35}dza^{21}

鸡肚嘚 tɕi^{35}du^{22}te^{21} 鸡肫

鸡血 tɕi^{35}fei^{21}

炒鸡包卵 tɕ^{h}iɤu^{22}tɕi^{35}pau^{35}lo^{21} 炒鸡蛋

*荷包卵 ɦɤu^{13}pau^{35}lo^{21}

*水荷包卵 ɕyei^{22}ɦɤu^{13}pau^{35}lo^{21}

煮鸡包卵 tɕy^{22}tɕi^{35}pau^{35}lo^{21} 连壳煮的鸡蛋

*包卵汤 pau^{35}lo^{21}t^{h}o^{55}

咸鸡包卵 ɦa^{13}tɕi^{35}pau^{35}lo^{21} 咸鸡蛋

咸鸭嘚包卵 ɦa^{13}a^{22}te^{0}pau^{35}lo^{21} 咸鸭蛋

香肠嘚 ɕio^{35}tso^{11}te^{21}

斋菜 tɕiæ^{35}tɕʰiæ^{33} 素菜

荤菜 foŋ^{35}tɕʰiæ^{33}

枯菜 fu^{35}tɕʰiæ^{33} 咸菜

小菜 sei^{22}tɕʰiæ^{33} 非正式菜的总称

豆腐皮 tau^{11}pʰu^{22}bi^{33}

豆笋 dɤu^{13}sen^{21} 腐竹

干豆腐 ko^{35}tau^{11}pʰu^{22} 豆腐干儿

崽金豆腐 tsai^{22}tɕin^{55}tau^{11}pʰu^{22} 油豆腐

*赖⁼崽崽豆腐 liæ^{11}tsai^{22}tsai^{22}tau^{11}pʰu^{22}

*鸭屎叶豆腐 a^{22}sɿ^{22}ie^{11}tau^{11}pʰu^{22}

*巴羊豆腐 pa^{35}io^{13}tau^{11}pʰu^{22}

霉豆腐 mei^{13}tau^{11}pʰu^{22} 豆腐乳

霉豆腐渣 mei^{13}tau^{11}pʰu^{22}tɕia^{35} 豆腐霉了之后放盐，捏成团晒干，放在坛子里

酸海椒 so^{35}hai^{22}tsei^{35}

绿豆粉 lei^{11}tau^{11}foŋ^{22} 绿豆做的食品、细条的

红薯粉 ɦioŋ^{13}dʑy^{33}foŋ^{21} 白薯做的食品、粗条的

豆腐皮嘚 tau^{11}pʰu^{22}bi^{13}te^{21} 绿豆做的食品、片状

凉粉 liaŋ^{13}fen^{21} 绿豆做的食品、凝冻状的

藕粉 ŋɤu^{22}fen^{21}

豆豉 tau^{11}dzɿ^{33}

银耳 in^{12}e^{21}

气色 tɕʰi^{33}ɕiæ^{21} 气味

色片 se^{13}pʰian^{35} 颜色

荤油 foŋ^{35}y^{13}

*油渣 lɤu^{13}tɕia^{55}（旧）

猪油渣 tei^{35}lɤu^{13}tɕia^{55} 猪油（旧）

猪油 tei^{35}y^{33}（新）

斋油 tɕiæ^{35}y^{33} 素油

花生油 fa^{33}sen^{33}y^{33}

茶油 dʑia^{13}y^{33}

菜油 tɕʰiæ^{33}y^{33} 菜籽油

油麻嘚油 y^{13}ma^{33}te^{0}y^{13} 芝麻油

椒香嘚油 tsei^{35}ɕio^{55}te^{0}y^{13} 山胡椒油

桐油 daŋ^{13}y^{33} 油桐树种子压榨而成的油

砂盐 ɕia^{35}ie^{33} 粗盐

熬盐 ŋau^{13}ie^{33} 精盐

辣酱 lo^{11}tɕio^{33}

黄糖 ɦo^{13}do^{33} 红糖，呈黄色

*盐糖 ie^{13}do^{33}

冰糖 pin^{33}daŋ^{12}

纸包糖 tsɿ^{22}pɤu^{55}do^{33} 用纸包好的块状糖

花生糖 fa^{33}sen^{33}do^{33}

熬糖 ŋau^{13}do^{33} 麦芽糖

*红薯糖 ɦioŋ^{13}dʑy^{33}do^{33}

*陈糖 dʑin^{13}do^{33}

冬瓜糖 toŋ^{35}kua^{55}do^{33}

姜糖 tɕio^{35}do^{33}

橙子糖 dzen^{13}tsɿ^{0}do^{33}

*打糖 ta^{22}do^{33}

*苞谷糖 pʰau^{33}ku^{22}do^{33}

香料 ɕio^{35}lei^{21} 作料

八角 pa^{13}ko^{22}

桂皮 kuei^{35}bi^{33}

花椒 fa^{35}tsei^{55}

胡椒粉 vu^{13}tsei^{55}foŋ^{21}

烟叶嘚 ie^{35}ie^{11}te^{21} 烟叶

烟丝 ie^{35}ɕi^{55}

脚烟嘚 tɕiɤu^{22}ie^{55}te^{21} 黄烟

烟袋袋（铜制的）ie^{35}tiæ^{33}tiæ^{33} 水烟袋

旱烟袋 ho^{11}ie^{35}tiæ^{33}

烟盒嘚 $ie^{35}ɦɤu^{11}te^{21}$ 烟盒

烟油 $ie^{35}y^{33}$

烟灰 $ie^{35}fei^{55}$

火镰嘚 $fɤu^{22}lie^{33}te^{21}$ 火镰，旧时取火用具

打火石 $ta^{22}ho^{22}sɿ^{33}$ 用火镰打的那种石头

纸媒嘚 $tsɿ^{22}mei^{33}te^{21}$ 旧时水烟的燃纸

茶水 $dʑia^{13}ɕyei^{21}$（沏好的）茶

甜茶叶 $die^{13}dʑia^{13}ie^{21}$ 空头蔗树的嫩叶制成的茶叶

*桐禾酒 $doŋ^{13}ɦɤu^{13}tsei^{22}$

*撞酒 $dzuaŋ^{13}tsei^{22}$

高粱酒 $kɤu^{35}lio^{33}tsei^{21}$

红薯酒 $ɦoŋ^{13}dʑy^{33}tsei^{21}$

玉米酒 $y^{35}mi^{22}tsei^{21}$

十五　红白大事

亲事 $tɕ^{h}in^{35}sɿ^{21}$

嫁 ka^{33} 女子出嫁

娶亲 $ts^{h}ei^{22}tɕ^{h}in^{35}$ 娶妻子

招郎 $tɕy^{35}lo^{13}$ 男方到女方家，倒插门

*招郎牯 $tɕy^{35}lo^{13}ku^{0}$

*半招半嫁 $po^{33}tɕy^{35}po^{33}ka^{33}$

年纪 $nie^{13}tɕi^{33}$ 年龄

*定亲 $tin^{11}tɕ^{h}in^{35}$

睐老女 $lei^{33}lɤu^{22}ny^{22}$ 男方相亲

*衣布乞黄糖 $i^{35}pu^{33}tɕ^{h}i^{35}ɦo^{13}do^{33}$

*睐当方 $lei^{33}to^{33}ho^{55}$

担八字 $ta^{35}piæ^{22}tsɿ^{11}$ 算八字，对男方说

报八字 $pɤu^{33}piæ^{22}tsɿ^{11}$ 算八字，对女方说

合八字 $hɤu^{13}piæ^{22}tsɿ^{11}$ 看双方的生肖时辰是否相合

退八字 $t^{h}ei^{33}piæ^{22}tsɿ^{11}$ 八字不合就要退八字

*送求礼 $saŋ^{33}dʑiɤu^{13}li^{22}$

求礼 $dʑiɤu^{13}li^{22}$ 定礼

*挂红庚 $kua^{33}ɦoŋ^{13}ken^{33}$

定事 $tin^{11}sɿ^{11}$ 订婚

道喜 $dau^{13}ɕi^{22}$

睐日嘚 $lei^{33}ɦŋ^{11}te^{21}$ 选定婚期

送日嘚 $saŋ^{33}ɦŋ^{11}te^{21}$ 报喜期，结婚的日子

*插花酒 $tɕ^{h}iæ^{22}fa^{35}tsei^{21}$

上门酒 $dʑio^{22}moŋ^{13}tsei^{22}$

*离娘饭 $li^{13}nia^{11}pai^{11}$

离娘鸡 $li^{13}nia^{11}tɕi^{55}$ 男方到女方家吃插花酒时带去的鸡，寓意吃了这只鸡，女儿就此离开娘家嫁做他人妇

*等亲 $taŋ^{22}tɕ^{h}in^{35}$

*抬盒 $diæ^{13}ɦɤu^{11}$

*拜盒 $piæ^{33}ɦɤu^{11}$

*新嫁女打伞 $ɕin^{35}ka^{33}ny^{22}ta^{22}sa^{22}$

置酒 $tsɿ^{33}tsei^{22}$ 办喜酒

提嫁妆 $dia^{13}ka^{33}tɕio^{55}$ 过嫁妆

嫁妆 $ka^{33}tɕio^{35}$ 过去女方的嫁妆主要包括床上用品和家具

*鸣响师傅 $min^{13}ɕio^{22}sɿ^{33}vu^{11}$

*拦门酒 $la^{13}moŋ^{33}tsei^{21}$

花轿 $fa^{35}tɕy^{21}$ 比较豪华的轿子，八人抬

篷轿 $boŋ^{13}tɕy^{21}$ 普通的轿子，顶上有篷，有两个人抬的，四人抬的

引亲女 $in^{22}tɕ^{h}in^{35}ny^{22}$ 接亲时陪伴新娘的黄花闺女，负责开伞，把新娘从娘家接到男方，送入洞房

等亲女 $taŋ^{22}tɕ^{h}in^{35}ny^{22}$ 接亲娘，通常是儿女双全的一对夫妻，陪伴新娘、新郎拜堂

胡椒手巾 $vu^{13}tsei^{35}ɕy^{22}tɕin^{35}$ 月子里婴儿包头

带的黑色手巾
*踢瓦 $da^{11}va^{22}$
*蹍火盆 $dʑia^{11}fɤu^{22}boŋ^{33}$
踢火盆 $da^{11}fɤu^{22}boŋ^{13}$
入房 $ɦŋ^{11}bo^{13}$ 引亲女接新嫁女入洞房
挑盖头 $t^hei^{33}kai^{33}dau^{33}$
新房 $ɕin^{35}bo^{33}$
交杯酒 $kɤu^{35}pei^{33}tsei^{21}$
*拜堂酒 $piæ^{33}do^{13}tsei^{21}$
*回门 $vei^{13}moŋ^{13}$
嫁二嫁 $ka^{33}nie^{11}ka^{33}$ 再醮，女子再嫁
半路婆 $po^{33}lu^{11}bo^{33}$ 再婚的女子
讨二老女 $t^hɤu^{22}nie^{11}lɤu^{22}ny^{22}$ 续弦，从男方说
填房 $die^{13}bo^{13}$ 男子再娶的老婆
怀细家 $yæ^{13}ɕie^{22}ka^{55}$ 怀孕
怀胎女 $yæ^{13}t^hiæ^{55}ny^{21}$ 孕妇
生细家 $ɕiai^{35}ɕie^{33}ka^{55}$ 生孩子
解怀 $tɕiæ^{22}yæ^{13}$
等生 $taŋ^{22}ɕiai^{35}$ 接生
产难婆 $tɕ^hiai^{22}na^{13}bɤu^{33}$ 难产的孕妇
胎盘 $t^hiæ^{35}bo^{33}$
剃胎头 $t^hie^{33}t^hiæ^{35}dau^{33}$
打三朝 $ta^{22}sa^{35}tei^{55}$ 孩子生下三天后做三朝酒，去吃酒的人带钱带粮米，寓意孩子今后有财有粮
粮米 $lio^{13}mi^{22}$ 贺三朝的人作礼的米
移窠 $i^{13}fɤu^{35}$ 接女儿和满月的孩子回娘家
满月酒 $mo^{22}vai^{11}tsei^{22}$
头胎 $dɤu^{13}t^hiæ^{55}$
打胎 $ta^{22}t^hiæ^{35}$
遗牯子 $i^{13}ku^{22}tsɿ^{0}$ 遗腹子
食房 $y^{11}bo^{13}$ 吃奶

做生日 $tsɿ^{22}ɕiai^{35}ɦŋ^{21}$
祝寿 $dzɤu^{13}zɤu^{13}$
寿星 $zɤu^{13}ɕin^{33}$
白喜事 $ba^{11}ɕi^{22}sɿ^{21}$ 丧事
送老大人 $saŋ^{33}lɤu^{22}ta^{11}ɦŋ^{13}$ 奔丧
死呱 $ɕi^{22}kua^{22}$ 死了
落气呱 $lɤu^{11}tɕ^hi^{33}kua^{22}$
过呱 $kɤu^{33}kua^{22}$
落气炮仗 $lɤu^{11}tɕ^hi^{33}p^hau^{33}dio^{22}$ 人死后放一挂鞭炮，告知众人
*落气钱 $lɤu^{11}tɕ^hi^{33}dzai^{13}$
摊板板 $t^ha^{35}pai^{22}pai^{22}$ 把亡人放在板子上
老材 $lɤu^{22}dʑiæ^{33}$ 寿材，生前预制的棺材
灵堂 $lin^{13}daŋ^{22}$
佛堂 $fu^{12}daŋ^{22}$
守灵 $ɕy^{22}lin^{13}$
做道场 $tsɿ^{22}dɤu^{22}dio^{33}$ 做七
*开路 $fei^{35}lu^{11}$
*唱葬歌 $tɕ^hio^{33}tso^{33}kɤu^{35}$
*化床铺草 $fa^{33}dʑio^{13}p^hu^{35}ts^hɤu^{22}$
*封棺 $foŋ^{33}kuan^{33}$
*起丧压 ⁼ 米 $tɕ^hi^{22}so^{35}ia^{11}mi^{11}$
出门 $tɕ^hyei^{22}moŋ^{13}$ 送葬
孝棍 $ɕiau^{35}kun^{33}$ 哭丧棒
扎灵屋 $tɕia^{22}lin^{13}vu^{22}$ 纸扎的人、马、房子等
*引路鸡 $in^{22}lu^{11}tɕi^{35}$
*跳杠鸡 $t^hei^{33}ko^{33}tɕi^{35}$
守孝 $ɕy^{22}ɕiau^{35}$
带孝 $tiæ^{33}ɕiau^{35}$
解孝 $tɕiæ^{22}hɤu^{33}$ 除孝
孝子 $ɕiau^{35}tsɿ^{0}$
孝孙 $ɕiau^{35}sen^{33}$

祖先地 tsu^{22}çiai^{35}ti^{21} 坟地

祖先 tsu^{22}çiai^{55} 坟墓

碑 pi^{35}

上祖先 dʑio^{22}tsu^{22}çiai^{55} 上坟

挂大清 kua^{33}ta^{11}ts^{h}ai^{35} 全族人上坟

挂社清 kua^{22}dʑia^{22}ts^{h}ai^{35} 为新坟扫墓，持续三年，主要是由直系亲属来挂清

清明会 ts^{h}ai^{35}mie^{13}fei^{11} 扫墓回来吃餐饭

寻死路 dʑin^{13}çi^{22}lu^{11} 自杀

篷⁼河 boŋ^{13}ɦɤu^{13} 投水自尽

吊颈 t^{h}ia^{33}tçie^{22} 上吊

尸身 sɿ^{35}çin^{55} 尸骨

骨灰坛嘚 ku^{22}fei$^{35-55}$t^{h}a^{22}te^{21} 骨灰坛子

老天人 lɤu^{22}t^{h}ie^{55}ɦŋ^{33} 老天爷

灶王菩萨 tsau^{35}vaŋ^{13}bu^{13}sa^{22} 灶神

佛 fu^{22}

观音菩萨 kuan^{35}in^{33}bu^{13}sa^{21} 观世音

土地屋 t^{h}u^{22}ti^{11}vu^{22} 土地庙

关帝庙 kuan^{33}ti^{55}miau^{35}

城隍庙屋 dʑin^{13}ho^{13}mie^{11}vu^{22} 城隍庙

阎王 nie^{13}ɦo^{33}

祠堂 dzɿ^{13}daŋ^{33}

宗祠 tsoŋ^{33}dzɿ^{33}

佛龛 fu^{13}k^{h}an^{33}

香案 çiaŋ^{33}ŋan^{33}

供 koŋ^{33} 上供

烛台 tçy^{22}diæ^{33}

蜡烛 la^{11}tçy^{22} 敬神用的蜡烛

线香 sai^{33}çio^{55} 敬神用的香

香炉 çio^{35}lu^{33}

烧香 çy^{35}çio^{35}

签 ts^{h}ai^{35} 签诗，印有谈吉凶的诗文的纸条

抽签 tç^{h}y^{35}ts^{h}ai^{55} 求签

竹签签 tei^{22}ts^{h}ai^{35}ts^{h}ai^{55} 竹签

打卦 ta^{22}kua^{33}

卦 kua^{33} 占卜用的珓，通常用一正一反两片竹片制成

阴卦 in^{33}kua^{33} 阴珓，两面都朝下

阳卦 iaŋ^{12}kua^{33} 阳珓，两面都朝上

圣卦 çin^{35}kua^{33} 圣珓，一正一反

做道场 tsɿ^{33}dau^{22}dio^{33} 请僧道做法事

念经 lin^{11}tçin^{35}

测字 ts^{h}e^{13}tsɿ^{11}

睐风水 lei^{33}foŋ^{33}çyei^{21} 看风水

合八字 hɤu^{22}piæ^{22}tsɿ^{21}

八字先生 piæ^{22}tsɿ^{11}sai^{35}çiai^{55} 算命先生

睐相个 lei^{33}çio^{33}kə^{0} 看相的人

仙女婆 sai^{35}ny^{22}bɤu^{33} 给人算命、看相的妇女

算命婆 çio^{33}mie^{11}bɤu^{33}

做法事 tsɿ^{33}çyæ^{22}sɿ^{21} 跳大神

许愿 çy^{22}vai^{11}

还愿心 vai^{13}vai^{11}çin^{55} 还愿

傩 lu^{13} 旧时驱鬼驱邪的活动

冲傩 tç^{h}ioŋ^{35}lu^{13} 旧时迷信，相信人遭受疾病和天灾是妖魔鬼怪及“祸殃”“耗殃”作祟所致，故请师公行法事，以求化祸为吉、转危为安

*打古堂·庆盘王 ta^{22}ku^{22}do^{13}·tç^{h}in^{33}bo^{13}ɦo^{33}

盘王 bo^{13}ɦo^{33} 瑶族始祖

盘古大王 bo^{13}ku^{22}ta^{11}ɦo^{13}

*竹王 tei^{22}ɦo^{33}

竹王菩萨 tei^{22}ɦo^{13}bu^{13}sa^{22}

*请水发牒 ts^{h}ai^{22}çyei^{22}çyæ^{22}die^{11}

*扬幡挂榜 iaŋ^{13}fan^{35}kua^{33}paŋ^{22}

* 立五楼四寨 li^{22}ɦŋ^{22}lau^{33}ɕi^{33}tɕiæ^{11}
* 发五猖 ɕyæ^{22}ɦŋ^{22}tɕ^{h}io^{55}
* 请圣下马 ts^{h}ai^{22}ɕin^{35}ɦa^{22}ma^{22}
* 一祭盘古 i^{13}tɕi^{13}bo^{13}ku^{22}
* 开天煞 fei^{35}t^{h}ie^{35}ɕiæ^{22}
* 二祭盘古 nie^{11}tɕi^{33}bo^{13}ku^{22}
* 过火海 kɤu^{22}fɤu^{22}hai^{22}

□犁面火 tɕ^{h}iaŋ^{11}lie^{13}mie^{11}fɤu^{22}

请梅山 ts^{h}ai^{22}mei^{13}ɕiai^{55} 请梅山神

敬盘王 tɕin^{33}bo^{13}ɦo^{33}

* 祭竹王 tɕie^{22}tei^{22}ɦo^{13}

拜竹王 piæ^{33}tei^{22}ɦo^{33}

纸船收瘟 tsɿ^{22}iai^{13}ɕy^{35}voŋ^{35}

捉三祸 tɕiɤu^{22}sa^{35}ɦɤu^{22} 捉三殃，包括火殃、祸殃、孝殃

做辞送 tsɿ^{22}dzɿ^{13}saŋ^{33}

上云梯 dʑio^{22}yn^{13}t^{h}i^{55}

唱土地 tɕ^{h}io^{33}t^{h}u^{22}ti^{11} 接土地神的仪式

跳古堂 t^{h}ei^{33}ku^{22}do^{13} 跳古堂舞

唱山歌 tɕ^{h}io^{33}ɕiai^{35}kɤu^{55}

跳火把舞 t^{h}ei^{22}fɤu^{22}pa^{22}vu^{22}

* 古堂地 ku^{22}do^{13}ti^{21}
* 法坛 ɕyæ^{22}da^{33}
* 萨坛 ɕia^{35}da^{33}
* 观音叉 kuai^{35}in^{35}tɕ^{h}io^{55}

茅厂厂 mo^{13}tɕ^{h}io^{22}tɕ^{h}io^{22}

叶嘚衣 ie^{11}te^{0}i^{35} 跳古堂舞时穿的竹叶衣

* 五福官 ɦŋ^{22}fu^{22}ko^{55}
* 法衣 ɕyæ^{22}i^{35}
* 九州衣 tɕy^{22}tɕy^{35}i^{35}
* 牌神带 biæ^{13}in^{13}tiæ^{33}
* 牛角 ŋau^{13}kəu^{21}
* 铜铃 daŋ^{13}lin^{13}
* 屈板 tɕ^{h}iɤu^{22}pai^{221}
* 波罗棍 po^{33}lo^{13}koŋ^{33}
* 开煞刀 fei^{35}ɕiæ^{22}tɤu^{55}

月亮刀 vai^{11}lio^{33}tɤu^{55}

香龙头 ɕio^{35}loŋ^{13}dau^{33} 做法事时敬香的器具，形状像龙头

* 师公刀 sɿ^{35}koŋ^{35}tɤu^{55}
* 师树棍 sɿ^{35}tɕy^{11}koŋ^{55}
* 竹头壳 tei^{22}dau^{13}ho^{55}

鬼头壳 kuei^{22}dau^{13}ho^{55}

竹面罗嘚 tei^{22}mie^{11}lo^{33}te^{21}

* 狗公 kau^{22}koŋ^{55}
* 狗婆 kau^{22}bo^{13}
* 竹王 tei^{22}ɦo^{33}

大判官 ta^{11}p^{h}ai^{35}ko^{55}

躲判官 niæ^{35}p^{h}ai^{35}ko^{55} 小鬼

聚斋= tɕy^{33}tɕiæ^{35} 招财童子

入斋= ɦŋ^{11}tɕiæ^{35} 进宝郎君

纠嘴巴 tsei^{35}tsei^{22}pa^{55}

伙头师傅 fɤu^{22}dau^{13}sɿ^{35}fu^{33} 监斋九郎

把坛师傅 pa^{22}da^{13}sɿ^{35}fu^{33} 把坛刘太保

张赵两郎 tɕio^{35}dzɤu^{33}lio^{22}laŋ^{13} 张赵二郎

镇坛 tɕin^{35}da^{13} 土地

* 和包 ɦo^{13}pɤu^{35}

背时鬼 pei^{33}dzɿ^{13}kuei^{21} 梅山胡大王

梅管家 mei^{13}ko^{22}ka^{55} 梅山李大王

和气 ɦɤu^{13}tɕ^{h}i^{33} 梅山赵大王

财米鬼 dzai^{13}mi^{22}kuei^{21} 梅山董大王

马元帅 ma^{22}vai^{13}sai^{33}

赵元帅 dzɤu^{13}vai^{13}sai^{33}

王元帅 ɦo^{13}vai^{13}sai^{33}

殷元帅 in^{35}vai^{13}sai^{33}
时泄 dzɿ^{13}ɕie^{35} 时值
日官 ɦŋ^{11}ko^{55} 日值
月官 vai^{11}ko^{55} 月值
年官 nie^{13}ko^{55} 年值
郭将军 kɤu^{33}tɕio^{35}tɕyn^{55}
唐将军 do^{13}tɕio^{35}tɕyn^{55}
周将军 tɕy^{35}tɕio^{35}tɕyn^{55}
*绿猖 lei^{13}tɕʰio^{55}
红公 ɦoŋ^{13}koŋ^{55} 红猖
白公 ba^{11}koŋ^{55} 白猖
雷公头 lei^{13}koŋ^{35}tau^{33} 黑猖
黄猖 ɦo^{13}tɕʰio^{55}
蛇精 dʑia^{11}tɕin^{55} 中峒蛇星蛮王
*乌鸡⁼ vu^{35}tɕi^{55}
蛮嘚 mai^{13}te^{21} 叉蛮
睐日嘚 lei^{33}ɦŋ^{11}te^{21} 看日子，选黄道吉日
求年纪 dʑy^{13}nie^{13}tɕi^{33} 求年寿
画和水 va^{11}ɦɤu^{13}ɕyei^{21} 婚姻协调
送鬼 saŋ^{33}kuei^{22} 送神
接太岁 tɕie^{22}tʰiæ^{33}sei^{33} 为本命年的人做的法事，接太岁之后还要送太岁
送太岁 saŋ^{33}tʰiæ^{33}sei^{33}
酿海 niaŋ^{22}hai^{22} 安顿死于非命的人的魂魄
架桥 ka^{33}dʑy^{13} 为生病的人、不能生育的人做的法事，求健康、生子等
度花 tu^{11}fa^{35} 小孩不好养，爱哭闹，发育慢，就砍一根小竹子，在竹枝上系上各种颜色的布料，再请师公作法，保孩子平安
画符 va^{11}vu^{13}
魂魄 voŋ^{13}ba^{11}
丢呱魂 dio^{11}kua^{22}voŋ^{13}
收吓 ɕy^{35}ha^{22} 小孩受了惊吓后做的法事
绚胎 dɤu^{13}tʰiæ^{35} 在小孩的手腕上和脖子上捆上青、白两色的线，防止小孩走胎，也叫“捆胎”
还愿信 vai^{13}vai^{11}ɕin^{33} 许愿之后的还愿
报犯 pɤu^{33}vai^{11} 迷信认为人动了不该动的东西，眼睛会疼痛难忍，连医生也无法医治，请道士做法事消灾
起水 tɕʰi^{22}ɕyei^{22} 起屋前的法事
安家仙 o^{35}ka^{35}sai^{55} 在堂屋里安神龛
天地 tʰie^{35}ti^{11} 放置在大门左边的牌位
打雷醮 ta^{22}lei^{13}tsei^{33} 久旱祈雨的法事
开路 fei^{35}lu^{11} 度亡灵
犯跌星 vai^{11}tie^{13}ɕin^{33} 劝老人不要走高处，免犯跌星
地仙 ti^{11}sai^{55}
游坛 iɤu^{13}tʰan^{13} 师公学成（抛牌过法）之后，要挨家挨户去游走，唱三年土地戏，以获得大家资助和信任
抛牌 pʰɤu^{35}biæ^{13} 师傅把法术全部交给徒弟
过法 kɤu^{22}ɕyæ^{22} 徒弟学成法术，赐得法名

十六　日常生活

着衣服 tɤu^{22}i^{35}fu^{22} 穿衣服
脱衣服 tʰiæ^{22}i^{35}fu^{22}
脱鞋 tʰiæ^{22}iæ^{13}
量衣服 lio^{13}i^{35}fu^{22}
*扻布 ɤu^{33}pu^{33}
做衣服 tsɿ^{33}i^{35}fu^{22}
连衣 lai^{13}i^{35} 缝衣
□边 tɕʰio^{35}pie^{35} 贴边，缝在衣服里子边上的窄条

绞边 tɕiau^{22}pie^{35} 绲边

收边 sɤu^{35}pie^{35} 缲边儿

打布帮嘚 ta^{22}pu^{33}paŋ^{35}te^{21} 鞔鞋帮儿

打鞋底 ta^{22}ia^{13}ti^{22} 纳鞋底子

钉扣嘚 tie^{33}kʰau^{33}te^{21} 钉扣子

绣花 ɕiɤu^{35}fa^{33}

补眼 pu^{22}ŋai^{22} 打补丁

连被 lai^{13}bi^{22} 做被子

洗衣服 ɕie^{22}i^{35}fu^{22}

洗一转 ɕie^{22}i^{33}tɕiai^{33} 洗一水

漂 pʰiau^{22} 投，用清水漂洗

晒衣服 ɕiæ^{33}i^{35}fu^{22}

吹衣服 tɕʰyei^{35}i^{35}fu^{22} 晾衣服

浆衣服 tɕio^{35}i^{35}fu^{22}

烫衣服 tʰo^{33}i^{35}fu^{22} 熨衣服

纺纱车 pʰo^{22}ɕia^{35}tsʰe^{33}

烧火 ɕy^{35}fɤu^{22} 生火

煮饭 tɕy^{22}pai^{11} 做饭（总称）

淘米 dɤu^{13}mi^{22}

和面 ɦɤu^{13}mie^{11}

择菜 dʑia^{11}tɕʰiæ^{33}

红⁼菜 ɦoŋ^{13}tɕʰiæ^{33} 炖菜

打汤 ta^{22}tʰo^{35} 做汤

饭熟呱 pai^{11}dʑy^{13}kua^{22} 饭好了，包括饭菜

生 ɕiai^{35} 指米饭未熟

食饭啦 y^{11}pai^{11}la^{0} 开饭

张饭 tio^{35}pai^{11} 盛饭

扶水 bu^{13}ɕyei^{22} 端水

扶菜 bu^{13}tɕʰiæ^{33} 端菜

拈菜 niæ^{11}tɕʰiæ^{33} 搛菜

落⁼菜 lɤu^{11}tɕʰiæ^{33} 舀菜

□酒 ɤu^{33}tsei^{33} 舀酒

食零碎东西 y^{11}lin^{13}sei^{33}toŋ^{35}ɕi^{55} 吃零食

用箸 ioŋ^{11}tei^{11} 使筷子

冷⁼不柔 lai^{22}pu^{33}nau^{13} 肉不烂

嚼不动 tsei^{22}pu^{33}daŋ^{22}

噎起呱 ie^{22}tɕʰi^{22}kua^{22} 食物卡在喉咙中

打饱嗝 ta^{22}pau^{22}ke^{22} 打嗝

胀倒呱 tiɤu^{33}tɤu^{22}kua^{22} 吃得太多撑着了

口冇味 hau^{22}mau^{11}vei^{11} 嘴没味儿

食茶 y^{11}dʑia^{13} ①喝茶。②“吃药”的委婉语

食酒 y^{11}tsei^{22} 喝酒

烫酒 tʰo^{33}tsei^{22}

浸酒 tɕin^{35}tsei^{22} 酿酒

食烟 y^{11}ie^{35} 抽烟

肚饥呱 du^{22}tɕi^{35}kua^{22} 饿了

打平伙 ta^{22}bie^{13}fɤu^{22} 大家凑份子聚餐

洗手 ɕie^{22}ɕy^{22}

洗面 ɕie^{22}mie^{11} 洗脸

洗口 ɕie^{22}hau^{22} 漱口

织辫嘚 tɕi^{22}pin^{35}te^{21} 梳辫子

打揪巴 ta^{22}tɕiɤu^{33}pa^{55} 梳髻

打包 ta^{22}pau^{35} 打疙瘩

剪手指甲 tsai^{22}ɕy^{22}tsɿ^{22}ka^{21} 剪指甲

挖耳嘚屎 yæ^{11}nie^{22}te^{0}sɿ^{21} 掏耳朵

擦□身 tsʰa^{22}ɦɤu^{13}ɕin^{35} 擦澡

敨凉 tʰau^{22}lio^{13} 乘凉

晒日头 ɕiæ^{33}ɦŋ^{11}dau^{33} 晒太阳

炙火 tɕia^{22}fɤu^{22} 烤火

烧火 ɕy^{35}fɤu^{22}

扎猪菜 tɕia^{22}tei^{35}tɕʰiæ^{33} 打猪草

煮猪九⁼ tɕy^{22}tei^{35}tɕy^{22} 煮猪潲

点亮 tie^{22}lo^{35} 点灯

*阴亮 in^{35}lo^{35}

*吹阴 tɕʰyei^{35}in^{35}

敨肩 tʰau^{22}kai^{35} 歇歇，休息一会儿

□卧⁼觉 tɕʰiæ^{35}ŋo^{11}tɕio^{22} 打盹儿

劳呱 lau^{13}kua^{22} 困了

铺床 pʰu^{35}dʑio^{13}

眠倒 mie^{13}tɤu^{21} 躺下

卧⁼觉呱 ŋo^{11}tɕio^{22}kua^{22} 睡着了

打鼾 ta^{22}han^{22}

眠不落 mie^{13}pu^{33}lɤu^{11} 睡不着

半日眠卧⁼觉 po^{33}ɦŋ^{11}mie^{13}ŋo^{11}tɕio^{11} 睡午觉

向天眠 ɕio^{33}tʰie^{35}mie^{13} 仰面睡

墙⁼起眠 dʑio^{13}tɕʰi^{22}mie^{13} 侧着睡

伏倒眠 bu^{11}tɤu^{22}mie^{13} 趴着睡

□气 ɤu^{22}tɕʰi^{33} 落枕

扯筋 tɕʰia^{22}tɕin^{35} 抽筋了

讲梦话 ko^{22}moŋ^{11}va^{11} 说梦话

老鼠揿床 lɤu^{22}ɕyei^{22}tɕʰin^{11}dʑio^{13} 梦魇

熬夜 ŋau^{13}ia^{11}

加夜班 ka^{35}ia^{11}pai^{35}

做工 tsɿ^{33}koŋ^{35} 下地，去地里干活

散工 sa^{33}koŋ^{35} 收工

出去呱 tɕʰyei^{22}y^{33}kua^{22} 出去了

归屋呱 kuei^{35}vu^{22}kua^{22} 回家了

逛街嘚 guaŋ^{12}tɕiæ^{35}te^{21}

散步 sa^{33}pu^{11}

猋 piau^{33} ～起走形容跑得很快

十七　讼事

打官司 ta^{22}ko^{35}sɿ^{33}

告状 kɤu^{33}tɕio^{11}

原告 yan^{12}kau^{33}

被告 bi^{13}kau^{33}

状纸 tɕio^{11}tsɿ^{22} 状子

坐堂 dzɤu^{22}do^{13}

退堂 tʰei^{33}do^{13}

问案子 yn^{11}an^{35}tsɿ^{0}

过堂 kɤu^{33}do^{13}

证人 tɕin^{33}ɦŋ^{33}

人证 zen^{12}tsen^{33}

物证 vu^{13}tsen^{33}

对口 tei^{33}hau^{22} 对质

刑事 in^{12}sɿ^{11}

民事 min^{12}sɿ^{11}

家务事 ka^{35}vu^{22}sɿ^{11}

律师 ly^{13}sɿ^{33}

师爷 sɿ^{33}ie^{21} 代写状子的人

服 fu^{13} 承认自己的过错、罪行

不服 pu^{33}fu^{22} 不承认自己的过错、罪行

告状 kɤu^{33}tɕio^{11} 上诉

宣判 ɕyan^{33}pʰan^{35}

认倒呱 nin^{11}tɤu^{22}kua^{22} 招认

口供 hau^{22}koŋ^{33}

讲 ko^{33} 供

同谋 doŋ^{13}mɤu^{33}

犯法 vai^{11}ɕyæ^{22}

乱告 lo^{11}kɤu^{33} 诬告

保释 pɤu^{22}sɿ^{33}

去保 y^{13}pɤu^{22} 取保

□起呱 gua^{22}tɕʰi^{22}kua^{22} 逮捕

押解 ia^{13}kai^{22}

囚车 dʑiɤu^{13}tsʰe^{33}

青天老大人 tsʰai^{35}tʰie^{55}lɤu^{22}ta^{11}ɦŋ^{33} 青天老爷

贪官 tʰan^{33}kuan^{33}

罚款 ɕyæ^{22}kʰuan^{22}

□头 ŋai^{22}dau^{13} 斩首

枪毙 tɕʰiaŋ^{33}pi^{35}

斩签 tsan^{22}tsʰai^{55} 斩条，插在死囚背后验明正身的木条

拷打 kʰau^{22}ta^{22}

捶屁股 dei^{13}pʰi^{33}ku^{21} 打屁股，旧时刑罚

上枷 dʑio^{22}ka^{35}

手铐 ɕy^{22}kʰau^{35}

脚铐 tɕiɤu^{22}kʰau^{35} 脚镣

绑起来 po^{22}tɕʰi^{22}liæ^{33}

绹起 dɤu^{13}tɕʰi^{22} 用绳子捆起来

瓮倒 voŋ^{33}tɤu^{21} 囚禁起来

坐牢 tsɤu^{22}lɤu^{13}

睐人 lei^{33}ɦŋ^{13} 探监

走呱 tsau^{22}kua^{22} 越狱

立字据 li^{11}tsɿ^{11}tɕy^{55}

揿手印 tɕʰin^{11}ɕy^{22}in^{55} 按手印

出税 tɕʰyei^{22}sei^{35} 捐税

地租 ti^{11}tsu^{35}

地契 ti^{11}tɕʰi^{33}

交税 kɤu^{35}sei^{35} 纳税

执照 tsɿ^{13}tsau^{35}

告示 kɤu^{33}sɿ^{33}

通知 tʰoŋ^{33}tsɿ^{33}

路条 lu^{11}dy^{33}

命令 min^{35}lin^{55}

印 in^{33} 泛指官章和私章

私访 sɿ^{33}faŋ^{22}

交代 tɕiau^{33}tai^{33}

*上□ dʑio^{22}ɕioŋ^{11}

*退勤 tʰei^{33}dʑin^{13}

罢免 ba^{13}mian^{22}

案卷 ŋan^{35}tɕyan^{55}

传票 dʑyan^{13}pʰiau^{55}

十八　交际

应酬 in^{35}dzɤu^{13}

来往 liæ^{13}vaŋ^{22}

睐人 lei^{33}ɦŋ^{13} 看望人

*唱和喜 tɕʰio^{33}ɦo^{13}ɕi^{22}

拜访 piæ^{33}faŋ^{21}

回礼 vei^{13}li^{22} 回拜

请客 tsʰai^{22}ha^{22}

招待 tɕiau^{33}tai^{33}

［男人］家客 laŋ^{13}ka^{55}ha^{21} 男客

妹嘚家客 mei^{11}te^{0}ka^{55}ha^{21} 女客

送礼 saŋ^{22}li^{22}

礼物 li^{22}vu^{33}

人情 in^{13}dʑin^{33}

做客 tsɿ^{22}ha^{22}

待客 tiæ^{11}ha^{22}

陪客 bei^{13}ha^{22} 陪客人

留客 ly^{13}ha^{22}

送客 saŋ^{33}ha^{22}

不送呱 pu^{33}saŋ^{33}kua^{22} 不送

弄起尔 loŋ^{11}tɕʰi^{22}ŋ^{22} 表示感谢之意

莫做客 ma^{11}tsɿ^{33}ha^{22} 不客气

置酒 tsɿ^{33}tsei^{22} 摆酒席

一桌 i^{13}tsɤu^{22} 一桌酒席

请帖 tsʰai^{22}tʰie^{21}

下请帖 ɦa^{22}tsʰai^{22}tʰie^{21}

坐席 dzɤu^{22}ɕi^{13} 入席

*上百位 dʑio^{22}pa^{22}vei^{11}

上台盘 dʑio^{22}diæ^{13}bo^{33}

下台盘 ɦa^{22}diæ^{13}bo^{33} 下席

出菜 tɕ^{h}yei^{22}tɕ^{h}iæ^{33} 上菜

斟酒 tɕin^{35}tsei^{22}

劝酒 k^{h}uai^{33}tsei^{22}

敬酒 tɕin^{33}tsei^{22}

干杯 kan^{33}pei^{33}

有名帖嘚 mau^{11}mie^{13}t^{h}ie^{22}te^{0} 匿名帖子

不和气 pu^{33}ɦɤu^{13}tɕ^{h}i^{33}（他们两人）不和

冤家 vai^{35}ka^{55}

不平 pu^{33}bie^{13} 不公平

冤枉 vai^{35}ho^{22}

打杂$^{=}$ ta^{22}dza^{11} 插嘴

　杂$^{=}$嘴 dza^{11}tsei^{22}

做作 tsɤu^{35}tso^{22}

摆架嘚 pai^{22}ka^{33}te^{21} 摆架子

装哈 tɕio^{35}ha^{22} 装傻

出洋相 tɕ^{h}yei^{22}iaŋ^{13}ɕiaŋ^{55}

丑不起人 dɤu^{11}pu^{33}tɕ^{h}i^{22}ɦŋ^{13} 丢人

讨好 t^{h}ɤu^{22}hɤu^{22} 拉近乎

睐得起 lei^{33}te^{22}tɕ^{h}i^{22} 看得起

睐不起 lei^{33}pu^{33}tɕ^{h}i^{22} 看不起

扯伙 tɕ^{h}ia^{22}fɤu^{22}

　合伙 hɤu^{11}fɤu^{22}

答应 ta^{22}in^{33}

不答应 pu^{33}ta^{22}in^{33}

撵出去 nie^{11}tɕ^{h}yei^{22}y^{33}

五心不定 ɦŋ^{22}ɕin^{35}pu^{33}tie^{11} 心绪不宁

安名 o^{35}mie^{13} 起名

十九　商业交通

字号 dzɿ^{13}hau^{33}

招牌 tsau^{33}bai^{22}

广告 kuaŋ^{22}kau^{55}

开铺 fei^{35}p^{h}u^{33}

铺面 p^{h}u^{33}mie^{21} 商店的门面

摆摊子 pai^{22}t^{h}an^{33}tsɿ^{0}

单干 tan^{33}kan^{35} 跑单帮

饭铺 pai^{11}p^{h}u^{33} 饭馆

入馆子 ɦŋ^{11}kuan^{22}tsɿ^{0}

　下伙铺 ɦa^{22}fɤu^{22}p^{h}u^{33}

伙计 fɤu^{22}tɕi^{33} 堂倌儿

布店 pu^{33}tian^{55}

百货店 pa^{22}ho^{33}tian^{33}

杂货店 dza^{11}k^{h}ɤu^{33}tian^{33}

油盐铺 y^{13}ie^{33}p^{h}u^{33} 油盐店

粮铺 lio^{13}p^{h}u^{33} 粮店

瓷器铺 dzɿ^{13}tɕ^{h}i^{55}p^{h}u^{33} 瓷器店

文具铺 ven^{12}tɕy^{33}p^{h}u^{33} 文具店

茶馆 dʑia^{13}kuan^{42}

剃头铺 t^{h}ie^{33}dau^{33}p^{h}u^{33} 理发店

剃头 t^{h}ie^{33}dau^{13} 理发

刮面巴嘚 kua^{22}mie^{11}pa^{55}te^{21} 刮脸

刮胡嘚 kua^{22}vu^{13}te^{21}

冷$^{=}$铺 lai^{22}p^{h}u^{33} 肉铺

炉$^{=}$钩 lu^{13}kau^{35} 杀猪用具

榨油铺 tɕia^{33}y^{13}p^{h}u^{33} 油坊

当铺 to^{33}p^{h}u^{33}

租房 tsu^{35}bo^{13}

当屋 to^{33}vu^{22} 典房子

煤铺 mei^{13}p^{h}u^{33}

煤球 mei^{13}dʑiɤu^{33}

蜂窠煤 p^{h}oŋ^{35}fɤu^{55}mei^{13} 蜂窝煤

开业 k^{h}ai^{33}nie^{13}

停业 din^{13}nie^{13}

盘仓 $bo^{13}ts^{h}o^{35}$ 盘点

柜台 $kuei^{11}diæ^{13}$

开价 $fei^{35}ka^{33}$

讨价 $t^{h}ɤu^{22}ka^{33}$ 还价

公道 $koŋ^{33}dau^{33}$ 指价钱

包呱 $pɤu^{35}kua^{22}$ 剩下的全部买了

生意好 $ɕiai^{35}i^{33}hɤu^{22}$ 买卖好

生意不好 $ɕiai^{35}i^{33}pu^{33}hɤu^{22}$ 买卖清淡

保本 $pɤu^{22}poŋ^{22}$

赚钱 $tɕiai^{11}dzai^{13}$

攒钱 $tsa^{22}dzai^{13}$

利钱 $li^{11}dzai^{33}$ 利息

运气好 $yn^{11}tɕ^{h}i^{33}hɤu^{22}$

差 $tɕ^{h}iæ^{35}$ ～五角十元，即九元五角

押金 $ia^{13}tɕin^{33}$

账房 $tsaŋ^{35}vaŋ^{22}$

开销 $k^{h}ai^{33}ɕiau^{33}$

收账 $ɕy^{35}tɕio^{33}$ 记收入的账

往来 $vaŋ^{22}lai^{22}$ 出账，记付出的账

欠账 $tɕ^{h}ian^{35}tɕio^{33}$

讨账 $t^{h}ɤu^{22}tɕio^{33}$ 要账

赖账 $lai^{33}tɕio^{33}$ 烂账，要不来的账

牌牌 $biæ^{13}biæ^{33}$ 水牌，临时记账用的木牌或铁牌

发票 $fa^{13}p^{h}iau^{35}$

收条 $ɕy^{35}dy^{33}$ 收据

存款 $dzen^{13}k^{h}uan^{42}$

□钱 $ken^{22}dzai^{33}$ 整钱

票嘚 $p^{h}iau^{33}te^{21}$ 钞票，纸币

铜板 $doŋ^{13}pai^{21}$

　铜毫子 $doŋ^{13}ɦau^{33}tsɿ^{0}$

银花边 $in^{13}fa^{55}pie^{55}$ 银圆

一分钱 $i^{13}foŋ^{35}dzai^{33}$

一角钱 $i^{13}tɕiɤu^{22}dzai^{33}$

一块钱 $i^{13}k^{h}iæ^{22}dzai^{33}$

十块钱 $dzɿ^{11}k^{h}iæ^{22}dzai^{33}$

一百块钱 $i^{13}pa^{22}k^{h}iæ^{22}dzai^{33}$

一张票嘚 $i^{13}tio^{55}p^{h}iau^{33}te^{21}$ 一张钞票

一只铜毫子 $i^{13}tɕia^{22}doŋ^{13}ɦau^{33}tsɿ^{0}$ 一个铜子儿

码嘚 $ma^{22}te^{21}$ 天平

等嘚 $taŋ^{22}te^{21}$ 戥子，等子

磅秤 $paŋ^{35}tɕ^{h}in^{33}$

秤盘 $tɕin^{33}bo^{13}$

秤星嘚 $tɕ^{h}in^{33}sai^{55}te^{21}$ 秤星儿

秤杆杆 $tɕ^{h}in^{22}kai^{22}kai^{21}$ 秤杆儿

秤钩钩 $tɕ^{h}in^{33}kau^{33}kau^{33}$ 秤钩子

秤砣 $tɕ^{h}in^{33}do^{13}$ 秤锤

秤毫索 $tɕ^{h}in^{33}ɦau^{33}sɤu^{21}$ 秤毫

高秤 $kɤu^{35}tɕ^{h}in^{33}$ 称物时秤尾高

　旺秤 $vaŋ^{33}tɕin^{33}$

留秤 $ly^{13}tɕ^{h}in^{33}$ 称物时秤尾低

铁路 $t^{h}ie^{22}lu^{11}$

铁轨 $t^{h}ie^{22}kuei^{22}$

火车 $fɤu^{22}ts^{h}e^{33}$

火车站 $fɤu^{22}ts^{h}e^{33}dzan^{13}$

马路 $ma^{22}lu^{21}$ 公路

汽车 $tɕ^{h}i^{35}ts^{h}e^{33}$

客车 $k^{h}e^{13}ts^{h}e^{33}$

货车 $ho^{35}ts^{h}e^{33}$

公共汽车 $koŋ^{33}koŋ^{35}tɕ^{h}i^{35}ts^{h}e^{33}$

躲轿车 $niæ^{35}tɕiau^{13}ts^{h}e^{33}$ 小轿车

摩托车 $mo^{13}t^{h}o^{22}ts^{h}e^{33}$

三轮车 $sa^{35}len^{13}ts^{h}e^{33}$

平板三轮车 $bie^{13}pai^{22}sa^{35}len^{13}ts^{h}e^{33}$

单车 tan^{33}ts^{h}e^{33} 自行车

马车 ma^{22}ts^{h}e^{33} 大车

板车 pan^{22}ts^{h}e^{33}

船 iai^{13} 总称

帆 van^{12}

篷 boŋ^{13}

桅杆 vei^{12}kan^{21}

舵 do^{13}

橹 lɤu^{22}

桨 tɕio^{33}

河杆 ɦɤu^{13}kai^{21} 篙

跳板 t^{h}ei^{33}pai^{21}

帆船 van^{12}iai^{33}

船板 iai^{13}pai^{21} 舢板（三板）

渔船 ny^{13}iai^{33}

渡船 tu^{11}iai^{33}

轮船 len^{12}dʑyan^{22}

渡口 tu^{11}hau^{22}

竹排 tei^{22}biæ^{13} 竹木等并排扎连或以此而成的交通运输工具

麻丝 ma^{13}ɕi^{55} 可造纸的竹料

*□竹麻 ŋai^{22}tei^{22}ma^{33}

*破竹麻 p^{h}ɤu^{33}tei^{22}ma^{33}

竹片片 tei^{22}p^{h}ie^{33}p^{h}ie^{33}

*下塘 ɦa^{22}do^{13}

*沤料 ŋo^{22}lei^{11}

*洗竹麻 ɕie^{22}tei^{22}ma^{33}

*打料 ta^{22}lei^{11}

□料 tɕ^{h}iaŋ^{11}lei^{11} 过去没有机器的时候把竹麻放在踩窾里踩料

打料机 ta^{22}lei^{11}tɕi^{33}

磨粉机 mo^{13}foŋ^{22}tɕi^{33}

槽嘚 dzɤu^{13}te^{21} 纸槽

打槽 ta^{22}dzɤu^{13} 用拱耙把料在纸槽里搅均匀

拱耙 koŋ^{22}ba^{33} 长竹柄，头装扇形木板

捞渣渣 lɤu^{35}tɕia^{35}tɕia^{55} 用纸筋耙把没有烂的槽料捞出来

纸筋耙 tsɿ^{22}tɕin^{55}ba^{33} 竹柄，上端竹片破开成“Y”字状

放槽水 po^{33}dzɤu^{13}ɕyei^{21} 把当天纸槽里的水放出来，只剩下槽料，第二天早上再加水就可以造纸了

帘嘚 lie^{13}te^{21} 平整的一块木板，用来捞纸浆出纸

帘架 lie^{13}ka^{33}

水架棍 ɕyei^{22}ka^{33} 支撑帘架的地方

赶水板 kan^{22}ɕyei^{22}pan^{21} 三寸宽四尺长的木板，把水纸赶平

清水耙 ts^{h}ai^{35}ɕyei^{22}ba^{33}

纸浆 tsɿ^{22}tɕio^{55}

滑水 yæ^{11}ɕyei^{21} 防止粘连，增强水的流动性和绷力，一般用野山椒叶子掺和石灰水煮烂而成

滑槽 yæ^{11}dzɤu^{33} 装滑水的槽子

*操纸 tɕ^{h}iɤu^{35}tsɿ^{22}

横水 vai^{13}ɕyei^{22} 造纸的第一个动作，把纸浆放在帘子上

直水 dei^{11}ɕyei^{22} 造纸的第二动作，平整纸浆的动作，全凭手感

安帘 o^{35}lie^{13} 把刚操的纸放在榨（压纸架）上

掀帘 ɕie^{35}lie^{13} 把帘子与纸分开，再重复之前的动作

*轧纸 tɕia^{22}tsɿ^{22}

水纸 ɕyei^{22}tsɿ^{21} 刚刚造出来的湿纸

*取纸 tɕʰi^{22}tsɿ^{22}

酿纸 niaŋ^{22}tsɿ^{22}

*吹纸 tɕʰyei^{35}tsɿ^{22}

*齐纸 dʑiæ^{13}tsɿ^{22}

*□纸 lai^{11}tsɿ^{22}

*堆壳纸 tei^{35}kʰo^{13}tsɿ^{22}

*老浆纸 lau^{22}tɕiaŋ^{33}tsɿ^{22}

*官堆纸 kuan^{33}tei^{33}tsɿ^{22}

*香妃纸 ɕio^{35}fei^{33}tsɿ^{22}

舞钻 vu^{22}tso^{33} 用于打孔，制作面具鼻、口

圞锉 lo^{13}tsɤu^{11} 圆形雕锉

开料刀 fei^{35}lei^{11}tɤu^{55}

两用锄头 lio^{22}ioŋ^{11}dʑy^{13}dau^{33} 挖、劈两用斧头，一头是劈竹蔸内节的斧头，一头是挖掘锄头

钉锤 tin^{35}dei^{13} 四方头，捶打泥沙，洗根须

八分锉 piæ^{22}foŋ^{35}tsɤu^{11} 斩须锉

四分锉 ɕi^{33}foŋ^{35}tsɤu^{11} 开眼圆锉

三分锉 sa^{35}foŋ^{35}tsɤu^{11} 理纹方锉

一分锉 i^{13}foŋ^{35}tsɤu^{11} 雕齿方锉

钩刀 kau^{35}tɤu^{55} 砍柴刀

钩刀凯⁼嘚 kau^{35}tɤu^{35}kʰai^{22}te^{21} 放砍柴刀的器具，上下有出口

*选料 sai^{22}lei^{11}

*开料 fei^{35}lei^{11}

*洗料 ɕie^{22}lei^{11}

*修头发胡嘚 sei^{35}dau^{13}mo^{33}vu^{13}te^{0}

*定眼睛 tin^{11}ŋai^{22}tsei^{35}

*定鼻孔 tin^{11}pie^{11}haŋ^{22}

*画口 fa^{11}hau^{22}

画耳嘚 fa^{11}nie^{22}te^{21}

钻鼻孔 tso^{33}pie^{11}haŋ^{21}

安鼻孔 o^{35}pie^{11}haŋ^{21}

*陋⁼射⁼亮 lɤu^{35}ɕia^{11}lo^{35}

*浸石灰水 tɕin^{33}dʑia^{11}fei^{35}ɕyei^{22}

*蒸壳壳 tɕin^{35}kʰɤu^{22}kʰɤu^{22}

*漆壳壳 tɕʰi^{22}kʰɤu^{22}kʰɤu^{22}

竹梆 tei^{22}paŋ^{21} 打击乐器

地筒 ti^{11}doŋ^{33} 吹奏乐器

排箫 biæ^{13}sei^{55} 吹奏乐器

竹琵琶 tei^{22}bi^{13}ba^{33} 弹拨乐器

竹琴 tei^{22}dʑin^{33} 弦乐器

竹笛 tei^{22}di^{11} 吹奏乐器

竹鼓筒 tei^{22}ku^{22}daŋ^{13} 竹鼓，打古堂特有的打击乐器

竹筒 tei^{22}daŋ^{33} 竹制器皿

竹笔筒 tei^{22}pi^{22}daŋ^{33}

码嘚枪 ma^{22}te^{0}tɕʰio^{55} 竹枪，儿童玩具

竹龙 tei^{22}loŋ^{33} 敬酒器皿

二十 文化教育

放学 po^{33}ɦɤu^{11}

逃学 dau^{13}ɕio^{13}

幼儿园 iəu^{35}e^{22}yan^{22}

托儿所 tʰo^{13}e^{22}so^{22}

学费 ɕio^{13}fei^{33}

放假 po^{33}tɕia^{22}

暑假 ɕy^{22}tɕia^{21}

寒假 ɦan^{12}tɕia^{21}

请假 tsʰai^{22}tɕia^{22}

上课 dʑio^{22}kʰo^{35}

下课 ɦa^{22}kʰo^{35}

讲台 ko^{22}diæ^{33}

黑板 hai^{22}pai^{22}

粉笔 foŋ^{22}pi^{22}

刷子 sua^{13}tsɿ^{0} 板擦儿

花名册 fa^{33}min^{22}ts^{h}e^{13} 点名册

戒尺 kai^{35}tɕ^{h}ia^{21}

笔记本 pi^{22}tɕi^{33}poŋ^{21}

书 ɕy^{35} 课本

橡皮 ɕiaŋ^{35}bi^{33}

铅笔刀 yan^{12}pi^{22}tɤu^{55}

圆规 yan^{12}kuei^{33}

三角板 sa^{35}kɤu^{22}pai^{21}

压纸 ia^{13}tsɿ^{22} 镇纸

作文本 tso^{13}ven^{12}poŋ^{21}

大字本 ta^{11}tsɿ^{11}poŋ^{21}

朱帖 tɕy^{33}t^{h}ie^{21} 红模子

毛笔 mo^{13}pi^{21}

笔筒筒 pi^{22}daŋ^{33}daŋ^{33} 笔帽

笔筒 pi^{22}daŋ^{33}

磨墨 mo^{13}mai^{11} 研墨

研盒 ian^{13}ɦɤu^{11} 墨盒儿

墨汁 me^{13}tsɿ^{33}

掭笔 t^{h}o^{33}pi^{22}

墨水 mai^{11}ɕyei^{22}

读书人 du^{11}ɕy^{35}ɦŋ^{33}

认字嘅 in^{11}tsɿ^{11}ke^{0} 识字的

不认字嘅 pu^{33}in^{11}tsɿ^{11}ke^{0} 不识字的

温书 ven^{33}ɕy^{33}

背书 pei^{11}ɕy^{35}

报考 pɤu^{33}kau^{21}

考场 k^{h}au^{22}dzaŋ^{22}

入考场 ɦŋ^{11}k^{h}au^{22}dzaŋ^{22} 进考场

考卷 k^{h}au^{22}tɕyan^{55}

满分 mo^{22}foŋ^{55}

零分 lin^{13}foŋ^{55}

出榜 tɕ^{h}yei^{22}paŋ^{22} 发榜

头名 dau^{13}mie^{33}

末名 mau^{11}mie^{13}

毕业 pi^{13}nie^{13}

文凭 ven^{12}pin^{22}

大字 ta^{11}tsɿ^{11} 大楷

躲字 niæ^{35}tsɿ^{21} 小楷

字帖 dzɿ^{13}t^{h}ie^{21}

临帖 lin^{13}t^{h}ie^{22}

擦呱 ts^{h}a^{22}kua^{22} ①涂了。②擦掉

写白字 ɕiæ^{22}pa^{11}tsɿ^{11}

写皵字 ɕiæ^{22}tsei^{33}tsɿ^{11} 写字时笔顺不对

写漏呱 ɕiæ^{22}lau^{11}kua^{22} 掉字

草稿 ts^{h}au^{22}kau^{21}

起稿嘚 tɕ^{h}i^{22}kau^{22}te^{21} 起稿子

誊 daŋ^{13} 誊清

一点 i^{13}tie^{22}

一横 i^{13}ven^{12}

一竖 i^{13}dʑy^{13}

一撇 i^{13}p^{h}ie^{13}

一捺 i^{13}na^{13}

一勾 i^{13}kɤu^{33}

一挑 i^{13}t^{h}ei^{35}

一画 i^{13}va^{11} 王字是四画

偏旁 p^{h}ian^{33}baŋ^{22}

单人旁（亻）tan^{33}zen^{22}baŋ^{22}

双人旁（彳）suaŋ^{33}zen^{22}baŋ^{22}

弯勾张 vai^{35}kau^{55}tsaŋ^{33}

立早章 li^{13}tsau^{22}tsaŋ^{33}

禾口程 ɦo^{13}k^{h}ɤu^{22}dzen^{22}

四框栏（口）sɿ^{33}k^{h}uaŋ^{33}lan^{22}

宝盖头（宀）pau^{22}kai^{55}dɤu^{22}

秃宝盖（冖）tʰɤu^{22}pau^{22}kai^{55}

竖心旁（忄）dʑy^{13}ɕin^{33}baŋ^{22}

反犬旁（犭）fan^{22}tɕʰyan^{22}baŋ^{22}

耳刀旁（卩）e^{22}tau^{33}baŋ^{22}单耳刀儿

耳朵旁（阝）e^{22}to^{22}baŋ^{22}双耳刀儿

反文旁（攵）fan^{22}ven^{22}baŋ^{22}

提土旁（土）di^{13}tʰɤu^{22}baŋ^{22}

竹字头（⺮）tsɤu^{13}tsɿ^{33}dɤu^{22}

火字旁（火）ho^{22}tsɿ^{33}baŋ^{22}

四点水（灬）ɕi^{33}tie^{22}ɕyei^{22}

三点水（氵）sa^{35}tie^{22}ɕyei^{22}

两点水（冫）lio^{22}tie^{22}ɕyei^{22}

病框（疒）bin^{13}tɕʰiaŋ^{33}

走之旁（辶）tsɤu^{22}tsɿ^{33}baŋ^{22}

绞丝旁（纟）tɕiau^{22}sɿ^{33}baŋ^{22}

提手旁（扌）di^{13}sɤu^{22}baŋ^{22}

草字头（艹）tsʰau^{22}tsɿ^{33}dɤu^{22}

二十一　文体活动

藏迷藏dzo^{13}mai^{22}dzo^{33}捉迷藏

打毽嘚ta^{22}tsai^{33}te^{21}踢毽儿

画$^{=}$子va^{11}tsɿ^{22}抓子儿

射子ɕia^{11}tsɿ^{22}弹球儿

打水漂ta^{22}ɕyei^{22}pʰiau^{33}在水面上掷瓦片

跳格子tʰei^{33}ke^{13}tsɿ^{0}跳房子

翻叉fai^{35}tɕʰia^{35}①翻绳子，两人轮换翻动手指头上撑着的细绳，变出各种花样。②形容婴儿活泼好动

出谜嘚tɕʰyei^{33}mi^{11}te^{21}出谜语

猜谜嘚tɕʰiæ^{35}mi^{11}te^{21}猜谜儿

倒叉tɤu^{11}tɕʰia^{35}手指游戏，（拇指）土地，（食指）鸡公，（小手指）虫块屎蚯蚓，比如一方出拇指（土地），对方出小手指（蚯蚓），蚯蚓赢

捉猪崽崽tɕiɤu^{22}tei^{35}tsai^{22}tsai^{22}手指游戏，捉中指

扳手力pai^{35}ɕyei^{22}lei^{11}掰手腕

赌凳tu^{22}taŋ^{35}两个人手顶板凳的一头向对方推，看谁的力气大

划子va^{11}tsɿ^{22}抛石子游戏

厾百dɤu^{11}pa^{22}从远处掷石头把目标打倒

巴啪啪pa^{33}pʰa^{22}pʰa^{22}打纸板

滚□□kun^{22}liæ^{35}liæ^{55}滚铁环

煮□饭嘚tɕy^{22}nio^{35}pai^{11}te^{21}小孩玩过家家

射箭ɕia^{33}tsai^{33}

织蜂窠tɕi^{22}pʰoŋ^{35}fɤu^{35}用棕叶编织的方形玩具，形状像蜂巢

羊打园io^{13}ta^{22}vai^{13}羊要吃萝卜，主人不准，同时唱着"羊呀羊打园，园呀园打羊"

不倒翁pu^{33}tau^{22}voŋ^{33}

骨头牌kuei^{22}dau^{33}biæ^{33}牌九

麻将ma^{12}tɕiaŋ^{55}

赌大⿰身卜tu^{22}ta^{11}niæ^{35}掷色子

压宝ia^{13}pɤu^{22}

放炮仗po^{33}pʰau^{33}dio^{22}放鞭炮

放大炮po^{33}ta^{11}pʰau^{33}放二踢脚（鞭炮名）

花炮fa^{35}pʰau^{33}烟火

放花炮po^{33}fa^{35}pʰau^{33}

象棋ɕio^{33}dʑi^{33}

将tɕiaŋ^{35}

帅suai^{35}

士dzɿ^{13}

象，相ɕio^{33}

车 tei^{35}

马 ma^{22}

炮 pʰau^{33}

兵，卒子 pin^{35}, tsɤu^{13}tsɿ^{0}

拱卒 koŋ^{22}tsɤu^{13}

上士 dʑio^{22}dzɿ^{13} 士走上去

下士 ɦia^{22}dzɿ^{13} 落士，士走下来

飞象 pi^{35}ɕio^{33}

退象 tʰei^{33}ɕio^{33} 落象

将军 tɕiaŋ^{33}tɕyn^{33}

围棋 vei^{13}dʑi^{33}

黑崽 hai^{22}tsai^{22} 黑子

白崽 ba^{11}tsai^{22} 白子

和棋 ɦɤu^{13}dʑi^{33}

拔河 pʰa^{22}ɦɤu^{13}

恋塘 lie^{33}do^{13} 打猎时指游泳的委婉语

向天爬 ɕio^{33}tʰie^{35}ba^{33} 仰泳

放天排 po^{33}tʰie^{35}biæ^{13}

放叉水 po^{33}tɕʰia^{35}ɕyei^{22} 自由泳

栽沕嘚 tɕiæ^{35}mie^{11}te^{21} 潜水

栽水沕嘚 tɕiæ^{35}ɕyei^{22}mie^{11}te^{21}

浮水 bɤu^{13}ɕyei^{22}

打球 ta^{22}dʑiɤu^{13}

赛球 sai^{35}dʑiɤu^{13}

乒乓球 pʰin^{33}pʰaŋ^{33}dʑiɤu^{33}

篮球 lan^{12}dʑiɤu^{33}

排球 bai^{12}dʑiɤu^{33}

足球 tsɤu^{13}dʑiɤu^{33}

羽毛球 y^{22}mo^{33}dʑiɤu^{33}

跳远 tʰei^{33}vai^{22}

跳高 tʰei^{33}kɤu^{35}

打筋斗 ta^{22}tɕin^{35}tau^{21} 翻跟头

打连翻筋斗 ta^{22}lie^{13}fai^{35}tɕin^{35}tau^{21}

倒徛 tɤu^{22}dʑi^{22} 倒立

踩花船 tɕʰiai^{22}fa^{35}iai^{33} 跑旱船，表演彩调歌

撑花船 tɕʰiai^{35}fa^{35}iai^{33}

拨龙船 pa^{13}loŋ^{13}iai^{33}

耍蚌罗壳 sa^{22}po^{33}lo^{13}kʰɤu^{22}

耍龙灯 sa^{22}lioŋ^{13}taŋ^{55}

化灯 fa^{33}taŋ^{35} 龙灯的结束仪式

耍草把灯 sa^{22}tsʰɤu^{22}pa^{22}taŋ^{35} 每年五六月在田间地头舞草把灯，寓意除虫害、保丰收

蹋高脚 da^{11}kɤu^{35}tɕiɤu^{21} 踩高跷

耍刀 sa^{22}tɤu^{35}

耍弓 sa^{22}koŋ^{33} 对枪

耍流星 sa^{22}ly^{13}ɕin^{55}

扭秧歌 liɤu^{22}iaŋ^{33}ko^{33}

打腰鼓 ta^{22}iau^{33}ku^{22}

吹叶嘚 tɕʰyei^{22}ie^{11}te^{21} 吹木叶

跳舞 tʰei^{33}vu^{22}

竹鼓筒 tei^{22}ku^{22}daŋ^{33} 竹鼓

上刀山 dʑio^{22}tɤu^{35}ɕiai^{55}

上云梯 dʑio^{22}yn^{13}tʰi^{33}

下火镰 ɦia^{22}fɤu^{22}lie^{55}

大戏 ta^{11}ɕi^{55}

京剧 tɕin^{33}tɕy^{55}

话剧 va^{13}tɕy^{55}

讲书 ko^{22}ɕy^{35}

戏台嘚 ɕi^{33}diæ^{13}te^{21}

演员 ian^{22}yan^{22}

变魔术 sa^{22}mo^{13}ɕy^{55} 变戏法

讲白话 ko^{22}ba^{11}va^{21} ①说书。②聊天

花面罗嘚 fa^{35}mie^{11}lo^{33}te^{21} 花脸

送花子 saŋ^{33}fa^{33}tsɿ^{0} 小丑

老生 lɤu^{22}sen^{33}

武生 vu^{22}sen^{33}

花旦 fa^{33}tan^{35}

打和声 ta^{22}ɦo^{13}sen^{33} 跑龙套的人

二十二　动作

*酿 niaŋ^{22}

遮 tɕia^{35} 关：～门

爆⁼倒 pau^{33}tɤu^{22} 蹲着

绊弄呱 pa^{33}loŋ^{33}kua^{22} 跌倒了

爬直起来 ba^{13}di^{33}ɕi^{22}liæ^{13} 爬起来

王⁼头 vaŋ^{13}dau^{13} 摇头

啄头 tiæ^{22}dau^{13} 点头

□头 ma^{35}dau^{13} 抬头

勾头 kau^{35}dau^{13} 低头

转头 tɕiai^{22}dau^{13} 回头

退面罗嘚 tʰei^{33}mie^{11}lo^{13}te^{21} 脸转过去

睁眼睛 tɕʰiaŋ^{33}ŋai^{22}tsei^{55} 睁眼

鼓眼睛 ku^{22}ŋai^{22}tsei^{55} 瞪眼

闭眼睛 pie^{22}ŋai^{22}tsei^{55} 闭眼

挤眼睛 tɕi^{22}ŋai^{22}tsei^{55} 挤眼儿

眨眼睛 tsa^{22}ŋai^{22}tsei^{55} 眨眼

会倒 fei^{11}tɤu^{22} 遇见

□ ɕia^{33} 看

打望 ta^{22}mo^{11} 朝远处看，瞭望

眼睛乱转 ŋai^{22}tsei^{35}lo^{11}tɕiai^{22}

流眼泪 ly^{13}ŋai^{22}li^{21}

丫口 ŋa^{35}hau^{22} 张嘴

闭口 pie^{22}hau^{22} 闭嘴

翘⁼嘴巴 tɕʰiau^{33}tsei^{22}pa^{55} 努嘴、噘嘴

举手 tɕy^{22}ɕy^{22}

哇⁼手 va^{35}ɕy^{22} 摆手

松手 soŋ^{35}ɕy^{22} 撒手

　脱手 tʰiæ^{22}ɕy^{33}

也⁼ ia^{11} 撒，甩

也⁼手 ia^{11}ɕy^{22} 甩手

伸手 tʰin^{35}ɕy^{22}

动手 daŋ^{22}ɕy^{22}

拍手 pa^{22}ɕy^{22}

打背手 ta^{22}pei^{11}ɕy^{22} 背着手儿

□手 lu^{35}ɕy^{22} 两手交叉在胸前

抄起手 tsʰau^{33}tɕʰi^{22}ɕy^{22} 笼着手，双手交叉伸到袖筒里

攀 pʰai^{35} 两手用力抓住向上爬：～树

捂倒 vu^{22}tɤu^{22} 捂住

抲 ha^{35} 用两手扼住：～颈骨掐住脖子。《集韵》丘加切："抲也。" 抲，同"扼"

晒⁼ ɕiæ^{22} 摩挲：用手～猫背

*敦 toŋ^{33}

搊 tɕʰiau^{35} 把尿（抱持小儿双腿、哄他大便）

搊 tɕʰiau^{35} 把尿

*绹 dɤu^{13}

扶倒 vu^{13}tɤu^{22} 扶着

弹手指头 dan^{13}ɕy^{22}tsɿ^{22}dau^{33} 弹指头

鸡⁼拳头牯 tɕi^{35}guai^{13}dau^{33}ku^{0} 攥起拳头

条⁼脚 dy^{13}tɕiɤu^{22} 跺脚

抵⁼脚 ti^{22}tɕiɤu^{22} 踮脚

架二马脚 ka^{33}nie^{11}ma^{22}tɕiɤu^{21} 跷二郎腿

盘脚 bo^{13}tɕiɤu^{22} 蜷腿

摇脚 iau^{13}tɕiɤu^{22} 抖腿

踢脚 tʰi^{11}tɕiɤu^{22} 踢腿

勾腰 kau^{35}y^{55}

弯腰 vai^{35}y^{55}

伸腰 tʰin^{35}y^{55}

撑腰牯 $tɕ^hiai^{33}y^{35}ku^0$ 撑腰，支持

翘屁股 $tɕ^hiau^{33}p^hi^{22}ku^{21}$ 撅屁股

捶背 $dei^{13}pei^{33}$

□鼻孔 $nia^{22}pie^{11}haŋ^{22}$ 吸溜鼻涕

嫌弃 $ian^{13}ɕi^{33}$

□ tie^{33} 掷：～石头掷石头

安起 $a^{35}tɕ^hi^{22}$ 放：～在桌上

收拾 $ɕy^{35}dzɿ^{11}$

提起 $die^{13}tɕ^hi^{21}$

捡起 $tɕie^{22}tɕ^hi^{21}$ 捡起来

丈⁼呱 $dʑiaŋ^{13}kua^{22}$ 丢失

落脱 $la^{11}t^hiæ^{22}$ 因忘而把东西遗放在某处

寻倒呱 $dʑin^{13}tɤu^{21}kua^{22}$ 找着了

藏倒 $dzo^{13}tɤu^{21}$ 把东西、人藏起来

伏倒 $bu^{11}tɤu^{21}$ 藏身隐秘处等候

码起 $ma^{22}tɕ^hi^{21}$ 码起来

懂呱 $toŋ^{22}kua^{22}$ 懂了

认字 $nin^{11}tsɿ^{11}$ 识字

想一下 $ɕio^{22}i^{33}ɦa^{21}$ 想想

估计 $ku^{33}tɕi^{35}$ 估量

想主意 $ɕio^{22}tɕy^{22}i^{35}$

猜想 $tɕ^hiæ^{35}ɕio^{22}$

主张 $tɕy^{22}tsaŋ^{33}$

信 $ɕin^{33}$ 相信

怀疑 $vai^{12}ni^{12}$

注意 $tɕy^{35}i^{35}$ 留神

怕得很 $p^ha^{33}te^{22}hai^{21}$ 害怕

吓着 $ha^{22}tio^{21}$

着急 $tsau^{22}tɕi^{13}$

挂起 $kua^{33}tɕ^hi^{22}$ 挂念

落心 $lɤu^{11}ɕin^{35}$ 放心

望倒 $mo^{11}tɤu^{21}$ 盼望

砌⁼不泥⁼得 $tɕ^hie^{33}pu^{33}nie^{22}te^{21}$ 巴不得

记倒 $tɕi^{33}tɤu^{21}$ 记着，不要忘

想起来呱 $ɕio^{22}tɕ^hi^{22}lia^{13}kua^{22}$ 想起来了

恨 $haŋ^{11}$

偏心 $p^hie^{35}ɕin^{35}$

怄气 $ŋau^{33}tɕ^hi^{33}$

怨得 $vai^{11}te^{21}$ 抱怨

耐烦 $nai^{11}vai^{13}$ 原谅

胀气 $tio^{33}tɕ^hi^{33}$ 生气

动心 $daŋ^{22}ɕin^{35}$

忧愁 $y^{35}dʑiau^{13}$

娇生惯养 $tɕiau^{33}sen^{33}kuan^{33}iaŋ^{22}$

就倒 $tsei^{11}dɤu^{22}$ 迁就

讲话 $ko^{22}va^{11}$ 说话

打杂⁼ $ta^{22}dza^{11}$ 搭茬儿

不做声 $pu^{33}tsɿ^{33}ɕie^{35}$

□ $ts^hɿ^{35}$ 唆使

抬杠嘚 $diæ^{13}ko^{33}te^{21}$

顶嘴 $tin^{22}tsei^{22}$

尖嘴 $tsai^{35}tsei^{22}$ 指小孩还嘴

骂相骂 $ma^{11}ɕio^{35}ma^{11}$ 吵架

当骂 $to^{35}ma^{11}$ 挨骂

讨骂 $t^hɤu^{22}ma^{11}$ 挨骂

昌⁼倒 $tɕ^hiaŋ^{33}tɤu^{22}$ 逼迫

交代 $tɕiau^{33}tai^{33}$ 嘱咐

讨肏将⁼ $t^hɤu^{22}niæ^{11}tɕio^{55}$ 挨批评

口多 $hau^{22}tɤu^{35}$ 叨唠

□ k^hai^{35} 喊，叫

训话 $ɕioŋ^{33}va^{11}$

犯祸 $vai^{11}ɦɤu^{22}$ 作恶

奈得何 $niæ^{11}te^{22}ɦo^{13}$ 对付得了

奈不何呱 $niæ^{11}pu^{22}ɦo^{13}kua^{22}$ 对付不了

撵脚 nie^{11}tɕiɤu^{22} 小孩黏着大人跑

二十三 位置

正对面 tɕin^{33}tei^{33}mie^{11}

笪对面 tɕʰiæ^{33}tei^{33}mie^{11} 斜对面

地嘚 ti^{11}te^{21} 地下：当心！别掉～了

　地脚嘚 ti^{11}tɕiɤu^{22}te^{21}

地头上 ti^{11}dau^{13}dʑio^{21} 地上

天上 tʰie^{35}dʑio^{21}

山头上 ɕiai^{35}dau^{13}dʑio^{21} 山上

山脚嘚 ɕiai^{35}tɕiɤu^{22}te^{21} 山下

路上 lu^{11}dʑio^{21}

墙上 dʑio^{13}dʑio^{21}

拉⁼上 la^{22}dʑio^{21} 墙壁上

门头上 moŋ^{13}dau^{33}dʑio^{21} 门上

台盘头上 diæ^{13}bo^{33}dau^{13}dʑio^{21} 桌上

椅嘚头上 i^{22}te^{0}dau^{13}dʑio^{21} 椅子上

边边里 pie^{35}pie^{55}ti^{33} 边儿上，旁边

手里 ɕy^{22}ti^{33}

心里 ɕin^{35}ti^{33}

大门□基⁼ ta^{11}moŋ^{13}lai^{33}tɕi^{33} 大门外

门□基⁼ moŋ^{13}lai^{33}tɕi^{33} 门儿外

拉⁼脚嘚 la^{22}tɕiɤu^{22}te^{21} 墙下

窗嘚眼□基⁼ tɕʰio^{35}te^{0}ŋai^{22}lai^{13}tɕi^{33} 窗外

车头上 tsʰe^{33}dau^{33}dʑio^{21} 车上

车□基⁼ tsʰe^{33}lai^{13}tɕi^{33} 车外：～下着雪

车面前 tsʰe^{33}mie^{11}dzai^{13} 车前

车背嘚 tsʰe^{33}pei^{33}te^{21} 车后

山面前 ɕiai^{35}mie^{11}dzai^{33} 山前

山背嘚 ɕiai^{35}pei^{33}te^{21} 山后

屋背嘚 vu^{22}pei^{33}te^{21} 房后

以前 i^{22}dʑian^{13}

以后 i^{22}ɦɤu^{13}

以上 i^{22}dzaŋ^{13}

以下 i^{22}ia^{13}

把个头 pa^{22}ko^{11}dau^{33} 从此以后

　把桂⁼转 pa^{22}kuei^{13}tɕiai^{33}

东方 toŋ^{35}ho^{55}

西方 ɕi^{35}ho^{55}

南方 la^{13}ho^{55}

北方 pai^{22}ho^{55}

东南 toŋ^{35}la^{13}

东北 toŋ^{35}pai^{22}

西南 ɕi^{35}la^{13}

西北 ɕi^{35}pai^{22}

路边上 lu^{11}pie^{55}dʑio^{21}

床脚嘚 dʑio^{13}tɕiɤu^{22}te^{21} 床底下

楼脚嘚 lau^{13}tɕiɤu^{22}te^{21} 楼底下

脚板底 tɕiɤu^{22}pai^{22}ti^{22} 脚底下

饭碗脚嘚 pai^{11}o^{22}tɕiɤu^{22}te^{21} 碗底儿

锅底底 kɤu^{35}tie^{22}tie^{22} 锅底儿

　锅底嘚 kɤu^{35}tie^{22}te^{21}

锅脚嘚 kɤu^{35}tɕiɤu^{22}te^{21} 锅的下面

缸孔底底 ko^{35}haŋ^{22}tie^{22}tie^{22} 缸底儿

郎⁼转 lo^{13}tɕiai^{33} 附近

面前 mie^{11}dzai^{33} 跟前儿

么个当方 mo^{22}ko^{33}to^{33}ho^{55} 什么地方

左手边 tsɤu^{22}ɕy^{22}pie^{55} 左边

右手边 y^{11}ɕy^{22}pie^{55} 右边

把里些行 pa^{22}li^{22}ɕi^{33}ɦai^{13} 往里走

　对里些行 tei^{22}li^{22}ɕi^{33}ɦai^{13} 往里走

对□基⁼行 tei^{33}lai^{13}tɕi^{33}ɦai^{13} 往外走

对东行 tei^{33}toŋ^{35}ɦai^{13} 往东走

对西行 tei^{33}ɕi^{35}ɦai^{13} 往西走

转去 tɕiai^{22}y^{33} 往回走

面前行 mie^{11}dzai^{33}ɦai^{13} 往前走

……以东 i^{22}toŋ^{35}

……以西 i^{22}ɕi^{35}

……以南 i^{22}la^{13}

……以北 i^{22}pai^{22}

……以内 i^{22}lei^{35}

……以外 i^{22}vai^{35}

……以来 i^{22}liæ^{13}

二十四　代词等

我个 o^{22}kə^{0} 我的

［他人］里 tʰaŋ^{35}li^{33} 别人，人家

大家 ta^{11}tɕia^{33}

　峒西⁼ taŋ^{11}ɕi^{55}

　□西⁼ tɕin^{11}ɕi^{55}

箇滴⁼ ko^{11}ti^{33} 这些

乜滴⁼ mi^{35}ti^{33} 那些

　箇滴⁼乜 ko^{11}ti^{33}mi^{35}

遮⁼个点 tɕia^{35}ko^{11}ti^{33} 哪些

箇 ko^{11} 这么（高）

箇高乜 ko^{11}kɤu^{55}mi^{35} 那么高

日⁼滴⁼ ɦŋ^{11}ti^{33} 这么（做）

日⁼滴⁼乜 ɦŋ^{11}ti^{33}mi^{35} 那么（做）

何滴⁼做 ɦo^{13}ti^{33}tsɿ^{33} 怎么办

日⁼滴⁼ ɦŋ^{11}ti^{33} 多么，表感叹

乜滴⁼ mi^{35}ti^{33} 那么，那样，那么样，表感叹

好 hɤu^{22} 多（久、高、大、厚、重）

我里两个 a^{22}li^{35}lio^{22}kɤu^{33} 我们俩

尔里两个 ŋ^{22}li^{35}lio^{22}kɤu^{33} 你们俩

伊里两个 i^{22}li^{35}lio^{22}kɤu^{33} 他们俩

两个老 lio^{22}kɤu^{33}lɤu^{21} 夫妻俩

两女嘚 lio^{22}ny^{22}te^{21} 娘儿俩（母亲和子女）

两爷嘚 lio^{22}ia^{13}te^{21} 爷儿俩（父亲和子女）

两家孙 lio^{22}ka^{35}soŋ^{55} 爷孙俩

叔伯母 sɤu^{13}pa^{22}moŋ^{21} 妯娌俩

姊妹家 tɕi^{22}mei^{11}ka^{55} 姑嫂俩

两女嘚 lio^{22}ny^{13}te^{21} 婆媳俩，娘儿俩

两兄弟 lio^{22}fei^{35}die^{21} 兄弟俩

弟兄家 die^{22}fei^{55}ka^{55} 哥儿俩

两姊妹 lio^{22}tɕi^{22}mei^{21} ①姐妹俩。②兄妹俩

两叔侄 lio^{22}sɤu^{22}tsɿ^{22} 叔侄俩

两师徒 lio^{22}sɿ^{35}dɤu^{33} 师徒俩

个家嘚 kɤu^{33}ka^{55}te^{21} 大家

众师徒 tsoŋ^{35}sɿ^{33}dɤu^{33} 师徒们

二十五　形容词

不错 pu^{33}tɕiɤu^{11} 颇好之意

差不多 tɕʰiæ^{35}pu^{33}tɤu^{35}

不□嘚好 pu^{33}ma^{35}te^{0}hɤu^{22} 不怎么样

不中用 pu^{33}tsoŋ^{35}ioŋ^{11} 不顶事

不好 pu^{33}hɤu^{22} 次：东西很～

将就 tɕiaŋ^{33}tɕiɤu^{11} 凑合

乖脱 kiæ^{35}tʰiæ^{21} 美

*偢 soŋ^{11}

要紧 y^{33}tɕin^{22}

嘈得很 dzɤu^{13}te^{22}hai^{21} 喧闹，嘈杂

　吵得很 tsʰɤu^{22}te^{22}hai^{21}

滑溜溜 yæ^{11}li^{35}li^{55} 光滑

亮堂堂 lio^{11}do^{13}do^{33}

□慕⁼□利⁼ ɕia^{33}mo^{35}ɕia^{33}li^{11}

干净 kai^{35}dʑin^{13}

　干干净净 kai^{35}kai^{35}dʑin^{13}dʑin^{13}

呛 tɕʰio^{33} 气味刺激

*融 ioŋ^{13}

腈 tsai^{35} ～肉瘦肉

嫩 loŋ^{11}

嫩嫣嫣 loŋ^{11}ie^{35}ie^{55}

舒服 ɕy^{33}fu^{22}

　好过 hɤu^{22}kɤu^{33}

难过 na^{13}kɤu^{33} 难受

翘尾巴 tɕ^{h}iau^{33}mi^{22}ma^{35} 形容一个人骄傲

听话 t^{h}ie^{33}va^{11} 乖：小孩儿真～

调皮 t^{h}iau^{35}bi^{13}

有用 y^{22}ioŋ^{11} 真行，能干

有用 mau^{11}ioŋ^{11} 不行，不能干

缺德 tɕ^{h}ye^{13}te^{13}

灵线 $^{=}$lin^{13}sai^{33} 机灵

糊涂 vu^{13}du^{33}

呆板 ŋai^{13}pan^{21} 死心眼儿

古怪 ku^{22}kiæ^{33}

小相 sei^{22}ɕio^{33} 吝啬

小气 sei^{22}tɕ^{h}i^{33}

舍得 ɕia^{22}te^{22}

一只 i^{13}tɕia^{22} 整只：鸡蛋吃～

满 mo^{22} ～身是汗

暴 pau^{33} 凸

凹 ŋau^{35}

　篾 $^{=}$mie^{11} 凹

活络 fe^{13}lo^{22} 活动的、不稳固

地道 di^{13}dau^{22} 正宗：～四川风味

崭齐 tsan^{22}dʑiæ^{13} 整齐

满意 mo^{22}i^{33} 称心

熨帖 y^{35}t^{h}ie^{22} 妥帖，完成

扁塌塌 pie^{22}t^{h}a^{22}t^{h}a^{22}

正 tɕin^{33}

歪 vai^{35}

斜 dʑiæ^{13}

大红 da^{11}ɦoŋ^{33} 朱红

粉红 fən^{33}ɦoŋ^{33}

深红 ɕin^{35}ɦoŋ^{33}

浅红 ts^{h}ai^{22}ɦoŋ^{33}

绯红 fei^{35}ɦoŋ^{13}

浅蓝 ts^{h}ai^{22}la^{33}

深蓝 ɕin^{35}la^{33}

天蓝 t^{h}ie^{35}la^{33}

蓝幽幽 la^{13}vei^{35}vei^{55}

草绿 ts^{h}ɤu^{22}lei^{21}

绿茵茵 lei^{11}in^{35}in^{55}

灰白 fei^{35}ba^{21}

白蒙蒙 ba^{11}moŋ^{35}moŋ^{55}

白生生 ba^{11}sai^{35}sai^{55}

深灰 ɕin^{35}fei^{55}

浅灰 ts^{h}ai^{22}fei^{55}

银灰 in^{13}fei^{55}

杏黄 ɕin^{35}ɦo^{33}

深黄 ɕin^{35}ɦo^{33}

淡黄 da^{22}ɦo^{33} 浅黄

青 ts^{h}ai^{35}

古铜（色）ku^{22}doŋ^{33}(ɕiæ^{22})

二十六　副词介词等

刚 tɕiaŋ^{35} ①才：我～来，冇赶倒。②刚好：不大不小，～合适

刚好 kaŋ^{33}hɤu^{22} 刚巧：～我在那儿

有点 y^{22}tie^{22}

怕 p^{h}a^{33} 也许：～要下雨

　也许 ie^{22}ɕy^{22}

差点 tɕʰiæ^{35}tie^{21} ～摔了

趁早 tɕʰin^{33}tsɤu^{22}

随时 dzuei^{12}dzʅ^{13} 早晚：～来都行

睐倒 lei^{33}tɤu^{21} 眼看：～就到期了

搭摆= ta^{22}pai^{22} 幸亏

当面 to^{35}mie^{11} 有话～说

背里 pei^{11}ti^{33} 背地：不要～说

一个人 i^{13}kɤu^{33}ɦŋ^{13} 自己：他～去

顺手 soŋ^{11}ɕy^{22} 顺便儿：请他～给我买本书

故意 ku^{35}i^{33} ～捣乱

根本 ken^{33}pen^{22} 压根儿：他～不知道

实在 ɕi^{13}tsai^{33} 这人～好

入四十 ɦŋ^{11}ɕi^{33}dzʅ^{11} 平四十

一下 i^{13}ɦa^{22} 一共：～才十个人

莫要 ma^{11}y^{33} 不要：慢慢儿走，～跑

　不要 pu^{33}y^{33}

白白滴= ba^{11}ba^{11}ti^{33} 不要钱～吃

独独滴= du^{11}du^{11}ti^{33} 伊～徛倒他一个人站着

偏 pʰie^{35} 你不叫我去,我～去

乱 lo^{11} 胡搞胡说

先 sai^{35}

另外 lin^{11}vai^{35}

把 pa^{22} 被：～狗咬了一口

把 pa^{22} 把：～门关上

对 tei^{33} 你～他好,他就～你好

对倒 tei^{33}tɤu^{21} 对着：他～我直笑

灯= taŋ^{35} 到：～哪儿去

灯= taŋ^{35} 到：～哪天为止

灯= taŋ^{35} 到：扔～水里

在 dʑia^{22} ～哪儿住家

把 pa^{22} 从：～哪儿走

自从 dzʅ^{13}dzoŋ^{13} ～他走后我一直不放心

照 tɕy^{33} ～这样做就好；～我看不算错

用 ioŋ^{11} 使：你～毛笔写

顺倒 ɕioŋ^{11}tɤu^{21} 顺着：～这条大路一直走

　朝倒 dʑiau^{12}tɤu^{21}

朝 dʑiau^{12} ～后头看看

替 tʰie^{33} 你～我写封信

帮 paŋ^{35} 给：～大家办事

帮我 paŋ^{35}o^{22} 给我，虚用,加重语气

向 ɕio^{33} ～他打听一下

问 yn^{11} ～他借一本书

把……讲 pa^{22}…ko^{33} 管……叫：有些地方管白薯叫山药

担……当 ta^{35}…to^{33} 拿……当：有些地方拿麦秸当柴烧

把躲起 pa^{22}niæ^{35}tɕʰi^{22} 从小，他～就能吃苦

赶 kan^{22} 你得天黑以前～到

二十七　量词

本 poŋ^{22} 一～书

笔 pi^{22} 一～款｜一～好字

封 foŋ^{35} 一～信

付 fu^{33} 一～药

味 vei^{11} 一～药

团 do^{13} 一～墨｜一～纸｜一～泥｜一～兵

啪啦 pʰa^{22}la^{35} 一～事一档子事

辆 lio^{22} 一～车

簇 tsʰau^{22} 一～花

桌 tsɤu^{22} 一～酒席

场 tɕʰio^{13} 一～雨

出 tɕʰyei^{22} 一～戏

身 ɕin^{35} 一～棉衣

杆 kai^{22} 一～枪

家ka^{35}一～铺子

架ka^{33}一～飞机

间kai^{35}一～屋

单$^{=}$ta^{35}一～衣一件衣服

路lu^{11}一～字一行字｜一～公共汽车

篇p^{h}ie^{35}一～文章

段to^{11}一～文章

片p^{h}ie^{33}一～好心｜一～肉

层dzaŋ^{13}一～纸

股ku^{22}一～香味

架ka^{33}一～桥

盘bo^{13}一～棋

盒ɦɤu^{11}一～纸

沓da^{11}一～纸

缸ko^{35}一～水｜一～金鱼

碗o^{22}一～饭

*瓯au^{35}

□gua^{22}一～米一捧米｜一～萝卜

包pɤu^{35}一～花生

担ta^{33}一～米｜一～水

排bia^{13}一～桌子

层dzaŋ^{13}一～院子

挂kua^{33}一～鞭炮

句ki^{33}一～话

对tei^{33}一～花瓶

套t^{h}ɤu^{33}一～书

种tsoŋ^{22}一～虫子

伙fɤu^{22}一～人

批p^{h}i^{33}一～货

□p^{h}aŋ^{33}一～人一堆人

起tɕ^{h}i^{22}一～

窠fɤu^{35}一～峰

挂kua^{33}一～葡萄

一拃i^{13}dʑia^{11}大拇指与中指张开的长度

一□i^{13}p^{h}ai^{22}两臂平伸两手伸直的长度

一手指i^{13}ɕy^{22}tsɿ^{22}～长

一成i^{13}dzaŋ^{13}

面巴嘚mie^{11}pa^{55}te^{21}一～土一脸土

身ɕin^{35}一～土

肚嘚du^{22}te^{21}一～气

下ɦa^{22}打一～

眼ŋai^{22}看一～

口hau^{22}吃一～

道dau^{13}一～门

扇ɕio^{33}一～门

堵tɤu^{22}一～墙

□man^{22}一～花瓣一瓣花瓣

处tɕ^{h}y^{33}一～地方

部bu^{13}一～书

班pai^{35}一～车

窑y^{13}一～陶器

屉t^{h}ie^{33}一～鸡蛋一打鸡蛋

□tin^{35}一～雪一堆雪

台diæ^{13}一～火车一列火车

系列ɕi^{35}lie^{33}一～问题

师sɿ^{33}一～兵

旅ly^{22}一～兵

营yn^{12}一～兵

连lie^{13}一～兵

排biæ^{13}一～兵

班pai^{35}一～兵

组tsɤu^{22}一～

支tsɿ^{33}一～毛一撮毛

线sai^{33}一～头发一绺头发

票 p^{h}iau^{33} 当一～

屆 kai^{35} 开一～会议

顺$^{=}$ çioŋ^{11} 做一～官做一任官

盘 bo^{13} 下一～棋

桌 tsɤu^{22} 一～客

圞圞 lo^{13}lo^{35} 一～～麻将一圈麻将

盘 bo^{13} 一～麻将｜一～水果

台 diæ^{13} 一～戏

丝 çi^{35} 一～肉

盒 ɦɤu^{11} 一～火柴｜一～首饰

箱嘚 çio^{35}te^{21} 一～衣裳

架嘚 ka^{33}te^{21} 一～小说

柜 kuei^{11} 一～书一橱书

推箱 t^{h}ei^{35}çio^{55} 一～文件一抽屉文件

筛筛 çiæ^{35}çiæ^{55} 一～菠菜一筐菠菜｜一～梨嘚一筐梨

篓嘚 lɤu^{22}te^{21} 一～炭

炉 lu^{13} 一～灰

炷 tçy^{22} 一～香

包 pɤu^{35} 一～书

袋袋 tiæ^{33}tiæ^{33} 一～干粮

塘 do^{13} 一～水

瓶子 bin^{12}tsɿ^{0} 一～醋

罐 kuan^{35} 一～荔枝

坛嘚 t^{h}a^{22}te^{21} 一～酒

桶 t^{h}aŋ^{22} 一～汽油

铛 tç^{h}iai^{35} 一～开水一锅开水｜一～饭一锅饭

盆 boŋ^{13} 一～洗澡水

壶 vu^{13} 一～茶

笼 laŋ^{13} 一～包子

碟 die^{11} 一～小菜

勺 dẓiɤu^{11} 一～汤一瓢汤｜一～酱油

个把两个 kɤu^{33}pa^{22}lio^{22}kɤu^{33}

百数个 pa^{22}çy^{33}kɤu^{33} 百把来个

千把人 ts^{h}ai^{35}pa^{22}ɦŋ^{13}

万把块钱 vai^{11}pa^{22}k^{h}iæ^{22}dzai^{33}

里把路 li^{22}pa^{22}lu^{11}

里把两里路 li^{22}pa^{22}lio^{22}li^{22}lu^{11} 一到二里路

亩把两亩 mɤu^{22}pa^{22}lio^{22}mɤu^{22} 一到二亩

二十八　附加成分

后加成分：

-得很 te^{22}hai^{21} ①极了。②得慌

-要死 y^{22}çi^{22} 要命

-不行 pu^{33}in^{13}

-死呱 çi^{22}kua^{22} 死了

-不得了 pu^{33}tai^{22}ly^{22}

-老火 lɤu^{22}fɤu^{22} 厉害：饿得～

食头 y^{11}dau^{33} 这个菜没～

睐场 lei^{33}dẓiaŋ^{21} 看头儿：这出戏有个～

做场 tsɿ^{33}dẓiaŋ^{21} 干头儿

苦头 k^{h}u^{22}dɤu^{0}

甜头 die^{13}dau^{33}

前加成分：

蛮 -mai^{13} ～重

捞 -lau^{35} ～轻

崭 -tsan^{22} ～新

墨 -mai^{11} ～黑

邦 -paŋ^{35} ～硬

焦 -tsei^{35} ～清

清 -ts^{h}ai^{35} 水很凉：～水

嫩 -loŋ^{11}

绯 -fei^{35}

老 -lɤu^{22}

老大人 lɤu^{22}ta^{11}ɦŋ^{33} 老头儿（尊称）

老不死个 lɤu^{22}pu^{33}ɕi^{22}kə^{0} 老年人（贬称）

老妹嘚家 lɤu^{22}mei^{11}te^{0}ka^{55} 老女人

老［男人］家 lɤu^{22}laŋ^{13}ka^{55} 老男人

二十九　数字等

一号（指日期，下同）i^{13}hau^{33}

二号 nie^{11}hau^{33}

三号 sa^{35}hau^{33}

四号 ɕi^{33}hau^{33}

五号 ɦŋ^{22}hau^{33}

六号 lei^{11}hau^{33}

七号 tɕ^{h}i^{33}hau^{33}

八号 piæ^{33}hau^{33}

九号 tɕy^{22}hau^{33}

十号 dzʅ^{11}hau^{33}

初一 tɕ^{h}y^{35}i^{22}

初二 tɕ^{h}y^{35}nie^{11}

初三 tɕ^{h}y^{35}sa^{33}

初四 tɕ^{h}y^{35}ɕi^{33}

初五 tɕ^{h}y^{35}ɦŋ^{22}

初六 tɕ^{h}y^{35}lei^{11}

初七 tɕ^{h}y^{35}tɕ^{h}i^{22}

初八 tɕ^{h}y^{35}piæ^{22}

初九 tɕ^{h}y^{35}tɕy^{22}

初十 tɕ^{h}y^{35}dzʅ^{11}

老大 lɤu^{22}ta^{11}

老二 lɤu^{22}nie^{11}

老三 lɤu^{22}sa^{35}

老四 lɤu^{22}ɕi^{33}

老五 lɤu^{22}ɦŋ^{22}

老六 lɤu^{22}lei^{11}

老七 lɤu^{22}tɕ^{h}i^{22}

老八 lɤu^{22}piæ^{22}

老九 lɤu^{22}tɕy^{22}

老十 lɤu^{22}dzʅ^{11}

老晚 lɤu^{22}mai^{22} 老幺

大伯 ta^{11}pa^{22} 大哥

二伯 nie^{11}pa^{22} 二哥

老晚 lɤu^{22}mai^{22} 老末儿

一个 i^{13}kɤu^{33}

两个 lio^{22}kɤu^{33}

三个 sa^{35}kɤu^{33}

四个 ɕi^{33}kɤu^{33}

五个 ɦŋ^{22}kɤu^{33}

六个 lei^{11}kɤu^{33}

七个 tɕ^{h}i^{22}kɤu^{33}

八个 piæ^{22}kɤu^{33}

九个 tɕy^{22}kɤu^{33}

十个 dzʅ^{11}kɤu^{33}

第一 ti^{11}i^{13}

第二 ti^{11}nie^{11}

第三 ti^{11}sa^{35}

第四 ti^{11}ɕi^{33}

第五 ti^{11}ɦŋ^{22}

第六 ti^{11}lei^{11}

第七 ti^{11}tɕ^{h}i^{22}

第八 ti^{11}piæ^{22}

第九 ti^{11}tɕy^{22}

第十 ti^{11}dzʅ^{11}

第一个 ti^{11}i^{13}kɤu^{33}

第二个 ti^{11}nie^{11}kɤu^{33}

第三个 ti^{11}sa^{35}kɤu^{33}

第四个 ti^{11}ɕi^{33}kɤu^{33}

第五个 ti^{11}ɦiŋ^{22}kɤu^{33}

第六个 ti^{11}lei^{11}kɤu^{33}

第七个 ti^{11}tɕʰi^{33}kɤu^{33}

第八个 ti^{11}piæ^{22}kɤu^{33}

第九个 ti^{11}tɕy^{22}kɤu^{33}

第十个 ti^{11}dzɿ^{11}kɤu^{33}

十一 dzɿ^{11}i^{33}

二十一 ni^{11}dzɿ^{11}i^{33}

三十一 sa^{35}dzɿ^{11}i^{33}

四十 ɕi^{33}dzɿ^{21}

四十一 ɕi^{33}dzɿ^{11}i^{33}

五十 ɦiŋ^{22}dzɿ^{21}

五十一 ɦiŋ^{22}dzɿ^{11}i^{33}

六十 lei^{11}dzɿ^{21}

六十一 lei^{11}dzɿ^{11}i^{33}

七十 tɕʰi^{22}dzɿ^{21}

七十一 tɕʰi^{22}dzɿ^{11}i^{33}

八十 piæ^{22}dzɿ^{21}

八十一 piæ^{22}dzɿ^{11}i^{33}

九十 tɕy^{22}dzɿ^{21}

九十一 tɕy^{22}dzɿ^{11}i^{33}

一百一 i^{13}pa^{22}i^{33}

一百一十个 i^{13}pa^{22}i^{33}dzɿ^{11}kɤu^{33}

一百一十一 i^{13}pa^{22}i^{33}dzɿ^{11}i^{33}

一百一十二 i^{13}pa^{22}i^{33}dzɿ^{11}nie^{11}

一百二 i^{13}pa^{22}nie^{11} 一百二十

一百三 i^{13}pa^{22}sa^{35} 一百三十

一百五 i^{13}pa^{22}ɦiŋ^{22} 一百五十

一百五十个 i^{13}pa^{22}ɦiŋ^{22}dzɿ^{11}kɤu^{33}

二百五 nie^{11}pa^{22}ɦiŋ^{22}

二百五（傻子）nie^{11}pa^{22}ɦiŋ^{22}

二百五十个 nie^{11}pa^{22}ɦiŋ^{22}dzɿ^{11}kɤu^{33}

三百一 sa^{35}pa^{22}i^{33} 三百一十

三百三 sa^{35}pa^{22}sa^{35} 三百三十

三百六 sa^{35}pa^{22}lei^{11} 三百六十

三百八 sa^{35}pa^{22}piæ^{22} 三百八十

一千一 i^{13}tsʰai^{35}i^{33} 一千一百

一千一百个 i^{13}tsʰai^{35}i^{33}pa^{22}kɤu^{33}

一千九 i^{13}tsʰai^{35}tɕy^{22} 一千九百

一千九百个 i^{13}tsʰai^{35}tɕy^{22}pa^{22}kɤu^{33}

三千 sa^{35}tsʰai^{55}

五千 ɦiŋ^{22}tsʰai^{55}

八千 piæ^{22}tsʰai^{55}

一万 i^{13}vai^{11}

一万二 i^{13}vai^{11}nie^{11} 一万二千

一万二千个 i^{13}vai^{11}lio^{22}tsʰai^{55}kɤu^{33}

三万五 sa^{35}vai^{11}ɦiŋ^{22} 三万五千

三万五千个 sa^{35}vai^{11}ɦiŋ^{22}tsʰai^{55}kɤu^{33}

零 lin^{13}

两斤 lio^{22}tɕin^{55} 二斤

二两 nie^{11}lio^{22}

两钱 lio^{22}dzai^{33} 二钱

两分 lio^{22}foŋ^{35} 二分

两厘 lio^{22}li^{13} 二厘

两丈 lio^{22}tio^{33} 二丈

两尺 lio^{22}tɕʰia^{22} 二尺

两寸 lio^{22}tsʰoŋ^{33} 二寸

两分 lio^{22}foŋ^{35} 二分

两里 lio^{22}li^{22} 二里

两担 lio^{22}ta^{33} 二担

两斗 lio^{22}tau^{22} 二斗

两升 lio^{22}ɕin^{35} 二升

两合 lio^{22}hɤu^{11} 二合

两项 lio^{22}ɦio^{13} 二项

两亩 lio^{22}mɤu^{22} 二亩

几个 tɕi^{22}kɤu^{33}

好多个 hɤu^{22}tɤu^{55}kɤu^{33}

好几个 hɤu^{22}tɕi^{22}kɤu^{33}

好一些 hɤu^{22}i^{13}ɕie^{33}

大一些 ta^{11}i^{13}ɕie^{33}

一点 i^{13}tie^{22}

一点点 i^{13}tie^{22}tie^{22}

大点 ta^{11}ti^{33}

十多个 dzɿ^{11}tɤu^{55}kɤu^{33}

百多个 pa^{22}tɤu^{55}kɤu^{33} 一百多个

十来个 dzɿ^{11}liæ^{13}kɤu^{33} 不到十个

千把个 tsʰai^{35}pa^{22}kɤu^{33} 千数个

百把个 pa^{22}pa^{22}kɤu^{33}

半个 po^{33}kɤu^{33}

一□ i^{13}tin^{33} 一半

两□ lio^{22}tin^{33} 两半儿

多□ tɤu^{35}tin^{33} 多半儿

一大□ i^{13}ta^{11}tin^{33} 一大半儿

一个半 i^{13}kɤu^{33}po^{33}

……上下 dʑio^{22}ɦa^{22}

……左右 tso^{22}iɤu^{35}

甲 tɕia^{13}

乙 ie^{13}

丙 pin^{22}

丁 tin^{33}

戊 vu^{13}

己 tɕi^{22}

庚 ken^{33}

辛 ɕin^{33}

壬 zən^{11}

癸 kuei^{35}

子 tsɿ^{22}

丑 tsʰɤu^{22}

寅 in^{22}

卯 mau^{22}

辰 zen^{12}

巳 dzɿ^{13}

午 vu^{22}

未 vei^{13}

申 ɕin^{33}

酉 iɤu^{22}

戌 ɕy^{13}

亥 ɦai^{13}

成语：

七上八下 tɕʰi^{22}dʑio^{22}pia^{22}ɦa^{22}

有大有躵 mau^{11}ta^{11}mau^{11}niæ^{35} 没大没小

懵懵懂懂 moŋ^{22}moŋ^{22}toŋ^{22}toŋ^{22}

黄皮寡瘦 ɦo^{13}pʰi^{35}kua^{22}ɕiau^{33} 面黄肌瘦

有口冇心 y^{22}hau^{22}mau^{11}ɕin^{35}

笑里藏刀 sei^{22}li^{22}dzo^{13}tɤu^{35}

一心一意 i^{13}ɕin^{35}i^{13}nie^{11}

一刀两断 i^{13}tɤu^{35}lio^{22}to^{22}

一来二去 i^{13}lia^{13}nie^{11}y^{13}

一生一世 i^{13}ɕiai^{35}i^{13}sɿ^{33}

三心两意 sa^{35}ɕin^{35}lio^{22}i^{33}

三日两夜 sa^{35}ɦŋ^{11}lio^{22}ia^{11}

五花八门 ɦŋ^{22}fa^{35}pia^{22}moŋ^{13}

七手八脚 tɕʰi^{22}ɕy^{22}piæ^{22}tɕiɤu^{22}

千家万户 tsʰai^{35}ka^{35}vai^{11}fu^{22}

万万千千 mai^{11}mai^{11}tsʰai^{35}tsʰai^{55}

骚里骚气 sɤu^{35}li^{22}sɤu^{35}tɕʰi^{33}

土里土气 tʰu^{22}li^{22}tʰu^{22}tɕʰi^{33}

天高地厚 tʰie^{35}kɤu^{35}ti^{11}ɦau^{22}

反反复复 fai^{22}fai^{22}fu^{22}fu^{22}

浓浓扎扎 nin^{13}nin^{33}tsa^{13}tsa^{33} 密密麻麻

世世代代 sɿ^{33}sɿ^{33}tiæ^{11}tiæ^{11}

春工忙月 tɕʰioŋ^{35}koŋ^{35}mo^{13}vai^{11} 春耕忙碌的季节

黑白不分 hai^{22}ba^{11}pu^{33}poŋ^{35} 是非不明

心甘情愿 ɕin^{35}kai^{35}dʑin^{13}vai^{11}

癫癫狂狂 tie^{35}tie^{55}guaŋ^{13}guaŋ^{33}

对门对户 tei^{33}moŋ^{13}tei^{33}vu^{22}

转来转去 tɕiai^{33}liæ^{13}tɕiai^{33}y^{13}

收收摸摸 ɕy^{35}ɕy^{55}mo^{22}mo^{22} 磨磨蹭蹭

乌溜乌溜 vu^{35}lei^{55}vu^{35}lei^{55}

闹闹热热 loŋ^{11}loŋ^{11}nie^{11}nie^{11}

三十　八峒地名

（一）麻林峒

麻林峒 ma^{13}lin^{33}daŋ^{21}

万丈冲 vai^{11}dio^{22}tɕʰin^{55} 万丈山

半山 po^{33}ɕiai^{35}

潘家坳 pʰo^{35}ka^{55}ŋɤu^{33}

蚊嘚□ moŋ^{35}te^{0}tɕiaŋ^{33} 万字寨

横界岭 vai^{13}kai^{35}lin^{22}

五盘水 ɦŋ^{22}bo^{13}ɕyei^{22}

石狮嘚 dʑia^{11}sɿ^{35}te^{21}

上麻林 dʑio^{22}ma^{13}lin^{33}

界背嘚 tɕiæ^{33}pei^{33}te^{21}

长冲 dio^{13}tɕʰin^{55}

水背嘚 ɕyei^{22}pei^{33}te^{21} 水尾

大山脚 ta^{11}ɕiai^{35}tɕiɤu^{22}

羊通河 io^{13}tʰoŋ^{35}ɦɤu^{33}

水冲 ɕyei^{22}tɕʰin^{55}

大风山 ta^{11}foŋ^{35}ɕiai^{55}

沉崖塘 dʑin^{13}niæ^{13}do^{33}

土塝嘚 tʰu^{22}paŋ^{33}te^{21}

（二）大绢峒

大绢峒 ta^{11}kuei^{33}taŋ^{21} 大圳峒

石笕里 dʑia^{11}kai^{22}ti^{33}

磨刀石 mo^{13}tɤu^{35}dʑia^{11}

半冲 po^{33}tɕʰin^{55}

芹菜塘 dʑin^{13}tɕʰiæ^{33}do^{13}

猪屎桥 tei^{35}sɿ^{22}dʑy^{13}

深窾峒 ɕin^{35}ho^{22}daŋ^{21}

五里冲 ɦŋ^{22}li^{22}tɕʰin^{55}

牛头坳 ŋau^{13}dau^{33}ŋɤu^{33}

黄沙塘 ɦo^{13}ɕia^{35}do^{13}

寨嘚背 tɕiæ^{11}te^{0}pei^{33} 寨子背

竹皮冲 tei^{22}bi^{13}tɕʰin^{35}

江家湾 ko^{35}ka^{55}vai^{35}

八角亭 piæ^{22}kɤu^{22}din^{33}

陈家冲 dʑin^{13}ka^{55}tɕʰin^{55}

烂泥冲 la^{11}nie^{13}tɕʰin^{55}

（三）黄岩峒

黄狗峒 ɦo^{13}kau^{22}daŋ^{21} 黄岩峒

杨富桥 io^{13}fu^{22}dʑy^{13}

斋公桥 tɕiæ^{35}koŋ^{55}dʑy^{13}

坐竖峒 dzɤu^{22}dʑy^{33}daŋ^{21}

灯盏凼 taŋ^{35}tɕiai^{22}dɤu^{21}

寿福庵 zɤu^{13}fu^{22}ai^{35}

木崖头 ɦŋ^{11}niæ^{13}dau^{33}

茶冲 dʑia^{13}tɕʰin^{55}

里家田 li^{22}ka^{35}die^{33}

大门头 ta^{11}moŋ^{13}dau^{33}

山脚嘚 ɕiai^{35}tɕiɤu^{22}te^{21}

石坛嘚 dʑia^{11}tʰa^{22}te^{21} 石朝门

冷水井 lai^{22}çyei^{22}tsai^{22}

长滩 dio^{13}tʰa^{35}

扶成冲 bu^{13}dʑin^{13}tɕʰin^{35}

新桥亭 çin^{35}dʑy^{13}din^{13}

老屋场 lɤu^{22}vu^{22}dʑia^{13}

石猪坳 dʑia^{11}tɕy^{35}ŋɤu^{33}

崖脚嘚 niæ^{13}tɕiɤu^{22}te^{21}

水口庵 çyei^{22}hau^{22}ai^{55}

垒头桥 lei^{22}dau^{13}dʑy^{33}

崖门桥 niæ^{13}moŋ^{13}dʑy^{33}

鬼山桥 kuei^{22}çiai^{35}dʑy^{33}

（四）桃盆峒

桃盆峒 dɤu^{13}boŋ^{33}daŋ^{21}

　桃皮头 dɤu^{13}bi^{13}dau^{33}

花鸡山 fa^{35}tɕi^{35}çiai^{35}

胡家坳 vu^{13}ka^{35}ŋɤu^{33}

黄皮坳 ɦo^{13}bi^{13}ŋɤu^{33}

龙头坪 lioŋ^{13}dau^{33}bie^{33}

蔡家冲 tɕʰiæ^{33}ka^{35}tɕʰin^{35}

金竹水 tɕin^{35}tei^{22}çyei^{22}

田家冲 die^{13}ka^{35}tɕʰin^{35}

平滩 bie^{13}tʰa^{35}

杉木湾 çia^{35}ɦŋ^{11}vai^{55}

黄沙坪 ɦo^{13}çia^{35}bie^{33}

苦里水 fu^{22}li^{22}çyei^{22}

丛山包 dzoŋ^{13}çiai^{35}pau^{55}

（五）圳源峒

圳源峒 tɕyn^{35}yan^{33}daŋ^{21}

九龙塘 tɕy^{22}lioŋ^{13}do^{13}

陈家田 dʑin^{13}ka^{35}die^{13}

米家冲 mi^{22}ka^{35}tɕʰin^{55}

崖山脚 niæ^{13}çiai^{35}tɕiɤu^{22}

圳水头 tɕioŋ^{33}çyei^{22}dau^{33}

七渡江 tɕʰi^{22}tu^{11}ko^{35}

山背嘚 çiai^{35}pei^{33}te^{21} 山背底

野牛冲 ia^{22}ŋau^{13}tɕʰin^{35}

张家坳 tɕio^{35}ka^{55}ŋɤu^{33}

牛坪里 ŋau^{13}bie^{13}ti^{33}

野猪桥 ia^{22}tei^{35}dʑy^{13}

崖门口 niæ^{13}moŋ^{33}hau^{22}

沙嘚田 çia^{35}te^{0}die^{13}

朱家湾 tei^{35}ka^{55}vai^{35}

正冲 tɕin^{33}tɕʰin^{35}

马家坪 ma^{22}ka^{55}bie^{13}

（六）黄背峒

黄背峒 ɦo^{13}pei^{33}daŋ^{21}

八角寨 piæ^{22}kɤu^{22}tɕiæ^{11}

承天塘 dʑin^{13}tʰie^{35}do^{13}

黄泥岗 ɦo^{13}nie^{13}ko^{55}

乌鸡山 vu^{35}tɕi^{55}çiai^{55}

（七）深冲峒

深冲峒 çin^{35}tɕʰin^{55}daŋ^{21}

分水□ poŋ^{35}çyei^{22}tɕiaŋ^{33}

高毛坳 kɤu^{35}mo^{13}ŋɤu^{33}

矮毛坳 iæ^{22}mo^{13}ŋɤu^{33}

黑龙□ hai^{22}lioŋ^{13}tɕiaŋ^{33}

贺归□ ɦo^{13}kuei^{35}tɕiaŋ^{33}

茶山 dʑia^{13}çiai^{35}

白石顶 ba^{11}dʑia^{11}tin^{22}

麻条冲 ma^{13}dy^{13}tɕʰin^{55}

毛庵 mo^{13}ai^{35}

楼嘚水 lau^{13}te^{0}çyei^{22}

毛凼里 mo^{13}dɤu^{11}ti^{33}

竹坪 tei^{22}bie^{13}

戴家田 tiæ^{35}ka^{55}die^{13}

罗盘□ lɤu^{13}bo^{33}tɕiaŋ^{33}

（八）逻绕峒

鸡公山 tɕi^{35}koŋ^{55}ɕiai^{35}

黄泥峒 ɦo^{13}nie^{33}daŋ^{11}

麻丝冲 ma^{13}ɕi^{55}tɕ^{h}in^{35}

丫叉丘 ŋa^{35}tɕ^{h}ia^{55}k^{h}e^{35}

牛塘里 ŋau^{13}do^{33}ti^{33}

第六章 语法

第一节

词法

一　构词法

构词法着眼于词的内部构造，以语素为基本单位，根据语素组合成词的方式分单纯词和合成词两类。单纯词由一个语素构成，我们要讨论的是峒话合成词的构造。峒话的合成词与普通话的构造方式一致，分重叠、附加和复合三大类。重叠和附加在下一节讨论，本节讨论峒话的复合式构词。

（一）复合式构词

复合词是由两个或两个以上的词根组合而成的词。峒话的复合词与普通话的构词方式相同，其结构同样分主谓、述宾、述补、偏正和联合等类型。举例如下：

1. 主谓型

天干天旱 t^{h}ie^{35}ko^{35}　　肚饥饿 du^{22}tɕi^{35}　　口多唠叨 hau^{22}tɤu^{35}

心翻恶心 çin^{35}fai^{35}　　眼红嫉妒 ŋai^{22}ɦoŋ^{13}

2. 述宾型

⑴动词

拜堂结婚 piæ^{33}do^{13}　　莳田插秧 sɿ^{13}die^{13}　　扯风惊风（小儿病）tɕ^{h}ia^{22}foŋ^{35}

扎房断奶 tɕia^{22}bo^{13}　　过肚泻肚 kɤu^{33}du^{22}　　挂清上坟 kua^{35}ts^{h}ai^{35}

⑵形容词

怕偢腼腆 p^{h}a^{33}soŋ^{11}　　偏心偏爱 p^{h}ie^{35}çin^{35}

经事结实 tɕin^{35}sɿ^{11}　　吃亏难受 tɕ^{h}ia^{33}k^{h}uei^{35}

3. 述补型

瓮倒囚禁 voŋ^{33}tɤu^{21}　伏倒藏身等候 bu^{11}tɤu^{21}　挂起挂念 kua^{33}tɕ^{h}i^{22}

望倒盼望 mo^{11}tɤu^{21}　要得 y^{33}te^{22}　熨帖妥帖 y^{35}t^{h}ie^{22}

4. 偏正型

（1）名词

滚水开水 koŋ^{22}ɕyei^{21}　金瓜南瓜 tɕin^{35}kua^{55}　海椒辣椒 hai^{22}tsei^{55}

脚猪种猪 tɕiɤu^{22}tei^{55}　倒肠盲肠 tɤu^{33}tso^{21}　伙铺旅店 fɤu^{22}p^{h}u^{33}

（2）形容词

崭齐整齐 tsan^{22}dʑiæ^{13}　古怪奇怪，怪异 ku^{22}kiæ^{33}　小相小气 sei^{22}ɕio^{35}

5. 联合型

（1）动词

忘记 mo^{11}tɕi^{35}　收拾 ɕy^{35}dzɿ^{11}　落脱遗忘 la^{11}t^{h}iæ^{22}

（2）名词

魂魄灵魂 voŋ^{13}ba^{11}　崽女儿子和女儿的总称 tsai^{22}ny^{22}　爷娘父母的总称 ia^{13}nia^{21}

躰晚父之妹 niæ^{35}mai^{22}　深浅深度 ɕin^{35}ts^{h}ai^{22}　弟兄 die^{22}fei^{55}

（二）逆序词

所谓逆序词是指构词语素跟普通话相同，但排列顺序与普通话相反的词。峒话中逆序词的数量不多，有两种情况：一是偏正结构的词，中心语素在前，修饰成分在后，与普通话的顺序不同；二是并列结构的词，与普通话的顺序不同。

偏正结构，语素排列不同于普通话的词：

普通话	方言
公狗	狗公 kau^{22}koŋ^{55}
纸钱	钱纸 dzai^{13}tsɿ^{22}
山崖	崖山 niæ^{13}ɕiai^{55}
糍粑	粑糍 pa^{35}dʑi^{33}
斗笠	笠斗 li^{11}tau^{22}
心愿	愿心 vai^{11}ɕin^{55}

并列结构，语素排列不同于普通话的词：

普通话	方言
热闹	闹热 loŋ^{11}nie^{11}
脊背	背脊 pei^{33}tɕiæ^{22}
兄弟	弟兄 die^{22}fei^{55}

二　重叠与语缀

本节主要讨论峒话的重叠构词、构形、重叠的语法功能及语义特征、语缀的语法功能及语义特征。

（一）重叠

这里说的重叠，是构词的形式，不同于形容词或者动词的重叠形式。峒话中有许多通过重叠构成的词语。最常见的亲属称谓的重叠构词，与普通话相似，这里不赘述。下面介绍名词的重叠现象。

1.AA式

（1）名词性语素重叠

峒话中名词性语素重叠有两种情况，一种是词根成词的，一种是词根不成词的。

第一，词根成词

□□坡 pʰiæ^{22}pʰiæ^{22}	缝缝 foŋ^{11}foŋ^{11}	坑坑 hai^{35}hai^{55}
竹竹 tei^{22}tei^{22}	篓篓 lɤu^{22}lɤu^{22}	冲冲山谷 tɕʰin^{35}tɕʰin^{55}
棍棍 koŋ^{33}koŋ^{33}	箩箩 lɤu^{13}lɤu^{33}	疤疤 pa^{35}pa^{55}
盘盘轮子 bo^{13}bo^{33}	牌牌 biæ^{13}biæ^{33}	袋袋 tiæ^{33}tiæ^{33}

以上例子都是由成词语素构成的，可单说，重叠后其意义与构词的语素意义相近，但重叠以后将单音节词双音化，增强口语色彩，在语义上有表示小称、爱称的功能。

第二，词根不成词

棒棒笨蛋 paŋ^{11}paŋ^{55}	渣渣垃圾 tɕia^{35}tɕia^{55}	□□装鱼的用具 lei^{35}lei^{55}
哈哈傻子 ha^{22}ha^{22}	奶奶乳房 niæ^{35}niæ^{55}	节节关节 tɕie^{22}tɕie^{22}
瓢$^{=}$瓢$^{=}$疙瘩 biau^{13}biau^{33}	粑粑 pa^{33}pa^{33}	梗梗 kai^{22}kai^{22}

以上例子都是由不成词语素构成的，不能独立成词，重叠以后构成新词。

（2）动词性语素重叠

动词性语素重叠构成名词，语义由动作转向指称动作的工具、施事、受事等，且增强了词语的口语色彩。例如：

盖盖 kuei^{33}kuei^{33}	锤锤 dei^{13}dei^{33}	煨煨罐子 vei^{35}vei^{55}
筛筛 ɕiæ^{35}ɕiæ^{55}	镊镊 niæ^{22}niæ^{22}	套套 tʰau^{33}tʰau^{33}
勾勾 kau^{33}kuau^{33}	印印 in^{33}in^{33}	

□□ gua^{22}gua^{22} 单用是动词，指抓、挠的动作，重叠后做名词，指挠痒的东西或耙松针的工具。

□□ pʰai^{11}pʰai^{11} 单用是动词，指背包的动作，重叠后做名词，专指打猎的人背的包，有皮制的，也有布制的，相当于打猎的工具箱。

2.ABB式

（1）常见的是“A”“B”均为名词性语素。重叠后的“BB”表示事物，“A”是修饰性成分，给这个事物加上一定的限制或修饰。例如：

花苞苞 fa^{35}pau^{33}pau^{33}　　猪崽崽 tei^{35}tsai^{22}tsai^{22}　　月窠窠婴儿 vai^{11}fɤu^{22}fɤu^{22}

山顶顶 ɕiai^{35}tin^{22}tin^{22}　　葱蔸蔸葱白 ts^{h}oŋ^{35}tau^{35}tau^{55}　　蒜苞苞蒜头 so^{33}po^{35}po^{55}

树秧秧 tɕy^{11}io^{35}io^{55}　　花芯芯 fa^{35}ɕin^{33}ɕin^{33}　　燕鸟鸟燕子 ie^{35}tei^{22}tei^{2}

鸡罩罩 tɕi^{35}tɕiɤu^{33}tɕiɤu^{33}　　禾秆秆 ɦɤu^{13}kai^{22}kai^{22}　　灯罩罩 taŋ^{35}tɕiɤu^{33}tɕiɤu^{33}

手节节胳膊 ɕy^{22}tɕie^{22}tɕie^{22}　　房水水奶汁 bo^{13}ɕyei^{22}ɕyei^{22}　　药粉粉 iɤu^{11}foŋ^{35}foŋ^{55}

烟袋袋 ie^{35}tiæ^{33}tiæ^{33}　　秤杆杆 tɕ^{h}in^{22}kai^{22}kai^{22}　　门□□门缝 moŋ^{13}laŋ^{33}laŋ^{33}

（2）“A”为形容词或动词性语素，“B”为名词性语素，但构成词的数量较少。

方竹竹方竹 ho^{35}tei^{22}tei^{22}　　硬坨坨手趼子 ŋai^{11}do^{13}do^{33}　　摊板板灵床 t^{h}a^{35}pai^{22}pai^{22}

3. AAB式

（1）常见的是“A”“B”均为名词性语素。“B”为事物，重叠后“AA”表示修饰或限制。

毛毛雨 mo^{13}mo^{33}vu^{21}　　掔掔风旋风 tsei^{33}tsei^{33}poŋ^{55}　　鸟鸟菜荠菜 tei^{22}tei^{22}tɕ^{h}iæ^{33}

鸟鸟窠鸟巢 tei^{22}tei^{22}fɤu^{55}　　园园火萤火虫 vai^{13}vai^{33}fɤu^{22}　　包包菜苤蓝 pɤu^{35}pɤu^{55}tɕ^{h}iæ^{33}

阶阶头走廊 tɕiæ^{35}tɕiæ^{55}dau^{33}　　竹竹床竹床 tei^{22}tei^{22}dʑio^{33}　　叉叉裤开裆裤 tɕ^{h}ia^{35}tɕ^{h}ia^{55}fu^{33}

拱拱琴二胡 koŋ^{22}koŋ^{35}dʑin^{13}　　公公爷公公 koŋ^{35}koŋ^{55}ia^{33}　　婆婆娘婆婆 bɤu^{13}bɤu^{33}nia^{21}

（2）“A”为形容词性语素，“B”为名词性语素，但构成词的数量较少。

圞圞凳圆凳 lo^{13}lo^{33}taŋ^{33}　　悄悄话 sei^{35}sei^{35}va^{11}　　尖尖鞋弓鞋 tsai^{35}tsai^{55}iæ^{33}

（3）“A”为拟声语素，“B”为名词性语素，但构成词的数量较少。

啰$^{=}$啰$^{=}$虫蜻蜓 lo^{33}lo^{33}din^{33}　　舍$^{=}$舍$^{=}$音知了 ɕia^{22}ɕia^{22}in^{33}

4.重叠的语法功能和语义特征

重叠式名词的语法功能和语义特征主要表现在以下几个方面：

第一，将黏着的名词性语素变成自由的名词。名词性语素重叠有两种情况，一种语素是自由的，可以独立成词；另一种语素是黏着的，不能独立成词，重叠后可以构成新词。例如“哈—哈哈傻子 ha^{22}ha^{22}”“奶—奶奶乳房 niæ^{35}niæ^{55}”等等。

第二，将非名词语素变为名词，具有区别词性的作用。例如动词性语素、形容词性语素经过重叠之后变为名词。

第三，重叠词，一般都能够独立地充当句子成分。其中一部分词义单纯，指称比较具体。例如“棒棒笨蛋 paŋ^{11}paŋ^{55}”“冲冲山谷 tɕ^{h}in^{35}tɕ^{h}in^{55}”“渣渣垃圾 tɕia^{35}tɕia^{55}”“□□装鱼的用具[lei^{35}lei^{55}]”等，可以独立地充当主语、宾语，如：

我骂伊是只棒棒。我骂他是个笨蛋。o^{22}ma^{11}i^{22}zɿ^{22}tɕia^{22}paŋ^{11}paŋ^{55}.

长冲地名长，黄沙塘地名，两条冲冲有古长有漫长的历史。dio^{13}tɕʰin^{35}dio^{13}, ɦo^{13}ɕia^{35}do^{13}, lio^{22}dy^{13}tɕʰin^{35}tɕʰin^{55}y^{22}ku^{22}dio^{13}.

第四，单音节语素重叠之后，往往会发生意义的转变，即重叠具有转义的功能。首先，名词性语素重叠，有的单音节意义具体，重叠式表示更概括、抽象的指称义或比喻义。如："棒"重叠为"棒棒笨蛋"；反过来，也有单音节语素意义比较宽泛，重叠后表示更具体的意义的，如："奶"重叠为"奶奶乳房"。有一些重叠式意义比较模糊，指称比较宽泛，如"顶顶、苞苞、竹竹、崽崽"等，为了使名词的指称更加明确，常常在前面带有定语。如"山顶顶、花苞苞、花竹竹花竹、鹅崽崽"等。其次，单音节语素重叠后构成的名词往往有小称义，例如："疤疤、牌牌、棍棍、盖盖、筛筛"等。

（二）语缀

峒话的后缀要比前缀发达，常见的前缀是"老[lɤu^{22}]"，后缀较多。

1.前缀

老[lɤu^{22}]

第一，加在"大""小""晚"前，表示亲属的排名。如：老大lɤu^{22}ta^{11} | 老二lɤu^{22}nie^{11} | 老晚老幺lɤu^{22}mai^{22}。

第二，加在姓氏前，如：老雷lɤu^{22}lei^{13} | 老兰lɤu^{22}la^{13} | 老江lɤu^{22}ko^{35}，不单单称呼年纪很大的人，也可以称呼年轻的人。

第三，用在其他语素前，没有实在意义。如：老虫老虎lɤu^{22}din^{33} | 老鼠lɤu^{22}ɕyei^{22} | 老鸦乌鸦lɤu^{22}va^{35} | 老女妻子lɤu^{22}ny^{22} | 老弟lɤu^{22}die^{21}。

2.后缀

峒话后缀主要用来构成名词，常见的有"嘚[te^{22}]""子[tsɿ^{0}]""头[dau^{13}]""牯[ku^{22}]""公[koŋ^{35}]""婆[bɤu^{13}]"等，这里主要介绍"嘚[te^{22}]"和"子[tsɿ^{0}]"。

（1）嘚[te^{22}]

"嘚"是峒话中使用频率很高的一个名词后缀，其意义和功能相当于湘语中的"子"尾，分布要比普通话广泛得多。"嘚"也是一个表音字，其本字应该是"子"（胡萍，2018:116），但在土人感里，这是峒话的特色之一，为保留其语音特色，故用"嘚"字代其本字。

①名词后缀"嘚[te^{22}]"的用法和分布

a.用于人称后表示患有生理缺陷的人，蔑称。

癫嘚疯子tie^{35}te^{21}　　聋嘚聋子laŋ^{13}te^{21}　　麻嘚麻子ma^{13}te^{21}　　跰嘚瘸子pai^{33}te^{21}

b.用于人称后不表小，也不表感情色彩

两女嘚婆媳俩 lio^{22}ny^{13}te^{21}　两爷嘚父子俩 lio^{22}ia^{13}te^{21}　个家嘚人人 kɤu^{33}ka^{55}te^{21}

c. 用于人体部位或器官名称后，一般表小

辫嘚 pie^{35}te^{21}　眼珠嘚 ŋai^{22}tɕy^{55}te^{21}　白珠嘚白眼珠 ba^{11}tɕy^{55}te^{21}

黑珠嘚黑眼珠 hai^{22}tɕy^{55}te^{21}　瞳仁嘚 doŋ^{13}nie^{22}te^{21}　耳嘚耳朵 nie^{22}te^{21}

胡嘚胡子 vu^{13}te^{21}　旋嘚发旋 tsai^{11}te^{21}　寒毛嘚寒毛 ɦo^{13}mo^{13}te^{21}

腋夹嘚腋窝 ɕia^{11}ka^{55}te^{21}　肚嘚肚子 du^{22}te^{21}　躲腿肚嘚小腿 niæ^{35}tɕiɤu^{22}du^{22}te^{21}

d. 用于动物名称后，一般表小

豹嘚 pɤu^{33}te^{21}　蚂蚁嘚 ma^{22}lin^{22}te^{21}　蚊嘚 moŋ^{35}te^{21}

饭蚊嘚苍蝇 pai^{11}moŋ^{35}te^{21}　跳□嘚蝗虫 t^{h}ei^{33}tɕi^{55}te^{21}　鱼嘚 ny^{13}te^{21}

虾公嘚虾子 ha^{35}koŋ^{55}te^{21}　秧麻嘚蝌蚪 io^{35}ma^{33}te^{21}

e. 用于植物名称后，一般表小或喜爱

麦嘚麦子 ma^{11}te^{21}　谷嘚谷子 ku^{22}te^{21}　稗嘚稗子 piæ^{11}te^{21}

油麻嘚芝麻 y^{13}ma^{33}te^{21}　芋嘚芋头 vu^{11}te^{22}　红豆嘚 ɦoŋ^{13}tau^{11}te^{21}

豆角嘚 tau^{11}ki^{22}te^{21}　桃嘚 dɤu^{13}te^{21}　苦李嘚 fu^{22}li^{22}te^{21}

f. 用于日常用品名称后，一般表小或喜爱

椅嘚椅子 i^{22}te^{21}　箱嘚箱子 ɕio^{35}te^{21}　酒坛嘚 tsei^{22}t^{h}a^{22}te^{21}

钉嘚 tie^{35}te^{22}　索嘚绳子 sɤu^{22}te^{22}　手套嘚 ɕy^{22}t^{h}au^{33}te^{21}

扣嘚扣子 k^{h}au^{33}te^{21}　屁贴嘚尿布 p^{h}i^{33}t^{h}ie^{22}te^{21}　帽嘚帽子 mo^{11}te^{21}

袜嘚袜子 yæ^{11}te^{21}　乌饭嘚黑米饭 vu^{35}pai^{11}te^{21}　烟盒嘚 ie^{35}ɦɤu^{11}te^{21}

g. 用在时间名词之后，不表小，也不表示感情色彩

年嘚时候 nie^{13}te^{21}　明嘚明天 mie^{13}te^{22}　［昨日］嘚昨天 tsaŋ^{11}te^{22}　背嘚以后 pei^{33}te^{21}

h. 用于其他事物名称后，一般表小或喜爱

星嘚星星 sai^{35}te^{21}　雪构嘚冰雹 sei^{22}kao^{33}te^{21}　沙嘚沙子 ɕia^{35}te^{21}

等嘚等子 daŋ^{22}te^{21}　秤星嘚秤星儿 tɕ^{h}in^{33}sai^{55}te^{21}　墨盒嘚 mai^{11}ɦɤu^{11}te^{21}

棋盘嘚 dʑi^{13}bo^{33}te^{21}　饭碗脚嘚碗底儿 pai^{11}o^{22}tɕiɤu^{22}te^{21}　坛嘚脚嘚坛底儿 t^{h}a^{13}te^{0}tɕiɤu^{22}te^{21}

②名词后缀“嘚 [te^{22}]”与普通话的差异

第一，普通话里不带任何词缀的名词，峒话都可带上“嘚”尾。

白珠嘚白眼珠 ba^{11}tɕy^{55}te^{21}　黑珠嘚黑眼珠 hai^{22}tɕy^{55}te^{21}　瞳仁嘚瞳仁 doŋ^{13}nie^{33}te^{21}

耳嘚耳朵 nie^{22}te^{0}　旋嘚发旋 tsai^{11}te^{21}　寒毛嘚寒毛 ɦo^{13}mo^{13}te^{21}

腋夹嘚腋窝 ɕia^{11}ka^{55}te^{21}　蚂蚁嘚蚂蚁 ma^{22}lin^{22}te^{21}　秧麻嘚蝌蚪 io^{35}ma^{33}te^{21}

油麻嘚芝麻 y^{13}ma^{33}te^{21}　红豆嘚红豆 ɦoŋ^{13}tau^{11}te^{21}　豆角嘚豆角 tau^{11}ki^{22}te^{21}

第二，峒话没有后缀“儿”，普通话中有些“儿”尾词在峒话中变为“嘚”尾。如：

秤星嘚秤星儿tɕ^{h}in^{33}sai^{55}te^{21}　　饭碗脚嘚碗底儿pai^{11}o^{22}tɕiɤu^{22}te^{21}

坛嘚脚嘚坛底儿t^{h}a^{13}te^{0}tɕiɤu^{22}te^{21}　　锅底嘚锅底儿kɤu^{35}tie^{22}te^{21}

第三，由“嘚”构成的名词所表示的事物有许多本身就是细小的。如上述动物名词和植物名词等。

第四，由“嘚”构成的名词指称具体事物，具有常用性的特点。

（2）子[tsɿ^{0}]

带“子[tsɿ^{0}]”尾名词多用于外来词或后起的词语，声调为轻声，其总量不多，构词能力比“嘚[te^{22}]”弱。如：

柚子iɤu^{35}tsɿ^{0}　　橘子tɕy^{13}tsɿ^{0}　　骡子lo^{12}tsɿ^{0}

刷子sa^{13}tsɿ^{0}　　瓶子bin^{12}tsɿ^{0}　　篓子lɤu^{22}tsɿ^{0}

镊夹子镊子niæ^{22}ka^{22}tsɿ^{0}　　钳夹子钳子dʑian^{13}ka^{22}tsɿ^{0}　　车子ts^{h}e^{33}tsɿ^{0}

馆子kuan^{22}tsɿ^{0}　　粽子tsoŋ^{35}tsɿ^{0}　　裙子dʑyn^{13}tsɿ^{0}

痞子p^{h}i^{22}tsɿ^{0}　　婊子piao^{22}tsɿ^{0}　　晚伢子最小的孩子mai^{22}ŋa^{22}tsɿ^{0}

侄伢子侄子tɕi^{13}ŋa^{22}tsɿ^{0}　　平班子平辈bin^{12}pan^{33}tsɿ^{0}　　败家子piæ^{11}ka^{55}tsɿ^{0}

坏人子ya^{11}ɦŋ^{22}tsɿ^{0}　　沙痱子sa^{33}fei^{55}tsɿ^{0}　　摆摊子pai^{22}t^{h}an^{33}tsɿ^{0}

铜毫子doŋ^{13}ɦau^{33}tsɿ^{0}　　板子拖鞋niæ^{35}pai^{33}tsɿ^{0}　　虫块⁼子蚯蚓din^{13}k^{h}uai^{22}tsɿ^{0}

具体来看，上述词语一部分是随外来事物一起输入的，如“柚子、橘子、钳子、镊子、馆子、裙子（新式）、车子”等，属于外来词。一部分是用新宁话说法替代了峒话说法，例如：“晚伢子[mai^{22}ŋa^{22}tsɿ^{0}]”等中的“伢子[ŋa^{22}tsɿ^{0}]”是来自新宁话，峒话固有的说法是“躲崽[niæ^{35}tsai^{21}]”。

三　数量、方所、指代

（一）数量

1.“两[lio^{22}]”的特殊用法

（1）数数时，“2”用“两[lio^{22}]”。如：一i^{13}｜两lio^{22}｜三sa^{35}｜四ɕi^{33}……但是在序数中，“2”说“二[nie^{11}]”，如：第二ti^{11}nie^{11}。

（2）带量词时，用“两”不用“二[nie^{11}]”。如：两斤lio^{22}tɕin^{55}｜两钱lio^{22}dzai^{33}｜两尺lio^{22}tɕ^{h}ia^{22}｜两升lio^{22}ɕin^{55}｜两亩lio^{22}mɤu^{22}。

（3）“两[lio^{22}]”可做量词，取代“双”。如：一两鞋一双鞋i^{13}lio^{22}iæ^{13}。

（4）“两[lio^{22}]”可以直接置于表亲属称谓的名词前，其后不加量词，表示亲属关系。如：

两爷嘚爷儿俩lio^{22}ia^{13}te^{21}　　两家孙爷孙俩lio^{22}ka^{35}soŋ^{55}　　两女嘚婆媳俩lio^{22}ny^{13}te^{21}

两爷嘚爷儿俩lio^{22}ia^{13}te^{21}　两姊妹姐妹俩lio^{22}tɕi^{22}mei^{21}　两叔侄叔侄俩lio^{22}sɤu^{22}tsɿ^{22}

两师徒师徒俩lio^{22}sɿ^{35}dɤu^{33}

2.整十、整百、整千的表示

整十整百和整千可以省略位数。如“110”读为“一百一[i^{13}pa^{22}i^{33}]”。如果数字后面带有单位，则不能省略位数，如“110个”读为“一百一十个[i^{13}pa^{22}i^{33}dzɿ^{11}kɤu^{33}]”。

3.通用量词“只[tɕia^{22}]”

“只[tɕia^{22}]”是峒话中的通用量词，使用比较广泛，相当于普通话的“个”“只”“头”“件”等，列举如下：

（1）用于动植物。例如：

一～马i^{13}tɕia^{22}ma^{22}｜一～牛i^{13}tɕia^{22}ŋau^{13}｜一～猪i^{13}tɕia^{22}tei^{35}｜一～树i^{13}tɕia^{22}tɕy^{11}｜一～海椒i^{13}tɕia^{22}hai^{22}tsei^{55}

（2）用于人及人体器官

一～人i^{13}tɕia^{22}ɦŋ^{13}｜一～客i^{13}tɕia^{22}ha^{22}｜一～细家嘚i^{13}tɕia^{22}ɕie^{11}ka^{55}te^{21}｜一～手i^{13}tɕia^{22}ɕy^{22}｜一～脚i^{13}tɕia^{22}tɕiɤu^{22}

（3）用于建筑房舍

一～屋i^{13}tɕia^{22}vu^{22}｜一～房i^{13}tɕia^{22}bo^{13}｜一～床i^{13}tɕia^{22}dʑio^{13}

（4）用于器物工具

一～灯i^{13}tɕia^{22}taŋ^{55}｜一～锅i^{13}tɕia^{22}kɤu^{55}｜一～铛i^{13}tɕia^{22}tɕʰiai^{35}｜一～瓯嘚i^{13}tɕia^{22}au^{55}te^{21}｜一～火筒i^{13}tɕia^{22}fɤu^{22}daŋ^{33}｜一～铜毫子i^{13}tɕia^{22}doŋ^{13}ɦau^{33}tsɿ^{0}

（5）用于衣帽饰物

一～帽嘚i^{13}tɕia^{22}mo^{11}te^{21}｜一～衣i^{13}tɕia^{22}i^{55}｜一～鞋i^{13}tɕia^{22}iæ^{13}｜一～扣嘚i^{13}tɕia^{22}kʰau^{33}te^{0}｜一～手套i^{13}tɕia^{22}ɕy^{22}tʰau^{55}

（6）其他

一～事i^{13}tɕia^{22}sɿ^{11}｜一～山歌i^{13}tɕia^{22}ɕiai^{35}kɤu^{55}｜一～字i^{13}tɕia^{22}tsɿ^{11}

4.其他特色量词

粒[ly^{22}]量词，用作小颗粒状事物的单位，如：一～米i^{13}ly^{22}mi^{22}｜一～珠嘚i^{13}ly^{22}tɕy^{35}te^{21}

团[do^{13}]量词，用作圆形团状物的单位，如：一～墨i^{13}do^{13}mai^{11}｜一～纸i^{13}do^{13}tsɿ^{22}｜一～泥i^{13}do^{13}nie^{13}

单$^{=}$[ta^{35}]量词，峒话中没有“件”这个量词，用“单$^{=}$[ta^{35}]”取代，本字不明，如：一～衣一件衣服i^{13}ta^{35}i^{35}。

行[ɦai^{13}/ɦo^{13}]量词，用作线形或细条状事物的单位，如一～河i^{13}ɦai^{13}ɦɤu^{13}｜一～头蒙$^{=}$

一缕头发 i^{13}ɦai^{13}dau^{13}moŋ^{33} ｜一～簪子 i^{13}ɦai^{13}tsan^{33}tsɿ^{0}；读 [ɦo^{13}] 的时候，用于“一～字”等。另外，也可用“线 [sai^{33}]”，如：一～头蒙⁼一缕头发 i^{13}sai^{33}dau^{13}moŋ^{33}。

铛 [tɕʰiai^{35}] 量词，峒话中很少使用“锅”做量词，用“铛”取代，如：一～滚水一锅开水 i^{13}tɕʰiai^{35}koŋ^{22}ɕyei^{22} ｜一～饭 i^{13}tɕʰiai^{35}pai^{11}。

瓯 [au^{35}] 量词，相当于“杯”，如：一～茶 i^{13}au^{35}dʑia^{13} ｜一～酒 i^{13}au^{35}tsei^{22}。

唱⁼[tɕʰio^{33}] 时间量词，表示一阵，如：落呱一～雨下了一阵雨 lɤu^{11}kua^{0}i^{13}tɕʰio^{33}vu^{22}

□ [gua^{22}] 量词，本义是“抓”，动词，用作量词时相当于“把”或“捧”，如：一～米 i^{13}gua^{22} mi^{22} ｜一～珠嘚 i^{13}gua^{22}tɕy^{35}te^{21}。

（二）方所

1. 方位词的分类

（1）单纯词

峒话表方位的单纯词不多，一般是指示方向，如：东 toŋ^{35} ｜西 ɕi^{35} ｜南 la^{13} ｜北 pai^{22} ｜□基⁼外面 lai^{13}tɕi^{33}。

（2）合成词

峒话表方位的合成词较为丰富，主要由下面几种方式构成。

①前缀 + 方位语素

以～：以前 i^{22}dʑian^{13} ｜以后 i^{22}ɦɤu^{13} ｜以上 i^{22}dzaŋ^{13} ｜以下 i^{22}ia^{13} ｜以东 i^{22}toŋ^{35} ｜以西 i^{22}ɕi^{35} ｜以南 i^{22}la^{13} ｜以北 i^{22}pai^{22} ｜以内 i^{22}lei^{35} ｜以外 i^{22}vai^{35}。

②方位语素 + 后缀“嘚 [te^{22}]”“里 [ti^{33}]”

第一，方位语素 + “嘚 [te^{22}]”。“嘚”做后缀，无实在意义。如：地嘚地下 ti^{11}te^{21} ｜脚嘚下面 tɕiɤu^{22}te^{21} ｜背嘚后面；后来；背后 pei^{33}te^{21} ｜底嘚底儿 tie^{22}te^{21} ｜边嘚旁边；边上 pie^{35}te^{21}。

第二，方位语素 + “里 [ti^{33}]”。“里”的词性和词义较为复杂。

首先，“里”做前字时“里”读 [li^{22}]，方位词，如“里些里面 [li^{22}ɕi^{33}]”。“里”做中字或后字时读 [ti^{33}]，声调变读为 33（阴去调值），如：“茶堂里厨房 [dʑia^{13}dau^{33}ti^{33}]”。

其次，“里”处于中字或后字时有两种情况：一是表方位的名词，与其他名词构成方位短语，如“手里”“心里”“肚里”等；二是作为词缀，无实在意义。例如：“边里 [pie^{35}ti^{33}]”“背里背后 [pei^{11}ti^{33}]”等词的“里 [ti^{33}]”，与“手里”“心里”中表示明确空间方位含义的方位词“里”不同，前者“里”的方位含义已经虚化，“边里”是指“旁边”“边上”，“背里”是指“背地”，如：不要～～说，这里将它们看作词缀。另外峒话中有一些含“里”的地名，如：毛凼里 [mo^{13}dɤu^{11}ti^{33}]、石笕里 [dʑia^{11}kai^{22}ti^{33}]、牛塘里 [ŋau^{13}do^{33}ti^{33}] 等，其表示方位的实词含义也已虚化，也可看作词缀。

③名词词根（身体部位）+ 方位语素

如：头上上面dau^{13}dʑio^{21} ｜面前前面mie^{11}dzai^{33}。

④方位语素的对举

如：上下dʑio^{22}ɦa^{22} ｜左右tso^{22}iɤu^{35} ｜东南toŋ^{35}la^{13} ｜东北toŋ^{35}pai^{22} ｜西南ɕi^{35}la^{13} ｜西北ɕi^{35}pai^{22}。

⑤方位语素的重叠

如：边边pie^{35}pie^{55} ｜角角kɤu^{22}kɤu^{22} ｜底底tie^{22}tie^{22}。

⑥其他

如：里些里面li^{22}ɕi^{33} ｜中心里当间tio^{35}ɕin^{55}ti^{33} ｜郎⁼转附近lo^{13}tɕiai^{33} ｜顶背嘚末尾tin^{22}pei^{33}te^{21} ｜对面tei^{33}mie^{11} ｜面前mie^{11}dzai^{33} ｜正对面tɕin^{33}tei^{33}mie^{11} ｜笪对面斜对面tɕʰiæ^{33}tei^{33}mie^{11}。

2. 方位词的用法

（1）单纯方位词

峒话表示方所的语素中有“上[dʑio^{22}]、脚下[tɕiɤu^{22}]”，没有“中”，表示中间用“中心[tio^{35}ɕin^{35}]”；有“前[dzai^{13}]”，没有“后”，用“背嘚[pei^{33}te^{21}]”表示后面；有“里[li^{22}]”没有“外”，用“□基⁼[lai^{13}tɕi^{33}]”表示外或外面。峒话中的单音节方位词，除指示方向以外，一般不能单用，只有少数可以跟名词组合，构成方位短语，例如：天上tʰie^{35}dʑio^{21} ｜手里ɕy^{22}ti^{33} ｜心里ɕin^{35}ti^{33}等。

（2）合成方位词

峒话中的方位词以合成方位词为主，如：头上dau^{13}dʑio^{21} ｜脚嘚tɕiɤu^{22}te^{21} ｜地嘚ti^{11}te^{21} ｜里些里面li^{22}ɕi^{33} ｜面前mie^{11}dzai^{33} ｜背嘚pei^{33}te^{21} ｜中心地当间tio^{35}ɕin^{55}ti^{21} ｜边边里旁边pie^{35}pie^{55}ti^{33} ｜郎⁼转附近lo^{13}tɕiai^{33}等。上述方位词可以成对地表示“上”与“下”，“里”与“外”，“前”与“后”的方位概念。

①“头上[dau^{13}dʑio^{21}]”和“脚嘚[tɕiɤu^{22}te^{21}]”相对，表示“上”和“下”的方位概念。如：

地头上地上ti^{11}dau^{33}dʑio^{21}　　山头上山上ɕiai^{35}dau^{33}dʑio^{21}　　床头上床上dʑio^{13}dau^{33}dʑio^{21}

地脚嘚地下ti^{11}tɕiɤu^{22}te^{21}　　山脚嘚山下ɕiai^{35}tɕiɤu^{22}te^{21}　　床脚嘚床底下dʑio^{13}tɕiɤu^{22}te^{21}

另外，“底底[tie^{22}tie^{22}]”或“底嘚[tie^{22}te^{21}]”也表示“下”的概念，但一般指物体本身的下面，如：缸孔底底缸底儿ko^{35}haŋ^{22}tie^{22}tie^{22} ｜锅底底锅底儿kɤu^{35}tie^{22}tie^{22} ｜锅底嘚kɤu^{35}tie^{22}te^{21}。因此，“锅脚嘚”与“锅底底”“锅底嘚”的区别是：

“锅脚嘚”表示空间位置在锅的下面，离锅本身有一段距离。如：

锅脚嘚担柴烧火。锅下面用柴烧火。kɤu^{35}tɕiɤu^{22}te^{21}ta^{35}dʑiæ^{13}ɕy^{35}fɤu^{22}.

“锅底底”“锅底嘚”表示锅的底部，也是锅的一部分。如：

担锅底底/底嘚弄烂呱。把锅底弄烂了。ta^{35}kɤu^{35}tie^{22}te^{21}loŋ^{35}la^{11}kua^{22}.

②“里些里面[li^{22}ɕi^{33}]”和“□基$^{=}$外面[lai^{13}tɕi^{33}]相对，表示“里面”和“外面”的方位概念。如：门里些门里面moŋ^{13}li^{22}ɕi^{33} ｜门□基$^{=}$门外面moŋ^{13}lai^{33}tɕi^{33} ｜车□基$^{=}$车外ts^{h}e^{33}lai^{13}tɕi^{33} ｜窗嘚眼□基$^{=}$窗外tɕ^{h}io^{35}te^{0}ŋai^{22}lai^{13}tɕi^{33}。

③“面前[mie^{11}dzai^{33}]”和“背嘚[pei^{33}te^{21}]”相对，表示“前面”和“后面”的方位概念。如：车面前车前ts^{h}e^{33}mie^{11}dzai^{33} ｜车背嘚车后ts^{h}e^{33}pei^{33}te^{21} ｜山面前山前ɕiai^{35}mie^{11}dzai^{33} ｜山背嘚山后ɕiai^{35}pei^{33}te^{21}。

“背嘚”也可表示时间概念的“后，后来”，表示“过去某事之后”的概念。如：

背嘚，我柜$^{=}$忘记呱。后来，我就忘记了。pei^{33}te^{21}, o^{22}kuei^{11}mo^{11}tɕi^{35}kua^{22}.

尔个好处背嘚有。你的福气在后头。ŋ^{22}kə^{0}hɤu^{22}tɕ^{h}y^{22}pei^{33}te^{21}y^{22}.

“中心里[tio^{35}ɕin^{55}ti^{33}]”和“边边里[pie^{35}pie^{55}ti^{33}]”相对，表示“正中”和“旁边”的方位概念。

（三）指代

下面讨论峒话人称代词、指示代词和疑问代词的形式、特点和句法功能。

1.人称代词的形式

表6-1　峒话人称代词表

	单数	复数	领属
第一人称	我o^{22}	我里a^{22}li^{35}	我个o^{22}kə^{0}
第二人称	尔ŋ^{22}	尔里ŋ^{22}li^{35}	尔个ŋ^{22}kə^{0}
第三人称	伊i^{22}	伊里i^{22}li^{35}	伊个i^{22}kə^{0}
反身代词	自家 tɕie^{11}ka^{35}		自家个 tɕie^{11}ka^{35}kə^{0}
统称代词	大家ta^{11}tɕia^{35} 个家嘚kɤu^{33}ka^{35}te^{21} 峒西$^{=}$大家taŋ^{11}ɕi^{55} □西$^{=}$大家tɕin^{11}ɕi^{55}		大家个ta^{11}tɕia^{35}kə^{0}
旁称代词	［他人］里t^{h}aŋ^{35}li^{33}		［他人］里个t^{h}aŋ^{35}li^{33}kə^{0}

2.人称代词的特点

（1）第一人称、第二人称、第三人称都读上声，这是声调感染类化的现象。后缀“里[li^{35}]”用在人称代词后表复数，但不读轻声。

（2）第一人称单复数不同形。果摄开口一等歌韵字今多读[ɤu]韵，少数读[o]韵，如驼do^{13} ｜饿ŋo^{11}，个别读[a]韵，除第一人称复数外，还有大[ta^{11}]。这是离散式音变在词汇中的表现，即当大多数歌韵字已经完成了从单元音[o]到[ɣu]的复音化，尚有少数歌韵字停留在读[o]的单元音阶段，如“我”的单数形式；甚至个别字例具有存古现象，如“我”的复数形式读[a]韵就是保留了中古歌韵为低元音的特征。

（3）第三人称代词“伊[i^{22}]”和表示旁称的“他人合音[t^{h}aŋ^{35}]”。

“伊”在上古只用作指示词，如“所谓伊人，在水一方”（《诗经·秦风·蒹葭》）。汉代以后，“伊”字由于称代性渐强，逐渐转化为第三人称代词。吕叔湘先生认为：“在魏晋之际，正当‘他’字开始向三身代词方面发展的时候，“伊”字已经是个盛行的代词，但从中古的资料看，“伊”字作人称代词，主要用于指第三人称。”（吕叔湘，1985：17-19）有人统计《世说新语》中共出现“伊”字17次，16次用作第三人称代词，另一个“伊”指伊尹。如：“蓝田曰：勿学汝兄，汝兄自不如伊。”（出自《世说新语·赏誉第八》）

作为第三人称，“伊”比“他”早，王力先生推测：“伊”字大概起源于四世纪到五世纪。虽然在隋唐时“他”已经广泛运用为第三人称代词，但“伊”“渠”在隋唐时期也很重要。李静丽（2003）统计了《王梵志诗》《寒山子诗集》《游仙窟》《李太白全集》《杜诗详注》中第三人称代词的用法，“在隋唐作为第三人称代词，‘他’占45.3%，‘渠’占43.2%，‘伊’占11.5%。尽管这时‘他’已经广泛用于第三人称代词，但仍以别称代词为主，“伊”作第三人称代词仍然能占一定比例。”如王力先生所说，“到了宋代，由于‘他’字在口语普遍的应用，‘伊’字已经很少见了”。（王力，1958：269）

因此，在北方话中，“伊”逐渐被“他”取代；而在南方方言中，“伊”被保留下来，例如上海话和福州话。但在峒话中，我们看到了两种形式的并存，“伊”表示第三人称，“他”与“人”合音表示旁称，各司其职。

3. 人称代词的句法功能和语用功能

（1）人称代词的单数

峒话三身代词的单数可做主语、宾语、定语和其他句子成分。

尔平时往日食烟么？不，我不食烟。你平时抽烟吗？不，我不抽烟。ŋ^{22}bin^{12}sɿ^{12}mo^{22}ɦŋ^{11}y^{11}ie^{35}mo^{22}? pu^{33}，o^{22}pu^{33}y^{11}ie^{35}.（主语）

尔告诉伊箇只事呱了么？我告诉伊呱。你告诉他这件事了吗？是，我告诉他了。ŋ^{22}kɣu^{33}sɿ^{33}i^{22}ko^{11}tɕia^{22}sɿ^{11}kua^{22}lio^{22}mo^{22}? o^{22}kɣu^{33}sɿ^{33}i^{22}kua^{22}.（主语、宾语）

睐尔桂⁼下担么个退乞［他人］里。看你现在拿什么还人家。lei^{33}ŋ^{22}kuei^{13}ɦa^{22}ta^{35}mo^{22}ko^{33}t^{h}ei^{33}tɕ^{h}i^{35}t^{h}aŋ^{35}li^{22}.（兼语）

人称代词单数做定语时，一般要加表示修饰关系的结构助词“个”，如：

把伊个头壳呢挂得城头上柜⁼挂起。把他的脑袋就挂在城头上。pa^{22}i^{22}kə^{0}dau^{13}ho^{55}le^{22}kua^{22}te^{22}dʑin^{13}dau^{33}dʑio^{22}kuei^{11}kua^{22}tɕ^{h}i^{22}.

但是修饰亲属名词的时候，助词“个”可加可不加。例如：

我（个）爷是麻林人。我爸爸是麻林人。o^{22}(kə^{0}) ia^{13}zɿ^{22}ma^{13}lin^{33}ɦŋ^{13}.

桂⁼本书乜是伊（个）伯伯个。那本书是他哥哥的。kuei^{13}poŋ^{22}ɕy^{35}mi^{35}zɿ^{22}i^{22}(kə^{0}) pa^{22}pa^{22}kə^{0}.

伊柜⁼告诉伊个崽，伊（个）爷呢已经把乞皇上害呱了。他就告诉他的儿子，他的爸爸已经被皇上害死了。i^{22}kuei^{11}kɤu^{33}sɿ^{33}i^{11}kə^{0}tsai^{22}, i^{22}(kə^{0}) ia^{13}le^{22}i^{22}tɕin^{33}pa^{22}tɕʰi^{35}ɦo^{13}dʑio^{22}hai^{11}kua^{22}lia^{22}.

（2）人称代词的复数

人称代词的复数在句中可做主语、宾语和定语。人称代词复数做定语，大都需要加结构助词“个”，但修饰地点名称的时候可以不加“个”，如：我里八峒我们八峒 a^{22}li^{35}piæ^{22}taŋ^{11} ｜我里瑶山我们瑶山 a^{22}li^{35}iau^{13}ɕiai^{55}。

尔先去嘛，我里等下再去。你先去吧，我们一会儿再去。ŋ^{22}sai^{35}y^{13}ma^{21}, a^{22}li^{35}taŋ^{22}ɦa^{22}tɕiæ^{22}y^{13}.（主语）

伊里呢睐见伊呢柜⁼喜欢得很。他们看见他呢就喜欢得很。i^{22}li^{35}le^{22}lei^{33}tɕie^{33}i^{22}le^{22}kuei^{11}ɕi^{22}ho^{35}te^{22}hai^{22}.（主语）

尔到底答不答应伊里？你到底答应不答应他？ŋ^{22}tɤu^{11}ti^{22}ta^{22}pu^{33}ta^{22}in^{33}i^{22}li^{35}.（宾语）

我呢是听倒伊里个旨意，要我呢城里些柜⁼落三点。我呢是听了他们的旨意，要我在城里就落三点。o^{22}le^{22}zɿ^{22}tʰie^{33}tɤu^{22}i^{22}li^{35}kə^{0}tsɿ^{22}i^{33}, y^{22}o^{22}le^{22}dʑin^{13}li^{22}ɕi^{33}kuei^{11}lɤu^{11}sa^{35}tie^{22}.（定语）

峒话的旁称代词是“[他人]里 tʰaŋ^{35}li^{33}”，反身代词是“自家 tɕie^{11}ka^{35}”，句法功能与普通话相同，可做主语、宾语、定语，做定语时一般要加结构助词“个”。

[他人]里做不好是[他人]里个事，尔做不好是自家个事。人家做不好是人家的事，你做不好是自己的事。tʰaŋ^{35}li^{33}tsɿ^{33}pu^{33}hɤu^{22}zɿ^{22}tʰaŋ^{35}li^{33}kə^{0}sɿ^{11}, ŋ^{22}tsɿ^{33}pu^{33}hɤu^{22}zɿ^{22}tɕie^{11}ka^{35}kə^{0}sɿ^{11}（主语、定语）

我不怪[他人]里，只怪自家。我不能怪人家，只能怪自己。o^{22}pu^{33}kiæ^{33}tʰaŋ^{35}li^{33}, tɕi^{35}kiæ^{33}tɕie^{11}ka^{35}.（宾语）

把[他人]里个头壳捶起血来呱呢，尔还笑！把人家脑袋都打出血了，你还笑！pa^{22}tʰaŋ^{35}li^{22}kə^{0} dau^{13}ho^{35}dei^{13}tɕʰi^{22}fei^{22}lia^{13}kua^{22}le^{22}, ŋ^{22}ɦai^{13}sei^{33}.（定语）

（3）人称代词的复数形式表单数

峒话中有人称代词单数表复数的现象，其语用色彩更加自谦、委婉，反映的也是说话人从众的心态。例如：

从前呢，我里讲白话柜⁼是有只牛郎乞织女。我来讲个故事，从前啊有个牛郎和织女。dzoŋ^{12}dʑian^{12}le^{22}, a^{22}li^{35}ko^{22}ba^{11}va^{11}kuei^{11}zɿ^{22}iɤu^{22}tsa^{22}niɤu^{12}laŋ^{12}tɕʰi^{35}tsɿ^{13}ny^{22}.

我里爷是麻林人。我爸爸是麻林人。o^{22}li^{35}ia^{13}zɿ^{22}ma^{13}lin^{33}ɦŋ^{13}.

上述两例是用复数“我里我们”来表示单数“我”。

我里个八峒啊有一只箇个相当聪明个妹嘚家崽崽。我们八峒有一个相当聪明的女孩儿。a^{33}li^{35}kə^{0} piæ^{22}taŋ^{11}a^{33}y^{22}i^{13}tɕia^{22}ko^{11}kɤu^{33}ɕiaŋ^{33}taŋ^{33}ts^{h}oŋ^{33}min^{13}kə^{0}mei^{11}te^{0}ka^{35}tsai^{22}tsai^{22}.

人称代词修饰地点名词的时候，不管人称代词表达的实际意义是单数还是复数，一般都用复数。

（四）指示代词

1. 指示代词的形式

表6–2　峒话指示代词表

	近指	远指
基本格式	箇这ko^{11} 桂$^{=}$kuei^{13} 里 li^{22}（少）	乜那mi^{35}
人、物	①箇只这个ko^{11}tɕia^{22} ②桂$^{=}$只这个kuei^{13}tɕia^{22} ③箇滴$^{=}$这些ko^{11}ti^{33}	①乜只那个mi^{35}tɕia^{22} ②桂$^{=}$只乜那个kuei^{13}tɕia^{22}mi^{35} ③乜滴$^{=}$那些mi^{35}ti^{33} 箇滴$^{=}$乜那些ko^{11}ti^{33}mi^{35}
处所	①箇头这里ko^{11}dau^{33} ②里家嘚$^{=}$这里li^{22}ka^{35}te^{21} ③桂$^{=}$家嘚$^{=}$这里kuei^{13}ka^{35}te^{21}	①箇头乜那里ko^{11}dau^{13}mi^{35} ②乜家嘚那里mi^{35}ka^{35}te^{21}
时间	①箇开$^{=}$嘚现在ko^{11}fei^{35}te^{21} ②桂$^{=}$下这时kuei^{13}ɦa^{22} ③桂$^{=}$时日现在kuei^{13}zɿ^{13}ɦŋ^{11}	①箇气$^{=}$乜那时ko^{11}tɕ^{h}i^{33}mi^{35} ②桂$^{=}$下乜那时kuei^{13}ɦa^{22}mi^{35} ③桂$^{=}$年乜那年kuei^{13}nie^{13}mi^{35}
性状	①日$^{=}$滴$^{=}$这样ɦŋ^{11}ti^{33} ②桂$^{=}$样这样kuei^{13}io^{11} ③箇（高）这么（高）ko^{11}(kɤu^{55}) ④日$^{=}$滴$^{=}$这么（做）ɦŋ^{11}ti^{33}(tsɿ^{22}) ⑤桂$^{=}$色这么kuei^{13}se^{22}	①日$^{=}$滴$^{=}$乜那样ɦŋ^{11}ti^{33}mi^{35} 乜滴$^{=}$那样mi^{35}ti^{33} ②乜样那样mi^{35}io^{11} ③箇（高）乜那么高ko^{11}(kɤu^{55})mi^{35} ④日$^{=}$滴$^{=}$乜这么（做）ɦŋ^{11}ti^{33}mi^{35}(tsɿ^{22})那么（做） ⑤乜色那么mi^{35}se^{22}

2. 指示代词的特点

（1）指示代词两分

峒话中表示近指的指示代词最基本、最常用的有两个“箇[ko^{11}]”和“桂$^{=}$[kuei^{13}]”，这两者在语义表达上有时可以互换，如：“这个”既可以说“箇只这个[ko^{11}tɕia^{22}]”，也可以说“桂$^{=}$只[kuei^{13}tɕia^{22}]”，但有一些习惯性的组合则不能互换，如：“这里”，可以说“箇头这里ko^{11}dau^{33}”，也可以说“里家嘚$^{=}$[li^{22}ka^{35}te^{21}]”或“桂$^{=}$家嘚$^{=}$[kuei^{13}ka^{35}te^{21}]，但一般不说“桂$^{=}$头kuei^{13}dau^{33}”。另外在指人的时候，“箇”通常表达贬责的意思。例如：箇只人坏得很。这个人坏得很。ko^{11}tɕia^{22}ɦŋ^{13}yæ^{11}te^{22}hai^{21}. 只能说“箇只人”而不说“桂=只人”。

与表近指的基本代词相对应的，只有“乜那[mi^{35}]”这一个远指代词，指代离说话人较远的事物，不管是否可见，只要离得较远都可用“乜”，不存在近指、较远指、远指的区分。“箇”“桂=”不能单独使用，但“乜”可以单独使用，如：

尔坐箇头，伊坐乜。你坐这儿，他坐那儿。ŋ^{22}dzɤu^{22}ko^{11}dau^{33}, i^{22}dzɤu^{22}mi^{35}.

“里[li^{22}]”单用可以表示“这里”的意思，但必须和“是”[dzʅ^{22}]搭配，“是”相当于动词“在”。例如：

是乜，不得是里。在那儿，不在这儿。dzʅ^{22}mi^{35}, pu^{33}ti^{33}dzʅ^{22}li^{22}.

基本的近指和远指代词，与“只、样、头、点、家”等组合出一系列的指示代词。下面是“箇”“桂=”“乜”和部分量词、名词的组合，空格中有“—”的表示较少说或者不说。

表6-3 部分指示代词的习惯搭配（一）

近指	普通话	这	这部电影	这朵花	这个东西	这个人	这些房子	这时
	峒话	箇 ko^{11}	—	—	箇个东西	箇只人	箇滴=屋	箇开=嘚
		桂= kuei^{13}	桂=部电影	桂=朵花	桂=只东西	桂=只人	—	—①
远指	普通话	那	那部电影	那朵花	那个东西	那个人	那些房子	那时
	峒话	乜 mi^{35} 前置	乜部电影	乜朵花	乜只东西	乜只人	乜滴=屋	箇气=乜
		乜 mi^{35} 后置	桂部电影乜	桂朵花乜	桂只东西乜	桂只人乜	箇滴=屋乜	—

表6-4 部分指示代词的习惯搭配（二）

近指	普通话	这	这里	这边	这时	这一年	这一日	这一夜
	峒话	箇 ko^{11}	箇头	—	—	—	—	—
		桂= kuei^{13}	桂=家嘚	桂=边	桂=下	桂年	桂=日	桂=一夜头
远指	普通话	那	那里	那边	那时	那一年	那一日	那一夜
	峒话	乜 mi^{35} 前置	乜家嘚	乜边	—	乜一年	乜一日	乜一夜头
		乜 mi^{35} 后置	箇头乜	桂边乜	桂=下乜	桂=年乜	桂=日乜	桂=一夜头乜

① 只有麻林乡的少数村组说“桂开=嘚”。

根据上表可以看到，近指代词“箇”的使用范围比“桂$^{=}$”窄，限于跟“头”“只”“个”“滴$^{=}$”等数量词组合，而“桂$^{=}$”的搭配范围相对宽泛，不仅可跟上述量词及其他量词组合，还可跟数词和名词组合，指代时间。

（2）指示代词的语序

近指：近指词“箇/桂$^{=}$”＋量词＋中心词。如：箇只人这个人ko^{11}tɕia^{22}ɦŋ^{13} ｜桂$^{=}$只人这个人kuei^{13}tɕia^{22}ɦŋ^{13}。峒话表示近指的语序与普通话一致。

远指有两种表示方式：

A类：近指词“箇/桂$^{=}$”＋量词＋中心词＋远指词“乜”。如：箇个人乜那个人ko^{11} tɕia^{22}ɦŋ^{13}mi^{35} ｜桂$^{=}$只花椒树乜那株花椒树kuei^{13}tɕia^{22}fa^{35}tsei^{55}tɕy^{11}mi^{35} ｜桂$^{=}$年乜那年kuei^{13} nie^{13} mi^{35}。

B类：远指词“乜”＋量词＋中心词。如：乜只人那个人mi^{35}tɕia^{22}ɦŋ^{13} ｜乜一年那一年mi^{35}i^{13}nie^{13}。

峒话近指用法的语序与普通话一致，远指用法中A类结构的远指词在量词或中心词之后；B类结构则与普通话的远指语序一致。再如：

远指A类：

桂$^{=}$只有桂$^{=}$只乜大冇？这个有那个大没有？ kuei^{13}tɕia^{22}y^{22}kuei^{13}tɕia^{22}mi^{35}ta^{11}mau^{11}.

不得是日$^{=}$滴$^{=}$乜做，是日$^{=}$滴$^{=}$做个。不是那样做，是这样做。pu^{33}ti^{33}zɿ^{22}ɦŋ^{11}ti^{33}mi^{55}tsɿ^{33}, zɿ^{22}ɦŋ^{11}ti^{33}tsɿ^{22}kə^{0}.

太多呱，不要箇多乜，只要箇多柜$^{=}$有呱。太多了，要不了那么多，这么多就够了。t^{h}ai^{33}tɤu^{35}kua^{22}, pu^{33}y^{33}ko^{11}tɤu^{35}mi^{35}, tɕi^{22}y^{33}ko^{11}tɤu^{35}tsei^{11}y^{33}kua^{22}.

远指B类：

桂$^{=}$只大，乜只躹，桂$^{=}$两只东西遮$^{=}$个好点？这个大，那个小，这两个东西哪个好点？ kuei^{13}tɕia^{22}ta^{11}, mi^{35}tɕia^{22}niæ^{35}, kuei^{13}lio^{22}tɕia^{22}toŋ^{33}ɕi^{33}tɕia^{35}kɤu^{33}hɤu^{22}ti^{33}?

远指A类和B类多数情况下可以换用，意义不变。例如：

桂$^{=}$只比桂$^{=}$只乜（乜只）好。这个比那个好。kuei^{13}tɕia^{22}pi^{22}kuei^{13}tɕia^{22}mi^{35}(mi^{35}tɕia^{22})hɤu^{22}.

箇点比箇点乜（乜滴$^{=}$）好。这些比那些好。ko^{11}ti^{33}pi^{22}ko^{11}ti^{33}mi^{35}(mi^{35}ti^{33})hɤu^{22}.

乜只东西（桂$^{=}$只东西乜）不在乜咖嘚（箇头乜），也不在箇头。那个东西不在那儿，也不在这儿。mi^{35}tɕia^{22}toŋ^{35}ɕi^{33}(kuei^{13}tɕia^{22}toŋ^{35}ɕi^{33}mi^{35})pu^{33}dʑiæ^{22}mi^{35}ka^{35}te^{21}(ko^{11}dau^{13}mi^{35}), ia^{22}pu^{33}dʑiæ^{22}ko^{11}dau^{33}.

如上所述，峒话远指用法的A类即“近指词＋量词＋中心词＋远指词”的远指结构具有其特殊性，与汉语“远指词＋量词＋中心词”的类型不同，而与苗瑶语的“量词＋中心词＋远指词”的语序类型有一定的联系。根据胡萍（2018）对包括峒话在内的整个湘西南苗瑶平话远指用法的调查结果来看，从龙胜牛头人话的“量词＋中心词＋远指词”→新宁峒话“近指词＋量词＋中心词＋远指词”→城步兰蓉人话“远指词＋量词＋中心词＋远指词”→绥宁关峡平话“远指词＋量词＋中心词”，是苗瑶语远指语序逐渐向汉语远指语序演变的过程。峒话则处于其中的一个演变环节，与汉语的中心词位置在指示词之后这种类型不同，也不完全同于苗瑶语的类型，应该是一种“在接受了汉语的前置指代词的同时又保留了原语言后置的指代词后才出现的向心结构。实际上是语言融合的产物，也是语言底层在语法层面上的反映和表现”。（李蓝，2004）

（3）指示代词的指代功能

峒话的指示代词既有指别功能，又有指代功能。近指代词“箇”和“桂⁼”可以和量词一起构成指量短语来实现指代功能，远指代词“乜”既可单用，也可和量词一起合用来实现指代功能。例如：

箇头是台盘，乜是凳。这是桌子，那是凳子。ko^{11}dau^{33}zʅ^{22}diæ^{13}bo^{33}, mi^{35}zʅ^{22}taŋ^{22}.

箇头也不对,乜也不对,尔到底想做么个？这也不对，那也不对，你到底想怎么样？ko^{11}dau^{33}ie^{22}pu^{33}tei^{33}, mi^{35}ie^{22}pu^{33}tei^{33}, ŋ^{22}tau^{33}tie^{22}ɕio^{22}tsʅ^{22}mo^{22}kɤu^{33}.

桂⁼只东西有好重？这个东西有多重呢？kuei^{13}tɕia^{35}toŋ^{35}ɕi^{35}y^{22}hɤu^{22}din^{22}.

是伊把桂⁼只瓯嘚乜捶烂呱。是他把那个杯子打碎了。zʅ^{22}i^{22}pa^{22}kuei^{13}tɕia^{22}au^{35}te^{21}mi^{35}dei^{13}la^{11}kua^{22}.

桂⁼只大，乜只𨈑，桂⁼两只东西遮⁼个好点？这个大，那个小，这两个东西哪个好点？kuei^{13}tɕia^{22}ta^{11}, mi^{35}tɕia^{22}niæ^{35}, kuei^{13}lio^{22}tɕia^{22}toŋ^{33}ɕi^{33}tɕia^{35}kɤu^{33}hɤu^{22}ti^{33}.

3.指示代词的功能

（1）指代人或者事物，近指用“箇、桂⁼”；远指用“乜”。与后面的人或者事物名称之间需加量词。如“箇只人”“箇点屋”“乜只人”“乜点屋”“箇点屋乜”，构成表示单复数的指量短语，在句中可以充当主语、宾语、定语或其他成分。

桂⁼部电影伊睐呱了。这部电影他看过了。kuei^{13}bu^{22}dian^{13}in^{22}i^{22}lei^{33}kua^{22}lia^{22}.（主语）

尔快把桂⁼碗饭食呱，饭同冷呱了。你快把这碗饭吃了，饭都冷了。ŋ^{22}k^{h}iæ^{33}pa^{22}kuei^{13}o^{22}pai^{11}y^{11}kua^{0}, pai^{11}daŋ^{13}lai^{22}kua^{22}lio^{22}.（介宾状语）

尔来嗅一下桂⁼朵花香不香？你闻闻这朵花香不香？ŋ^{22}liæ^{13}ɕioŋ^{22}i^{13}ɦa^{22}kuei^{13}tɤu^{22}fa^{35}ɕio^{35}pu^{22}ɕio^{35}.（兼语）

箇只院里些个人啊个个都来呱。这个院里的人啊都来了。ko^{11}tɕia^{11}vai^{11}li^{22}ɕi^{33}kə^{0}ɦiŋ^{13}a^{0}kɤu^{33}kɤu^{33}tɤu^{33}liæ^{13}kua^{22}.（定语）

（2）指代处所。常见的用法是基本指示代词与“头、家嘚”组合，如“箇头、里家嘚、桂⁼家嘚”，表示“这里”；“箇头乜、乜家嘚”表示“那里”，在句中可充当主语、宾语、定语和状语。

箇头冇书，书是箇头乜。这里没有书，书在那里。ko^{11}dau^{13}mau^{11}ɕy^{35}, ɕy^{35}dzɿ^{22}ko^{11}dau^{13}mi^{35}.

桂⁼只东西乜不在乜咖嘚（箇头乜），也不在箇头。那个东西不在那里，也不在这里。kuei^{13}tɕia^{22}toŋ^{35}ɕi^{33}mi^{35}pu^{33}dʑiæ^{22}mi^{35}ka^{35}te^{21}(ko^{11}dau^{13}mi^{35}), ia^{11}pu^{33}dʑiæ^{22}ko^{11}dau^{33}.

也可单用“里”和“乜”表示“这里”“那里”，但一般是和“在”“是”组成介宾结构。表示“在这里”“在那里”，如：

伊正当是乜乞一只朋友讲话。他正在那儿跟一个朋友说话呢。i^{22}tɕin^{35}taŋ^{35}dzɿ^{22}mi^{35}tɕ^{h}i^{35}i^{13}tɕia^{22}poŋ^{13}y^{22}ko^{22}va^{11}.

我正当是里寻尔，还不得寻倒。我正在这儿找着你，还没找着。o^{22}tɕin^{35}taŋ^{35}dzɿ^{22}li^{22}dʑin^{13}ŋ^{22}, ɦai^{13}pu^{33}ti^{33}dʑin^{13}tɤu^{21}.

门口里徛起一□人，在乜讲么个。门口站着一帮人，在说着什么。moŋ^{13}hau^{22}ti^{33}dʑi^{22}tɕ^{h}i^{22}i^{13}p^{h}aŋ^{33}ɦiŋ^{13}, dʑiæ^{22}mi^{35}ko^{22}mo^{22}ko^{33}.

基本指示代词也可直接和地点名词组合，表示具体的处所。如：

伊个屋背嘚呢有行圳，伊在桂⁼圳里乜架起架桥。她的屋后有一条圳，她在那条圳上架了一座桥。i^{22}kə^{0}vu^{22}pei^{33}te^{21}le^{22}y^{22}ɦai^{13}tɕioŋ^{33}, i^{22}tei^{22}kuei^{13}tɕioŋ^{33}ti^{33}mi^{35}ka^{33}tɕ^{h}i^{22}ka^{33}dʑy^{13}.

有蛮多天⁼个仙女呢出乜域⁼爬塘。有很多天上的仙女去那塘里游泳。y^{22}mai^{13}tɤu^{35}t^{h}ie^{35}ko^{0}sai^{35}ny^{22}le^{22}tɕ^{h}yei^{11}mi^{35}y^{22}ba^{13}do^{13}.

（3）指代时间。用基本的指示代词“箇、桂⁼、乜”与时间名词“下、会、开⁼嘚、时日、夜、日、月、年”等组合来表示时间段，大致分为两类：

第一类：表示明确的时间段，例如：“桂⁼日这天”“桂⁼日乜那天”“乜日那天”“箇一夜头乜那夜”“桂⁼年乜那年”等。

伊桂⁼日乜睐个是老张，不得是老王。他那天是见的老张，不是见的老王。i^{22}kuei^{13}ɦiŋ^{11}mi^{35}lei^{33}kə^{0}zɿ^{22}lɤu^{22}tɕio^{35}, pu^{33}ti^{33}zɿ^{22}lɤu^{22}ɦo^{13}.

乜日，我里乞大爷、晚爷拜呱年。那天，我们给伯伯、叔叔拜了年。mi^{35}ɦiŋ^{11}, a^{22}li^{35}tɕ^{h}i^{35}da^{13}i^{33}、mai^{22}ia^{13}piæ^{33}kua^{22}nie^{13}.

杀伊个时候呢，正是桂⁼年乜个四月初八。杀他的时候，正是那年的四月初八。ɕiæ^{22}i^{22}kə^{0}zɿ^{13}ɦɤu^{33}le^{22}, tɕin^{33}zɿ^{22}kuei^{13}nie^{13}mi^{35}kə^{0}ɕi^{33}vai^{11}tɕ^{h}y^{33}piæ^{22}.

好，灯⁼呱桂⁼一夜头乜呢,桂⁼只织女乜呢，伊柜⁼跟倒牛郎呢。好，到了那一晚呢，织女就跟了牛郎了。hau^{22}, taŋ^{35}kua^{22}kuei^{13}i^{13}ia^{11}dau^{33}mi^{35}le^{22}, kuei^{13}tɕia^{22}tsɿ^{13}ny^{22}mi^{35}le^{22}, i^{22}kuei^{11}kai^{35}tɤu^{21}ŋau^{13}lo^{13}le^{22}.

第二类：表示模糊的时间段，既可表示或长或短的一段时间，也可以表示当下发生的事件，具有瞬时和即时性。例如：“箇开⁼嘚现在”“桂⁼下这下”“桂⁼时日现在”“桂⁼会这会儿”“箇气=乜那时”“桂=下乜那时”等。

箇开=嘚有呢做，也有呢食。现在是有的做，也有的吃。ko^{11}fei^{35}te^{21}y^{22}le^{22}tsɿ^{22}, ia^{11}y^{22}le^{22}y^{11}.

尔睐箇开=嘚个日嘚，比箇气=乜强多呱。你看看现在，现在的日子比过去强多了。ŋ^{22}lei^{33}ko^{11}fei^{35}te^{21}kə^{0}ɦŋ^{11}te^{22}, pi^{22}ko^{11}tɕ^{h}i^{33}mi^{35}dʑiaŋ^{12}tɤu^{35}kua^{22}.

箇气=乜啊，天干不落雨。那时候啊天旱不落雨。ko^{11}tɕ^{h}i^{33}mi^{35}a^{33}, t^{h}ie^{35}ko^{35}pu^{33}lɤu^{11}vu^{22}.

上例中的“箇开=嘚”和“箇气=乜”表示“现在”“过去”，是较为模糊的一段时间。

睐尔桂=下担么个退乞［他人］里。看你现在拿什么还人家。lei^{33}ŋ^{22}kuei^{13}ɦa^{22}ta^{35}mo^{22}ko^{33}t^{h}ei^{33}tɕ^{h}i^{35}t^{h}aŋ^{35}li^{22}.

把桂=下起，尔里再也睐不倒桂=只老大人呱，桂=时日滴=封棺。从现在起，你们再也看不到老人家了，现在封棺。pa^{22}kuei^{13}ɦa^{22}tɕ^{h}i^{22}, ŋ^{22}li^{35}tɕiæ^{33}ia^{11}lei^{33}pu^{33}tɤu^{22}kuei^{13}tɕia^{22}lɤu^{22}ta^{11}ɦŋ^{13}kua^{22}, kuei^{13}zɿ^{13}ɦŋ^{11}ti^{33}foŋ^{35}ko^{35}.

桂=会还早得很，等一□再去。这会儿还早呢，过一会儿再去吧。kuei^{13}fei^{11}ɦai^{13}tsɤu^{22}te^{22}hai^{22}, taŋ^{22}i^{13}tɕio^{35}tɕiæ^{33}y^{13}.

上例中的“桂=下”“桂=时日”“桂=会”也表示“现在”“这会儿”，但说明的是眼下发生的事件，具有即时性和瞬时性。

（4）指代性状。峒话表示性状的指示代词最常用的有三组：第一组，“日=滴=这么，这样”“日=滴=乜那么，那样”；第二组，“桂=色这么”“乜色那么”；第三组，“桂=样这样”“乜样那样”。这三组在修饰动词、形容词的时候没有区别，可以互换，主要根据个人的习惯选择使用。如：

日=滴=（桂=色）闹闹热热唱呱两三个小时以后呢。这么热热闹闹地唱了两三个小时以后呢。ɦŋ^{11}ti^{33}(kuei^{13}se^{22}) loŋ^{11}loŋ^{11}nie^{11}nie^{11}tɕ^{h}io^{33}kua^{22}lio^{22}sa^{35}kɤu^{33}ɕiau^{22}zɿ^{13}i^{22}ɦɤu^{13}le^{22}.

伊讲我蛮大个冤枉，本身不得是我是日=滴=（桂=色）做事。他说我有好大的冤枉，我本身不是这样干活儿的。i^{22}ko^{22}o^{22}mai^{13}ta^{11}kə^{0}vai^{35}ho^{33}, poŋ^{33}ɕin^{35}pu^{33}ti^{33}zɿ^{22}o^{22}zɿ^{22}ɦŋ^{11}ti^{33}(kuei^{13}se^{22}) tsɿ^{33}sɿ^{11}.

日=滴=乜（乜样）呢，城里些柜=遭呱水灾。那样呢，城里就遭了水灾了。ɦŋ^{11}ti^{33}mi^{35}(mi^{35}io^{11}) le^{22}, dʑin^{13}li^{22}ɕi^{33}kuei^{11}tsau^{33}kua^{0}ɕyei^{22}tɕiæ^{35}.

何滴=做呢？不得是日=滴乜（乜色）做，是日=滴=（桂=色）做个。怎么办呢？不是那么办，要这么办才对。ɦo^{13}ti^{33}tsɿ^{33}le^{22}? pu^{33}ti^{33}zɿ^{22}ɦŋ^{11}ti^{33}mi^{35}(mi^{35}se^{22}) tsɿ^{22}, zɿ^{22}ɦŋ^{11}ti^{33}(kuei^{13}se^{22}) tsɿ^{22}kə^{0}.

基本格式“箇”和“乜”用在形容词前，组成“箇＋形容词”和“箇＋形容词＋乜”的格式，表示形状的程度。如：“箇高这么高”“箇高乜那么高”等，再如：

太多呱，不要箇多乜，只要箇多柜=有呱。太多了，要不了那么多，只要这么多就够了。

$t^hai^{33}tɤu^{35}kua^{22}$, $pu^{33}y^{33}ko^{11}tɤu^{35}mi^{35}$, $tɕi^{35}y^{33}ko^{11}tɤu^{35}kuei^{11}y^{22}kua^{22}$.

“箇”和“乜”修饰名词，要加结构助词“个”。例如：

伊柜⁼是只箇个脾气，尔莫见怪。他就这么个脾气，你不要见怪。$i^{22}kuei^{11}zɿ^{22}tɕia^{22}ko^{11}kə^{0}bi^{13}tɕ^hi^{33}$, $ŋ^{22}ma^{11}tɕie^{33}kiæ^{33}$.

大伯是桂⁼样个人乜么？大哥是那样的人吗？$ta^{11}pa^{22}zɿ^{22}kuei^{13}io^{11}kə^{0}ɦŋ^{33}mi^{35}mo^{22}$.

“日⁼滴⁼”“乜滴⁼”“桂⁼样”“乜样”加上助词“个”，组成名词性的助词结构，相当于普通话“这样的”“那样的”。如：“这件事是这样的，不是那样的。”下面两种说法均可：

桂⁼只事是桂⁼样个，不得是乜样个。$kuei^{13}tɕia^{22}sɿ^{11}zɿ^{22}kuei^{13}io^{11}kə^{0}$, $pu^{33}ti^{33}zɿ^{22}mi^{35}io^{11}kə^{0}$.

桂⁼只事是日⁼滴⁼个，不得是乜滴⁼个。$kuei^{13}tɕia^{22}sɿ^{11}zɿ^{22}ɦŋ^{11}ti^{33}kə^{0}$, $pu^{33}ti^{33}zɿ^{22}mi^{35}ti^{33}kə^{0}$.

（五）疑问代词

1.疑问代词系统

表6–5 峒话的疑问代词表

人、物	遮⁼个哪个，谁 $tɕia^{35}kɤu^{33}$　遮⁼个滴⁼哪些 $tɕia^{35}ko^{11}ti^{33}$　么个什么 $mo^{22}ko^{33}$
处所	遮⁼头哪里 $tɕia^{35}dau^{13}$
时间	遮⁼个（年）$tɕia^{35}kɤu^{33}$　么个年嘚什么时候 $mo^{22}ko^{33}nie^{22}te^{21}$
数量	好多多少 $hɤu^{22}tɤu^{35}$
程度	好（大、高、久、重）$hɤu^{22}$
方式、性状	何滴⁼怎样，怎么 $ɦo^{13}ti^{33}$　么个什么 $mo^{22}ko^{33}$　做么个怎么 $tsɿ^{22}mo^{22}ko^{33}$
原因	么个什么 $mo^{22}ko^{33}$　为么个为什么 $vei^{11}mo^{22}ko^{33}$　做么个干什么 $tsɿ^{33}mo^{22}ko^{33}$

疑问代词的具体用法和例句，我们在第二节句法部分有详细的分析，这里只作简单的介绍。

2.疑问代词的特点

（1）构成峒话疑问代词的词根是“遮⁼[$tɕia^{35}$]”。“遮⁼”不能单独运用，但可以与“个”“头”等量词或者名词组合，构成疑问代词，可问人、物、处所、时间。

（2）“么个”也是峒话使用频率颇高的疑问代词，可以问物、时间、方式、性状、原因。

（3）问数量的疑问代词以“好多”最为常用。

3.疑问代词的虚指和任指

（1）虚指

伊□喊尔做么个尔柜⁼做么个。他让你做什么你就做什么。$i^{22}k^hai^{35}ŋ^{22}tsɿ^{22}mo^{22}ko^{33}ŋ^{22}kuei^{11}tsɿ^{22}mo^{22}ko^{33}$.

伊□尔出遮$^{=}$头尔柜$^{=}$出遮$^{=}$头。他让你去哪儿你就去哪儿。i^{22}k^{h}ai^{35}ŋ^{22}tɕ^{h}yei^{22}tɕia^{35}dau^{13}ŋ^{22}kuei^{11}tɕ^{h}yei^{22}tɕia^{35}dau^{13}.

不管有好多个人，尔也要去。不管有多少人，你都要去。pu^{22}kuan^{22}y^{22}hɤu^{22}tɤu^{35}kə^{0}ɦŋ^{13}, ŋ^{22}ia^{11}y^{33}y^{13}.

（2）任指

我讲伊不赢，遮$^{=}$个都讲不赢柱$^{=}$只家伙。我说不过他，谁都说不过这个家伙。o^{22}ko^{22}i^{22}pu^{33}ie^{13}, tɕia^{35}kɤu^{33}tɤu^{33}ko^{22}pu^{33}ie^{13}kuei^{13}tɕia^{22}tɕia^{33}ho^{22}.

我随么个我也不怕。我什么都不怕。o^{22}dzei^{13}mo^{22}ko^{33}o^{22}ia^{11}pu^{33}p^{h}a^{33}.

伊随么个时候都忙得很。他什么时候都很忙。i^{22}dzei^{13}mo^{22}ko^{33}dzɿ^{13}ɦɤu^{33}tɤu^{22}mo^{13}te^{22}hai^{22}.

四　性状与程度

性状一般用形容词表示。形容词又分为性质形容词和状态形态词。程度一般用副词表示。本节主要介绍形容词和副词，但是也涉及性状、程度的其他表达式。

（一）性状

1.性质形容词

峒话有些表示性状的性质形容词，与普通话不同。

躵 niæ^{35} 小：～风

乖脱 kiæ^{35}t^{h}iæ^{21} 美

倯 soŋ^{11} 丑，难看

柔 nau^{13} 软

□利$^{=}$ɕiæ^{33}li^{11} 干净

涞$^{=}$汰$^{=}$lai^{13}tai^{33} 脏，不干净

融 ioŋ^{13} 稠：粥太～了

壮 tɕio^{33} ①肥，指动物。②胖，指人

灵线$^{=}$lin^{13}sai^{33} 机灵

篾$^{=}$mie^{11} 凹

阔 fɤu^{22} 宽

狭 iæ^{11} 窄

暖 lu^{22} 热，指天气

爤 niæ^{33} 热：～水

经事 tɕin^{35}sɿ^{11} 结实

小相 sei^{22}ɕio^{35} 小气、吝啬

嘎⁼起 $ka^{22}tɕ^{h}i^{22}$ 差

性质形容词比较简单，能受否定副词（“莫”）和程度副词（“很”“好”“蛮”）等的修饰，但“很”多用于中补结构。如：难得很 $na^{13}te^{22}hai^{22}$ ｜乖脱⁼得很很漂亮 $kiæ^{33}t^{h}iæ^{33}te^{22}hai^{22}$ ｜喜欢得很 $ɕi^{22}ho^{35}te^{22}hai^{22}$ ｜烦躁得很 $vai^{13}ts^{h}ɤu^{33}te^{22}hai^{22}$ ｜造孽得很 $tsɤu^{33}nie^{13}te^{22}hai^{22}$ ｜好得很 $hau^{22}te^{22}hai^{22}$ ｜老火得很很厉害 $lɤu^{22}fɤu^{22}te^{22}hai^{22}$。

性质形容词可以充当主语、谓语，大多数能做定语，少数可以做状语。一般来说，形容词做定语，一般不带结构组词“个”，如：甜茶叶 $die^{13}dʑia^{13}ie^{21}$ ｜大铜钱 $ta^{11}doŋ^{13}dzai^{33}$ ｜小相鬼吝啬鬼 $sei^{22}ɕio^{33}kuei^{21}$ ｜勤耐⁼人勤快人 $dʑin^{13}nai^{11}ɦŋ^{33}$ ｜蠢直人又蠢又犟的人 $tɕ^{h}ioŋ^{22}dei^{11}ɦŋ^{33}$ ｜嫩细家婴儿 $loŋ^{11}ɕie^{33}ka^{55}$。带程度副词或者带补语构成的形容词短语做定语时，一般都带“个”。如：蛮大个松树很大的松树 $mai^{13}ta^{11}kə^{0}dzoŋ^{13}tɕy^{11}$ ｜蛮大个河 $mai^{13}ta^{11}ko^{0}ɦɤu^{13}$。

2.状态形容词

峒话的状态形容词以重叠形式为主，但数量不多，其中较有特色的重叠形式常见的有“ABB”式、“AABB”式、“A里A气”式等，下面分别做简要介绍。

①“ABB”式

峒话中有少量的“ABB”式形容词，一般表示程度加深。这种形式用于表意，显得形象性极强。“ABB”式细分有两类结构：一类没有AB式，如：

蓝幽幽 $la^{13}vei^{35}vei^{55}$　绿茵茵 $lei^{11}in^{35}in^{55}$　木坨坨呆滞 $ɦŋ^{11}do^{13}do^{33}$

白蒙蒙云雾 $ba^{11}moŋ^{35}moŋ^{55}$　白□□雪白 $ba^{11}niæ^{22}niæ^{22}$　嫩嫣嫣 $loŋ^{11}ie^{35}ie^{55}$

白生生 $ba^{11}sai^{35}sai^{55}$

另一类有AB式，如：

清亮亮 $ts^{h}ai^{35}lio^{11}lio^{11}$　亮堂堂 $lio^{11}do^{13}do^{33}$　扁塌塌 $pie^{22}t^{h}a^{22}t^{h}a^{22}$

滑溜溜 $yæ^{11}li^{35}li^{55}$

②AABB式

第一类：双音节形容词AB的重叠式，重叠后程度加深，如：

干干净净 $kai^{35}kai^{35}dʑin^{13}dʑin^{13}$　懵懵懂懂 $moŋ^{22}moŋ^{22}toŋ^{22}toŋ^{22}$

反反复复 $fai^{22}fai^{22}fu^{22}fu^{22}$　癫癫狂狂 $tie^{35}tie^{55}guaŋ^{13}guaŋ^{33}$

世世代代 $sɿ^{33}sɿ^{33}tiæ^{11}tiæ^{11}$　闹闹热热 $loŋ^{11}loŋ^{11}nie^{11}nie^{11}$

勤⁼勤⁼狂狂不稳重 $dʑin^{13}dʑin^{13}guaŋ^{13}guaŋ^{13}$　好好生生仔仔细细 $hɤu^{22}hɤu^{22}ɕin^{35}ɕin^{55}$

第二类：没有独立成词的AB式

浓浓扎扎密密麻麻 $nin^{13}nin^{13}tsa^{13}tsa^{13}$　收收摸摸磨磨蹭蹭 $ɕy^{35}ɕy^{35}mo^{22}mo^{22}$

③ABAB式

这种形式后面一般要加结构助词“个”或“滴”，表示程度加深。

乌溜乌溜（个）vu^{35}lei^{55}vu^{35}lei^{55}kə^{0}　　墨黑墨黑（滴）mai^{11}hai^{22}mai^{11}hai^{22}(ti^{0})

绯红绯红（个）fei^{35}ɦoŋ^{13}fei^{35}ɦoŋ^{13}kə^{0}　　清凉清凉（个）tsʰai^{35}lio^{13}tsʰai^{35}lio^{13}kə^{0}

梆硬梆硬（滴）paŋ^{35}ŋai^{11}paŋ^{35}ŋai^{11}(ti^{0})

④A里A气式

表程度的加深，一般用于贬义。

骚里骚气 sɤu^{35}li^{22}sɤu^{35}tɕʰi^{33}　　土里土气 tʰu^{22}li^{22}tʰu^{22}tɕʰi^{33}

哈里哈气 ha^{22}li^{22}ha^{22}tɕʰi^{33}　　浮里浮气 bɤu^{13}li^{22}bɤu^{13}tɕʰi^{33}

轻里轻气 tɕʰie^{33}li^{22}tɕʰie^{33}tɕʰi^{33}

3. 四字格

峒话中有一些表性状的四字格，如：

七上八下 tɕʰi^{22}dʑio^{22}piæ^{22}ɦa^{22}　　冇大冇𨈑没大没小 mau^{11}ta^{11}mau^{11}niæ^{35}

黄皮寡瘦 ɦo^{13}pʰi^{35}kua^{22}ɕiau^{33}　　有口冇心 y^{22}hau^{22}mau^{11}ɕin^{35}

笑里藏刀 sei^{22}li^{22}dzo^{13}tɤu^{35}　　五花八门 ɦŋ^{22}fa^{35}pia^{22}moŋ^{13}

心甘情愿 ɕin^{35}kai^{35}dʑin^{13}vai^{11}　　泥糊包渣满身泥土 nie^{13}vu^{13}pɤu^{55}tɕia^{35}

灰尘扑□蓬头垢面 fei^{35}dʑin^{13}pʰu^{22}kʰaŋ^{22}　　一心一意 i^{13}ɕin^{35}i^{13}nie^{11}

（二）程度

峒话中表示程度的主要是副词，但也有少数指示代词可以表示程度。

1. 程度副词

程度副词可以用来表示程度的极致，也可以用来表示程度的加深或减弱。

（1）表程度极致的副词

最 [tsuei^{35}]

例如：

最有名个是我里打古堂祭盘王个文化传统。tsei^{35}y^{22}mie^{13}kə^{0}zʅ^{22}a^{22}li^{35}ta^{22}ku^{22}do^{13}·tɕʰin^{33}bo^{13}ɦo^{33}kə^{0}ven^{13}fa^{35}tsʰuan^{13}tʰoŋ^{22}.

我有三只细家嘚，大个最老实。我有三个小孩，老大最老实。o^{22}y^{22}sa^{35}tɕia^{22}ɕie^{33}ka^{35}te^{21}, ta^{11}kə^{0}tsuei^{35}lɤu^{22}sʅ^{13}.

我里箇只老板女嘚最能干了。我们这个老板娘最能干了。a^{22}li^{35}ko^{11}tɕia^{22}lɤu^{22}pai^{22}ny^{13}te^{21}tsuei^{35}len^{13}kan^{33}le^{0}.

弟兄三个伊最大。兄弟三个他最大。die^{22}fei^{55}sa^{35}kɤu^{33}i^{22}tsuei^{35}ta^{11}.

（2）表程度加深的副词

太 [tʰai^{35}]

“太”表示程度过高，超过了合理或者一般理解的程度，有不满的意味。

我算得太快算错呱。o^{22}so^{35}te^{0}t^{h}ai^{35}k^{h}iæ^{33}so^{35}tɕiɤu^{11}kua^{22}.

太多呱，不要箇多乜$^{=}$，只要箇多柜$^{=}$有呱。太多了，要不了那么多，只要这么多就够了。t^{h}ai^{33}tɤu^{35}kua^{22}, pu^{33}y^{33}ko^{11}tɤu^{35}mi^{35}, tɕi^{35}y^{33}ko^{11}tɤu^{35}kuei^{11}y^{22}kua^{22}.

桂$^{=}$只东西好柜$^{=}$是好，柜$^{=}$是太贵呱点咖嘚。这个东西好是好，就是太贵了。kuei^{13}tɕia^{22}toŋ^{35}ɕi^{33}hɤu^{22} kuei^{11}zɿ^{22}hɤu^{22}, kuei^{11}zɿ^{22}t^{h}ai^{33}kuei^{33}kua^{0}tiaŋ^{22}ka^{33}te^{21}.

相当 [ɕiaŋ^{33}taŋ^{33}]

峒话中使用频率很高的一个表示程度加深的副词，类似普通话的“十分”“非常”，一般用于褒义，后接形容词一般加助词“个”。

种出来个禾啊，箇滴$^{=}$禾梗梗乜柜$^{=}$相当个茂盛。种出来的稻子啊，那些禾梗啊也是非常的茂盛。tsɤu^{22}tɕ^{h}yei^{22}lia^{13}kə^{0}ɦɤu^{13}a^{0}, ko^{11}ti^{33}ɦɤu^{13}kai^{22}kai^{22}mi^{35}kuei^{11}ɕiaŋ^{33}taŋ^{33}kə^{0}mɤu^{35}ɕin^{33}.

我里个八峒啊有一只箇个相当聪明个妹嘚家崽崽。我们八峒啊有一个非常聪明的女孩儿。a^{22}li^{35}kə^{0}piæ^{22}taŋ^{11}a^{0}y^{22}i^{13}tɕia^{22}ko^{11}kɤu^{33}ɕiaŋ^{33}taŋ^{33}ts^{h}oŋ^{33}min^{13}kə^{0}mei^{11}te^{0}ka^{35}tsai^{22}tsai^{22}.

细家嘚柜$^{=}$相当个聪明又能干。小孩子十分聪明又能干。ɕie^{33}ka^{35}te^{21}kuei^{11}ɕiaŋ^{33}taŋ^{33}kə^{0}ts^{h}oŋ^{35}min^{13}y^{11}len^{12}kan^{35}.

蛮 [mai^{13}]

“蛮”的程度略弱于“相当”，但比“好”略强，相当于普通话的“很”。

老师乞尔要起一本蛮厚个书么？老师给了你一本很厚的书吧？lau^{22}sɿ^{33}tɕ^{h}i^{35}ŋ^{22}y^{33}tɕ^{h}i^{22}i^{13}poŋ^{22}mai^{13}ɦau^{22}ko^{0}ɕy^{35}mo^{22}?

桂$^{=}$只东西蛮重，足有一百来斤。这个东西重着呢，足有一百来斤。kuei^{13}tɕia^{22}toŋ^{35}ɕi^{33}mai^{13}din^{22}, tsɤu^{13}y^{22}i^{13}pa^{22}lia^{13}tɕin^{35}.

好 [hɤu^{22}]

“好”也相当于普通话的“很”，但在语气表达上没有“相当”“蛮”重。

河里立$^{=}$起好多个□鱼嘚。河里游着好多小鱼。ɦɤu^{13}ti^{0}li^{35}tɕ^{h}i^{22}hɤu^{22}tɤu^{35}kɤu^{33}ȵia^{35}y^{13}te^{0}.

不管做么个忙,也要好好个学。不管怎么忙，也得好好儿学习。pu^{33}kuan^{22}tsɿ^{22}mo^{22}ko^{33}mo^{13}, ia^{11}y^{33}hɤu^{22}hɤu^{22}kə^{0}ɦɤu^{11}.

她招呼病人好细心。她照顾病人很细心。i^{22}tɕiau^{22}fu^{22}pie^{11}ɦŋ^{13}hɤu^{22}ɕie^{33}ɕin^{35}.

硬 [ŋai^{11}]

“硬”在表示程度加深的时候与“蛮”相当，多用于贬义或表达说话人无可奈何的语气。

桂$^{=}$只后生家硬有力。这小伙子可有劲着呢。kuei^{13}tɕia^{22}ɦau^{22}ɕiai^{35}ka^{55}ŋai^{11}y^{22}lei^{11}.

担倒伊硬冇办法，烦死个我。真拿他没办法，烦死我了。ta^{35}te^{22}i^{22}ŋai^{11}mau^{11}pan^{13}fa^{22}, van^{12}ɕi^{22}kə^{0}o^{22}.

（3）表程度较轻

峒话用表示“小量”的词语表示轻微的程度，主要是“点咖嘚tiaŋ^{22}ka^{35}te^{21}”“点ti^{22}”。

点咖嘚tiaŋ^{22}ka^{0}te^{0}，义为“一点儿”。

桂$^{=}$只比乜只躲呱点咖嘚。这个比那个小了一点点儿。kuei^{13}tɕia^{22}pi^{22}mi^{35}tɕia^{22}niæ^{35}kua^{22}tiaŋ^{22}ka^{35}te^{21}.

桂$^{=}$只东西好柜$^{=}$是好，柜$^{=}$是太贵呱点咖嘚。这个东西好是好，就是太贵了。kuei^{13}tɕia^{22}toŋ^{35}ɕi^{33}hɤu^{22}kuei^{11}zɿ^{22}hɤu^{22}, kuei^{11}zɿ^{22}tʰai^{33}kuei^{33}kua^{22}tiaŋ^{22}ka^{35}te^{21}.

是高点咖嘚，柜$^{=}$是冇桂$^{=}$只人乜$^{=}$壮。是高一点儿，可是没有那个人胖。zɿ^{22}kɤu^{35}tiaŋ^{22}ka^{35}te^{21}, kuei^{11}zɿ^{22}mau^{11}kuei^{13}tɕia^{22}ɦiŋ^{13}mi^{35}tɕio^{33}.

点ti^{33}

尔比我高，伊比尔还高点。你比我高，他比你还要高。ŋ^{22}pi^{22}o^{22}kɤu^{35}, i^{22}pi^{22}ŋ^{22}ɦai^{13}kɤu^{35}ti^{33}.

壮个好点，还是瘦个好点？胖的好还是瘦的好？tɕio^{22}kə^{0}hɤu^{22}ti^{33}, ɦai^{13}zɿ^{22}ɕiau^{33}kə^{0}hɤu^{22}ti^{33}?

（4）表程度的比较

表比较的程度副词，通过在比较中显示程度加深。主要有下面几个词：还[ɦai^{13}]、还要[ɦai^{13}y^{33}]、越[vei^{11}]、越来越[vei^{11}liæ^{13}vei^{11}]。

还[hai^{13}]/还要[hai^{13}y^{33}]

尔比我高，伊比尔还高点。你比我高，他比你还要高。ŋ^{22}pi^{22}o^{22}kɤu^{35}, i^{22}pi^{22}ŋ^{22}ɦai^{13}kɤu^{35}ti^{33}.

背嘚个日嘚比箇气$^{=}$还要好。以后的日子比现在更好。pei^{33}te^{21}kə^{0}ɦiŋ^{11}te^{21}pi^{22}ko^{11}tɕʰi^{33}ɦai^{13}y^{33} hɤu^{22}.

伊走得比我还快点，一个比一个走得快。他跑得比我还快，一个比一个跑得快。i^{22}tsau^{22}te^{22}pi^{22}o^{22} ɦai^{13}kʰiæ^{33}ti^{33}, i^{13}kɤu^{33}pi^{22}i^{13}kɤu^{33}tsau^{22}te^{22}kʰiæ^{33}.

越[vei^{11}]/越来越[vei^{11}liæ^{13}vei^{11}]

越行越快，越讲越快。越走越快，越说越快。vei^{11}ɦai^{13}vei^{11}kʰiæ^{33}, vei^{11}ko^{22}vei^{22}kʰiæ^{33}.

桂$^{=}$些年个日嘚一年比一年好，越来越好。这些年的生活一年比一年好，越来越好。kuei^{13}ɕie^{33}nie^{13} kə^{0}ɦiŋ^{11}te^{21}i^{13}nie^{13}pi^{22}i^{13}nie^{13}hɤu^{22}, vei^{11}liæ^{13}vei^{11}hɤu^{22}.

2.指示代词

峒话中指示代词也可以表示较深的程度，有加深肯定和否定之意，主要用在形容词和动词之前。如：箇[ko^{11}]、箇乜$^{=}$[ko^{11}mi^{35}]、日$^{=}$滴$^{=}$[ɦiŋ^{11}ti^{33}]、做么个[tsɿ^{22}mo^{22}ko^{33}]等。箇[ko^{11}]、箇乜[$^{=}$ko^{11}mi^{35}]可直接修饰形容词。

箇多[ko^{11}tɤu^{35}]/箇多乜$^{=}$[ko^{11}tɤu^{35}mi^{35}]

“箇多”相当于“这么多”，“箇多乜$^{=}$”相当于“那么多”，但形容词要置于表近指的“箇”和表远指的“乜$^{=}$”之间。如：

太多呱，不要箇多乜$^{=}$，只要箇多柜$^{=}$有呱。太多了，要不了那么多，只要这么多就够了。tʰai^{33}tɤu^{35}kua^{22}, pu^{33}y^{33}ko^{11}tɤu^{35}mi^{35}, tɕi^{35}y^{33}ko^{11}tɤu^{35}kuei^{11}y^{22}kua^{0}.

做么个 tsɿ^{22}mo^{22}ko^{33}

不管做么个忙,也要好好个学。不管怎么忙，也得好好儿学习。pu^{33}kuan^{22}tsɿ^{22}mo^{22}ko^{33}mo^{13}, ia^{11}y^{33}hɤu^{22}hɤu^{22}kə^{0}ɦɤu^{11}.

日$^{=}$滴$^{=}$[ɦŋ^{11}ti^{33}]

日$^{=}$滴$^{=}$个做事连年轻个都要酿坏个。这么干活连小伙子都会累坏的。ɦŋ^{11}ti^{33}kə^{0}tsɿ^{22}sɿ^{11}lie^{13}nie^{13}tɕʰie^{35}kə^{0}tɤu^{33}y^{22}niaŋ^{22}yæ^{11}kə^{22}.

五 介引与关联

（一）介引

峒话表示介引的主要有下面一些词语：

表时间、处所、方位：把[pa^{22}]、灯$^{=}$到[taŋ^{35}]、自从[dzɿ^{13}dzoŋ^{33}]、在[dʑiæ^{22}]、是[dzɿ^{22}]、顺倒[ɕioŋ^{11}tɤu^{22}]、朝倒[dʑiau^{12}tɤu^{21}]、朝[dʑiau^{12}]

表施事受事：把[pa^{22}]、担[ta^{35}]、担倒[ta^{35}te^{22}]、把乞[pa^{22}tɕʰi^{35}]

表关涉对象：乞[tɕʰi^{35}]、替[tʰie^{33}]、向[ɕio^{33}]、问[yn^{11}]、对[tei^{33}]、连[lie^{13}]、把[pa^{22}]、与[y^{22}]、跟[kai^{35}]、跟倒[kai^{35}tɤu^{22}]

表工具、方式、材料和条件：照[tɕy^{33}]、用[ioŋ^{11}]

表原因和目的：为[vei^{11}]、为了[vei^{11}liau^{22}]、为得[vei^{11}te^{22}]、为倒[vei^{11}tɤu^{22}]

表比较和排除：比[pi^{22}]

下面介绍比较常用的介引词语。

1.时间、处所、方位

引出时间、处所和方位，可以使用“把”“灯$^{=}$到”“是”“在”“朝”等介词。

把[pa^{22}]

“把”引出时间的起点，相当于普通话“从”。如：

把躰起从小时候起 pa^{22}niæ^{35}tɕʰi^{22}

把桂$^{=}$下起，尔里再也睐不倒桂$^{=}$只老大人呱。从现在起，你们就再也看不到老人家了。pa^{22}kuei^{13}ɦa^{22}tɕʰi^{22}, ŋ^{22}li^{35}tɕiæ^{33}ia^{11}lei^{33}pu^{33}tɤu^{22}kuei^{13}tɕia^{22}lɤu^{22}ta^{11}ɦŋ^{13}kua^{22}.

把乜起，每年个四月八，为了纪念桂$^{=}$只蓝玉就食乌饭。从那起，每年四月初八，为了纪念蓝玉就吃乌饭。pa^{22}mi^{35}tɕʰi^{22}, mei^{22}nie^{13}kə^{0}ɕi^{33}vai^{11}piæ^{22}, vei^{11}liau^{22}tɕi^{33}lian^{35}kuei^{13}tɕia^{22}lan^{13}y^{35}kuei^{11}y^{11}vu^{35}pai^{21}.

桂$^{=}$只要龙灯呢柜$^{=}$是把唐朝个唐王兴起个。这个要龙灯呢就是从唐朝的唐王兴起的。kuei^{13}tɕia^{22}sa^{22}

loŋ^{13}ten^{33}le^{22}kuei^{11}zʅ^{22}pa^{22}daŋ^{13}dzau^{33}kə^{0}daŋ^{13}vaŋ^{33}ɕin^{33}tɕ^{h}i^{22}kə^{0}.

灯⁼到 [taŋ^{35}]

“灯⁼到”做介词相当于普通话的“到”，介引时间或动作的方向。如：

以后，灯⁼现在了，桂⁼只四月八有乌米呱。以后，到现在呢，这个四月八没有乌米了。i^{22}ɦɤu^{13}, taŋ^{35}ɕian^{13}tsai^{33}lia^{22}, kuei^{13}tɕia^{22}ɕi^{33}vai^{11}piæ^{22}mau^{11}vu^{35}mi^{22}kua^{22}.

桂⁼部汽车要开灯⁼广州去。这辆汽车要开到广州去。kuei^{13}bu^{22}tɕ^{h}i^{35}ts^{h}e^{33}y^{33}fei^{35}taŋ^{35}kuaŋ^{22}tsɤu^{33}y^{13}.

跳灯⁼牛面前。跳到牛面前。t^{h}ei^{33}taŋ^{35}ŋau^{13}mie^{11}dzai^{13}.

箩里个歌呢尽丈⁼灯⁼地嘚乞河里。箩里的歌呢全部掉到地里和河里。lɤu^{13}li^{22}kə^{0}kɤu^{35}le^{0}dʑin^{22}dʑiaŋ^{13}taŋ^{35}ti^{11}te^{21}tɕ^{h}i^{35}ɦɤu^{13}ti^{33}.

是 [dzʅ^{22}]

“是”做介词，后接表处所的指示代词，主要介引处所，相当于普通话的“在”。如：

伊正当是乜乞一只朋友讲话。他正在那儿跟一个朋友说话呢。i^{22}tɕin^{35}taŋ^{35}dzʅ^{22}mi^{35}tɕ^{h}i^{35}i^{13}tɕia^{22}poŋ^{13}y^{22}ko^{22}va^{11}.

我正当是里寻尔。我正在这儿找你。o^{22}tɕin^{35}taŋ^{35}dzʅ^{22}li^{22}dʑin^{13}ŋ^{22}.

“是”还可以做动词，相当于普通话做动词的“在”，例如：

伊出遮⁼头去呱？伊还是屋里。他上哪儿了？还在家里呢。i^{22}tɕ^{h}yei^{22}tɕia^{35}dau^{33}y^{13}kua^{22}? i^{22}hai^{13}dzʅ^{22}vu^{22}ti^{33}.

2.施事、受事和关涉对象

引出施事、受事和关涉对象，使用“把”“乞”“把乞”“跟（倒）”“担（倒）”等介词。

把 [pa^{22}]

“把”引出受事对象表处置的用法将在“把”字句重点介绍，这里只列举几个例子：

尔把饭碗洗一下。你把碗洗一下。ŋ^{22}pa^{22}pai^{11}o^{22}ɕie^{22}i^{33}ɦa^{22}.

尔快把桂⁼碗饭食呱，饭同冷呱了。你快把这碗饭吃了，饭都凉了。ŋ^{22}k^{h}iæ^{33}pa^{22}kuei^{13}o^{22}pai^{11}y^{11}kua^{22}, pai^{11}daŋ^{13}lai^{22}kua^{22}lia^{22}.

快点把伊请来。赶快把他请来。k^{h}iæ^{22}ti^{22}pu^{22}i^{22}ts^{h}ai^{22}liæ^{13}.

伊把钱一丢，二话不讲，转身柜⁼走。他把钱一扔，二话不说，转身就跑。i^{22}pa^{22}dzai^{13}i^{13}dɤu^{11}, nie^{11}va^{11}pu^{33}ko^{22}, tɕiai^{22}ɕin^{35}kuei^{11}tsau^{22}.

伊把［他人］里骂呱。他把别人骂了。i^{22}pa^{22}t^{h}aŋ^{35}li^{33}ma^{11}kua^{22}.

乞 [tɕ^{h}i^{35}]

“乞”做介词，在峒话中的用法如下：

第一，引出关涉对象，相当于普通话的“跟”“和”“同”。

惊来个时候呢，去乞箇只唐王讲。醒来后呢，去跟唐王讲。tɕie^{35}liæ^{13}kə^{0}zɿ^{13}ɦɤu^{33}le^{22}, y^{13}tɕʰi^{35} ko^{11}tɕia^{22}daŋ^{13}vaŋ^{33}ko^{22}.

伊正当是乜乞一只朋友讲话。他正在那儿跟一个朋友说话呢。i^{22}tɕin^{35}taŋ^{35}dzɿ^{22}mi^{35}tɕʰi^{35}i^{13}tɕia^{22} poŋ^{13}y^{22}ko^{22}va^{11}.

柜⁼是老鼠嘚乞牛比赛。就是老鼠跟牛比赛。kuei^{11}zɿ^{22}lɤu^{22}ɕyei^{22}te^{21}tɕʰi^{35}ŋau^{13}pi^{22}sai^{35}.

第二，用在表比较的句式里，相当于普通话的“跟”，引出比较项，后头的格式常限于“一样”“相同”之类。

老王乞倒老张一样高。老王跟（同）老张一样高。lau^{22}vaŋ^{13}tɕʰi^{35}tɤu^{11}lau^{33}tsaŋ^{33}i^{13}io^{11}kɤu^{35}.

桂⁼只乞桂⁼只乜⁼一样大。这个跟那个一般大。kuei^{13}tɕia^{22}tɕʰi^{35}kuei^{13}tɕia^{22}mi^{35}i^{13}io^{11}ta^{11}.

桂⁼只乞乜只大躲一样，分不出来。这个跟那个大小一样，分不出来。kuei^{13}tɕia^{22}tɕʰi^{35}mi^{35}tɕia^{22}ta^{11} niæ^{35}i^{13}io^{11}, poŋ^{35}pu^{33}tɕʰyei^{22}liæ^{13}.

第三，引出关涉对象

“乞”引出关涉对象的用法，相当于普通话的介词“给”。

莫走，尔乞我徛倒！别跑，你给我站着！ma^{11}tsau^{22}, ŋ^{22}tɕʰi^{35}o^{22}dʑi^{22}tɤu^{21}!

我上个月日借乞伊三百块钱。我上个月借给他三百块钱。o^{22}dʑio^{22}kɤu^{22}vai^{11}ɦŋ^{11}tɕiæ^{33}tɕʰi^{35}i^{22}sa^{35} pa^{22}kʰiæ^{22}dzai^{13}.

柜⁼乞老板送吉祥。就给老板送吉祥。kuei^{11}tɕʰi^{35}lɤu^{22}pai^{33}saŋ^{33}tɕi^{13}dʑiaŋ^{12}.

着起青衣啊，乞伊戴起青包头啊，去请伊。穿上青布衣，给她戴上青包头，去请她。tɤu^{22}tɕʰi^{22} tsʰai^{35}i^{55}a^{33}, tɕʰi^{35}i^{22}ta^{33}tɕʰi^{22}tsʰai^{35}pɤu^{35}dau^{33}a^{0}, y^{13}tsʰai^{22}i^{22}.

值得注意的是，峒话中的“乞[tɕʰi^{35}]”只能做介词，不能做动词，这与普通话中“给”既可以做动词又可以做介词不同，峒话中表示“给予”义的动词是“把[pa^{22}]”。例如：

普通话	峒话
甲：你给不给？	甲：尔把不把？ ŋ^{22}pa^{22}pu^{33}pa^{22}
乙：我给。	乙：我把。o^{22}pa^{22}
乙：我不给。	乙：我不把。o^{22}pu^{33}pa^{22}
甲：你给他。	甲：尔把乞伊。ŋ^{22}pa^{22}tɕʰi^{35}i^{22}

普通话的“给”可以带宾语，可以不带，但峒话的“把”如果带宾语必须带上介词“乞”。又如：

我把乞尔个书是我教中学个舅爷写个。我给你的书是我教中学的舅舅写的。o^{22}pa^{22}tɕʰi^{35}ŋ^{22}kə^{0}ɕy^{35} zɿ^{22}o^{22}kɤu^{35}tsoŋ^{33}ɕio^{13}kə^{0}dʑy^{22}ia^{33}ɕiæ^{22}kə^{0}.

第四，介词“乞”与动词“要”结合，组成“乞……要”的格式，表示给予义，“乞”引出与事宾语，“要”是动词，相当于普通话的“给”，后接受事宾语。如：

老师乞尔要起一本蛮厚个书么？老师给了你一本很厚的书吧？ lau^{22}sɿ^{33}tɕ^{h}i^{35}ŋ^{22}y^{33}tɕ^{h}i^{22}i^{13}poŋ^{22}mai^{11}ɦau^{22}ko^{0}ɕy^{35}mo^{0}.

乞我要一本书，乞伊要三本书。给我一本书。给他三本书。tɕ^{h}i^{35}o^{22}y^{33}poŋ^{22}ɕy^{35}, tɕ^{h}i^{35}i^{22}y^{33}sa^{35}poŋ^{22}ɕy^{35}.

第五，引出施事，表示被动

介词“乞”引出施事对象时不能单用，必须与介词“把”组成同义复合介词“把乞”表示被动，例如：

伊把乞伊个娘讲得□。他被妈妈说哭了。i^{22}pa^{22}tɕ^{h}i^{35}i^{22}kə^{0}niaŋ^{11}ko^{22}te^{22}kai^{22}.

把乞雨溅得一身透完呱。被雨淋了个浑身湿透。pa^{22}tɕ^{h}i^{35}vu^{22}diæ^{22}te^{22}i^{13}ɕin^{35}t^{h}au^{33}vai^{13}kua^{0}.

担倒 [ta^{35}tɤu^{21}]/ 跟 [kai^{35}]/ 跟倒 [kai^{35}tɤu^{21}]

“担倒”相当于普通话做介词的“拿”，“跟”和“跟倒”相当于普通话介词“和”“跟”“同”。

担倒伊硬有办法，烦死个我。真拿他没办法，烦死我了。ta^{35}tɤu^{21}i^{22}ŋai^{11}mau^{11}pan^{13}fa^{22}, van^{12}ɕi^{22}kə^{0}o^{22}.

面先，有只老鼠嘚跟牛比赛。原先，有只老鼠跟牛比赛。mie^{13}sai^{35}, iɤu^{22}tsa^{22}lɤu^{22}ɕyei^{22}tɤu^{21}kai^{35}ŋau^{13}pi^{22}sai^{35}.

一夜头柜⁼跟倒牛眠。晚上就跟牛睡。i^{13}ia^{11}dau^{33}kuei^{11}kai^{35}tɤu^{21}ŋau^{13}mie^{13}.

3.依据、手段、目的

（1）用“用 [ioŋ^{11}]”“靠 [k^{h}au^{33}]”“凭 [bin^{12}]”引出依据或手段。如：

我里用么个车朝南京往个头运家具？我们用什么车从南京往这里运家具呢？ a^{22}li^{35}ioŋ^{11}mo^{11}ko^{33}ts^{h}e^{33}dzau^{13}lan^{12}tɕin^{35}vaŋ^{22}ko^{11}dau^{11}yn^{33}tɕia^{35}tɕy^{35}?

桂⁼句话用人话何滴⁼讲得？这句话用人话怎么说？ kuei^{13}ki^{33}va^{11}ioŋ^{11}ɦŋ^{13}va^{11}ɦo^{13}ti^{33}ko^{22}ti^{0}?

我靠本事食饭。我靠本事吃饭。o^{22}k^{h}au^{33}poŋ^{22}sɿ^{11}y^{11}pai^{11}.

伊靠伊爷个关系调到呱城里。他靠他父亲的关系调到了城里。i^{22}k^{h}au^{33}i^{22}ia^{13}kə^{0}kuan^{33}ɕi^{35}tei^{33}tau^{35}kua^{0}dʑin^{13}ti^{33}.

尔凭么个管我个事。你凭什么管我的事。ŋ^{22}bin^{12}mo^{11}ko^{33}kuan^{22}o^{22}kə^{0}sɿ^{11}.

（2）用“为得 [vei^{11}te^{22}]”“为倒 [vei^{11}tɤu^{22}]”“为了 [vei^{11}lia^{22}]”引出目的，用法和意义与普通话相同，如：

出身毛毛汗，为得一行缝。（谜语——拉锯）tɕ^{h}yei^{22}ɕin^{35}mo^{13}mo^{33}ho^{11}, vei^{11}te^{22}i^{13}ɦai^{33}foŋ^{11}.

为得赢钱输到底。vei^{13}te^{22}ie^{13}dzai^{13}ɕy^{35}taŋ^{35}tie^{22}.

伊为得超度伊啊，想倒把伊个□身啊担来复活。他为了超度它啊，就想把它的身体拿来复活。i^{22}vei^{11}te^{22}ts^{h}au^{33}tɤu^{33}i^{22}a^{0}, ɕio^{22}tɤu^{22}pa^{22}i^{22}kə^{0}ɦɤu^{13}ɕin^{35}a^{0}ta^{35}liæ^{13}fu^{22}fe^{13}.

伊为倒朝廷个事把乞桂$^{=}$只奸臣所害。他为了朝廷的事被奸臣害死了。i^{22}vei^{11}tɤu^{22}dzau^{13}din^{33}kə^{0} sɿ^{11}pa^{22}tɕ^{h}i^{35}kuei^{13}tɕia^{22}kan^{33}dzen^{12}so^{22}ɦai^{13}.

伊为倒啊绣个一蔸花椒个花。她为了绣一丛花椒花。i^{22}vei^{11}tɤu^{22}a^{33}ɕiɤu^{35}kə^{0}i^{13}tau^{35}fa^{35}tsei^{55}kə^{0} fa^{35}.

把乜起，每年个四月八，为了纪念桂$^{=}$只蓝玉柜$^{=}$食乌饭。从那起，每年的四月八，为了纪念蓝玉就吃乌饭。pa^{22}mi^{35}tɕ^{h}i^{22}, mei^{22}nie^{13}kə^{0}ɕi^{33}vai^{11}piæ^{22}, vei^{11}lia^{22}tɕi^{33}lian^{35}kuei^{13}tɕia^{22}lan^{13}y^{35}kuei^{11}y^{11} vu^{35}pai^{21}.

（二）关联

峒话的关联词语有“乞”“是……还是”“一边……一边”“又”“就”“只有”“只要……就”“还”“随”等，可以表示并列关系、因果关系、转折关系等。下面就几个常用的关联词语作简要介绍。

1. 乞 [tɕ^{h}i^{35}]

“乞”做连词时，主要表示词或词组的并列关系。如：

牛郎乞织女两个人柜$^{=}$好得很。牛郎和织女两人很恩爱。ŋau^{13}lo^{33}tɕ^{h}i^{35}tsɿ^{13}ny^{22}lio^{22}kɤu^{33}ɦŋ^{13}kuei^{11}hau^{22}te^{22}hai^{22}.

箩里个歌呢尽丈$^{=}$灯$^{=}$地嘚乞河里。箩里的歌全部掉到地上和河里。lɤu^{13}li^{22}kə^{0}kɤu^{35}le^{0}dʑin^{22}dʑiaŋ^{13}taŋ^{35}ti^{11}te^{21}tɕ^{h}i^{35}ɦɤu^{13}ti^{33}.

2. 是 [zɿ^{22}] ……还是 [ɦai^{13}zɿ^{22}]

“是……还是”在疑问句中表示选择，一般情况下，可以省略前面的“是”，只用“还是”来连接两个分句。如：

尔是食烟，还是食茶？你是抽烟呢，还是喝茶？ŋ^{22}zɿ^{22}y^{11}ie^{35}, ɦai^{13}zɿ^{22}y^{11}dʑia^{13}?

坐倒食好，还是徛倒食好？坐着吃好，还是站着吃好？dzɤu^{22}tɤu^{22}y^{11}hɤu^{22}, ɦai^{13}zɿ^{22}dʑi^{22}tɤu^{22} y^{11}hɤu^{22}?

3. 一边 [i^{13}pie^{35}] ……一边 [i^{13}pie^{35}]

“一边……一边”表示并列关系。

我里一边行，一边讲。咱们一边走一边说。a^{22}li^{35}i^{13}pie^{35}ɦai^{13}, i^{13}pie^{35}ko^{22}.

4. 又 [y^{11}]

“又”可以表示并列、转折。表示并列时，“又”可以连接并列的两个名词或名词性短语，也可以连接两个动词或者动词性短语，以及两个并列的分句。如：

老大眼花手又□手残，老二脚跰背又虾。老大眼花又手残，老二脚跛背又驼。ɤu^{22}ta^{11}ŋai^{22}fa^{35}ɕy^{22} y^{11}gua^{13}, lɤu^{22}nie^{11}tɕiɤu^{22}pai^{33}pei^{33}y^{11}ha^{35}.

丈$^{=}$掉呱下去呢，又□跌到塘里些柜$^{=}$死呱了。掉了下去呢，又摔到塘里面淹死了。dʑiaŋ^{13}kua^{22}

ɦa^{22}y^{13}le^{22}, y^{11}da^{13}taŋ^{35}do^{13}li^{22}ɕi^{33}kuei^{11}ɕi^{33}kua^{22}lia^{22}.

讲呱一转，又讲呱一转。说了一遍，又说一遍。ko^{22}kua^{22}i^{13}tɕiai^{33}, y^{11}ko^{22}kua^{22}i^{13}tɕiai^{33}.

“又”可表示转折，相当于普通话的“但是”“却”。

我想过去捞一把，又怕［他人］里抢钩刀。我想过去捞一把（柴火），却怕人家抢我的柴刀。o^{22}ɕio^{22}kɤu^{33}y^{13}lɤu^{35}i^{22}pa^{22}y^{11}p^{h}a^{33}t^{h}aŋ^{35}li^{33}tɕ^{h}io^{22}kau^{35}tɤu^{55}.

实际呢，桂$^{=}$只牛呢，伊呢又是天堂上一只金牛星。实际呢，这头牛呢，它却是天堂上的金牛星。sɿ^{13}tɕi^{35}le^{33}, kuei^{13}tɕia^{22}ŋau^{13}le^{33}, i^{22}le^{33}y^{11}zɿ^{22}t^{h}ie^{35}dau^{13}dʑio^{22}i^{13}tɕia^{22}tɕin^{35}ŋau^{13}sai^{35}.

5. 柜$^{=}$[kuei^{11}]

“柜$^{=}$”表条件—结果关系，可以与“一”配合使用，相当于“就”。“一……柜$^{=}$……”相当于普通话的“一……就……”，多用于紧缩复句中。如：

伊一睐见啊伊柜$^{=}$喜欢得很，跳起跳起呢柜$^{=}$行起归。她一看见就非常喜欢，蹦蹦跳跳地就回家了。i^{22}i^{13}lei^{33}tɕie^{33}a^{33}i^{22}kuei^{11}ɕi^{22}ho^{35}te^{22}hai^{22}, t^{h}ei^{33}tɕ^{h}i^{22}t^{h}ei^{22}tɕ^{h}i^{22}le^{22}kuei^{11}ɦai^{13}tɕ^{h}i^{22}kuei^{35}.

好，玉帝一得知呱柜$^{=}$派起箇个魏征把龙王就担来杀呱。好，玉帝知道了就派魏征把龙王抓来杀了。hɤu^{22}, y^{35}ti^{35}i^{13}tai^{22}ti^{35}kua^{22}kuei^{11}p^{h}ai^{33}tɕ^{h}i^{22}ko^{11}ko^{33}vei^{35}tsen^{33}pa^{22}loŋ^{13}vaŋ^{33}kuei^{11}ta^{35}liæ^{13}ɕiæ^{22}kua^{22}.

伊一喜欢柜$^{=}$唱起歌来呱。她一高兴就唱起歌来了。i^{22}i^{13}ɕi^{22}ho^{35}kuei^{11}tɕ^{h}io^{33}tɕ^{h}i^{22}kɤu^{35}liæ^{13}kua^{22}.

对着两个人个中心地一划，一划呢，柜$^{=}$生起一条蛮大个河。对着两人中间一划，就出现了一条大河。tei^{33}te^{0}lio^{22}kɤu^{33}ɦŋ^{13}kə^{0}tio^{35}ɕin^{33}ti^{11}i^{13}fa^{13}, i^{13}va^{11}le^{22}, kuei^{11}ɕiai^{35}tɕ^{h}i^{22}i^{13}dy^{13}mai^{13}ta^{11}kə^{0}ɦɤu^{13}.

“柜$^{=}$”单独使用，也表示结果。

一条蛮大个河呢睐不到边，柜$^{=}$叫作银河。一条望不到边的大河，就叫作银河。i^{13}dy^{13}mai^{13}ta^{11}kə^{0}ɦɤu^{13}le^{33}lei^{33}pu^{33}tau^{22}pie^{35}, kuei^{11}tɕiau^{33}tso^{22}in^{13}ɦɤu^{13}.

安倒田里些啊，柜$^{=}$做谷种柜$^{=}$种禾。撒到田里呢，就做谷种就种稻谷。a^{35}tɤu^{22}die^{13}li^{22}ɕi^{33}a^{33}, kuei^{11}tsɿ^{22}ku^{22}tɕin^{22}kuei^{11}tsɤu^{22}ɦɤu^{13}.

遮$^{=}$个得知呢，鱼嘚食呱松树叶嘚呢，柜$^{=}$一肚嘚变得尽歌。哪个知道呢？鱼儿吃了松树叶呢，就变得一肚子尽是歌。tɕia^{35}kɤu^{33}tai^{22}ti^{35}le^{33}, ny^{13}te^{21}ie^{11}kua^{0}dzoŋ^{13}tɕy^{11}ie^{11}te^{22}le^{33}, kuei^{11}i^{13}du^{22}te^{21}pie^{33}te^{22}dʑin^{22}kɤu^{35}.

6. 也[ia^{11}]

“也”主要表示并列、转折关系。如：

箇开$^{=}$嘚有呢做，也有呢食。现在是有的做，也有的吃。ko^{11}fei^{35}te^{21}y^{22}le^{33}tsɿ^{22},ia^{11}y^{22}le^{33}y^{11}.

尔来也要得，不来也要得。你来也行，不来也行。ŋ^{22}liæ^{13}ia^{11}y^{33}te^{22}, pu^{33}liæ^{13}ia^{11}y^{22}te^{22}.

不管做么个忙，也要好好个学。不管怎么忙，也得好好儿学习。pu^{33}kuan^{22}tsɿ^{22}mo^{22}ko^{33}mo^{13}, ia^{11}

y^{33}hɤu^{22}hɤu^{22}kə^{0}ɦɤu^{11}.

雷公先唱歌，落雨也不多。先打雷，下雨却不多。lei^{13}koŋ^{35}sai^{35}tɕ^{h}io^{33}kɤu^{35}, lɤu^{11}vu^{22}ia^{11}pu^{33}tɤu^{35}.

江边冷菜嫩嫣嫣，有油有盐也清甜。江边野菜嫩嫩的，没油没盐也清甜。ko^{35}pie^{55}lai^{22}tɕ^{h}iæ^{33}loŋ^{11}ie^{35}ie^{55}, mau^{11}y^{13}mau^{11}ie^{13}ia^{11}tɕ^{h}in^{35}die^{13}.

7. 还 [ɦai^{13}]

“还”表示递进关系，一般置于递进项分句中。如：

只写得一丁$^{=}$，还要写下去。只写了一半，还得写下去。tɕi^{35}ɕiæ^{22}te^{22}i^{13}tin^{22}, ɦai^{13}y^{22}ɕiæ^{22}ɦa^{22}y^{13}.

尔比我高，伊比尔还高点。你比我高，他比你还要高。ŋ^{22}pi^{22}o^{22}kɤu^{35}, i^{22}pi^{22}ŋ^{22}ɦai^{13}kɤu^{35}ti^{33}.

得知，我还得知讲新宁话、武冈话，不过讲得不□得好。会，还会说新宁话、武冈话，不过说得不怎么好。tai^{22}ti^{35}, o^{22}ɦai^{13}tai^{22}ti^{35}ko^{22}ɕin^{35}lin^{13}va^{11}, vu^{22}ko^{35}va^{22}, pu^{33}ko^{33}ko^{22}te^{22}pu^{22}ma^{35}te^{22}hɤu^{22}.

“还”表示转折关系，一般是在某种客观事实的基础上做出转折。如：

桂$^{=}$只东西虽然讲贵呱点，不过还蛮经事。这个东西虽说贵了点儿，不过挺结实的。kuei^{13}tɕia^{22}toŋ^{35}ɕi^{33}suei^{33}zan^{13}ko^{22}kuei^{33}kua^{0}tian^{22}, pu^{33}ko^{33}ɦai^{13}mai^{13}tɕin^{33}sɿ^{13}.

我骂伊是只□尖$^{=}$，伊还不烦躁。我骂他是个大笨蛋，他居然不恼火。o^{22}ma^{11}i^{22}zɿ^{22}tɕia^{22}paŋ^{11}tsai^{35}, i^{22}ɦai^{13}pu^{33}vai^{13}ts^{h}ɤu^{22}.

牛呢，走得快点个还是背嘚。牛跑得快些竟然落在后面。ŋau^{13}le^{22}, tsau^{22}ti^{33}k^{h}iæ^{33}ti^{33}kə^{0}ɦai^{13}zɿ^{22}pei^{33}te^{21}.

我食呱茶还是口干。我喝了茶还是渴。o^{22}y^{11}kua^{22}dʑia^{13}ɦai^{13}zɿ^{22}hau^{22}ko^{35}.

8. 只有 [tɕi^{35}y^{22}]

“只有”一般置于后续分句中，表示唯一的结果，口语化程度高。

千根百样丢尽呱，只有忧心丢不脱。千种百样都丢尽了，只有忧愁丢不掉。ts^{h}ai^{35}kai^{35}pa^{22}io^{11}dɤu^{11}dʑin^{22}kua^{22}, tɕi^{35}y^{22}y^{35}ɕin^{55}dɤu^{11}pu^{33}t^{h}iæ^{22}.

尔俩冇法过，只有分开食。你俩没法过，只有分开吃。ŋ^{22}lio^{22}mau^{11}ɕyæ^{22}kɤu^{33}tɕi^{35}y^{22}poŋ^{35}fei^{35}y^{11}.

归去翻箱寻本，只有拿衣去当。回来翻箱寻本钱，只有拿衣服典当。kuei^{35}y^{13}fai^{35}ɕio^{35}dʑin^{13}poŋ^{22}tɕi^{35}y^{22}la^{13}i^{35}y^{13}to^{33}.

9. 只要 [tɕi^{35}y^{33}]……柜$^{=}$[kuei^{11}]

“只要……柜$^{=}$”表示假设的条件和结果之间的关系。

只要伊肯来，我柜$^{=}$冇么个讲个。只要他肯来，我就没的说了。tɕi^{35}y^{33}i^{22}haŋ^{22}liæ^{13}, o^{22}kuei^{11}mau^{11}mo^{22}ko^{33}ko^{22}kə^{0}.

只要伊喜欢，我柜$^{=}$喜欢。只要他高兴，我就高兴。tɕi^{35}y^{33}i^{22}ɕi^{22}ho^{35}, o^{22}kuei^{11}ɕi^{22}ho^{35}.

10. 随 [dzei^{13}]

“随”表示无条件，相当于普通话的“无论”“不管”，如：

随尔去不去，反正我是要去。不管你去不去，反正我是要去的。dzei^{13}ŋ^{22}y^{13}pu^{33}y^{13}, fan^{33}tsen^{35} o^{22}zʅ^{22}y^{33}y^{13}.

随伊落不落雨，我都要去个。不管是不是下雨，我都要去。dzei^{13}i^{22}lɤu^{11}pu^{33}lɤu^{11}vu^{22}, o^{22}tɤu^{33} y^{33}y^{13}kə^{0}.

随尔何想得，伊讲行柜⁼行。不管你怎么想，他说走就走。dzei^{13}ŋ^{22}ɦo^{13}ɕio^{22}ti^{33}, i^{22}ko^{22}ɦai^{13} kuei^{11}ɦai^{13}.

随我有钱冇钱，都要过只好年。不管有没有钱，都要过个好年。dzei^{13}o^{22}y^{22}dzai^{13}mau^{11}dzai^{13}, tɤu^{33}y^{33}kɤu^{33}tɕia^{22}hɤu^{22}nie^{13}.

随伊何滴⁼做得，我里柜⁼是日⁼滴⁼做。不管他怎么干，我们就这样干。dzei^{13}i^{22}ɦo^{13}ti^{33}tsʅ^{22}ti^{33}, a^{22}li^{35}kuei^{11}zʅ^{22}ɦŋ^{11}ti^{33}tsʅ^{22}.

有时也用“不管”，但口语化程度没有“随”高。如：

不管做么个忙,也要好好个学。不管怎么忙，也得好好儿学习。pu^{33}kuan^{22}tsʅ^{22}mo^{22}ko^{33}mo^{13}, ia^{11}y^{33}hɤu^{22}hɤu^{22}kə^{0}ɦɤu^{11}.

11. 要是[y^{33}zʅ^{22}]

“要是”表示假设的条件和结果之间的关系，相当于普通话的“如果……那么”。

要是我妹吹得声，郎吹去来妹吹归。如果妹妹能吹出声，郎吹去来妹吹归。y^{33}zʅ^{22}o^{22}mei^{11}tɕ^{h}yei^{35}te^{22}ɕie^{35}, lo^{13}tɕ^{h}yei^{35}y^{13}liæ^{13}mei^{11}tɕ^{h}yei^{35}kuei^{35}.

要是不落雨，我柜⁼来。如果不下雨，我就来。y^{33}zʅ^{22}pu^{33}lɤu^{11}vu^{22}, o^{22}kuei^{11}liæ^{13}.

要是尔不来，我柜⁼去。如果你不来，我就去。y^{33}zʅ^{22}ŋ^{22}pu^{33}liæ^{13}, o^{22}kuei^{11}y^{13}.

六 体貌系统

动词的“体”和“貌”是有联系又有区别的语法范畴。“体”是对时间进程中事件构成方式的客观表达，通常表示的是动作事件在具体的时间进程中的状态和特征。貌”是事件在进行过程中构成的方式，通常体现着动作主体在这一过程中的主观态度和情绪。峒话体貌系统中常见的有完成体、经历体、进行体、持续体、起始体、短时貌、尝试貌、反复貌等。峒话的体标记多是虚化或半虚化的助词、副词、语气词等，一个体貌助词可以表达不同的体貌范畴，同一个范畴的体貌，可以使用不同的体貌助词表达。峒话常用的体貌助词和所表示的体貌关系如下：

呱：完成体 经历体 起始体

起：持续体 进行体 实现体

呢：起始体

倒：进行体 持续体 完成体

过：经历体

下：短时貌 尝试貌

除了上述体貌词之外，部分补语也可以表示体貌，如用“V过来V转去”格式表示反复貌。

（一）呱$_1$[kua^{22}]

“呱$_1$”是峒话中使用频率最高的一个体标记，功能大致相当于普通话表已然和完成的“了$_1$”，但用法更复杂，还可表经历。“呱$_1$[kua^{22}]”的语音变体是“咖[ka^{22}]”，应是[u]介音的脱落所致，其功能也与“呱$_1$[kua^{22}]”大致相当。

1.表示完成

（1）“呱$_1$”用在动词、形容词之后表示动作行为的实现和完成。

伊把柑子剥呱皮，但是又不得食。他把橘子剥了皮，但是没吃。i^{22}pa^{22}kan^{33}tsɿ^{0}po^{22}kua^{22}bi^{13}, tan^{22}zɿ^{22}y^{11}pu^{33}ti^{33}y^{11}.

帽嘚把乞风吹走呱。帽子被风吹走了。mo^{11}te^{21}pa^{22}tɕʰi^{35}poŋ^{35}tɕʰyei^{35}tsau^{22}kua^{22}.

是伊把桂$^{=}$只瓯嘚乜捶烂呱。是他把那个杯子打碎了。zɿ^{22}i^{22}pa^{22}kuei^{13}tɕia^{22}au^{35}te^{21}mi^{35}dei^{13}la^{11} kua^{22}.

瑶山变呱歌山呱。瑶山变成了歌山了。iau^{13}ɕiai^{55}pie^{33}kua^{22}kɤu^{35}ɕiai^{55}kua^{22}.

“瑶山变呱歌山呱”中第一个“呱$_1$”在动词“变”之后，表示动作的完成，相当于普通话的“了$_1$”，第二个“呱$_2$”是语气词，相当于普通话的“了$_2$”。

好，桓$^{=}$两个人呢就成咖两个老呱。好，两个人就成了夫妻了。kuei^{11}lio^{22}kɤu^{33}ŋ^{13}le^{22}kuei^{11}dʑie^{13} ka^{22}lio^{22}kɤu^{33}lɤu^{22}kua^{22}.

上句中的“咖”是“呱”的变体，也表示动作行为的完成。

“呱”表完成的否定形式是在动词前添加否定副词“不”和“莫”，如：

雨不落呱，天晴呱。雨不下了，天晴了。vu^{22}pu^{33}lɤu^{11}kua^{22}, tʰie^{35}dzai^{13}kua^{22}.

今夜头莫行呱，桓$^{=}$是我屋里歇倒！今晚别走了，就在我家住下吧！tɕie^{35}ia^{11}dau^{13}ma^{11} ɦai^{13}kua^{22}, kuei^{11}dzɿ^{22}o^{22}vu^{22}ti^{33}ɕie^{22}tɤu^{21}!

“呱”表示完成的疑问形式多在句末添加语气词“么”，如：

老张来呱么？讲好伊也要来个！老张来了吗？说好他也来的！lɤu^{22}tɕio^{35}liæ^{13}kua^{22}mo^{22}? ko^{22} hɤu^{22}i^{22}ia^{11}y^{33}liæ^{13}kə^{0}!

伊食呱饭呱，尔食呱饭么？他吃了饭了，你吃了饭没有呢？i^{22}y^{11}kua^{22}pai^{11}kua^{22}, ŋ^{22}y^{11}kua^{22} pai^{11}mo^{22}?

（2）“呱$_1$”和句末语气词“了”结合，语气加重，强调动作的完成。如：

丈$^{=}$呱下去呢又□灯$^{=}$塘里些桓$^{=}$死呱了。摔下去呢又跌到塘里面淹死了。dʑiaŋ^{13}kua^{22}ɦa^{22}y^{13}le^{22} y^{22}da^{13}taŋ^{35}do^{13}li^{22}ɕi^{33}kuei^{11}ɕi^{33}kua^{22}lia^{22}.

伊个呢已经把乞皇上害呱了。他的父亲已经被皇上害死了。i^{22}kə^{0}ia^{13}le^{22}i^{22}tɕin^{33}pa^{22}tɕʰi^{35}ɦo^{13}dʑi o^{22}hai^{11}kua^{22}lia^{22}.

2. 表示经历

“呱$_{1}$”可以在动词或者形容词后表示经历，后接句末语气词“了”会使语气增强。

我食呱兔嘚冷$^{=}$。我吃过兔子肉。o^{22}y^{11}kua^{22}t^{h}u^{33}te^{22}lai^{22}.

我是何$^{=}$儿$^{=}$年灯$^{=}$呱北京。我是前年到的北京。o^{22}zʅ^{22}ɦo^{13}tɕi^{22}nie^{33}taŋ^{35}kua^{22}pai^{22}tɕin^{55}.

桂$^{=}$部电影伊睐呱了。这部电影他看过了。kuei^{13}bu^{22}dian^{13}in^{22}i^{22}lei^{33}kua^{22}lia^{22}.

（二）倒 [tɤu^{22}]

“倒”用在动词之后可表持续和进行，声调多读变调 [21]，与上声的变调规律相同，但“倒”位于句末，或者发音人有意强调时也读本调 [22]。

1. 表示持续

“倒”在动词、形容词之后，表示某种动作行为的静止状态的持续，相当于普通话的“着”。例如：

伊一日都陪倒我讲话。他整天都陪着我说话。i^{22}i^{13}ɦiŋ^{11}tɤu^{35}bei^{13}tɤu^{21}o^{22}ko^{22}va^{11}.

坐倒，莫直起来。坐着，别站起来。dzɤu^{22}tɤu^{21}, ma^{11}di^{13}ɕi^{22}liæ^{13}.

伊屋里个门锁倒个，窗嘚眼也遮倒个，一个人都冇。他家门锁着，窗户也关着，一个人都没有。i^{22}vu^{22}ti^{33}kə^{0}moŋ^{13}so^{22}tɤu^{21}kə^{22},tɕ^{h}io^{35}te^{0}ŋai^{22}ia^{11}tɕia^{35}tɤu^{21}kə^{22}, i^{13}kɤu^{33}ɦiŋ^{13}tɤu^{33}mau^{11}.

2. 表示进行

“倒”在“V倒＋V倒”的重叠格式中，表示动作正在进行时出现了别的动作行为。也有学者认为这是一种伴随貌，是某种动作或状态在进行时发生了某种变化，出现一些新的情况。如：

讲倒讲倒柜$^{=}$笑起来呱。说着说着就笑起来了。ko^{22}tɤu^{21}ko^{22}tɤu^{21}kuei^{11}sei^{33}tɕ^{h}i^{22}liæ^{13}kua^{22}.

伊在电视机面前睐倒睐倒柜$^{=}$□着咖。他在电视机前看着看着睡着了。i^{22}dʑia^{22}dian^{13}zʅ^{13}tɕi^{33}mie^{11}dzai^{13}lei^{33}tɤu^{21}lei^{33}tɤu^{21}kuei^{11}o^{11}tɕio^{11}ka^{22}.

前一分句在“V倒”前加副词“正当”表示动作行为正在进行，后一分句表示出现新的变化。如：

正当食倒酒，不得知何滴$^{=}$个柜$^{=}$打起来呱。正喝着酒呢，不知怎么就打起来了。tɕin^{33}taŋ^{35}y^{11}tɤu^{21}tsei^{22}, pu^{33}tai^{22}ti^{35}ɦo^{13}ti^{33}kə^{0}kuei^{11}ta^{22}tɕ^{h}i^{22}liæ^{13}kua^{22}.

正当食倒饭，不得知何滴$^{=}$个柜$^{=}$吵起来呱。正吃着饭呢，不知怎么就吵起来了。tɕin^{33}taŋ^{35}y^{11}tɤu^{21}pai^{11}, pu^{33}tai^{22}ti^{35}ɦo^{13}ti^{33}kə^{0}kuei^{11}ts^{h}ɤu^{22}tɕ^{h}i^{22}liæ^{13}kua^{22}.

“倒”表示持续的疑问形式是在句尾加疑问语气词“么”，如：

伊寻倒个么？他找到了吗？i^{22}dʑin^{13}tɤu^{21}kə^{0}mo^{0}?

（三）起[tɕʰi^{22}]

1. 表示持续

“起”置于动词之后或动宾之间，表示某种状态的持续，声调通常由本调[22]变为[21]，与上声变调一致。

请伊呢，伊柜⁼要担起四叶筛，扎起箇个假人啊，着起青衣啊，乞伊戴起青包头啊，去请伊。请她呢，就要挑起四叶筛，（四叶筛上）扎着个假人，（假人）穿着青布衣，替它戴着青色的包头，（才能）去请她。tsʰai^{22}i^{22}le^{22}, i^{22}kuei^{11}y^{33}ta^{35}tɕʰi^{21}ɕi^{33}ie^{11}ɕiæ^{33}, tɕia^{22}tɕʰi^{21}ko^{11}ko^{33}tɕia^{22}ɦŋ^{13}a^{33}, tɤu^{22}tɕʰi^{21} tsʰai^{35}i^{55}a^{33}, tɕʰi^{35}i^{22}ta^{33}tɕʰi^{21}tsʰai^{35}pɤu^{35}dau^{33}a^{33}, y^{13}tsʰai^{22}i^{22}.

伊今日着起一身新衣服。他今天穿着一身新衣服。i^{22}tɕi^{35}ɦŋ^{11}tɤu^{22}tɕʰi^{21}i^{13}ɕin^{55}ɕin^{35}i^{35}fu^{22}.

“起”在存现句中也表示某种状态的持续。如：

墙头上黏起一张地图。墙上贴着一张地图。dʑio^{13}dau^{13}dʑio^{22}niæ^{35}tɕʰi^{21}i^{13}tio^{35}ti^{11}dɤu^{13}.

台盘上放起一碗水，小心点莫撞倒。桌上放着一碗水，小心别碰倒了。diæ^{13}bo^{33}dʑio^{22}a^{35}tɕʰi^{21}i^{13}o^{22} ɕyei^{22}, sei^{22}ɕin^{35}ti^{22}ma^{11}tɕio^{11}tɤu^{21}.

门口里徛起一□人，在乜讲么个。门口站着一帮人，在说着什么。moŋ^{13}hau^{22}ti^{33}dʑi^{22}tɕʰi^{21}i^{13}pʰaŋ^{33} ɦŋ^{13}, dʑiæ^{22}mi^{35}ko^{22}mo^{22}ko^{33}.

2. 表示进行

“起”在“V起＋V起”的重叠格式中表示动作正在进行时，伴随着另一种状态或结果的产生，类似于“V倒＋V倒”的格式，但不如后者常见。

伊一睐见啊伊柜⁼喜欢得很，跳起跳起呢柜⁼行起归。她一看见它就高兴极了，跳着跳着就走回家去。i^{22} i^{13}lei^{33}tɕie^{33}a^{33}i^{22}kuei^{11}ɕi^{22}ho^{35}te^{22}hai^{22}, tʰei^{33}tɕʰi^{21}tʰei^{22}tɕʰi^{12}le^{22}kuei^{11}ɦai^{13}tɕʰi^{21}kuei^{35}.

3. 表示实现

“起”也可以表示动作的实现或状态发生变化，句末通常带语气词“呱”。

桂⁼只花椒树乜呢伊柜⁼开起花。那棵花椒树呢就开起花了。kuei^{13}tɕia^{22}fa^{35}tsei^{55}tɕy^{11}mi^{35}le^{22}i^{22} kuei^{11}fei^{35}tɕʰi^{21}fa^{35}.

伊着起衣呱。他穿上衣服了。i^{22}tɤu^{22}tɕʰi^{21}i^{35}kua^{22}.

点起火呱。点着火了。tie^{22}tɕʰi^{21}fɤu^{22}kua^{33}, taŋ^{33}kua^{22}.

烧起火呱呢，水一下咖嘚柜⁼滚呱。火生起来了，水一会儿就烧开了。ɕy^{35}tɕʰi^{21}fɤu^{22}kua^{22}le^{22}, ɕyei^{22}i^{13}ɦa^{22}ka^{35}te^{21}kuei^{11}koŋ^{22}kua^{22}.

（四）过[kɤu^{33}/kə^{0}]

“过”是峒话中表示经历的常用体标记，承担不同语法功能的时候读音会发生变化。“过”做动词或者在中补结构中读本字调[kɤu^{33}]，如：

我打得过伊。我打得过他。o^{22}ta^{22}te^{22}kɤu^{33}i^{22}.

“过”做动态助词的时候读音弱化，一般情况下读[kə^{0}]，元音央化，声调为轻声。如：

我爬过塘呱了，今日不得打篮球呱。我洗过澡了，今天不打篮球了。o^{22}ba^{13}kə^{0}do^{13}kua^{22}lio^{22}, tɕi^{35} ɦiŋ^{11}pu^{33}te^{22}ta^{33}lan^{13}dʑiɤu^{13}kua^{22}.

但也有个别情况下，做动态助词位于句末，当发音人有意强调的时候，“过”也会读本调。如：

我食呱麻瓯嘚，尔食呱过么？冇，我不得食过。我吃过野葡萄，你吃过没有？没有，我没吃过。o^{22}y^{11}kua^{22}ma^{13}au^{35}te^{21}, ŋ^{22}y^{11}kua^{22}kə^{0}mo^{22}? mau^{11}, o^{22}pu^{33}ti^{33}y^{11}kə^{33}.

上例中“尔食呱过么？”中“过”的读音弱化短促，读轻声[kə^{0}]，但在“我不得食过”中“过”读音没有弱化，声调为去声[33]，属于发音人有意强调。同样情况下，也有人读[kɤu^{33}]，例如：

尔灯⁼过北京冇？我不得去过。你去过北京吗？我没去过。ŋ^{22}taŋ^{35}kə^{0}pai^{22}tɕin^{35}mau^{11}? o^{22} pu^{33}ti^{33}y^{13}kɤu^{33}.

上例中第一个“过”读音弱化，第二个“过”位于句末，有的发音人为强调则把“过”读回本音本调。

“过”表示经历体的疑问形式通常是句末加否定词“冇”；表示经历体的否定形式是在动词前加否定副词“不得”，如：

桂⁼只房不得住过人。这间房没住过人。kuei^{13}tɕia^{22}bo^{13}pu^{33}ti^{33}tsɤu^{11}kɤu^{33}ɦiŋ^{13}.

不得知讲，不得学过。不会说，没有学过。pu^{33}tai^{22}ti^{35}ko^{22}, pu^{33}ti^{33}ɦiɤu^{11}kə^{33}.

（五）呢[le^{33}]

语气词“呢”可以表示起始，一般是在“架势＋VP＋呢”的格式中。如：

架势食呢。开始吃了。ka^{33}sɿ^{33}y^{11}le^{33}.

架势打禾呢。开始割谷子了。ka^{33}sɿ^{33}ta^{22}ɦiɤu^{13}le^{33}.

电影架势放呢。电影开始放映了。dian^{13}in^{22}ka^{33}sɿ^{33}po^{33}le^{33}.

树架势落叶呢。树叶开始落了。tɕy^{11}ka^{33}sɿ^{33}lɤu^{11}ie^{11}le^{33}.

“呢”也可以单独表示起始。如：

落雨呢。下起雨了。lɤu^{11}vu^{22}le^{33}.

此例表示先前没有下雨，现在下雨了。如果是雨下完了，则用“呱”，例如：

落呱雨呱。下过雨了。lɤu^{11}kua^{0}vu^{22}kua^{33}.

（六）下[ɦa^{22}]

1.表示短时貌

动量词“（一）下”常用在动词后表示“动量小，时量短”的短时貌，句式：V＋（一）下（咖嘚）。如：

捶呱一下。打了一下。dei^{13}kua^{22}i^{13}ɦa^{22}.

医生□尔多眠下。医生叫你多睡一些。i^{33}sen^{33}k^{h}ai^{35}ŋ^{22}tɤu^{22}mie^{13}ɦa^{22}.

尔把饭碗洗一下。你把碗洗一下。ŋ^{22}pa^{22}pai^{11}o^{22}ɕie^{22}i^{33}ɦa^{22}.

尔先去嘛，我里等下再去。你先去吧，我们一会儿再去。ŋ^{22}sai^{35}y^{13}ma^{21}, a^{22}li^{35}taŋ^{22}ɦa^{22}tɕiæ^{22}y^{13}.

我行啦，尔里两个再坐一下嘚。我走了，你们俩再多坐一会儿。o^{22}ɦai^{13}la^{22}, ŋ^{22}li^{35}lio^{22}kɤu^{22}tɕia^{22}dzɤu^{22}i^{13}ɦa^{22}te^{21}.

“（一）下”与“咖嘚”连用，强调时间短暂，相当于普通话的“一下子”，通常用在动词前面做状语，如：

伊里些一下咖嘚死呱三只猪。他家一下子死了三头猪。i^{22}li^{35}ɕi^{22}i^{13}ɦa^{22}ka^{35}te^{21}ɕi^{22}kua^{33}sa^{35}tɕia^{22}tei^{35}.

把乞［他人］里捶蒙呱，一下咖嘚不得明白过来。让人给打蒙了，一下子没明白过来。pa^{22}tɕ^{h}i^{35}taŋ^{35}li^{22}dei^{13}moŋ^{22}kua^{22}, i^{13}ɦa^{22}ka^{35}te^{21}pu^{33}ti^{33}min^{13}ba^{11}kɤu^{33}liæ^{13}.

睐下着，桂⁼下咖嘚讲不准。看看吧，这下子不准。lei^{33}ha^{22}tɕio^{35},kuei^{13}ɦa^{22}ka^{35}te^{21}ko^{22}pu^{33}tɕioŋ^{22}.

水一下咖嘚就滚呱。水一会儿就烧开了。ɕyei^{22}i^{13}ɦa^{22}ka^{35}te^{21}kuei^{11}koŋ^{22}kua^{33}.

“下”也可以通过重叠来表示“时量短”，如：

还有，还食下下就食完呱。还没有呢，再有一会儿就吃完了。ɦai^{13}mau^{11}, hai^{13}y^{11}ɦa^{22}ɦa^{22}kuei^{11}y^{11}vai^{13}kua^{22}.

2.表示尝试貌

“（一）下”可以表示动作主体尝试进行某种动作行为的尝试貌，句式：V+（一）下+（宾语），后面的宾语可带可不带。

尔尝下伊做起个零碎东西再行嘛。你尝尝他做的点心再走吧。ŋ^{22}dʑio^{13}ɦa^{22}i^{22}tsɿ^{33}tɕ^{h}i^{22}ko^{22}lin^{13}sei^{33}toŋ^{35}ɕi^{35}tɕiæ^{33}ɦai^{13}ma^{22}.

睐下着，桂⁼下咖嘚讲不准。看看吧，这下子不准。lei^{33}ɦa^{22}tɕio^{35}, kuei^{13}ha^{22}ka^{35}te^{0}ko^{22}pu^{33}tɕioŋ^{22}.

尔尝下，睐下咸不咸。你尝一下，看咸不咸。ŋ^{22}dʑio^{13}ɦa^{22}, lei^{33}ha^{22}ɦa^{13}pu^{33}ɦa^{13}.

尔试下衣服大个么？ ŋ^{22}sɿ^{33}ɦa^{22}i^{35}fu^{22}ta^{11}kə^{33}mo^{22}?

（七）V过来V转去 [Vkɤu^{22}liæ^{13}Vtɕiai^{22}y^{13}]

“V过来V转去”表示反复貌，强调动作行为反复不停地出现。

尔好生眠倒，莫动过来动转去。你好好睡，不要动来动去的。ŋ^{22}hɤu^{22}ɕiai^{35}mie^{13}tɤu^{22}, ma^{11}daŋ^{22}kɤu^{22}liæ^{13}daŋ^{22}tɕiai^{22}y^{13}.

和一下柜⁼要得呱，莫和过来和转去。搅一下就好了，不要搅来搅去的。ɦɤu^{13}i^{13}ɦa^{22}kuei^{11}y^{33}tɤu^{22}kua^{33}, ma^{11}ɦɤu^{13}kɤu^{22}liæ^{13}ɦɤu^{13}tɕiai^{22}y^{13}.

莫把手搓过来搓转去。别把手搓来搓去的。ma^{22}pa^{22}ɕy^{22}ts^{h}ɤu^{35}kɤu^{33}liæ^{13}ts^{h}ɤu^{35}tɕiai^{22}y^{13}.

七　语气词

峒话的语气既可以通过语气词来表达，也可以通过句调和格式来表达。峒话的语气词常用的有“呱$_2$[kua^{22}]”“个[kə^{22}]”“呢[le^{33}]”“了[lia^{22}/lio^{22}]”“嘛[ma^{22}]”“啊[a^{33}]”“么[mo^{22}]”“哦[o^{22}]”等。同一个语气词可以表达多种不同的语气，同一种语气，也可以用不同的语气词来表达。峒话的语气词都有声调，但用在句末的语气词，承载了句调，在不同的句子中往往有不同的音高变化，这种音高变化到底是字调还是句调，不容易确定，这里不作深入的讨论。语气词的用字，选用了同音字，有本字的将作简要说明。

（一）呱$_2$[kua^{22}]

1.“呱$_2$”在峒话中常用于陈述句句末，表示新情况的出现或动作行为的完成，起成句煞尾的作用，是语气词也兼体助词，意义和功能相当于普通话的语气词“了$_2$”。

我告诉伊呱。我告诉他了。o^{22}kɤu^{33}sɿ^{33}i^{22}kua^{22}.

伊睐呱桂⁼部电影呱。他看过这部电影了。i^{22}lei^{33}kua^{22}kuei^{13}bu^{22}dian^{13}in^{22}kua^{22}.

好，柜⁼两个人呢柜⁼成咖两个老呱。好，两个人就成了夫妻了。kuei^{11}lio^{22}kɤu^{33}ɦŋ^{13}le^{22}kuei^{11}dʑie^{13}ka^{22}lio^{22}kɤu^{33}lɤu^{22}kua^{22}.

尔里再也睐不倒桂⁼只老大人呱。你们再也看不到这个老人家了。ŋ^{22}li^{35}tɕiæ^{33}ia^{11}lei^{33}pu^{33}tɤu^{21}kuei^{13}tɕia^{22}lɤu^{22}ta^{11}ɦŋ^{13}kua^{22}.

尔睐箇开⁼嘚个日嘚，比箇气⁼也强多呱。你看看现在，现在的日子比过去强多了。ŋ^{22}lei^{33}ko^{11}fei^{35}te^{22}kə^{0}ɦŋ^{11}te^{21}, pi^{22}ko^{11}tɕ^{h}i^{33}mi^{35}dʑiaŋ^{12}tɤu^{35}kua^{22}.

我十多年前去过，不得么个嫽，同有印象呱。我十几年前去过，可没怎么玩，都没印象了。o^{22}zɿ^{11}tɤu^{33}nie^{13}dzai^{13}y^{13}kɤu^{33}, pu^{33}ti^{33}mo^{22}kɤu^{33}lei^{11}, daŋ^{13}mau^{11}in^{35}ɕiaŋ^{55}kua^{22}.

把乞雨溅得一身透完呱。给雨淋了个浑身湿透。pa^{22}tɕ^{h}i^{35}vu^{22}diæ^{22}te^{22}i^{13}ɕin^{35}t^{h}au^{33}vai^{13}kua^{22}.

2.用于祈使句的否定形式，含有命令、劝阻的语气。如：

今夜头莫行呱，柜⁼是我屋里歇倒！今晚别走了，就在我家住下吧！tɕie^{35}ia^{11}dau^{13}ma^{11}ɦai^{13}kua^{22}, kuei^{11}dzɿ^{22}o^{22}vu^{22}ti^{33}ɕie^{22}tɤu^{22}!

快些落雨呢，尔里莫出去呱。快要下雨了，你们别出去了。k^{h}iæ^{33}se^{33}lɤu^{11}vu^{22}le^{33}, ŋ^{22}li^{35}ma^{11}tɕ^{h}yei^{22}y^{13}kua^{22}.

3.用于感叹句中，表示肯定、强调、羡慕等语气。

太好呱！太好了！t^{h}ie^{13}hɤu^{22}kua^{22}!

天冷得很呱！天冷得很啦！t^{h}ie^{35}lai^{22}te^{22}hai^{22}kua^{22}!

尔细家发个财呱！你小子发财了！ŋ^{22}ɕie^{22}ka^{35}ɕyæ^{22}kə^{0}dʑiæ^{13}kua^{22}!

（二）个 [kə22]

“个 [kə22]” 作为语气词常用于陈述句末尾，表示事实确实如此，对存在的情况予以肯定和确认，其意义和功能相当于普通话的语气词“的”。如：

当真个么？当真个。真的吗？真的。to33tɕin35kə22mo22? to33tɕin35kə22.

何滴⁼做呢？不得是日⁼滴⁼也做，是日⁼滴⁼做个。怎么办呢？不是那么办，要这么办才对。ɦo13ti33tsɿ33le33? pu33ti33zɿ22ɦŋ11ti33mi35tsɿ22, zɿ22ɦŋ11ti33tsɿ22kə22.

日⁼滴⁼个做事连年轻个都要酿坏个。这么干活连小伙子都会累坏的。ɦŋ11ti33kə0tsɿ22sɿ11lie13nie13tɕhie35kə0tɤu33y33niaŋ22yæ11kə22.

讲好柜⁼行个，何滴⁼箇久还不得行？说好了就走的，怎么半天了还不走？ko22hɤu22kuei11ɦai13kə22, ɦo13ti33ko11tɕy22ɦai13pu33ti33ɦai13?

老张来呱么？讲好伊也要来个！老张来了吗？说好他也来的！lɤu22tɕio35liæ13kua22mo22? ko22hɤu22i22ia11y33liæ13kə22!

（三）呢 [le33]

1.“呢”在陈述句中，最常见的用法是在分句末或句中表停顿，引起下文。如：

两个人好得很呢，柜⁼生起一对细家嘚。两个人很好，还生了一双儿女。lio22kɤu33ɦŋ13hau22te22hai22le33, kuei11ɕiai35tɕhi22i13tei33ɕie33ka35te21.

一划呢，柜⁼生起一条蛮大个河。一划呢，就（在两人中间）出现了一条大河。i13va11le33, kuei11ɕiai35tɕhi22i13dy13mai13ta11kə0ɦɤu13.

一条蛮大个河呢睐不到边，柜⁼叫作银河。一条大河呢看不到边，就叫银河。i13dy13mai13ta11kə0ɦɤu13le33lei33pu33tau22pie35, kuei11tɕiau33tso22in13ɦɤu13.

“呢”做虚拟语气词，置于可能出现的情况之后，作为提顿助词或话题标记，表示说话人为难或犹豫的态度。

去呢，怕［他人］笑，不去呢又不好个样。去呢，怕别人笑，不去呢又不好。y13le33, pha33thaŋ35li22sei33, pu33y13le33y11pu33hɤu22kə22io11.

要做好呢，也不容易呢！要做好呢，还是不简单。y33tsɿ33hɤu22le33, ia11pu33ioŋ13ie11le33!

2.“呢”置于陈述句末，表示确认某种事实，常带有指责、抱怨、遗憾的语气。

伊在屋里做么个？伊在屋里食饭呢。在家做什么？在家吃饭呢。i22dʑia22u22li22tsɿ22mo22ko33, i22dʑia22u22ti33y11pai11le33.

把［他人］里个头壳捶起血来呱呢，尔还笑！把人家脑袋都打出血了，你还笑！pa22thaŋ35li22kə0dau13ho35dei13tɕhi22fei22liæ13kua22le33, ŋ22ɦai13sei33!

崽还不得懂事呢。孩子还不懂事呢！tsai22ɦai13pu33ti33toŋ22sɿ11le33.

尔是遮⁼个我不记得个呢。你是哪个我不记得了。ŋ22zɿ22tɕia35kɤu33o22pu33tɕi33te22kə22le33.

“呢”还可对未然事实表示提醒、警示。

快些落雨呢，尔里快点归来。快要下雨了，你们快点回来。k^{h}iæ^{33}se^{33}lɤu^{11}vu^{22}le^{33}, ŋ^{22}li^{35}k^{h}iæ^{33}ti^{33}kuei^{35}liæ^{13}.

3.“呢”在祈使句中表示请求、提醒、敦促等语气。如：

帮下忙呢！帮帮忙吧！paŋ^{35}ɦa^{22}maŋ^{13}le^{33}!

记得食药呢！记得吃药啊！tɕi^{33}te^{22}y^{11}iɤu^{22}le^{33}!

尔赶得行呢！你赶快走啊！ŋ^{22}kan^{22}te^{22}ɦai^{13}le^{33}!

4.“呢”在特指问句中可起舒缓语气的作用。如：

何滴$^{=}$做呢？怎么办呢？ɦo^{13}ti^{33}tsɿ^{33}le^{22}?

（四）了[lia^{22}/lio^{22}]

“了”[lia^{22}]，有时读作[lio^{22}]“了”，在峒话中多数情况是和体助词“呱$_{1}$”连用，强调动作或行为的已然事态。如：

丈$^{=}$呱下去呢又□灯$^{=}$塘里些柜$^{=}$死呱了。摔下去呢又跌到塘里面淹死了。dʑiaŋ^{13}kua^{22}ɦa^{22}y^{13}le^{33}y^{22}da^{13}taŋ^{35}do^{13}li^{22}ɕi^{33}kuei^{11}ɕi^{33}kua^{22}lia^{22}.

伊个呢已经把乞皇上害呱了。他的父亲已经被皇上害死了。i^{22}kə^{0}ia^{13}le^{33}i^{22}tɕin^{33}pa^{22}tɕ^{h}i^{35}ɦo^{13}dʑio^{22}hai^{11}kua^{22}lia^{22}.

好，箇只老牛呢柜$^{=}$半夜讲话来呱了。好，这头牛半夜就讲起话来了。hau^{22}, ko^{11}tɕia^{22}lɤu^{22}ŋau^{13}le^{33}kuei^{11}pan^{35}ie^{11}ko^{22}va^{11}liæ^{13}kua^{22}lia^{22}.

（五）嘛[ma^{21}]

“嘛”一般用于祈使句中，语气较重，含有请求、敦促、劝阻的语气，相当于普通话的“吧”。例如：

不早呱，快去嘛。不早了，快去吧！pu^{33}tsɤu^{22}kua^{22}, k^{h}iæ^{33}y^{13}ma^{21}.

尔先去嘛，我里等下再去。你先去吧，我们一会儿再去。ŋ^{22}sai^{35}y^{13}ma^{21}, a^{22}li^{35}taŋ^{22}ɦa^{22}tɕiæ^{33}y^{13}.

尔尝下伊做起个零碎东西再行嘛。你尝尝他做的点心再走吧。ŋ^{22}dʑio^{13}ɦa^{22}i^{22}tsɿ^{33}tɕ^{h}i^{22}ko^{22}lin^{13}sei^{33}toŋ^{35}ɕi^{35}tɕiæ^{33}ɦai^{13}ma^{21}.

尔只食呱一碗饭，再食一碗嘛。你只吃了一碗饭，再吃一碗吧。ŋ^{22}tɕi^{35}y^{11}kua^{22}i^{13}o^{22}pai^{11}, tɕiæ^{33}y^{13}i^{13}o^{22}ma^{21}.

冇事，尔讲嘛。没事，你说吧。mau^{11}sɿ^{11}, ŋ^{22}ko^{22}ma^{21}.

“嘛”和“呢”有时可以互换，语义和语气基本没有区别。如：

尔落心呢！你放心！ŋ^{22}lɤu^{11}ɕin^{35}le^{33}! = 尔落心嘛！你放心！ŋ^{22}lɤu^{11}ɕin^{35}ma^{21}!

帮帮忙呢！帮帮忙吧！paŋ^{33}paŋ^{33}maŋ^{13}le^{33}! = 帮帮忙嘛！帮帮忙吧！paŋ^{33}paŋ^{33}maŋ^{13}ma^{21}!

（六）啊[a33]**和哦**[o22]

“啊”和“哦”是为句子增加感情色彩的语气词。

1.“啊”可以出现在陈述句中，在主语后面表示停顿。例如：

柴米油盐么个啊，同有。柴米油盐什么的，都有的是。dʑiæ13mi22y13ie13mo22ko33a33, daŋ13y22.

两个人啊，柜⁼相依为命柜⁼是两个人嘚。两个人啊，就是相依为命的两个人了。lio22kɤu33ɦŋ13a33, kuei11ɕiaŋ33i33vei11min11kuei11zɿ22lio22kɤu33ŋ13te21.

瑶山个水啊也得知唱歌来呱。瑶山的水啊也知道唱歌了。iau13ɕiai35kə0ɕyei22a33ia11tai22ti35tɕhio35 kɤu35liæ13kua22.

“啊”出现在陈述句的并列项之后，起到舒缓语气的作用。

山山水水啊，白天日啊，夜头啊，歌声一片。山山水水啊，白天晚上啊，歌声一片。ɕiai35 ɕiai55ɕyei22ɕyei22a33, a11thie35ɦŋ11a33, ia11dau33a33, kɤu35ɕie55i24phie33.

“啊”在陈述句的动词或形容词之后，表示肯定，语气比较明确。

去啊！遮⁼个讲我不打算去？去呀！谁说我不打算去？y13a33, tɕia35kɤu33ko22o22pu33ta22so35y13?

半夜呢就桥难过啊，五更天嘚呢就锁难开。半夜过桥难，五更锁南开。po33ia11le33kuei11dʑy13na13 kɤu33a33, ɦŋ22kin35thie35te21le33kuei11sɤu22na13fei35.

2.“啊”在感叹句中表达较为强烈的情感。

表示痛楚，如：

哎哟，好痛啊！ ai22io21, hɤu22thaŋ33a33!

唉，尔个伤好重啊！ ai22, ŋ22kə0ɕio35hɤu22din22a33!

救命啊！ tɕy33mie11a33!

表示警醒，如：

好危险啊！细心点哦。hɤu22vei33ɕian22a33!ɕie33ɕin35tie22o22.

3.“啊”和“哦”在祈使句中主要表示提醒，“啊”比“哦”的语气更强烈一些，如：

赶快走啊！赶快跑啊！ kan22khiæ33tsau22a33!

记得食药哦！记得吃药啊！ tɕi33te22y11iɤu11o22!

峒西⁼出来睐灯哦！大家出来看灯噢！ daŋ13ɕi35tɕhyei22liæ13lei33taŋ35o22!

（七）啦[la33]

1.“啦”在祈使句中表示敦促，多带有不耐烦的意味。

晏呱就不好呱，我里快点行啦！晚了就不好了，咱们快点儿走吧！ ai33kua22kuei11pu33hɤu22kua22, a22li35khiæ33ti33ɦai13la33!

2.“啦”在疑问句中主要用于特指问和反复问。如：

尔个女好大呱啦？你的女儿多大了？ ŋ22kə0ny22hɤu22ta11kua22la33?

尔里头上要起灯冇啦？你们上头要龙灯了没有？ŋ^{22}li^{35}dau^{13}dʑio^{22}sa^{22}tɕ^{h}i^{22}taŋ^{35}mau^{11}la^{33}?

3.“啦”在陈述句中主要对未然或即将发生的事表示确认或肯定的语气。如：

我行啦，尔里两个再坐一下嘚。我走了，你们俩再多坐一会儿。o^{22}ɦai^{13}la^{33}, ŋ^{22}li^{35}lio^{22}kɤu^{22}tɕiæ^{33}dzɤu^{22}i^{13}ɦa^{22}te^{22}.

快要过年啦，家家屋里要杀过年猪啦。快过年啦，家家户户要杀过年猪了。k^{h}iæ^{33}y^{33}kɤu^{33}nie^{33}la^{33}, ka^{33}ka^{33}vu^{22}ti^{33}y^{33}ɕiæ^{22}kɤu^{33}nie^{33}tei^{35}la^{33}.

（八）么[mo^{22}]

“么”是表疑问的语气词，主要用于是非问句中，其意义和功能相当于普通话的“吗”。如：

尔还得知讲另外一只当方个话么？你还会说别的地方的话吗？ŋ^{22}ɦai^{13}tai^{22}ti^{35}ko^{22}lin^{11}vai^{35}i^{13}tɕia^{22}to^{33}ho^{35}kə^{0}va^{11}mo^{22}?

老张来呱么？讲好伊也要来个！老张来了吗？说好他也来的！lɤu^{22}tɕio^{35}liæ^{13}kua^{22}mo^{22}? ko^{22}hɤu^{22}i^{22}ia^{11}y^{33}liæ^{13}kə^{22}!

当真个么？当真个，伊是我屋里食个饭。真的吗？真的，他在我家吃的饭。to^{33}tɕin^{35}kə^{22}mo^{22}? o^{33}tɕin^{35}kə^{22}, i^{22}dzɿ^{22}o^{22}vu^{22}ti^{33}y^{11}kə^{0}pai^{11}.

尔里还着瑶服么？你们还穿瑶族服装吗？ŋ^{22}li^{35}ɦai^{13}tɤu^{22}iau^{13}fu^{22}mo^{22}?

崀山好嫽么？崀山好玩吗？laŋ^{22}ɕiai^{35}hɤu^{22}lei^{33}mo^{22}?

第二节

句法

一　处置句与被动句

（一）处置句

峒话表处置的处置词主要是“把”，还可以用“担（倒）”引出受事对象。

1.“把[pa^{22}]”引出受事构成的处置句

峒话带“把”的处置句基本结构是“施事＋把＋受事＋动词＋其他成分”，具有如下几个特点。

（1）动词前后常常有别的成分，动词一般不能单独出现。如：

尔把饭碗洗一下。你把碗洗一下。ŋ^{22}pa^{22}pai^{11}o^{22}ɕie^{22}i^{33}ɦa^{22}.

伊里把教室都安起空调呱。他们把教室都装上了空调。i^{22}li^{35}pa^{22}tɕiau^{35}sɿ^{13}tɤu^{33}o^{35}tɕ^{h}i^{22}k^{h}oŋ^{33}tiau^{13}kua^{22}.

箇个寨园里个人呢就把伊呢就喊作“织女”。这个寨子里的人就把她喊作“织女”。ko^{11}kɤu^{33}tɕia^{11}vai^{13}ti^{33}kɤu^{33}ɦŋ^{13}le^{33}kuei^{11}pa^{22}i^{22}le^{33}kuei^{11}ho^{22}tso^{22}tsɿ^{13}ny^{22}.

玉帝派起伊去把龙王担来杀呱。玉帝派他把龙王抓来杀了。y^{35}ti^{35}p^{h}ai^{22}tɕ^{h}i^{22}i^{22}y^{13}pa^{22}loŋ^{13}ɦo^{33}ta^{35}liæ^{13}ɕiæ^{22}kua^{22}.

（2）“把[pa^{22}]”引出的受事一般在意念上是有定的、已知的人或事物，前面常带上“桂$^{=}$”“乜”表示指代的修饰语，即使不带，也通常暗指某一确定的事物。如：

是伊把桂$^{=}$只瓯嘚乜捶烂呱。是他把那个杯子打碎了。zɿ^{22}i^{22}pa^{22}kuei^{13}tɕia^{22}au^{35}te^{21}mi^{35}dei^{13}la^{11}kua^{22}.

快点把伊请来。赶快把他请来。k^{h}iæ^{33}ti^{22}pa^{22}i^{22}ts^{h}ai^{22}liæ^{13}.

尔把剪刀把乞我。你把剪刀给我。ŋ^{22}pa^{22}tsai^{22}tɤu^{55}pa^{22}tɕʰi^{35}o^{22}.

尔把牛牵开嘛。你把牛牵走吧。ŋ^{22}pa^{22}ŋau^{13}tɕʰie^{35}fei^{35}ma^{21}.

普通话常用的“把……给”的格式在峒话中用“把……把乞”格式表达，例如上例中“尔把剪刀把乞我”，该句式中第一个“把”是介词，引出受事，第二个“把”是动词，相当于“给”，其后的“乞”引出与事。如果将第二个“把”去掉，就不是处置句了。例如：

把一本书乞我，把三本书乞伊。给我一本书，给他三本书。pa^{22}i^{33}poŋ^{22}ɕy^{35}tɕʰi^{35}o^{22}, pa^{22}sa^{35}poŋ^{22}ɕy^{35}tɕʰi^{35}i^{22}.

在这个“把……乞”的格式中，“把”是动词，相当于“给”，“乞”还是介词，介引与事宾语（另见双宾句）。

（3）否定词要加在“把”字短语之前。

尔做么个不把人当人？你怎么能不把人当人呢？ŋ^{22}tsɿ^{22}mo^{22}ko^{33}pu^{33}pa^{22}ɦŋ^{13}to^{35}ɦŋ^{13}?

我不得把衣服担归来。我没有把衣服取回来。o^{22}pu^{33}ti^{33}pa^{22}i^{35}fu^{22}ta^{35}kuei^{35}liæ^{13}.

莫把茶瓯嘚打烂呱。不要把茶杯打碎了。ma^{11}pa^{22}dʑia^{13}au^{35}te^{21}ta^{22}la^{11}kua^{22}.

2. “担[ta^{35}]（倒）”引出受事构成的处置句

峒话“担”相当于普通话的“拿”，例如：

睐尔桂$^{=}$下担么个退乞［他人］里。看你现在拿什么还人家。lei^{33}ŋ^{22}kuei^{13}ɦa^{22}ta^{35}mo^{22}ko^{33}tʰei^{33}tɕʰi^{35}tʰaŋ^{35}li^{33}.

莫担谎话来骗我。别拿谎话骗我。ma^{11}ta^{35}faŋ^{22}va^{11}liæ^{13}pʰie^{33}o^{22}.

担倒伊硬冇办法，烦死个我。真拿他没办法，烦死我了。ta^{35}te^{22}i^{22}ŋai^{11}mau^{11}pan^{13}fa^{22},van^{12}ɕi^{22}kə^{0}o^{22}.

（二）被动句

峒话的被动句一般是用“把乞[pa^{22}tɕʰi^{35}]”引出动作的施事，其基本结构是“受事＋把乞＋施事＋动词＋补语”。在这一结构中，受事主语可以承前省略，但“把乞”介引的施事则不能省略；动词一般是有处置性的，动词后面多有补语或别的成分，与普通话的“被”字句语法特征基本一致。

“把乞[pa^{22}tɕʰi^{35}]”在峒话中有两种结构形式和不同的语法功能。

1. “把乞”在峒话中可以是一个“动＋介”的结构

“把乞”作为“动＋介”结构，“把”是动词，表给予义，“乞”是介词。如：

我把乞尔个书是我教中学个舅爷写个。我给你的书是我教中学的舅舅写的。o^{22}pa^{22}tɕʰi^{35}ŋ^{22}kə^{0}ɕy^{35}sɿ^{11}o^{22}kɤu^{35}tsoŋ^{33}ɕio^{13}ko^{0}dʑy^{22}ia^{33}ɕiæ^{22}kə^{0}.

上例中“把乞”实际是“把给”的意思，“把”表示给予，“乞”引出受事对象，“乞”可以省略，上文也可以说成“我把尔个书是我教中学个舅爷写个”。

把桂⁼只东西也把乞我。把那个东西递给我。pa^{22}kuei^{13}tɕia^{22}toŋ^{33}ɕi^{35}mi^{35}pa^{22}tɕ^{h}i^{35}o^{22}.

此例第一个“把”是介词引出与事对象，后面“把乞”义同上例。

2.“把乞”在峒话中可以作为一个复合介词，引出施事，表示被动。

当“把”的给予义进一步虚化，“把”与“乞”合用为同义介词时一般表示被动，引进动作行为的发出者，表示受事主语“被处置”。因此，“把”后面加不加“乞”有较大的差异，例如下面两个例句：

伊把［他人］里骂呱。他把别人骂了。i^{22}pa^{22}t^{h}aŋ^{35}li^{33}ma^{11}kua^{22}.

伊把乞［他人］里骂呱。他被别人骂了。i^{22}pa^{22}tɕ^{h}i^{35}t^{h}aŋ^{35}li^{33}ma^{11}kua^{22}.

如果“把”之后不加“乞”是一般的“把”字句，表示“他骂了别人”，加了“乞”引出施事之后就是“他被别人骂了”。引出施事对象表被动的“把乞”不能拆分，不能插入别的成分，“把”的给予义消失，因此可以看作是日益凝固的复合介词结构。

受事主语被处置的结果多数带有遭受、不如意的语用色彩，例如：

帽嘚把乞风吹走呱。帽子被风吹走了。mo^{11}te^{21}pa^{22}tɕ^{h}i^{35}poŋ^{35}tɕ^{h}yei^{35}tsau^{22}kua^{0}.

张明把乞坏人抢呱一只包，人也差点嘚把乞［他人］里捶伤。张明被坏人抢走了一个包，人也差点儿被打伤。tsaŋ^{33}min^{12}pa^{22}tɕ^{h}i^{35}yæ^{11}ɦŋ^{13}tɕ^{h}io^{22}kua^{22}i^{13}tɕia^{22}pɤu^{35}, ŋ^{13}ia^{11}tɕ^{h}iæ^{35}ti^{33}te^{21}pa^{22}tɕ^{h}i^{35}t^{h}aŋ^{35}li^{33}dei^{13}ɕio^{35}.

伊把乞伊个娘讲得□。他被妈妈说哭了。i^{22}pa^{22}tɕ^{h}i^{35}i^{22}kə^{0}niaŋ^{11}ko^{22}te^{22}kai^{22}.

把乞雨溅得一身透完呱。给雨淋了个浑身湿透。pa^{22}tɕ^{h}i^{35}vu^{22}diæ^{22}te^{22}i^{13}ɕin^{35}t^{h}au^{33}vai^{13}kua^{0}.

有一日呢，柜⁼把乞天堂上个玉皇大帝个得知呱。有一天呢，就被天上的玉皇大帝知道啦。y^{22}i^{13}ɦŋ^{11}le^{33}, kuei^{11}pa^{22}tɕ^{h}i^{35}t^{h}ie^{35}do^{13}dʑio^{22}kə^{0}y^{35}vaŋ^{12}ta^{11}ti^{33}kə^{0}tai^{22}ti^{35}kua^{22}.

伊个爷呢已经把乞皇上害呱了。他的父亲已经被皇上杀害了。i^{22}kə^{0}ia^{13}le^{33}i^{22}tɕin^{33}pa^{22}tɕ^{h}i^{35}ɦo^{13}dʑio^{22}hai^{11}kua^{22}lia^{22}.

一下个书乞信把乞火烧呱，一点不剩起。所有的书信都被火烧了，一点儿都没剩。i^{13}ɦa^{22}kə^{0}ɕy^{35}tɕ^{h}i^{35}ɕin^{33}pa^{22}tɕ^{h}i^{35}fɤu^{22}ɕy^{35}kua^{22},i^{13}ti^{33}pu^{33}nin^{11}tɕ^{h}i^{22}.

但是也有少数是如意的或中性的，例如：

有滴⁼歌呢柜⁼把乞鸟鸟啄起入呱口。有的歌呢就被鸟儿吃进嘴里。y^{22}ti^{33}kɤu^{35}le^{33}kuei^{11}pa^{22}tɕ^{h}i^{35}tei^{22}tei^{22}tiæ^{22}tɕ^{h}i^{22}ɦŋ^{11}kua^{22}hau^{22}.

伏呱几夜呢，顶背嘚一夜呢，把乞伊伏倒呱。守候了几夜，在最后一夜，被她候着了。bu^{11}kua^{22}tɕi^{22}ia^{11}le^{33},tin^{22}pei^{33}te^{21}i^{13}ia^{11}le^{33}, pa^{22}tɕ^{h}i^{35}i^{22}bu^{11}tɤu^{22}kua^{22}.

二　双宾句

峒话双宾语格式主要有以下几种类型：根据动词的分类：给予义/言说义/取得义。

1.给予类的双宾语句

（1）峒话表给予的动词有“把[pa^{22}]”“送[saŋ^{33}]”“告诉[kɤu^{33}sɿ^{33}]”“问[yn^{11}]”等，基本格式是“施事＋动词＋与事＋受事”，离动词近的是与事宾语，离动词远的是受事宾语。例如：

尔告诉伊箇只事呱了么？我告诉伊呱。你告诉他这件事了吗？是，我告诉他了。ŋ^{22}kɤu^{33}sɿ^{33}i^{22}ko^{22}tɕia^{22}sɿ^{11}kua^{22}lio^{22}mo^{22}? o^{22}kɤu^{33}sɿ^{33}i^{22}kua^{22}.

娘娘问尔一只事。妈妈问你一件事。niaŋ^{11}niaŋ^{11}yn^{11}ŋ^{13}tɕia^{22}sɿ^{11}.

伊告诉我只好办法。他教了我一个好办法。i^{22}kɤu^{33}sɿ^{33}o^{22}tɕia^{22}hɤu^{22}pan^{13}fa^{22}.

喂细家嘚牛奶。喂孩子牛奶。vei^{33}ɕie^{33}ka^{35}te^{21}niɤu^{13}lai^{22}.

上述格式与普通话的双宾语句基本一致，比较特殊的是，当动词是“把”“送”的时候，有两种格式带出与事宾语和受事宾语：

格式一：施事＋动词＋与事＋受事

格式二：施事＋动词＋受事＋乞＋与事

这两种格式的区别在于与事宾语和受事宾语的位置不同，当与事宾语后置时，前面必须有表介引的介词“乞”，但这两种格式的语义结构和语义成分不变。例如：

“你给我一把剪刀”，下面两种说法均可：

尔把我一把剪刀。ŋ^{22}pa^{22}o^{22}i^{13}pa^{22}tsai^{22}tɤu^{55}.

尔把一把剪刀乞我。ŋ^{22}pa^{22}i^{13}pa^{22}tsai^{22}tɤu^{55}tɕʰi^{35}o^{22}.

“他送她一份礼”，下面两种说法均可：

伊送伊一份礼。i^{22}saŋ^{33}i^{22}i^{13}poŋ^{11}li^{22}.

伊送一份礼乞伊。i^{22}saŋ^{33}i^{13}poŋ^{11}li^{22}tɕʰi^{35}i^{22}.

（2）普通话表给予的双宾句“给＋与事＋受事”，在峒话中要用“乞＋与事＋要（动作）＋受事”的格式来表达，例如：

乞伊要瓯茶。给他一杯茶。tɕʰi^{35}i^{22}y^{33}au^{35}dʑia^{13}

乞我要碗水。给我一碗水。tɕʰi^{35}o^{22}y^{33}o^{22}ɕyei^{22}

上述峒话格式中“乞”的词义虚化，仅作为介词引出与事宾语，动词“要”承担给予义，相当于普通话的“给”，后面紧跟的是受事宾语。也可以认为是介词“乞”与动词“要”组成固定的框式结构“乞……要”表达给予义，再看几个例子：

乞我要一本书，乞伊要三本书。给我一本书，给他三本书。tɕʰi^{35}o^{22}y^{33}i^{33}poŋ^{22}ɕy^{35}, tɕʰi^{35}i^{22}y^{33}sa^{35}poŋ^{22}ɕy^{35}.

乞尔要两只人。给你两个人。tɕʰi^{35}ŋ^{22}y^{33}lio^{22}tɕia^{22}ɦŋ^{13}.

落雨啦，乞我要把伞。下雨了，给我一把伞。lɤu^{22}vu^{22}la^{22}, tɕʰi^{35}o^{22}y^{33}pa^{22}sa^{22}.

乞伊要起十块钱。给了她十块钱。tɕ^{h}i^{35}i^{22}y^{33}tɕ^{h}i^{22}dzɿ^{11}k^{h}iæ^{22}dzai^{13}.

奶奶乞我要起只手箍□□。奶奶给了我一只手镯。lai^{35}lai^{55}tɕ^{h}i^{35}o^{22}y^{22}tɕ^{h}i^{22}tɕia^{22}ɕyei^{22}ku^{35}niæ^{35}niæ^{55}.

伊乞我要起十块钱，我找乞伊三块。他给了我十块钱，我找回他三块。i^{22}tɕ^{h}i^{35}o^{22}y^{22}tɕ^{h}i^{22}dzɿ^{11}k^{h}iæ^{33}dzai^{13}, o^{22}tsɤu^{22}tɕ^{h}i^{22}i^{22}sa^{35}k^{h}iæ^{22}.

“乞＋与事＋要（动作）＋受事”格式也可变换为“把（动作）＋受事＋乞＋与事”，例如，“他给我一个桃子”下面两种说法均可：

伊把只桃嘚乞我。i^{22}pa^{22}tɕia^{22}dɤu^{13}te^{21}tɕ^{h}i^{35}o^{22}.

伊乞我要起只桃嘚。i^{22}tɕ^{h}i^{35}o^{22}y^{33}tɕ^{h}i^{22}tɕia^{22}dɤu^{13}te^{21}.

2. 取得类的双宾语句

取得类双宾语句，一般是对已经完成的事情的陈述，基本格式也为“施事＋动词＋与事＋受事”，受事宾语一般在与事宾语之后。例如：

伊偷呱我一本书。他偷了我一本书。i^{22}t^{h}au^{35}kua^{22}o^{22}i^{13}poŋ^{22}ɕy^{22}.

我讨起伊屋里个一只女。我娶了他家一个闺女。o^{22}t^{h}ɤu^{22}tɕ^{h}i^{22}i^{22}vu^{22}ti^{33}kə^{0}i^{13}tɕia^{22}ny^{22}.

收呱尔两百块钱。收了你两百块钱。ɕy^{35}kua^{22}ŋ^{22}lio^{22}pa^{22}k^{h}iæ^{22}dzai^{13}.

我抢呱伊一张票。我抢了他一张票。o^{22}tɕ^{h}io^{22}kua^{22}i^{22}i^{13}tio^{35}p^{h}iau^{33}.

桂$^{=}$只卖药个乜骗呱伊一千块钱。那个卖药的骗了他一千块钱呢。kuei^{13}tɕia^{22}mia^{22}iəu^{11}ko^{0}mi^{35}p^{h}ie^{33}kua^{0}i^{22}i^{13}ts^{h}ai^{35}k^{h}ia^{22}dzai^{13}.

我上个月日借乞伊三百块钱。我借给他三百块钱。o^{22}dʑio^{22}kɤu^{22}vai^{11}ɦŋ^{11}tɕiæ^{33}tɕ^{h}i^{35}i^{22}sa^{35}pa^{22}k^{h}iæ^{22}dzai^{13}.

伊卖呱伊爷个一座屋。他卖了他爸爸一栋房子。i^{22}miæ^{22}kua^{22}i^{22}ia^{13}kə^{0}i^{13}dzɤu^{22}vu^{22}.

3. 等同类的双宾语句

等同类双宾语句的基本格式也为“施事＋动词＋与事＋受事”，意思是将A称为B。

伊里同喊伊大伯伯。他们都叫他老大哥。i^{22}li^{35}daŋ^{13}ho^{22}i^{22}ta^{11}pa^{22}pa^{22}.

我里同当伊好人。我们都当他好人。a^{22}li^{35}daŋ^{13}to^{35}i^{22}hɤu^{22}ɦŋ^{13}.

骂伊哈哈。骂他傻瓜。ma^{22}i^{22}ha^{22}ha^{55}.

喊伊张胖子。喊他张胖子。ho^{22}i^{22}tsaŋ^{33}phaŋ^{35}tsɿ^{0}.

三　比较句

比较句可以分为平比、差比、极比三类，其中的差比又可以分成胜过和不及两种。

（一）平比句

平比句，又叫等比句，表示两个比较项在比较点方面没有高下之分。峒话表示平比最基本的格式主要有以下两种：

1.A＋乞（乞倒）＋B＋一样＋adj/vp

该格式中的“乞（乞倒）”是连词，相当于普通话的“跟”“同”“和”。

老王乞倒老张一样高。老王跟老张一样高。lau^{22}vaŋ^{13}tɕ^{h}i^{35}tɤu^{21}lau^{33}tsaŋ^{33}i^{13}io^{11}kɤu^{35}.

桂$^{=}$只乞桂$^{=}$只乜一样大。这个跟那个一般大。kuei^{13}tɕia^{22}tɕ^{h}i^{35}kuei^{13}tɕia^{22}mi^{35}i^{13}io^{11}ta^{11}.

桂$^{=}$只乞乜只大躲一样，分不出来。这个跟那个大小一样，分不出来。kuei^{13}tɕia^{22}tɕ^{h}i^{35}mi^{35}tɕia^{22}ta^{11}niæ^{35}i^{13}io^{11}, poŋ^{35}pu^{33}tɕ^{h}yei^{22}liæ^{13}.

小张乞小王一样个好。小张跟小王一样好。ɕiau^{22}tsaŋ^{33}tɕ^{h}i^{35}ɕiau^{22}vaŋ^{13}i^{13}io^{11}kə^{0}hɤu^{22}.

桂$^{=}$条路乞乜边条路一样个好行。这条路跟那边那条路一样好走。kuei^{11}dy^{13}lu^{11}tɕ^{h}i^{35}mi^{35}pie^{35}dy^{13}lu^{11}i^{13}io^{11}kə^{0}hɤu^{22}ɦai^{13}.

2.A＋有＋B＋个＋adj/np

伊长得有伊个娘一样个乖脱$^{=}$。她有她母亲那么美丽。i^{22}dʑie^{13}te^{22}y^{22}i^{22}kə^{0}niaŋ^{11}i^{13}io^{11}kə^{0}kiæ^{35}t^{h}iæ^{33}.

伊有伊爷个水平。他有他爸爸的水平。i^{22}y^{22}i^{22}ia^{13}kə^{0}suei^{22}bin^{12}.

上述例子也可以转换为“A＋乞（乞倒）＋B＋个＋一样”，例如，“他有他爸爸的水平”还可以说成：

伊个水平乞伊个爷一样。i^{22}kə^{0}suei^{22}bin^{12}tɕ^{h}i^{35}i^{22}kə^{0}ia^{13}i^{13}io^{11}.

3.平比句的否定形式一般是“A＋不得＋比＋B＋adj/vp”

我不得比尔高点。我并不比你高。o^{22}pu^{33}ti^{33}pi^{22}ŋ^{22}kɤu^{35}ti^{22}.

我不得比尔走得快点。我跑得不比你快。o^{22}pu^{33}ti^{33}pi^{22}ŋ^{22}tsau^{22}te^{22}k^{h}iæ^{33}ti^{33}.

我不得比伊卖得贵点。我卖得不比他贵。o^{22}pu^{33}ti^{33}pi^{22}i^{22}miæ^{222}te^{22}kuei^{33}ti^{22}.

（二）差比句

差比句分成两种：胜过和不及。

1.胜过

胜过类比较句是比较主体A在比较点方面超过B，在语义上分成三种，一是普通比较，客观指出A胜过B，如“我比你大”；二是具体比较，具体指出A胜过B多少，如“我比你大三岁”；三是强调比较，强调A胜过B很多，如“我比你大得多”。例如：

（1）表示普通比较的“A＋比＋B＋Adj/Vp”

桂$^{=}$只比桂$^{=}$只乜好。这个比那个好。kuei^{13}tɕia^{22}pi^{22}kuei^{13}tɕia^{22}mi^{35}hɤu^{22}.

桂$^{=}$只人比桂$^{=}$只人乜高。这个人比那个人高。kuei^{13}tɕia^{22}ɦŋ^{13}pi^{22}kuei^{13}tɕia^{22}ŋ^{13}mi^{3}kɤu^{35}.

瘦个比壮个好。瘦的比胖的好。ɕiau^{33}kə^{0}pi^{22}tɕio^{33}kə^{0}hɤu^{22}.

尔比我高，伊比尔还高点。你比我高，他比你还要高。ŋ^{22}pi^{22}o^{22}kɤu^{35},i^{22}pi^{22}ŋ^{22}ɦai^{13}kɤu^{35}ti^{33}.

（2）表示具体比较的“A＋比＋B＋adj/vp＋数量词”

小王比小张大三岁。çiau^{22}vaŋ^{13}pi^{22}çiau^{22}tsaŋ^{33}ta^{11}sa^{35}sei^{33}.

伊比尔高只头壳。他比你高一个头。i^{22}pi^{22}ŋ^{22}kɤu^{35}tçia^{22}dau^{13}ho^{55}.

我比尔多行三里路。我比你多走了三里路。o^{22}pi^{22}ŋ^{22}tɤu^{35}ɦai^{13}kua^{22}sa^{35}li^{22}lu^{11}.

我大概比他高个两公分。o^{22}ta^{11}k^{h}ai^{35}pi^{22}i^{22}kɤu^{35}lio^{22}koŋ^{33}fen^{22}.

我大约比他重个十来斤。o^{22}ta^{11}k^{h}ai^{35}pi^{22}i^{22}din^{22}kə^{0}dzɿ^{11}liæ^{13}tçin^{35}.

这种类型还可以用“A＋adj/vp＋B＋数量词”句式，如上例中的“小王比小张大三岁”“他比你高一个头”也可以说成：

小王大小张三岁。小王比小张大三岁。çiau^{22}vaŋ^{13}ta^{11}çiau^{22}tsaŋ^{33}sa^{35}sei^{33}.

伊高尔只头壳。他比你高一个头。i^{22}kɤu^{35}ŋ^{22}tçia^{22}dau^{13}ho^{55}.

（3）表示强调比较的“A＋比＋B＋adj/vp”

其实桂⁼只比桂⁼只也好多呱。其实这个比那个好多了。dʑi^{13}sɿ^{13}kuei^{13}tçia^{22}pi^{22}kuei^{13}tçia^{22}mi^{35}hɤu^{22}tɤu^{35}kua^{22}.

［昨日］嘚个天色比今日好得多。昨天的天气比今天好多了。tsaŋ^{11}te^{22}kə^{0}t^{h}ie^{35}çiæ^{22}pi^{22}tçi^{35}ɦiŋ^{11}hɤu^{22}te^{22}tɤu^{35}.

桂⁼只比乜只好蛮多。这个比那个好很多。kuei^{13}tçia^{22}pi^{22}mi^{35}tçia^{22}hɤu^{22}mai^{13}tɤu^{35}.

2. 不及

不及句是A在比较点上不及B的比较句。峒话多用“冇”表达不及，基本格式是：“A＋冇＋B＋adj/vp”，少数用“不”“不如”“不像”等表达。如：

今日个天色冇［昨日］嘚好。今天的天气没有昨天好。tçi^{35}ɦiŋ^{11}kə^{0}t^{h}ie^{35}çiæ^{22}mau^{11}tsaŋ^{11}te^{22}hɤu^{22}.

桂⁼只东西冇乜只东西好用。这个东西没有那个东西好用。kuei^{13}tçia^{22}toŋ^{35}çi^{33}mau^{11}mi^{35}tçia^{22}toŋ^{35}çi^{33}hɤu^{22}ioŋ^{11}.

桂⁼只乜冇桂⁼只好，□蛮多。那个没有这个好，差多了。kuei^{13}tçia^{22}mi^{35}mau^{11}kuei^{11}tçia^{22}hɤu^{22}, ka^{22}mai^{13}tɤu^{35}.

是高点咖嘚，柜⁼是冇桂⁼只人乜壮。是高一点儿，可是没有那个人胖。zɿ^{22}kɤu^{35}tiaŋ^{22}ka^{35}te^{0}, kuei^{11}zɿ^{22}mau^{11}kuei^{13}tçia^{22}ɦiŋ^{13}mi^{35}tçio^{33}.

我个成绩冇伊个好。我的成绩不如他好。o^{22}kə^{0}dzen^{13}tçi^{22}mau^{11}i^{22}kə^{0}hɤu^{22}.

桂⁼只牛冇乜只牛壮。这头牛没有那头牛健壮。kuei^{13}tçia^{22}ŋau^{13}mau^{11}mi^{35}tçia^{22}ŋau^{13}tçio^{33}.

用否定词“不”表达不及，一般出现在“动＋补＋宾”的格式中，这种格式的宾语和补语的语序在峒话中可以替换为“动＋宾＋补”的格式，如下面两种说法在峒话中都可以：

伊走我不赢。跑步他比不过我。i^{22}tsau^{22}o^{22}pu^{33}ie^{13}.

伊走不赢我。跑步他比不过我。i^{22}tsau^{22}pu^{33}ie^{13}o^{22}.

“不如”“不像”等也表达不及，有时可用“冇”替换，例如：

我个身体不如（冇）伊个好。我的身体不如他的身体好。o^{22}kə^{0}sen^{33}t^{h}i^{22}pu^{33}dʑy^{13}(mau^{11}) i^{22}kə^{0}hɤu^{22}.

我不像［他人］里日$^{=}$滴$^{=}$有办法。我不像人家这么有办法。o^{22}pu^{33}tɕio^{11}t^{h}aŋ^{35}li^{22}ɦŋ^{11}ti^{33}y^{22}pan^{13}fa^{22}.

（三）极比句

在某个比较范围内进行比较的不止两项，而是三项或者更多，被比较对象（比较主体）胜过或者不及所有比较对象（比较客体），就是极比。这是一种周遍性的比较，在肯定形式的极比句中，比较范围或比较客体可以出现，也可以不出现，隐含在上下文中，在比较主体前常用“最”“柜$^{=}$”“只（有）”等副词。

瘦个胖个都不好，不瘦不胖最好。瘦的胖的都不好，不瘦不胖最好。ɕiau^{33}kə^{0}tɕio^{22}kə^{0}təu^{33}pu^{33}hɤu^{22}, pu^{33}ɕiau^{33}pu^{33}tɕio^{33}tsuei^{35}hɤu^{22}.

只有桂$^{=}$只鱼嘚新鲜点。这条鱼最新鲜。tɕi^{35}y^{22}kuei^{13}tɕia^{22}ny^{13}te^{21}ɕin^{35}ts^{h}ai^{35}ti^{33}.

也可以是“柜$^{=}$”“只”“最”几个副词在极比句中同现，例如：

三姐妹，只伊个书读得最多。三姐妹，她读的书最多。sa^{35}tɕi^{22}mei^{11}, tɕi^{35}i^{22}kə^{0}ɕy^{35}du^{11}te^{22}tsuei^{35}tɤu^{35}.

我里班头上柜$^{=}$只尔个成绩最好。我们班就你成绩最好。a^{22}li^{35}pai^{35}dau^{13}dʑio^{21}kuei^{11}tɕi^{35}ŋ^{22}kə^{0}dzen^{13}tɕi^{22}tsuei^{35}hɤu^{22}.

桂$^{=}$只当方，柜$^{=}$只伊个威信最高。这个村子，他的威望最高。kuei^{13}tɕia^{22}to^{33}fo^{35}, kuei^{11}tɕi^{35}i^{22}kə^{0}vei^{33}ɕin^{35}tsuei^{35}kɤu^{35}.

我一路睐过来，柜$^{=}$只有伊个屋修得最好。我一路看过来，就他家的房子最好。o^{22}i^{13}lu^{11}lei^{33}kɤu^{33}liæ^{13}, kuei^{11}tɕi^{35}y^{22}i^{22}kə^{0}vu^{22}sei^{35}te^{22}tsuei^{35}hɤu^{22}.

如果用比较词“比”表极比，后面一般接表任指的代词。

伊做起事来，比遮$^{=}$个都快。他干起活来，比谁都快。i^{22}tsɿ^{22}tɕ^{h}i^{22}zɿ^{22}liæ^{13}, pi^{22}tɕia^{35}kɤu^{33}tɤu^{33}k^{h}iæ^{33}.

伊比遮$^{=}$个都会讲。她比哪个都会讲。i^{22}pi^{22}tɕia^{35}kɤu^{33}tɤu^{33}yæ^{11}ko^{22}.

否定形式的极比句，比较对象用疑问代词表达全称量化，从而体现比较的周遍性。

遮$^{=}$日都冇今日暖。哪一天都没今天热。tɕia^{35}ɦŋ^{11}tɤu^{22}mau^{11}tɕi^{35}ŋ^{11}nu^{22}.

四　疑问句

根据疑问句的结构类型，疑问句可以分为四类：是非问句、特指问句、选择问句、正反问句。不同的结构类型表达疑问的手段也不尽一致，主要是语调、疑问语气词、语气副词和疑问代词。

（一）是非问

峒话的是非问句可以表示有疑而问，也可以表示半信半疑和无疑而问。

1.有疑而问

先来看以下几个例句：

尔平时往日食烟么？不,我不食烟。你平时抽烟吗？不，我不抽烟。ŋ^{22}bin^{12}sɿ^{12}mo^{22}ɦŋ^{11}y^{11}ie^{35}mo^{22}? pu^{33}, o^{22}pu^{33} y^{11} ie^{35}.

尔告诉伊箇只事呱了么？我告诉伊呱。你告诉他这件事了吗？是，我告诉他了。ŋ^{22}kɤu^{33}sɿ^{33}i^{22}ko^{22}tɕia^{22}sɿ^{11}kua^{22}lio^{22}mo^{22}? o^{22}kɤu^{33}sɿ^{33}i^{22}kua^{22}.

老张来呱么？老张来了吗？lɤu^{22}tɕio^{35}liæ^{13}kua^{22}mo^{22}?

尔还得知讲另外一只当方个话么？你还会说别的地方的话吗？ŋ^{22}ɦai^{13}tai^{22}ti^{35}ko^{22}lin^{11}vai^{35}i^{13}tɕia^{22}to^{33}ho^{35}kə^{0}va^{11}mo^{22}.

上述例句中的问者确有疑问，期待对方回答，以获得新的信息。从疑问手段来说，多使用疑问语气词“么”，同时伴随着句末上升的语调。

2.半信半疑

当真个么？当真个，伊是我屋里食个饭。真的吗？真的，他在我家吃的饭。to^{33}tɕin^{35}kə^{22}mo^{22}? to^{33}tɕin^{35}kə^{22}, i^{22}dzɿ^{22}o^{22}vu^{22}ti^{33}y^{11}kə^{0}pai^{11}.

还不得讲完么？催伊快点！还没说完啊？催他快点儿！ɦai^{13}pu^{33}ti^{33}ko^{22}vai^{13}mo^{22}? tɕ^{h}yei^{35} i^{22}k^{h}iæ^{33}ti^{33}!

桂$^{=}$种色片比乜种色片淡多呱，尔同睐不出来么？这种颜色比那种颜色淡多了，你都看不出来？kuei^{13}tsoŋ^{22}se^{13}p^{h}ian^{35}pi^{22}mi^{35}tsoŋ^{22}se^{13}p^{h}ian^{35}da^{22}tɤu^{35}kua^{22}, ŋ^{22}daŋ^{13}lei^{33}pu^{33}tɕ^{h}yei^{22}liæ^{13}mo^{22}?

上述例句中的问者对某一问题已有些主见，对提出的问题有一定的倾向，但又不能确定，提出问题的目的是期望对方予以证实。疑问的手段与有疑而问的句式基本一致，也是使用疑问语气词“么”，同时借助句末上升的语调。

3.无疑而问

又叫反问句或反诘问句。“无疑而问”表示问者对某一问题已经有了确定的见解，只是用疑问语气或疑问方式表达出来，目的是为了增强表达效果，并不期望听话人回答。例如：

么个？伊喊尔做爷！什么？她管你叫爸爸！mo^{22}ko^{33}? i^{22}ho^{22}ŋ^{22}tsɿ^{22}ia^{13}!

这里单用一个疑问代词“么个”强调的是问者的惊讶。更多情况下，“无疑而问”句一般在句末不用疑问语气词，而是借助句末上升的语调来表达。

尔不睐见［他人］里不得空？你没看见人家正忙着吗？ŋ^{22}pu^{33}lei^{33}tɕie^{33}t^{h}aŋ^{35}li^{22}pu^{33}te^{22}haŋ^{35}?

尔讲桂$^{=}$只事要不要笑？你说这事可不可笑？ ŋ^{22}ko^{33}ko^{11}tɕia^{22}sɿ^{11}y^{33}pu^{33}y^{33}sei^{33}?

遮$^{=}$个讲我心愿嫁乞伊？谁说我愿意嫁他？ tɕia^{35}kɤu^{33}ko^{22}o^{22}ɕin^{35}vai^{11}ka^{33}tɕʰi^{35}i^{22}?

尔做么个不把人当人？你怎么能不把人当人呢？ ŋ^{22}tsɿ^{22}mo^{22}ko^{33}pu^{33}pa^{22}ɦiŋ^{13}to^{35}ɦiŋ^{13}?

伊日$^{=}$滴$^{=}$做不柜$^{=}$是一只大哈哈？他这样做难道不就是一个大傻瓜吗？ i^{22}ɦiŋ^{11}ti^{22}tsɿ^{22}pu^{33}kuei^{11}dzɿ^{22}i^{13}tɕia^{22}ta^{11}ha^{11}ha^{55}?

（二）特指问

特指问的疑问信息由疑问代词、疑问副词负载，疑问词同时也构成了疑问焦点，只要针对疑问词回答即可。峒话的疑问词有“遮$^{=}$个谁”“么个什么”“遮$^{=}$头哪里”“何滴$^{=}$”“好多（大）”等，句末语气词有“呱”“个”“么”等，也可不带语气词。

1.询问人

遮$^{=}$个岸$^{=}$刚讲我个老师？谁刚才议论我老师来着？ tɕia^{35}kɤu^{33}ŋan^{13}tɕiaŋ^{33}ko^{22}o^{22}kə^{0}lɤu^{22}sɿ^{33}?

遮$^{=}$个？我是老王。谁呀？我是老王。 tɕia^{35}kɤu^{22}? o^{22}zɿ^{22}lɤu^{22}ɦio^{13}.

头转是遮$^{=}$个请个客？是我请个。上次是谁请的客？是我请的。 dau^{13}tɕiai^{33}zɿ^{22}tɕia^{35}kɤu^{33}tsʰai^{22}kə^{0}ha^{22}? zɿ^{22}o^{22}tsʰai^{22}kə^{0}.

2.询问时间

尔么个□咖嘚去？我马上就去。你多会儿去？我马上就去。 ŋ^{22}mo^{22}ko^{33}tɕie^{22}ka^{35}te^{21}y^{13}? o^{22}ma^{22}dʑio^{22}kuei^{11}y^{13}.

尔是遮$^{=}$个年来个？你是哪年来的？ ŋ^{22}zɿ^{22}tɕia^{35}kɤu^{33}nie^{13}liæ^{13}kə^{0}?

3.询问地点

在遮$^{=}$头学个北京话？在什么地方学的北京话？ dʑia^{22}tɕia^{35}dau^{33}ɦiɤu^{11}kə^{0}pʰu^{22}tʰoŋ^{33}va^{21}?

伊出遮$^{=}$头去呱？伊还是屋里。他上哪儿了？还在家里呢。 i^{22}tɕʰyei^{22}tɕia^{35}dau^{33}y^{13}kua^{22}? i^{22}ɦai^{13}dzɿ^{22}vu^{22}ti^{33}.

尔灯$^{=}$遮头去？我灯$^{=}$街嘚去。你上哪儿去？我上街去。 ŋ^{22}taŋ^{35}tɕia^{35}dau^{11}y^{13}?o^{22}taŋ^{35}tɕiæ^{35}te^{21}y^{13}.

4.询问事

尔在唱么个？你在唱什么？ ŋ^{22}dʑia^{22}tɕʰio^{33}mo^{22}ko^{33}?

尔姓么个？我姓王。您贵姓？我姓王。 ŋ^{22}ɕin^{33}mo^{11}ko^{33}? o^{22}ɕin^{33}ɦio^{13}.

伊在屋里做么个？伊在屋里食饭呢。在家做什么？在家吃饭呢。 i^{22}dʑia^{22}u^{22}ti^{33}tsɿ^{22}mo^{11}ko^{33}, i^{22}dʑia^{22}u^{22}li^{22}y^{11}pai^{11}le^{33}.

伊收收摸摸个做么个？他磨磨蹭蹭的，做什么呢？ i^{22}ɕy^{35}ɕy^{35}mo^{22}mo^{22}ko^{33}tsɿ^{22}mo^{22}ko^{33}?

做么个去？屋里来呱客呱，去买点菜归来。做什么去呀？家里来客人了，买点儿菜去。 tsɿ^{22}mo^{22}ko^{33}y^{13}? vu^{22}ti^{33}liæ^{13}kua^{22}ha^{22}kua^{22}, y^{13}ma^{22}ti^{33}tɕʰiæ^{33}kuei^{35}liæ^{13}.

尔讲得好得很，尔还会讲点么个？你说得很好，你还会说些什么呢？ ŋ^{22}ko^{22}te^{22}hɤu^{22}te^{22}hai^{22}, ŋ^{22}ɦai^{13}yæ^{11}ko^{22}ti^{35}mo^{33}ko^{33}?

来呢就问伊啊，我今年有么个好事么？ liæ^{13}le^{33}kuei^{11}yn^{11}i^{33}a^{33}, o^{22}tɕie^{35}nie^{13}y^{22}mo^{22}kɤu^{33}hɤu^{22}sɿ^{11}mo^{22}.

5. 询问方式

阿⁼里用么个车朝南京往箇头运家具？我们用什么车从南京往这里运家具呢？ a^{22}li^{35}ioŋ^{11}mo^{11}ko^{33}ts^{h}e^{33}dzau^{13}lan^{12}tɕin^{35}vaŋ^{22}ko^{11}dau^{11}yn^{33}tɕia^{35}tɕy^{35}?

桂⁼句话用人话何滴⁼讲得？这句话用人话怎么说？ kuei^{13}ki^{33}va^{11}ioŋ^{11}ɦŋ^{13}va^{11}ɦo^{13}ti^{33}ko^{22}ti^{33}?

6. 询问原因

讲好就行个，何滴⁼个久还不得行？说好了就走的，怎么半天了还不走？ ko^{22}hɤu^{22}kuei^{11}ɦai^{13}kə^{0}, ɦo^{13}ti^{33}ko^{11}tɕy^{22}ɦai^{13}pu^{33}ti^{33}ɦai^{13}?

我五点半钟就直起来呱，尔做么个七点半钟还不直起？我五点半就起来了，你怎么七点了还不起来？ o^{22}ɦŋ^{22}tie^{22}po^{33}tɕioŋ^{35}kuei^{11}di^{13}ɕi^{22}liæ^{13}kua^{22}, ŋ^{22}tsɿ^{22}mo^{22}ko^{33}tɕ^{h}i^{22}tie^{22}po^{33}tɕioŋ^{35}ɦai^{13}pu^{33}di^{13}ɕi^{22}?

灯⁼几点钟呱？何滴⁼还不食完？都几点了？怎么还没吃完？ taŋ^{35}tɕi^{22}tie^{22}tɕioŋ^{35}kua^{22}? ɦo^{13}ti^{33}ɦai^{13}pu^{22}y^{11}vai^{13}?

7. 询问数量

伊今年好大呱？他今年多大了？ i^{33}tɕie^{35}nie^{13}hɤu^{22}ta^{11}kua^{22}?

桂⁼只东西有好重？这个东西有多重呢？ kue^{13}tɕia^{35}toŋ^{35}ɕi^{35}y^{22}hɤu^{22}din^{22}?

从以上例句可以看出，峒话特指问句主要是使用疑问代词，语气词可带可不带。

（三）选择问

选择问句是提出两种或两种以上的选择项，让听话人从中做出选择。结构上，峒话“是……还是……”来连接平行的选择项。有时，第一个“是”可以省略。

尔是食饭还是食馒头？你吃米饭还是吃馒头？ ŋ^{22}zɿ^{22}y^{11}pai^{11}ɦai^{13}zɿ^{22}y^{11}man^{22}dɤu^{0}?

尔是食烟，还是食茶？你是抽烟呢，还是喝茶？ ŋ^{22}zɿ^{22}y^{11}ie^{35}, ɦai^{13}zɿ^{22}y^{11}dʑia^{13}?

坐倒食好，还是徛倒食好？坐着吃好，还是站着吃好？ dzɤu^{22}tɤu^{22}y^{11}hɤu^{22}, ɦai^{13}zɿ^{22}dʑi^{22}tɤu^{22}y^{11}hɤu^{22}?

壮个好点，还是瘦个好点？胖的好还是瘦的好？ tɕio^{22}kə^{0}hɤu^{22}ti^{33}, ɦai^{13}zɿ^{22}ɕiau^{33}kə^{0}hɤu^{22}ti^{33}?

先蹋袜嘚还是先缚裤？先穿袜子呢还是先穿裤子？ ɕiai^{35}da^{11}yæ^{11}te^{21}ɦai^{13}zɿ^{22}ɕiai^{35}bɤu^{11}fu^{33}?

是多呱，还是少呱？是多呢？还是少呢？ zɿ^{11}tɤu^{35}kua^{22}, ɦai^{13}zɿ^{11}ɕy^{22}kua^{22}?

是我去还是尔去？是我去呢还是你去？ zɿ^{22}o^{22}y^{13}ɦai^{13}zɿ^{22}ŋ^{22}y^{13}?

（四）正反问句

正反问其实是选择问的一种特殊形式，朱德熙（1982：201）指出：“选择问里有一种特殊的类型，就是把谓语的肯定形式和否定形式并列在一起作为选择的项目。”下面根据谓语的结构类型将峒话正反问句的格式划分为以下几种：

1.谓语是联合结构的正反问句。

构成联合结构的成分是单音节动词或形容词，正反问句的格式比较简单，如格式一。

格式一：V/A＋不＋V/A

尔行不行？你走不走？ $ŋ^{22}ɦai^{13}pu^{33}ɦai^{13}$?

尔来不来？你来不来？ $ŋ^{22}liæ^{13}pu^{33}liæ^{13}$?

桂⁼朵花香不香？这朵花香不香？ $kuei^{13}tɤu^{22}fa^{35}ɕio^{35}pu^{33}ɕio^{35}$?

构成联合结构的成分如果是动补结构，正反问句的格式比较复杂，主要有以下几种：

格式二：V＋不＋V得

尔里来不来得了？你们来得了来不了？ $ŋ^{22}li^{35}liæ^{13}pu^{33}liæ^{13}te^{22}ly^{22}$?

尔算一下，箇点啊嘚钱嘚用不用得来？你算算看，这点钱够不够花？ $ŋ^{22}so^{33}i^{13}ɦa^{22}$, $ko^{11}tiaŋ^{35}a^{35}te^{21}dzai^{13}te^{21}ioŋ^{11}pu^{33}ioŋ^{11}te^{22}liæ^{13}$?

格式三：V得V不得

箇滴⁼崽崽食得食不得？这些果子吃得吃不得？ $ko^{11}ti^{33}tsai^{22}tsai^{22}y^{11}te^{22}y^{11}pu^{33}te^{22}$?

桂⁼只事讲得讲不得？这个事情说得说不得呀？ $kuei^{13}tɕia^{22}sɿ^{11}ko^{22}te^{22}ko^{22}pu^{33}te^{22}$?

格式四：V得/C＋V不C

把尔三日个时间，做得起做不起？给你三天时间做得了做不了？ $pa^{22}ŋ^{22}sa^{35}ɦiŋ^{11}kə^{0}zɿ^{13}kan^{33}$, $tsɿ^{22}te^{22}tɕ^{h}i^{22}tsɿ^{22}pu^{33}tɕ^{h}i^{22}$?

伊徛箇高乜，下得来还是下不来？他站那么高，下得来下不来？ $i^{22}dʑi^{22}ko^{11}kɤu^{35}mi^{35}$, $ɦa^{22}te^{22}liæ^{13}ɦai^{13}zɿ^{22}ɦa^{22}pu^{33}liæ^{13}$?

伊桂⁼色个学，学得出啊还是学不出喔？她这么学，学得会还是学不会？ $i^{22}kuei^{13}se^{22}kə^{0}ɦɤu^{11}$, $ɦɤu^{11}te^{22}tɕ^{h}y^{13}a^{33}ɦai^{13}zɿ^{22}ɦɤu^{11}pu^{33}tɕ^{h}y^{13}o^{22}$?

2.谓语是状中结构的正反问句。当做状语的是单音节的能愿动词时，否定词“不”置于两个动词之间；当状语为双音节动词时，否定词“不”置于构成双音节动词的两个语素之间。

我该不该来？ $o^{22}kai^{22}pu^{33}kai^{33}liæ^{13}$?

尔能不能来？你能不能来？ $ŋ^{22}len^{12}pu^{33}len^{12}liæ^{13}$?

尔打不打算去？你打算不打算去？ $ŋ^{22}ta^{22}pu^{33}ta^{22}so^{35}y^{13}$?

伊到底心不心愿讲？他到底愿不愿意说？ $i^{22}tɤu^{22}ti^{22}ɕin^{35}pu^{33}ɕin^{35}vai^{11}ko^{22}$?

3.谓语是动宾结构的正反问句。动宾结构正反问句的完整格式是：VO不VO，但峒话中完整式很少使用，一般都用其省略结构。如：V不VO，或其变式：N＋V＋不＋V。

格式一：V不VO。在V不VO格式中，当“V”为单音节的动词时，否定词“不”置于两个动词之间；当“V”为双音节动词时，否定词“不”置于构成双音节的两个语素之间。

尔睐不睐电影？你看不看电影？ŋ^{22}lei^{33}pu^{33}lei^{33}dian^{13}in^{22}?

尔到底答不答应伊？你到底答应不答应他？ŋ^{22}tɤu^{11}ti^{22}ta^{22}pu^{33}ta^{22}in^{33}i^{22}?

尔还记不记得我？你还记得不记得我了？ŋ^{22}ɦai^{13}tɕi^{33}pu^{33}tɕi^{33}te^{22}o^{22}?

格式一的变式：N＋V＋不＋V。动宾结构的宾语可移至句首，转换为话题。

桂⁼只事伊得不得知？这件事他知道不知道？kuei^{13}tɕia^{22}sɿ^{11}i^{22}tai^{22}pu^{33}tai^{22}ti^{35}?

桂⁼些字尔认不认得？这些字你认得不认得？kuei^{13}ɕie^{33}tsɿ^{11}, ŋ^{22}nin^{11}te^{22}pu^{33}nin^{22}te^{22}?

格式二：VO么

尔讲清楚呱么？你说清楚没有？ŋ^{22}ko^{22}tsʰai^{35}tsʰu^{22}kua^{22}mo^{22}?

尔洗呱面么？你洗过脸没有？ŋ^{22}ɕie^{33}kua^{22}mie^{11}mo^{22}?

尔食呱饭么？你吃了饭没有？ ŋ^{22}y^{11}kua^{22}pai^{11}mo^{22}?

4.谓语是动补结构的正反问句。动补结构若为V＋情态补语，则反复问句的格式是：V得/A＋不＋A

伊讲得快不快？听清楚个么？他说得快不快？听清楚了吗？i^{22}ko^{22}te^{22}kʰiæ^{33}pu^{33}kʰiæ^{33}? tʰie^{33}tsʰai^{35}tsʰu^{22}kə^{0}mo^{22}?

伊跳得高不高？他跳得高不高？i^{22}tʰei^{33}te^{22}kɤu^{35}pu^{33}kɤu^{35}?

五　否定句

峒话的否定词主要有“不得[pu^{33}ti^{33}]”“不[pu^{33}]”“莫[ma^{11}]”“冇[mau^{11}]”等。根据否定词的不同，将峒话的否定句分为以下几类。

（一）“不得[pu^{33}ti^{33}]”句

“不得[pu^{33}ti^{33}]”是副词，作用和功能相当于“没”或“没有”。其特点主要有以下几点：

1.“不得[pu^{33}ti^{33}]”修饰动词，用于陈述句，否定动作已经发生。

小张［昨日］嘚钓倒一只蛮大个鱼嘚，我一只不得钓倒。小张昨天钓了一条大鱼，我没有钓到鱼。ɕiau^{22}tsaŋ^{33}tsaŋ^{11}te^{22}tei^{22}tɤu^{21}i^{13}tɕia^{22}mai^{13}ta^{11}kə^{0}y^{13}te^{21}, o^{22}i^{13}tɕia^{22}pu^{33}ti^{33}tei^{22}tɤu^{21}.

伊把柑子剥呱皮，但是又不得食。他把橘子剥了皮，但是没吃。i^{22}pa^{22}kan^{33}tsɿ^{0}po^{22}kua^{22}bi^{13}, dan^{13}zɿ^{22}y^{11}pu^{33}ti^{33}y^{11}.

我把躲起就不得出过门，只得知讲人话。我从小就没出过门，只会说人话。pu^{33}tai^{22}ti^{35}kua^{22}, o^{22}pa^{22}niæ^{35}tɕʰi^{22}kuei^{11}pu^{22}ti^{33}tɕʰyei^{22}kə^{0}moŋ^{13}, tɕi^{35}tai^{22}ti^{33}ko^{22}ɦŋ^{13}va^{11}.

伊还不得来，还不得□。他没来，还没到吧。i^{22}ɦai^{13}pu^{33}ti^{33}liæ^{13}, hai^{13}pu^{33}ti^{33}kau^{33}.

桂⁼只房不得住过人。这间房没住过人。kuei^{13}tɕia^{22}bo^{13}pu^{33}ti^{0}tsɤu^{11}kɤu^{33}ɦŋ^{13}.

桂$^{=}$只躲马还不得骑过人，尔小心点。这小马还没骑过人，你小心点儿。kuei^{13}tɕia^{22}niæ^{35}ma^{22}ɦai^{13}pu^{33}ti^{33}dʑi^{13}kɤu^{33}ɦŋ^{13}, ŋ^{22}sei^{22}ɕin^{35}ti^{22}.

我悔想得很桂$^{=}$下也不得把伊留倒。我真后悔当时没把他留住。o^{22}fei^{22}ɕio^{22}te^{22}hai^{22}kuei^{13}ɦa^{22}mi^{35}pu^{33}ti^{33}pa^{22}i^{22}ly^{13}tɤu^{21}.

2.“不得[pu^{33}ti^{33}]”用于否定问句，一般表示“怀疑”或“半信半疑”。如：

还不得讲完么？催伊快点！还没说完啊？催他快点儿！ɦai^{13}pu^{33}ti^{33}ko^{22}vai^{13}mo^{22}? tɕ^{h}yei^{35}i^{22}k^{h}iæ^{33}ti^{33}!

老王没有去，伊不得去么？老王没有去，他没有去吗？lau^{22}vaŋ^{13}pu^{33}ti^{33}y^{13}, i^{22}pu^{33}ti^{33}y^{13}mo^{22}?

伊还不得食熨帖么？他还没有吃完吗？i^{22}ɦai^{13}pu^{33}ti^{33}y^{11}y^{35}t^{h}ie^{22}mo^{22}?

普通话“没”或“没有”可以用于句末，用于单纯提问，“不得[pu^{33}ti^{33}]”不能用于句末。

（二）“不[pu^{33}]”字句

否定副词“不[pu^{33}]”主要用法有如下几点：

（1）单用，回答问话。

尔平时往日食烟么？不,我不食烟。你平时抽烟吗？不，我不抽烟。ŋ^{22}bin^{12}sɿ^{12}mo^{22}ɦŋ^{11}y^{11}ie^{35}mo^{22}? pu^{33}, o^{22}pu^{33} y^{11} ie^{35}.

（2）用在动词或形容词前，表示否定。

不早呱，快去。不早了，快去吧！pu^{33}tsɤu^{22}kua^{22}, k^{h}iæ^{33}y^{13}.

箇气$^{=}$也啊天干不落雨。那时候啊天旱无雨。ko^{11}tɕ^{h}i^{33}mi^{35}a^{33}t^{h}ie^{35}ko^{35}pu^{33}lɤu^{11}vu^{22}.

（3）用在助动词“得[te^{22}]”之前，后接动词或形容词，表示动作或某种状态不会发生，多用于推测的语气。此处“不得”是否定词“不[pu^{33}]”与助动词“得[te^{22}]”连用，与前面作为副词的“不得[pu^{33}ti^{33}]”不同。例如：

明嘚王经理得来公司么？我睐伊不得来。明天王经理会来公司吗？我看他不会来。mie^{13}te^{21}ɦo^{13}tɕin^{33}li^{22}te^{22}liæ^{13}koŋ^{33}sɿ^{33}mo^{22}? o^{22}lei^{22}i^{22}pu^{33}te^{22}liæ^{13}.

伊个病只怕不得好呱。他的病看来不会好了。i^{22}kə^{0}pie^{11}tɕi^{35}p^{h}a^{33}pu^{33}te^{22}hɤu^{22}kua^{22}.

伊个脾气只怕不得好呱。他的脾气看来不得好了。i^{22}kə^{0}bi^{13}tɕ^{h}i^{22}tɕi^{35}p^{h}a^{33}pu^{33}te^{22}hɤu^{22}kua^{22}.

（三）“莫[ma^{11}]”字句

否定副词“莫[ma^{11}]”一般用在祈使句中表示劝阻或禁止，相当于普通话中的“别”“甭”。

快些落雨呢，尔里莫出去呱。快要下雨了，你们别出去了。k^{h}iæ^{33}se^{33}lɤu^{11}vu^{22}le^{22}, ŋ^{22}li^{35}ma^{11}tɕ^{h}yei^{22}y^{13}kua^{22}.

莫走，尔乞我徛倒！别跑，你给我站着！ma^{11}tsau^{22}, ŋ^{22}tɕ^{h}i^{35}o^{22}dʑi^{22}tɤu^{22}!

莫着急，慢慢滴$^{=}$得来。甭着急，慢慢儿来。ma^{11}tsau^{22}tɕi^{13}, mai^{11}mai^{11}ti^{33}te^{22}liæ^{13}.

要讲伊个好话，莫讲伊个坏话。要说他的好话，别说他的坏话。y³³ko²²i²²kə⁰hɤu²²va¹¹, ma¹¹ko²²i³⁵kə⁰yæ¹¹va¹¹.

莫学我一家，勤耐⁼致富奔小康。别学我一家，勤劳致富奔小康。ma¹¹ɦɤu¹¹o²²i¹³ka³⁵, dʑin¹³nai¹¹ tsɿ³⁵fu³⁵pen³³ɕiau²²kʰaŋ³³.

（四）"冇[mau¹¹]"字句

"冇[mau¹¹]"类似普通话的动词"没，没有"，一般做否定动词，是动词"有"的否定式，对领有或存在的否定。

我去睐呱，冇饭呱。我去看了，没有饭了。o²²y¹³lei³³kua²², mau¹¹pai¹¹kua²².

面先只有做个，冇食个。以前是有做的，没吃的。mie¹¹sai³⁵tɕi³⁵y²²tsɿ²²kə²², mau¹¹y¹¹kə²².

尔担么个都当真，我睐冇么个必要。你拿什么都当真的，我看没必要。ŋ²²ta³⁵mo²²ko³³ tɤu³³to³⁵tɕin³⁵, o²²lei³³mau¹¹mo²²ko³³pi²²iau³⁵.

担倒伊硬冇办法，烦死个我。真拿他没办法，烦死我了。ta³⁵te²²i²²ŋai¹¹mau¹¹pan¹³fa²², van¹² ɕi²²kə⁰o²².

冇呱，遮⁼个□尔不早来点？没有了，谁叫你不早来！mau¹¹kua²², tɕia³⁵kɤu³³kʰai³⁵ŋ²²pu³³tsɤu²²l iæ¹³ti²²?

桂⁼只乜冇桂⁼只好，□蛮多。那个没有这个好，差多了。kuei¹³tɕia²²mi³⁵mau¹¹kuei¹¹tɕia²²h ɤu²², ka²²mai¹³tɤu³⁵.

"冇[mau¹¹]"也可用于比较，表示不及。例如：

伊冇尔走得快。他没有你跑得快。i²²mau¹¹ŋ²²tsau²²te²²kʰiæ³³.

伊冇尔成绩好。他没你成绩好。i²²mau¹¹ŋ²²dzen¹³tɕi¹³hɤu²².

六　可能句

本小节主要讨论峒话可能补语的表达式。峒话主要用"V得""V不得""V得了""V不了""V得C"和"V不C"结构表达可能或者不可能。

（一）"V得"和"V不得"

"V得"表达"可以""可能""能够"等含义，其否定表达式为"V不得"，例如：

箇滴⁼是熟个，食得。箇滴⁼乜是生个，食不得。这是熟的，吃得。那是生的，吃不得。ko¹¹ ti³³zɿ²²dʑy¹¹kə⁰, y¹¹te²².ko¹¹ti³³mi³⁵zɿ²²ɕiai³⁵kə⁰, y¹¹pu³³te²².

桂⁼只事讲得讲不得？这个事情说得说不得呀？kuei¹³tɕia²²sɿ¹¹ko²²te²²ko²²pu³³te²²?

尔认得认不得？我认不得。你认得认不得？我不认得。ŋ²²nin³³te²²nin³³pu³³te²²? o²²nin²²pu³³te²².

箇滴⁼细家嘚，只轻得重不得。这些小孩儿，（对他们）只能轻不能重。ko¹¹ti³³ɕie³³ka³⁵te²¹, tɕi³⁵tɕʰie³⁵te²²din²²pu³³te²².

桂⁼单⁼衣晒得么？晒不得，怕晦色。这件衣服能不能晒？晒不得，会褪色。kuei^{13}ta^{35}i^{35} ɕiæ^{33}te^{22}mo^{22}? ɕiæ^{33}pu^{33}te^{22}, p^{h}a^{33}fei^{22}se^{13}.

“V得”和“V不得”结构可直接带宾语，例如：

我食不得酒，伊食得。我喝不得酒，他喝得。o^{22}y^{11}pu^{33}te^{22}tsei^{22}, i^{22}y^{11}te^{22}.

尔食海椒个么？尔食得海椒食不得海椒？你吃辣椒吗？你能不能吃辣椒？ŋ^{22}y^{11}hai^{33} tsei^{35}kə^{0}mo^{35}? ŋ^{22}y^{11}te^{22}hai^{13}tsei^{35}y^{11}pu^{33}te^{22}hai^{33}tsei^{35}?

（二）“V得了”和“V不了”

在“V得了”结构中，“得”是补语标记词，补语“了”表示“能够”“可以”的含义。例如：

尔做得了，我做不了。你做得了，我做不了。ŋ^{22}tsɿ^{22}te^{22}ly^{22}, o^{22}tsɿ^{22}pu^{33}ly^{22}.

我有事，来得了，伊忙得很，来不了。我没事，来得了，他太忙，来不了。o^{22}mau^{11}sɿ^{11}, liæ^{13}te^{22} ly^{22}, i^{22}mo^{13}te^{22}hai^{22}, liæ^{13}pu^{22}ly^{22}.

（三）“V得C”和“V不C”

“V得C”结构中，“得”是补语标记，“C”是补语，由动词、形容词充当，表示动作结果或某种状态等，其否定格式为“V不C”。

我担得动，伊担不动。我拿得动，他拿不动。o^{22}ta^{35}te^{22}daŋ^{22}, i^{35}ta^{35}pu^{22}daŋ^{22}.

把尔三日个时间，做得起做不起？给你三天时间做得了做不了？pa^{22}ŋ^{22}sa^{35}ɦiŋ^{11}kə^{0}zɿ^{13}kan^{33}, tsɿ^{22}te^{22}tɕ^{h}i^{22}tsɿ^{22}pu^{33}tɕ^{h}i^{22}?

箇点东西尔担得起还是担不起？这些东西你拿得了拿不了？ko^{11}ti^{33}toŋ^{35}ɕi^{35}ŋ^{22}ta^{35}te^{22}tɕ^{h}i^{22}ɦai^{13} dzɿ^{22}ta^{35}pu^{33}tɕ^{h}i^{22}?

（四）可能补语和宾语的语序

当可能补语和宾语出现在同一个动词后边的时候，普通话中否定形式是：动＋不＋补＋宾。峒话的补语既可放在宾语之前，也可放在宾语之后。如：

普通话：我说不过他，谁都说不过这个家伙。峒话下面两种说法皆可：

我讲伊不赢，遮⁼个都讲不赢桂⁼只家伙。o^{22}ko^{22}i^{22}pu^{33}ie^{13}, tɕia^{35}kɤu^{33}tɤu^{33}ko^{22}pu^{33}ie^{13} kuei^{13}tɕia^{22}tɕia^{33}ho^{22}.

我讲不赢伊，遮⁼个都讲桂⁼只家伙不赢。o^{22}ko^{22}pu^{33}ie^{13}i^{22}, tɕia^{35}kɤu^{33}tɤu^{33}ko^{22}kuei^{13} tɕia^{22}tɕia^{33}ho^{22}pu^{33}ie^{13}.

普通话：我打不过他。峒话下面两种说法皆可：

我捶不赢伊。o^{22}dei^{13}pu^{33}ie^{13}i^{22}.

我捶伊不赢。o^{22}dei^{13}i^{22}pu^{33}ie^{13}.

七 动补句

动补句的补语由动词或形容词充当。补语从语义上，可以指向主语、谓语和宾语，也可以同时指向主语和宾语。下面就峒话中常见的趋向补语、程度补语、情态补语等进行简要介绍，可能补语在可能句一节中已有介绍，这里不再赘述。

（一）趋向补语

趋向补语是表示动作的方向或事物运动的方向。峒话的趋向补语主要是由“来”“去”及其组成的复合词来充当。例如：

下来 ɦia^{22}liæ^{33}	入来进来 ɦŋ^{11}liæ^{33}	出来 tɕʰyei^{22}liæ^{33}
上去 dʑio^{22}y^{33}	入去进去 ɦŋ^{11}y^{33}	出去 tɕʰyei^{22}y^{33}
归来回来 kuei^{35}liæ^{33}	直起起来 di^{13}ɕi^{22}	转来 tɕiai^{33}liæ^{13}
归去回去 kuei^{35}y^{33}		转去 tɕiai^{33}y^{13}

普通话表示“进”“回”“起来”等趋向动作的语素或词，峒话分别用“入”“归”“直起”来表示。例如：

尔快点爬入来。你快爬进来。ŋ^{22}kʰiæ^{33}ti^{33}la^{13}ɦŋ^{11}liæ^{13}.

尔快点爬入去。你快爬进去。ŋ^{22}kʰiæ^{33}ti^{33}la^{13}ɦŋ^{11}y^{13}.

尔快点归来。你快点回来。ŋ^{22}kʰiæ^{33}ti^{33}kuei^{35}lia^{13}.

尔快点归去。你快点回去。ŋ^{22}kʰiæ^{33}ti^{33}kuei^{35}y^{13}.

尔入教室来。你进教室来。ŋ^{22}ɦŋ^{11}tɕiau^{35}sʅ^{22}liæ^{13}.

我归学堂去。我回学校去。o^{22}kuei^{35}ɦɤu^{11}dau^{13}y^{13}.

我五点半钟柜$^{=}$直起来呱，尔做么个七点半钟还不直起？我五点半就起来了，你怎么七点了还不起来？ o^{22}ɦŋ^{22}tie^{22}po^{33}tɕioŋ^{35}kuei^{11}di^{13}ɕi^{22}liæ^{13}kua^{22}, ŋ^{22}tsʅ^{22}mo^{22}ko^{33}tɕʰi^{22}tie^{22}po^{33}tɕioŋ^{35}ɦai^{13}pu^{33}di^{13}ɕi^{22}?

峒话的动词与补语“出来”“上来”“出去”之间可以插入宾语，例如“洞里爬出来一条蛇”这句话，峒话下面两种说法均可：

眼眼里爬出来一行蛇。ŋai^{22}ŋai^{22}ti^{22}la^{13}tɕʰyei^{22}liæ^{13}i^{13}ɦai^{13}dʑia^{13}.

眼眼里爬行蛇出来。ŋai^{22}ŋai^{22}ti^{22}la^{13}hai^{13}dʑia^{13}tɕʰyei^{22}liæ^{13}.

又如“洞里掉进去一个人”。

眼眼里丈$^{=}$入去一只人。ŋai^{22}ŋai^{22}ti^{22}dʑiaŋ^{13}ɦŋ^{11}y^{33}i^{13}tɕia^{22}ɦŋ^{13}.

眼眼里丈$^{=}$呱只人入去。ŋai^{22}ŋai^{22}ti^{22}dʑiaŋ^{13}kua^{0}tɕia^{22}ɦŋ^{13}ɦŋ^{11}y^{33}.

上两例还说明：当宾语放在动词与趋向补语之间的时候，量词“一”一般不说。

如果宾语是表处所的，一般不放在趋向补语之后，而是插入两个表示趋向的复合词之间，例如：

我把桂⁼本书寄灯⁼上海去。我把这本书寄上海去。o^{22}pa^{22}kuei^{13}poŋ^{22}ɕy^{35}tɕi^{33}taŋ^{35}zaŋ^{13}hai^{22}y^{13}.

行灯⁼屋里些來。走进屋里来。ɦai^{13}taŋ^{35}vu^{22}li^{22}ɕi^{33}liæ^{13}.

爬灯⁼山顶去。爬到山顶上去。la^{13}taŋ^{35}ɕiai^{35}tin^{22}y^{13}.

送归得麻林来。送回麻林来。saŋ^{33}kuei^{35}te^{35}ma^{13}lin^{13}liæ^{13}.

飞过海乜边去。飞过大海去。pi^{35}kɤu^{33}hai^{22}mi^{35}pie^{33}y^{13}.

（二）程度补语

峒话的程度补语有“很[hai^{22}]”“不得了[pu^{33}te^{22}liau^{22}]”“老火[lɤu^{22}fɤu^{22}]”“老火老火[lɤu^{22}fɤu^{22}lɤu^{22}fɤu^{22}]”“要死[y^{33}ɕi^{22}]”，这些词语表示的程度也是依次加深的，例如：普通话“我太想你了”这句话，在峒话中可以有几种说法，表示的程度也不一样，如：

我硬想尔得……ŋo^{22}ŋai^{22}ɕio^{22}ŋ^{22}te^{13}…

此例只有一个补语标记“得[te^{13}]”，“得”后面的话不说出来，发音人有意把“得”音拖得很长，表示无须或“难以形容”的意味，让听话人自己去体味。

我硬想尔得很。ŋo^{22}ŋai^{22}ɕio^{22}ŋ^{22}te^{22}hai^{22}.

此例中的“很”是泛指程度很深。

我想尔想得老火（老火）。ŋo^{22}ɕio^{22}ŋ^{22}ɕio^{22}te^{22}lɤu^{22}fɤu^{22}(lɤu^{22}fɤu^{22}).

此例中的“老火”比“很”程度加深，如果再重叠为“老火老火”则程度更深。如果表示的程度无以复加，则用“要死”做补语。例如：

伊笑得老火。他笑得很厉害。i^{22}sei^{33}te^{22}lɤu^{22}fɤu^{22}.

伊笑得要死。他笑得很厉害。i^{22}sei^{22}te^{22}y^{33}ɕi^{22}.

今日硬冷得要死。今天冷得很。tɕi^{22}ɦiŋ^{13}ŋai^{22}lai^{22}te^{22}y^{33}ɕi^{22}.

如果按照程度由浅入深的表达，那么普通话“今天很热”，峒话依次是：

今日暖得……tɕi^{35}ɦiŋ^{22}lu^{22}te^{13}…

今日暖得很。tɕi^{35}ɦiŋ^{22}lu^{22}te^{22}hai^{22}.

今日暖得不得了。tɕi^{35}ɦiŋ^{22}lu^{22}te^{22}pu^{33}te^{22}liau^{22}.

今日暖得老火。tɕi^{35}ɦiŋ^{22}lu^{22}te^{22}lɤu^{22}fɤu^{22}.

今日暖得老火老火。tɕi^{35}ɦiŋ^{22}lu^{22}te^{22}lɤu^{22}fɤu^{22}lɤu^{22}fɤu^{22}.

今日暖得要死。tɕi^{35}ɦiŋ^{22}lu^{22}te^{22}y^{33}ɕi^{22}.

（三）情态补语

情态补语表示由于动作、性状而呈现出来的状态。中心语与补语之间常用助词“得[te^{22}]”，能做情态补语的一般是形容词或谓词性短语。例如：

睐伊急得，急得面罗⁼嘚同红呱。你看他急得，急得脸都红了。lei^{33}i^{22}tɕi^{22}te^{22}, tɕi^{22}te^{22}mie^{11}lo^{13}t e^{22}daŋ^{13}ɦoŋ^{13}kua^{22}.

气得讲话不出。气得说不出话来了。tɕ^{h}i^{33}te^{22}ko^{22}va^{11}pu^{33}tɕ^{h}yei^{22}.

伊急得直日 = 滴 = □。他急得不停地哭。i^{22}tɕi^{22}te^{22}dzɿ^{13}ɦŋ^{11}ti^{22}kai^{22}.

伊痛得喊个不停。他痛得叫个不停。i^{22}t^{h}aŋ^{22}te^{22}ho^{22}kə^{0}pu^{33}din^{13}.

洗得□慕 = □利 =。洗得干干净净。ɕi^{22}te^{22}ɕiæ^{22}mo^{35}ɕiæ^{22}li^{11}.

讲得当真个一样。讲得跟真的一样。ko^{22}te^{22}to^{33}tɕin^{35}kə^{0}i^{13}io^{11}.

暖得当得蒸笼一样。热得像蒸笼一样。lu^{22}te^{22}to^{33}te^{22}tɕin^{35}loŋ^{13}i^{13}io^{11}.

第七章　语法例句

本章的语法例句，都先列条目，再出峒话的说法，峒话说法按照音标加汉字的方式排列，同音字在右上角标“=”，合音字用“[　]”表示。有几种说法的，按照常用度和自然度排列，中间用“/”隔开。一些条目中的专有名词，根据峒话的实际进行适当的调整，文中不再注解。发生连读变调的，只标连调，不标本调。峒话连读变调有时与说话的速度有关，语速较快时发生变调，语速较慢时改为本字调，本书根据实际情况记录，不再一一说明其他变读情况。

第一节

《中国语言资源调查手册·汉语方言》

本节50个例句，取自《中国语言资源调查手册·汉语方言》（商务印书馆，2016）第171—178页，均附视频。视频目录与《中国语言资源调查手册·汉语方言》语法例句条目一致。各个例句的调查要点，请参看该书第162—170页的“各例句调查要点”。

01　**小张昨天钓了一条大鱼，我没有钓到鱼。**

çiau^{22}tsaŋ^{33}tsaŋ^{11}te^{22} tei^{22} tɤu^{21}i^{13}tɕia^{22}mai^{13}ta^{11}kə^{0}y^{13}te^{21}, o^{22}i^{13}tɕia^{22}pu^{33}ti^{33}tei^{22}tɤu^{21}.

小　张　[昨日]嘚钓　倒　一只　蛮　大个鱼嘚，我一只　不得钓　倒。

02　**a. 你平时抽烟吗？ b. 不，我不抽烟。**

ŋ^{22}bin^{12}sɿ^{12}mo^{22}ɦŋ^{11}y^{11}ie^{35}mo^{22}? pu^{33}, o^{22}pu^{33}y^{11}ie^{35}.

a. 尔平　时往　日　食烟么？ b. 不，我不　食烟。

03　**a. 你告诉他这件事了吗？ b. 是，我告诉他了。**

ŋ^{22}kɤu^{33}sɿ^{33} i^{22}ko^{22}tɕia^{22}sɿ^{11}kua^{22}lio^{22}mo^{22}? o^{22}kɤu^{33}sɿ^{33}i^{22}kua^{22}.

a. 尔告　诉伊箇只　事呱　了　么？ b. 我告　诉伊呱。

04　**你吃米饭还是吃馒头？**

ŋ^{22}zɿ^{22} y^{11}pai^{11}ɦai^{13}zɿ^{22}y^{11}man^{12}dɤu^{13}?

尔是　食饭　还　是食馒　头？

05　**你到底答应不答应他？**

ŋ^{22}tɤu^{33}ti^{22}ta^{22}pu^{33}ta^{22}in^{33}i^{22}?

尔到　底答不　答应伊？

06　a. 叫小强一起去电影院看《刘三姐》。

ho^{22} ɕiau^{22}dʑiaŋ^{12}i^{13}tɕʰi^{22}y^{13}dian^{13}in^{22}yan^{35}lei^{33}liu^{13}san^{33}tɕie^{22}.

喊 小 强 一起 去电 影院 睐《刘三 姐》。

b. 这部电影他看过了。/他这部电影看过了。/他看过这部电影了。

kuei^{13}bu^{22}dian^{13}in^{22}i^{22}lei^{33}kua^{22}liæ^{22}. /i^{22}lei^{33}kua^{22}kuei^{13}bu^{22}dian^{13}in^{22}kua^{22}.

桂$^{=}$ 部 电 影 伊睐 呱 了。/伊 睐 呱 桂$^{=}$ 部 电 影 呱。

i^{22} kuei^{13}bu^{22}dian^{13}in^{22}lei^{33}kua^{22}la^{22}.

伊 桂$^{=}$ 部 电 影 睐 呱 啦。

07　你把碗洗一下。

ŋ^{22}pa^{22}pai^{11}o^{22}ɕie^{22}i^{33}ɦa^{22}.

尔把 饭 碗洗 一下。

08　他把橘子剥了皮，但是没吃。

i^{22}pa^{22}kan^{33}tsɿ^{0}po^{22}kua^{22}bi^{13}, dan^{13}zɿ^{22}y^{11}pu^{33}ti^{33}y^{11}.

伊把 柑 子剥 呱 皮，但 是又不 得食。

09　他们把教室都装上了空调。

i^{22}li^{35}pa^{22}tɕiau^{35}sɿ^{13}tɤu^{33}o^{35}tɕʰi^{22}kʰoŋ^{33}tiau^{13}kua^{22}.

伊里把 教 室都 安起 空 调 呱。

10　帽子被风吹走了。

mo^{11}te^{22}pa^{22}tɕʰi^{35}poŋ^{35}tɕʰyei^{35}tsau^{22}kua^{21}.

帽 嘚把 乞 风 吹 走 呱。

11　张明被坏人抢走了一个包，人也差点儿被打伤。

tsaŋ^{33}min^{12}pa^{22}tɕʰi^{35}yæ^{11}ɦiŋ^{13}tɕʰio^{22}kua^{22}i^{13}tɕia^{22}pɤu^{35}, ɦiŋ^{13}ia^{11}tɕʰiæ^{35}ti^{33}te^{21}pa^{22}tɕʰi^{35}

张 明 把 乞 坏 人 抢 呱 一只 包，人 也 差 点 嘚 把 乞

tʰaŋ^{35} li^{33}dei^{13}ɕio^{35}.

[他人]里 捶 伤。

12　快要下雨了，你们别出去了。

kʰiæ^{33}se^{33}lɤu^{11}vu^{22}le^{33}, ŋ^{22}li^{35}ma^{11}tɕʰyei^{22}y^{13}kua^{22}.

快 些落 雨 呢，尔里莫 出 去呱。

13　这毛巾很脏了，扔了它吧。

kuei^{13}dy^{13}ɕy^{22}tɕin^{35}lai^{13}tai^{33}te^{22}hai^{22}, dɤu^{11}kua^{21}so^{33}kua^{22}.

桂$^{=}$ 条 手 巾 涞$^{=}$汰$^{=}$得 很，丢 呱 算 呱。

14 **我们是在车站买的车票。**

a^{22}li^{35}zɿ^{22}dʑiæ^{22}tsʰe^{33}tsan^{35}ti^{33}miæ^{22}tɕʰi^{21}kə^{0}pʰiau^{33}.

我里是在 车 站 里买 起 个票。

15 **墙上贴着一张地图。**

dʑio^{13}dau^{13}dʑio^{22}niæ^{35}tɕʰi^{21}i^{13}tio^{35}ti^{11}dɤu^{13}.

墙 头 上 黏 起 一张 地图。

16 **床上躺着一个老人。**

dʑio^{13}dʑio^{22}mie^{13}tɕʰi^{22}i^{13}kɤu^{33}lɤu^{22}ta^{11}ɦiŋ^{13}.

床 上 眠 起 一个 老 大人。

17 **河里游着好多小鱼。**

ɦɤu^{13}ti^{33}li^{35} tɕʰi^{22}hɤu^{22}tɤu^{35}kə^{0}niæ^{35}ny^{13}te^{21}.

河 里立$^{=}$起 好 多 个躲 鱼 嘚。

18 **前面走来了一个胖胖的小男孩。**

mie^{11}dzai^{13}liæ^{13}kua^{22}i^{13}tɕia^{22}tɕio^{33}ly^{35}kua^{22}kə^{0}laŋ^{13} ka^{35} tsai^{22} tsai^{22}.

面 前 来 呱 一只 壮 □ 呱 个[男人]家 崽 崽。□ly^{35}：很。

19 **他家一下子死了三头猪。**

i^{22}li^{35}ɕi^{33}i^{13}ɦa^{22}ka^{35}te^{21}ɕi^{22}kua^{21}sa^{35}tɕia^{22}tei^{35}.

伊里些 一下 咖 嘚 死 呱 三 只 猪。

20 **这辆汽车要开到广州去。**

kuei^{13}bu^{22}tɕʰi^{35}tsʰe^{33}y^{33}fei^{35}taŋ^{35}kuaŋ^{22}tsɤu^{33}y^{13}.

桂$^{=}$ 部 汽 车 要开 灯$^{=}$广 州 去。

21 **学生们坐汽车坐了两整天了。**

ɦɤu^{11}ɕiai^{35}li^{33}dzɤu^{22}tɕʰi^{35}tsʰe^{33}dzɤu^{22}kua^{22}lio^{22}ɦiŋ^{11}lio^{22}ia^{11}.

学 生 里坐 汽 车 坐 呱 两 日 两 夜。

22 **你尝尝他做的点心再走吧。**

ŋ^{22}dʑio^{13}ɦa^{22}i^{22}tsɿ^{33}tɕʰi^{21}kə^{0}lin^{13}sei^{33}toŋ^{35}ɕi^{35}tɕiæ^{33}ɦai^{13}ma^{21}.

尔尝 下 伊做 起 个零 碎 东 西再 行 嘛。

23 a. **你在唱什么?**

ŋ^{22}dʑiæ^{22}tɕʰio^{33}mo^{22}ko^{33}?

尔在 唱 么 个?

b. **我没在唱，我放着录音呢。**

o^{22}pu^{33}ti^{33}tɕʰio^{33}, o^{22}po^{33}tɕʰi^{21}lɤu^{13} in^{33}tɕi^{33}.

我不 得唱， 我放 起 录 音 机。

24　a. **我吃过兔子肉，你吃过没有？**

o^{22} y^{11}kua^{22}t^{h}u^{33}te^{22}lai^{22}, ŋ^{22} y^{11}kua^{22}kə^{0}mo^{22}?

我 食 呱　兔　嘚 冷⁼，尔 食 呱　过 么？

b. **没有，我没吃过。**

mau^{11}, o^{22}pu^{33}ti^{33} y^{11}kə^{33}.

冇，　我 不　得　食 过。

25　**我洗过澡了，今天不打篮球了。**

o^{22}ba^{13}kə^{0}do^{13}kua^{22}lio^{22}, tɕi^{35}ɦiŋ^{11}pu^{33}te^{22}ta^{33}lan^{13}dʑiɤu^{13}kua^{22}.

我 爬　过 塘　呱　了，今　日　不　得 打 篮　球　　呱。

26　**我算得太快算错了，让我重新算一遍。**

o^{22}so^{35}te^{22}t^{h}ai^{35}k^{h}iæ^{33}so^{33}tɕiɤu^{11}kua^{21}, tɕio^{11}o^{22}dzoŋ^{13}ɕin^{35}so^{33}i^{13}tɕiai^{33}.

我 算　得 太　快　　算　错　　呱，　让　我 重　　新　算　一转。

27　**他一高兴就唱起歌来了。**

i^{22} i^{13}ɕi^{22}ho^{35}kuei^{11}tɕ^{h}io^{33}tɕ^{h}i^{22}kɤu^{35}liæ^{13}kua^{21}.

伊 一喜 欢　柜⁼　唱　　起　歌　 来　呱。

28　**谁刚才议论我老师来着？**

tɕia^{35}kɤu^{33}ŋan^{13}tɕiaŋ^{33}ko^{22}o^{22}kə^{0}lɤu^{22}sɿ^{33}?

遮⁼　个　　岸⁼ 刚　　讲 我 个 老　师？

29　**只写了一半，还得写下去。**

tɕi^{35}ɕiæ^{22}te^{22}i^{13}tin^{22}, ɦai^{13}y^{33}ɕiæ^{22}ɦa^{22}y^{13}.

只　写　　得 一丁⁼，还　要 写　　下　去。

30　**你才吃了一碗米饭，再吃一碗吧。**

ŋ^{22}tɕi^{35}y^{11}kua^{22}i^{13}o^{22}pai^{11}, tɕiæ^{33}y^{13}i^{13}o^{22}ma^{21}.

尔 只　食 呱　 一碗 饭，　再　　食 一碗 嘛。

31　**让孩子们先走，你再把展览仔仔细细地看一遍。**

tɕio^{11}ɕie^{33}ka^{35}te^{21}sai^{35}ɦai^{13}, ŋ^{22}tɕiæ^{33}pa^{22}tsan^{22}lan^{22}hɤu^{22}hɤu^{22}ɕin^{35}ɕin^{55}ti^{33}lei^{33}i^{13}tɕiai^{33}.

让　 细　家　嘚 先　行，　尔 再　　把　展　　览　好　　好　　生　生　滴 睐　一转。

32　**他在电视机前看着看着睡着了。**

i^{22}dʑia^{22}dian^{13}zɿ^{13}tɕi^{33}mie^{11}dzai^{13}lei^{33}tɤu^{21}lei^{33}tɤu^{21}kuei^{11}o^{11} tɕio^{11}kua^{22}.

伊在　 电　 视 机　面　 前　 睐 倒　睐　倒　柜⁼　卧⁼着　 呱。

33　**你算算看，这点钱够不够花？**

ŋ^{22} so^{33} i^{13}ɦa^{22}, ko^{11}tiaŋ^{35}a^{35}te^{21}dzai^{13}te^{21}ioŋ^{11}pu^{33}ioŋ^{11}te^{22}liæ^{13}?

尔算一　　下，箇　点　 啊嘚 钱　 嘚 用　不　用　 得 来？

34 **老师给了你一本很厚的书吧？**

lau^{22}sɿ^{33}tɕ^{h}i^{35}ŋ^{22}y^{33}tɕ^{h}i^{22}i^{13}poŋ^{22}mai^{11}ɦau^{22}kə^{0}ɕy^{35}mo^{22}?

老 师 乞 尔 要 起 一本 蛮 厚 个 书 么？

35 **那个卖药的骗了他一千块钱呢。**

kuei^{13}tɕia^{22}miæ^{22}iəu^{11}kə^{0}mi^{35}p^{h}ie^{33}kua^{21}i^{22}i^{13}ts^{h}ai^{35}k^{h}iæ^{22}dzai^{13}.

桂⁼ 只 卖 药 个 乜 骗 呱 伊 一 千 块 钱。

36 a. **我上个月借了他三百块钱。**借入

o^{22}dʑio^{22}kɤu^{33}vai^{11}ɦŋ^{11}tɕiæ^{33}kua^{21} i^{22}sa^{35}pa^{22}k^{h}iæ^{22}dzai^{13}.

我 上 个 月 日 借 呱 伊 三 百 块 钱。

b. **我上个月借了他三百块钱。**借出

o^{22}dʑio^{22}kɤu^{22}vai^{11}ɦŋ^{11}tɕiæ^{33}tɕ^{h}i^{35}i^{22}sa^{35}pa^{22}k^{h}iæ^{22}dzai^{13}.

我 上 个 月 日 借 乞 伊 三 百 块 钱。

37 a. **王先生的刀开得很好。**王先生是医生，施事。

ɦo^{13}sai^{35}ɕiai^{35}kə^{0}tɤu^{35}fei^{35}te^{22}hɤu^{22}te^{22}hai^{22}.

王 先 生 个 刀 开 得 好 得 很。

b. **王先生的刀开得很好。**王先生是病人，受事。

ɦo^{13}sai^{35}ɕiai^{35}kə^{0}tɤu^{35}fei^{35}te^{22}hɤu^{22}te^{22}hai^{22}.

王 先 生 个 刀 开 得 好 得 很。

38 **我不能怪人家，只能怪自己。**

o^{22}pu^{33}kiæ^{33}t^{h}aŋ^{35} li^{33}, tɕi^{35}kiæ^{33}tɕie^{11}ka^{35}.

我 不 怪 [他人]里，只 怪 自 家。

39 a. **明天王经理会来公司吗？**

mie^{13}te^{22}ɦo^{13}tɕin^{33}li^{22}te^{22}liæ^{13}koŋ^{33}sɿ^{33}mo^{22}?

明 嘚 王 经 理 得 来 公 司 么？

b. **我看他不会来。**

o^{22}lei^{22} i^{22}pu^{33}te^{22}liæ^{13}.

我 睐 伊 不 得 来。

40 **我们用什么车从南京往这里运家具呢？**

a^{22}li^{35} ioŋ^{11}mo^{11}ko^{33}ts^{h}e^{33}dzau^{13}lan^{12}tɕin^{35}vaŋ^{22}ko^{11}dau^{13}yn^{33}tɕia^{35}tɕy^{35}?

我 里 用 么 个 车 朝 南 京 往 箇 头 运 家 具？

41 **他像个病人似的靠在沙发上。**

i^{22}dʑio^{22}tɕia^{22}ɕyæ^{22}pie^{11}kə^{0}ɦŋ^{13}io^{22}loŋ^{11}te^{22}dʑiæ^{22}sa^{33}fa^{22}dau^{13}dʑio^{22}.

伊 像 只 发 病 个 人 样 弄⁼ 嘚 在 沙 发 头 上。

42 这么干活连小伙子都会累坏的。

ɦiŋ^{11}ti^{33} kə^{0}tsɿ^{22}sɿ^{11}lie^{13}nie^{13}tɕ^{h}ie^{35}kə^{0}tɤu^{33}y^{33}niaŋ^{22}yæ^{11}kə^{0}.

日⁼滴 个 做 事 连 年 轻 个 都 要 酿 坏 个。

43 他跳上末班车走了。我迟到一步，只能自己慢慢走回学校了。

i^{22}t^{h}ei^{33}dʑio^{22}mo^{13}pan^{33}ts^{h}e^{33}ɦai^{13}kua^{22}, o^{22}liæ^{13}ŋai^{33}kua^{22}i^{13}pu^{11}, tɕi^{35}hɤu^{22}tɕie^{11}ka^{35}

伊跳 上 末 班 车 行 呱， 我来 晏 呱 一步，只 好 自 家

mai^{11}mai^{11}ti^{33}te^{22}ɦai^{13}taŋ^{35}ɦɤu^{11}dau^{33}ti^{33}.

慢 慢 滴 嘚 行 灯⁼ 学 堂 里。

44 这是谁写的诗？谁猜出来我就奖励谁十块钱。

ko^{11}dau^{33}zɿ^{22} tɕia^{35} kɤu^{33} ɕiæ^{22} kə^{0} sɿ^{35}?

箇 头 是 遮⁼ 个 写 个 诗？

tɕia^{35}kɤu^{22}tɕ^{h}iæ^{33}tɕyei^{22}liæ^{13}o^{22}kuei^{11}tɕiaŋ^{22}li^{35}tɕia^{35}kɤu^{22}dzɿ^{11}k^{h}iæ^{22}dzai^{13}.

遮⁼ 个 猜 出 来 我 柜⁼ 奖 励 遮 个 十 块 钱。

45 我给你的书是我教中学的舅舅写的。

o^{22}pa^{22}tɕ^{h}i^{35}ŋ^{22}kə^{0}ɕy^{35}zɿ^{22}o^{22}kɤu^{35}tsoŋ^{33}ɕio^{13}kə^{0}dʑy^{22}ia^{33}ɕiæ^{22}kə^{0}.

我 把 乞 尔 个 书 是 我 教 中 学 个 舅 爷 写 个。

46 你比我高，他比你还要高。

ŋ^{22}pi^{22}o^{22}kɤu^{35}, i^{22}pi^{22}ŋ^{22}ɦai^{13}kɤu^{35}ti^{33}.

尔 比 我 高， 伊 比 尔 还 高 点。

47 老王跟老张一样高。

lau^{22}vaŋ^{13}tɕ^{h}i^{35}tɤu^{21}lau^{33}tsaŋ^{33}i^{13}io^{11}kɤu^{35}.

老 王 乞 倒 老 张 一样 高。

48 我走了，你们俩再多坐一会儿。

o^{22}ɦai^{13}la^{33}, ŋ^{22}li^{35}lio^{22}kɤu^{22}tɕiæ^{33}dzɤu^{22}i^{13}ɦa^{22}te^{22}.

我 行 啦，尔 里 两 个 再 坐 一下 嘚。

49 我说不过他，谁都说不过这个家伙。

o^{22}ko^{22} i^{22}pu^{33} ie^{13}, tɕia^{35}kɤu^{33}tɤu^{33}ko^{22}pu^{33}ie^{13}kuei^{13}tɕia^{22}tɕia^{33}ho^{22}.

我 讲 伊 不 赢，遮⁼ 个 都 讲 不 赢 桂⁼ 只 家 伙。

o^{22}ko^{22}pu^{33} ie^{13} i^{22}, tɕia^{35}kɤu^{33}tɤu^{33}ko^{22}kuei^{13}tɕia^{22}tɕia^{33}ho^{22}pu^{33}ie^{13}.

我 讲 不 赢 伊，遮⁼ 个 都 讲 桂⁼ 只 家 伙 不 赢。

50 上次只买了一本书，今天要多买几本。

dau^{13}tɕiai^{33}tɕi^{35}miæ^{22}tɕ^{h}i^{22}i^{13}poŋ^{22}ɕy^{35}, tɕi^{35}ɦiŋ^{11}y^{33}tɤu^{35}miæ^{22}tɕi^{22}poŋ^{22}.

头 转 只 买 起 一本 书，今 日 要 多 买 几 本。

第二节

《汉语方言语法调查例句》

本节语法例句共248句。这些例句根据以下几个来源综合：（1）中国社会科学院语言研究所方言组《方言调查词汇表》第叁拾壹部分“语法”，参看《方言》1981：201—203；（2）丁声树《方言调查词汇手册》第18部分，参看《方言》1989：91—97；（3）中国社会科学院语言研究所“汉语方言重点调查”（1988—1992）课题组编印的“语法调查例句”（油印本）；（4）中国社会科学院A类重大研究课题“中国濒危语言方言调查与新编《中国语言地图集》”（2002—2007）编印的“词汇语法调查条目”（油印本）；（5）根据通行语法著作适当选取的其他一些语法例句。

001 **这句话用人话怎么说？**

kuei^{13}ki^{33}va^{11}ioŋ^{11}ɦŋ^{13}va^{11}ɦo^{13}ti^{33}ko^{22}ti^{33}?

桂$^{=}$ 句 话 用 人 话 何 滴讲 得？

002 **你还会说别的地方的话吗？**

ŋ^{22}ɦai^{13}tai^{22}ti^{35}ko^{22}lin^{11}vai^{35}i^{13}tɕia^{22}to^{33}ho^{35}kə^{0}va^{11}mo^{22}?

尔还 得 知讲 另 外 一只 当 方 个话 么？

003 **不会了，我从小就没出过门，只会说人话。**

pu^{33}tai^{22}ti^{35}kua^{22}, o^{22}pa^{22}niæ^{35}tɕ^{h}i^{22}kuei^{11}pu^{22}ti^{33}tɕ^{h}yei^{22}kə^{0}moŋ^{13}, tɕi^{35}tai^{22}ti^{33}ko^{22}ɦŋ^{13}va^{11}.

不 得 知呱， 我把 躲 起 柜$^{=}$ 不 得出 过门， 只 得 知讲 人 话。

004 **会，还会说新宁话、武冈话，不过说得不怎么好。**

tai^{22}ti^{35}, o^{22}ɦai^{13}tai^{22}ti^{35}ko^{22}ɕin^{35}lin^{13}va^{11}、vu^{22}ko^{35}va^{22}, pu^{33}ko^{33}ko^{22}te^{22}pu^{22}ma^{35}te^{22}hɤu^{22}.

得 知，我还 得 知讲 新 宁 话、武 冈 话，不 过 讲 得不 □ 嘚 好。

□ma^{35}：怎样。

005 **会说普通话吗？**

tai^{22}ti^{35}ko^{22}pʰu^{22}tʰoŋ^{33}va^{11}mo^{22}?

得 知讲 普 通 话 么？

006 **不会说，没有学过。**

pu^{33}tai^{22}ti^{35}ko^{22}, pu^{33}ti^{33}ɦɤu^{11}kə^{33}.

不 得 知讲，不 得学 过。

007 **会说一点儿，不标准就是了。**

tai^{22}ti^{35}ko^{22}i^{13}tian^{22}, ko^{22}te^{22}pu^{22}tɕioŋ^{22}.

得 知讲 一点， 讲 得不 准。

008 **在什么地方学的普通话？**

dʑiæ^{22}tɕia^{35}dau^{33}ɦɤu^{11}kə^{0}pʰu^{22}tʰoŋ^{33}va^{11}?

在 遮⁼ 头 学 个普 通 话？

009 **上小学中学都学普通话。**

dʑio^{22}ɕiau^{22}ɕio^{13}, dʑio^{22}tsoŋ^{33}ɕio^{13}təu^{33}ɦɤu^{11}pʰu^{22}tʰoŋ^{33}va^{11}.

上 小 学 上 中 学 都 学 普 通 话。

010 **谁呀？我是老王。**

tɕia^{35}kɤu^{33}? o^{22}zʅ^{22}lɤu^{22}ɦo^{13}.

遮⁼ 个？ 我是 老 王。

011 **你贵姓？我姓王。**

ŋ^{22}ɕin^{33}mo^{22}ko^{33}? o^{22}ɕin^{33}ɦo^{13}.

尔姓 么 个？我 姓 王。

012 **我也姓王，咱俩都姓王。**

o^{22}ia^{11}ɕin^{33}ɦo^{13}, a^{22}li^{35}lio^{22}kɤu^{33}ɦŋ^{13}daŋ^{13}ɕin^{33}ɦo^{13}.

我也 姓 王，我里两 个 人 同 姓 王。

013 **巧了，他也姓王，本来是一家嘛。**

tɕʰiau^{22}te^{22}hai^{21}, i^{22}ia^{11}ɕin^{33}ɦo^{13}, poŋ^{22}liæ^{13}kuei^{11}zʅ^{22} i^{13} ka^{35}.

巧 得很，伊也 姓 王，本 来 柜⁼ 是 一家。

014 **老张来了吗？说好他也来的！**

lɤu^{22}tɕio^{35}liæ^{13}kua^{22}mo^{22}? ko^{22}hɤu^{22}i^{22}ia^{11}y^{33}liæ^{13}kə^{22}!

老 张 来 呱 么？ 讲 好 伊也 要来 个！

015 **他没来，还没到吧。**

i^{22}ɦai^{13}pu^{33}ti^{33}liæ^{13}, ɦai^{13}pu^{33}ti^{33}kau^{33}.

伊还 不 得来， 还 不 得□。□kau^{33}：到达。

016 **他上哪儿了？还在家里呢。**

i^{22}tɕ^{h}yei^{22}tɕia^{35}dau^{33}y^{13}kua^{22}? i^{22}ɦai^{13}dzɿ^{22}vu^{22}ti^{33}.

伊出 遮$^{=}$ 头 去呱？ 伊还 是 屋 里。

017 **在家做什么？在家吃饭呢。**

i^{22}dʑia^{22}u^{22}li^{22}tsɿ^{22}mo^{22}ko^{33}? i^{22}dʑia^{22}u^{22}ti^{33}y^{11}pai^{11}le^{33}.

伊在 屋里做 么 个？ 伊在 屋里食饭 呢。

018 **都几点了，怎么还没吃完？**

taŋ^{35}tɕi^{22}tie^{22}tɕioŋ^{35}kua^{22}, ɦo^{13}ti^{33} ɦai^{13}pu^{22}y^{11}vai^{13}?

灯$^{=}$ 儿 点 钟 呱， 何 滴$^{=}$还 不 食完？

019 **还没有呢，再有一会儿就吃完了。**

ɦai^{13}mau^{11}, ɦai^{13}y^{11}ɦa^{22}ɦa^{22}kuei^{11}y^{11}vai^{13}kua^{22}.

还 冇， 还 食下 下 柜$^{=}$ 食完 呱。

020 **他在哪儿吃的饭？**

i^{22}dzɿ^{22}tɕia^{35}dau^{33}y^{11}kə^{0}pai^{11}?

伊是 遮$^{=}$ 头 食个饭？

021 **他是在我家吃的饭。**

i^{22}dzɿ^{22}o^{22}vu^{22}ti^{33}y^{11}kə^{0}pai^{11}.

伊是 我屋 里食个饭。

022 **真的吗？真的，他是在我家吃的饭。**

to^{33}tɕin^{35} kə^{22}mo^{22}? to^{33}tɕin^{35}kə^{22}, i^{22}dzɿ^{22}o^{22}vu^{22}ti^{33}y^{11}kə^{0}pai^{11}.

当真 个 么？ 当真 个，伊是 我屋 里食个饭。

023 **先喝一杯茶再说吧！**

sai^{35}y^{11}i^{13}au^{35}dʑia^{13}tɕiæ^{33}ko^{22}.

先 食一瓯 茶 再 讲。

024 **说好了就走的，怎么半天了还不走？**

ko^{22}hɤu^{22}kuei^{11}ɦai^{13}kə^{22}, ɦo^{13}ti^{33} ko^{11}tɕy^{22}ɦai^{13}pu^{33}ti^{33}ɦai^{13}?

讲 好 柜$^{=}$ 行 个，何 滴$^{=}$箇 久 还 不 得行？

025 **他磨磨蹭蹭的，做什么呢？**

i^{22}ɕy^{35}ɕy^{55}mo^{22}mo^{22}kə^{22}, tsɿ^{22}mo^{22}ko^{33}?

伊收 收 摸 摸 个 做 么 个？

026 **他正在那儿跟一个朋友说话呢。**

i^{22}tɕin^{35}taŋ^{35}dzɿ^{22}mi^{35}tɕ^{h}i^{35}i^{13}tɕia^{22}poŋ^{13}y^{22}ko^{22}va^{11}.

伊正 当 是 乜 乞 一只 朋 友讲 话。

027 **还没说完啊？催他快点儿！**

ɦai^{13}pu^{33}ti^{33}ko^{22}vai^{13}mo^{22}? tɕ^{h}yei^{35}i^{22}k^{h}iæ^{33}ti^{33}!

还 不 得讲 完 么？ 催 伊快 点！

028 **好，好，他就来了。**

hɤu^{22}, hɤu^{22}, i^{22}kuei^{11}liæ^{13}kua^{22}.

好， 好， 伊柜$^{=}$ 来 呱。

029 **你上哪儿去？我上街去。**

ŋ^{22}taŋ^{35}tɕia^{35}dau^{13}y^{13}? o^{22}taŋ^{35}tɕiæ^{35}te^{22}y^{13}.

尔灯$^{=}$ 遮 头 去？我灯$^{=}$ 街 嘚 去。

030 **你多会儿去？我马上就去。**

ŋ^{22}mo^{22}ko^{33}tɕie^{22}ka^{35}te^{21}y^{13}? o^{22}ma^{22}dʑio^{22}kuei^{11}y^{13}.

尔 么 个 □ 咖 嘚 去？我 马 上 柜$^{=}$ 去。□tɕie^{22}：时候。

031 **做什么去呀？家里来客人了，买点儿菜去。**

tsɿ^{22}mo^{22}ko^{33}y^{13}? vu^{22}ti^{33}liæ^{13}kua^{22}ha^{22}kua^{22}, y^{13}ma^{22}ti^{33}tɕ^{h}iæ^{33}kuei^{35}liæ^{13}.

做 么 个 去？屋 里 来 呱 客 呱， 去 买 点 菜 归 来。

032 **你先去吧，我们一会儿再去。**

ŋ^{22}sai^{35}y^{13}ma^{21}, a^{22}li^{35}taŋ^{22}ɦa^{22}tɕia^{22}y^{13}.

尔先 去 嘛， 我 里 等 下 再 去。

033 **好好儿走，别跑！小心摔跤了。**

hɤu^{22}hɤu^{22}ti^{33}ɦai^{13}, ma^{11}tsau^{22}! p^{h}a^{33}pa^{33}loŋ^{11}.

好 好 地 行， 莫 走！ 怕 绊 弄$^{=}$。

034 **小心点儿，不然的话摔下去爬都爬不起来。**

sei^{22}ɕin^{35} ti^{33}, y^{33}pu^{33}zɿ^{22}pa^{33}loŋ^{11}ba^{13}ia^{11}ba^{13}pu^{22}di^{13}ɕi^{22}.

小 心 点，要 不 是 绊 弄$^{=}$ 爬 也 爬 不 直 起。

035 **不早了，快去吧！**

pu^{33}tsɤu^{22}kua^{22}, k^{h}iæ^{33}y^{13}ma^{21}!

不 早 呱， 快 去 嘛。

036 **这会儿还早呢，过一会儿再去吧。**

kuei^{13}fei^{11}ɦai^{13}tsɤu^{22}te^{22}hai^{22}, taŋ^{22}i^{13}tɕ^{h}io^{33}tɕiæ^{33}y^{13}.

桂$^{=}$ 会 还 早 得 很， 等 一唱$^{=}$ 再 去。

037 **吃了饭再去，好不好？**

y^{11}kua^{22}pai^{11}tɕiæ^{33}y^{13}, hɤu^{22}pu^{33}hɤu^{22}?

食 呱 饭 再 去，好 不 好？

038 **不行，那可就来不及了。**

pu^{33}in^{13}, ko^{11}ko^{33}mi^{35}kuei^{11}liæ^{13}pu^{33}tɕi^{13}kua^{22}.

不 行，箇 个 乜 柜= 来 不 及 呱。

039 **不管你去不去，反正我是要去的。**

dzei^{13}ŋ^{22}y^{13}pu^{33}y^{13}, fan^{33}tsen^{35}o^{22}zɿ^{22}y^{33}y^{13}.

随 尔去不 去，反 正 我是 要去。

040 **你爱去不去。你爱去就去，不爱去就不去。**

ŋ^{22}ɕi^{22}ho^{35}y^{13}kuei^{11}y^{13}, pu^{33}ɕi^{22}ho^{35}kuei^{11}ma^{11}y^{13}.

尔喜欢 去柜= 去，不 喜 欢 柜= 莫 去。

041 **那我非去不可！**

o^{22}fei^{35}y^{13}pu^{22}k^{h}o^{22}!

我非 去不 可！

042 **那个东西不在那儿，也不在这儿。**

a. mi^{35} tɕia^{22} toŋ^{35} ɕi^{33} pu^{33} dʑia^{22} mi^{35} ka^{35} te^{21} , ia^{11} pu^{33} dʑia^{22} ko^{11} dau^{33}.

乜 只 东 西 不 在 乜 咖 嘚，也 不 在 个 头。

b. kuei^{13} tɕia^{22} toŋ^{35} ɕi^{33} mi^{35} pu^{33} dʑia^{22} ko^{11} dau^{13} mi^{35}, ia^{11} pu^{33} dʑia^{22} ko^{11} dau^{33}.

桂= 只 东 西 乜 不 在 箇 头 乜，也 不 在 个 头。

043 **那到底在哪儿？**

ɦiŋ^{11}ti^{33} mi^{35}tɤu^{33}ti^{22}dʑia^{22}tɕia^{35}dau^{13}?

日=滴= 乜 到底 在 遮= 头？

044 **我也说不清楚，你问他去！**

o^{22}ia^{11}ko^{22}pu^{33}ts^{h}ai^{35}ts^{h}u^{22}, ŋ^{22}y^{13}yn^{11}i^{22}!

我也 讲 不 清 楚，尔去问 伊！

045 **怎么办呢？不是那么办，要这么办才对。**

ɦo^{13}ti^{33} tsɿ^{33}le^{22}? pu^{33}ti^{33}zɿ^{22}ɦiŋ^{11} ti^{33} mi^{35}tsɿ^{22}, zɿ^{22}ɦiŋ^{11} ti^{33} tsɿ^{22}kə^{22}.

何 滴= 做 呢？不 得是 日=滴= 乜 做，是 日=滴= 做 个。

046 **要多少才够呢？**

y^{33}hɤu^{22}tɤu^{35}kuei^{11}y^{33}kua^{22}?

要好 多 柜= 有呱？

047 **太多了，要不了那么多，只要这么多就够了。**

t^{h}ai^{33}tɤu^{35}kua^{22}, pu^{33}y^{33}ko^{11}tɤu^{35}mi^{35}, tɕi^{35}y^{33}ko^{11}tɤu^{35}kuei^{11}y^{22}kua^{22}.

太 多 呱，不 要箇 多 乜，只 要箇 多 柜= 有呱。

048 **不管怎么忙，也得好好儿学习。**

pu^{33}kuan^{22}tsɿ^{22}mo^{22}ko^{33}mo^{13}, ia^{11}y^{33}hɤu^{22}hɤu^{22}kə^{0}ɦɤu^{11}.

不 管 做 么 个 忙，也 要 好 好 个 学。

049 **你闻闻这朵花香不香？**

liæ^{13}ɕioŋ^{22}i^{13}ɦa^{22}kuei^{13}tɤu^{22}fa^{35}ɕio^{35}pu^{22}ɕio^{35}?

来 嗅 一下 桂$^{=}$ 朵 花 香 不 香？

050 **好香呀，是不是？**

ɕio^{35}te^{22}hai^{22}, zɿ^{22}a^{33}?

香 得 很，是 啊？

051 **你是抽烟呢，还是喝茶？**

ŋ^{22}zɿ^{22}y^{11}ie^{35}, ɦai^{13}zɿ^{22}y^{11}dʑia^{13}?

尔 是 食 烟，还 是 食 茶？

052 **烟也好，茶也好，我都不会。**

ie^{35}ia^{11}hɤu^{22}, tsei^{22}ia^{11}hɤu^{22}, o^{22}daŋ^{13}pu^{33}in^{13}.

烟 也 好，酒 也 好，我 同 不 行。

053 **医生叫你多睡一睡，抽烟喝茶都不行。**

i^{33}sen^{33}k^{h}ai^{35}ŋ^{22}tɤu^{22}mie^{13}ɦa^{22}, y^{11}ie^{35}fe^{11}tse^{22}y^{11}tsei^{22}tɤu^{22}pu^{22}in^{13}.

医生 □ 尔 多 眠 下，食 烟 或 者 食 酒 都 不 行。□k^{h}ai^{35}：叫，让。

054 **咱们一边走一边说。**

a^{22} li^{33} i^{13}pie^{35}ɦai^{13} i^{13} pie^{35} ko^{22}.

我 里 一边 行 一 边 讲。

055 **这个东西好是好，就是太贵了。**

kuei^{13}tɕia^{22}toŋ^{35}ɕi^{33}hɤu^{22}kuei^{11}zɿ^{22}hɤu^{22}, kuei^{11}zɿ^{22}t^{h}ai^{33}kuei^{33}kua^{22}tiaŋ^{22}ka^{35}te^{21}.

桂$^{=}$ 只 东 西 好 就 是 好，柜$^{=}$ 是 太 贵 呱 点 咖 嘚。

056 **这个东西虽说贵了点儿，不过挺结实的。**

kuei^{13}tɕia^{22}toŋ^{35}ɕi^{33}suei^{33}zan^{13}ko^{22}kuei^{33}kua^{33}ti^{33}, pu^{33}ko^{33}ɦai^{13}mai^{13}tɕin^{33}sɿ^{13}.

桂$^{=}$ 只 东 西 虽 然 讲 贵 呱 点，不 过 还 蛮 经 事。

057 **他今年多大了？**

i^{33}tɕie^{35}nie^{13}hɤu^{22}ta^{11}kə^{0}nie^{13}tɕi^{22}kua^{22}? /i^{33} tɕie^{35}nie^{13}hɤu^{22}ta^{11}kua^{22}?

伊今 年 好 大 个 年 纪 呱？ /伊今 年 好 大 呱？

058 **也就是三十来岁吧。**

ia^{11}kuei^{11}zɿ^{22}sa^{35}dzɿ^{11}liæ^{13}sei^{33}.

也 柜$^{=}$ 是 三 十 来 岁。

059 **看上去不过三十多岁的样子。**

lei^{33}dʑio^{22}y^{13}pu^{33}kɤu^{33}sa^{35}zɿ^{11}tɤu^{35}sei^{33}kə^{0}io^{11}te^{22}.

睐 上 去 不 过 三 十 多 岁 个 样 嘚。

060 **这个东西有多重呢?**

kuei^{13} tɕia^{35} toŋ^{35} ɕi^{35} y^{22} hɤu^{22} din^{22}?

桂$^{=}$ 只 东 西 有 好 重?

061 **怕有五十多斤吧。**

p^{h}a^{33}y^{22}ɦŋ^{22}dzɿ^{11}tɤu^{35}tɕin^{35}din^{22}.

怕 有 五 十 多 斤 重。

062 **我五点半就起来了，你怎么七点了还不起来?**

o^{22}ɦŋ^{22}tie^{22}po^{33}tɕioŋ^{35}kuei^{11}di^{13}ɕi^{22}liæ^{13}kua^{22}, ŋ^{22}tsɿ^{22}mo^{22}ko^{33}tɕ^{h}i^{22}tie^{22}po^{33}tɕioŋ^{35}ɦai^{13}

我 五 点 半 钟 柜$^{=}$ 直 起 来 呱， 尔 做 么 个 七 点 半 钟 还

pu^{33}di^{13}ɕi^{22}?

不 直 起?

063 **三四个人盖一床被。一床被盖三四个人。**

sa^{35}ɕi^{33}kɤu^{33}ɦŋ^{13}kuei^{33}i^{13}dʑio^{13}bi^{22}. i^{13} dʑio^{13} bi^{22} kuei^{33} sa^{35} ɕi^{33} ko^{33} ɦŋ^{13}.

三 四 个 人 盖 一床 被。一床 被 盖 三 四 个 人。

064 **一个大饼夹一根油条。一根油条外加一个大饼。**

i^{13}tɕia^{22}ta^{11}pin^{22}niæ^{22}i^{13}ɦai^{13}y^{13}dy^{33}. i^{13}ɦai^{13}y^{13}dy^{13}lin^{11}vai^{35}ka^{35}i^{13}tɕia^{22}ta^{11}pin^{22}.

一只 大 饼 镊 一行 油条。一行 油 条 另 外 加 一只 大 饼。

065 **两个人坐一张凳子。一张凳子坐了两个人。**

lio^{22}kɤu^{33}ɦŋ^{13}dzɤu^{22}i^{13}dy^{13}taŋ^{33}. i^{13} dy^{13} taŋ^{33} dzɤu^{22} kua^{22} lio^{22} kɤu^{33} ɦŋ^{13}.

两 个 人 坐 一条 凳。一条 凳 坐 呱 两 个 人。

066 **一辆车装三千斤麦子。三千斤麦子刚好够装一辆。**

i^{13}ts^{h}e^{33}tɕio^{35}kua^{22}sa^{35}ts^{h}ai^{35}tɕin^{35}ma^{11}te^{21}. sa^{35}ts^{h}ai^{35}tɕin^{35}ma^{11}te^{21}tɕiaŋ^{35}tɕiaŋ^{55}tɕio^{35}

一车 装 呱 三 千 斤 麦 嘚。三 千 斤 麦 嘚 刚 刚 装

mo^{22}i^{13}ts^{h}e^{33}.

满 一车。

067 **十个人吃一锅饭。一锅饭够吃十个人。**

dzɿ^{11}kɤu^{33}ɦŋ^{13}y^{11}i^{13}tɕ^{h}iai^{35}pai^{11}. i^{13} tɕ^{h}iai^{35} pai^{11} kɤu^{33} y^{11} dzɿ^{11} kɤu^{33} ɦŋ^{13}.

十 个 人 食 一锴 饭。一锴 饭 够 食 十 个 人。

068 **十个人吃不了这锅饭。这锅饭吃不了十个人。**

dzɿ^{11}kɤu^{33}ɦŋ^{13}y^{11}pu^{33}vai^{13}kuei^{13}kɤu^{35}pai^{11}. kuei^{13} kɤu^{35} pai^{11}dzɿ^{11}kɤu^{33}ɦŋ^{13}y^{11}tɕian^{35}tɕʰi^{22}.

十 个 人 食不 完 桂$^{=}$ 锅 饭。桂$^{=}$ 锅 饭 十 个 人 食欠$^{=}$ 起。

069 **这个屋子住不下十个人。**

kuei^{13}tɕia^{22}vu^{22}dzɤu^{11}dzɿ^{11}kɤu^{33}ŋ^{13}pu^{33}ɦa^{22}.

桂$^{=}$ 只 屋 住 十 个 人不 下。

070 **小屋堆东西，大屋住人。**

niæ^{35}vu^{22}tin^{35}toŋ^{35}ɕi^{55}, ta^{11}vu^{22}dzɤu^{13}ɦŋ^{13}.

躲 屋 □ 东 西，大 屋 住 人。□tin^{35}：堆。

071 **他们几个人正说着话呢。**

i^{22}li^{35}tɕi^{22}kɤu^{33}ɦŋ^{13}tɕin^{35}dzɿ^{22}mi^{35}ko^{22}va^{11}.

伊里 几 个 人 正 是 乜 讲 话。

072 **桌上放着一碗水，小心别碰倒了。**

diæ^{13}bo^{33}dʑio^{22}a^{35}tɕʰi^{21}i^{13}o^{22}ɕyei^{22}, sei^{22}ɕin^{35}ti^{33}ma^{11}tɕio^{11}tɤu^{22}.

台 盘 上 安起 一碗 水， 小 心 点莫 撞 倒。

073 **门口站着一帮人，在说着什么。**

moŋ^{13}hau^{22}ti^{33}dʑi^{22}tɕʰi^{21}i^{13}pʰaŋ^{33}ɦŋ^{13}, dʑia^{22}mi^{35}ko^{22}mo^{22}ko^{33}.

门 口 里徛 起 一□ 人，在 乜 讲 么 个。□pʰaŋ^{33}：群。

074 **坐着吃好，还是站着吃好？**

dzɤu^{22}tɤu^{21}y^{11}hɤu^{22}, ɦai^{13}zɿ^{22}dʑi^{22}tɤu^{21}y^{11}hɤu^{22}?

坐 倒 食好， 还 是 徛 倒 食好？

075 **想着说，不要抢着说。**

ɕio^{22}tɤu^{21}ko^{22}, pu^{33}y^{33}tɕʰio^{22}tɤu^{21}ko^{22}.

想 倒 讲，不 要 抢 倒 讲。

076 **说着说着就笑起来了。**

ko^{22}tɤu^{21}ko^{22}tɤu^{21}kuei^{11}sei^{33}tɕʰi^{22}liæ^{13}kua^{22}.

讲 倒 讲 倒 柜$^{=}$ 笑 起 来 呱。

077 **别怕！你大着胆子说吧。**

ma^{11}pʰa^{33}! ŋ^{22}ta^{11}tan^{42}ti^{33}ko^{22}.

莫 怕！ 尔大 胆 点 讲。

078 **这个东西重着呢，足有一百来斤。**

kuei^{13}tɕia^{22}toŋ^{35}ɕi^{33}mai^{13}din^{22}, tsɤu^{13}y^{22}i^{13}pa^{22}liæ^{13}tɕin^{35}.

桂$^{=}$ 只 东 西 蛮 重， 足 有一百 来 斤。

079 **他对人可好着呢。**

i^{22}tei^{33}ɦiŋ^{13}daŋ^{13}hɤu^{22}.

伊对 人 同 好。

080 **这小伙子可有劲着呢。**

kuei^{13}tɕia^{22}ɦau^{22}ɕiai^{35}ka^{55}ŋai^{11}y^{22}lei^{11}.

桂$^{=}$ 只 后 生 家 硬 有 力。

081 **别跑，你给我站着！**

ma^{11}tsau^{22}, ŋ^{22}tɕ^{h}i^{35}o^{22}dʑi^{22}tɤu^{21}!

莫 走， 尔乞 我徛 倒！

082 **下雨了，路上小心着！**

lɤu^{11}vu^{22}liæ^{22}kua^{22}, lu^{11}dʑio^{22}sei^{22}ɕin^{35}ti^{33}!

落 雨 了 呱， 路 上 小 心 点！

083 **点着火了。着凉了。**

tie^{22}tɕ^{h}i^{22}fɤu^{22}kua^{22}. taŋ^{33} kua^{22}.

点 起 火 呱。 冻 呱。

084 **甭着急，慢慢儿来。**

ma^{11}tsau^{22}tɕi^{13}, mai^{11}mai^{11}ti^{33} te^{22}liæ^{13}.

莫 着 急， 慢 慢 滴$^{=}$ 得来。

085 **我正在这儿找着你，还没找着。**

o^{22}tɕin^{35}taŋ^{35}dzɿ^{22}li^{22}dʑin^{13}ŋ^{22}, ɦai^{13}pu^{33}ti^{33}dʑin^{13}tɤu^{21}.

我 正 当 是 里 寻 尔，还 不 得 寻 倒。

086 **她呀，可厉害着呢！**

i^{22}a^{33}, lɤu^{22}fɤu^{22}te^{22}hai^{22}!

伊啊，老 火 得 很！

087 **这本书好看着呢。**

kuei^{13}poŋ^{22}ɕy^{35}hɤu^{22}lei^{33}te^{22}hai^{22}.

桂$^{=}$ 本 书 好 睐 得 很。

088 **饭好了，快来吃吧。**

pai^{11}hɤu^{22}kua^{22}, k^{h}iæ^{33}liæ^{13}y^{11}.

饭 好 呱， 快 来 食。

089 **锅里还有饭没有？你去看一看。**

kɤu^{33}li^{22}ɕi^{33}ɦai^{13}y^{22}pai^{11}mo^{22}? ŋ^{22}y^{13}lei^{33}i^{13}ɦa^{22}.

锅 里些 还 有饭 么？ 尔去睐 一下。

090 我去看了，没有饭了。

o^{22}y^{13}lei^{33}kua^{22}, mau^{11}pai^{11}kua^{22}.

我 去 睐 呱， 冇 饭 呱。

091 就剩一点儿了，吃了得了。

kuei^{11}nin^{11}tɕ^{h}i^{22}tiaŋ^{22}ka^{35}te^{21}, y^{11}kua^{33}so^{33}kua^{22}.

柜$^{=}$ 剩 起 点 咖 嘚$^{=}$， 食 呱 算呱。

092 吃了饭要慢慢儿地走，别跑，小心肚子疼。

y^{11}kua^{22}pai^{11}y^{33}mai^{11}mai^{11}ti^{35}te^{22}ɦai^{13}, ma^{11}tsau^{22}, p^{h}a^{33}du^{22}te^{22}t^{h}aŋ^{33}.

食 呱 饭 要 慢 慢 点 嘚 行， 莫 走， 怕 肚 嘚 痛。

093 他吃了饭了，你吃了饭没有呢？

i^{22}y^{11}kua^{33}pai^{11}kua^{22}, ŋ^{22}y^{11}kua^{33}pai^{11}mo^{22}?

伊 食 呱 饭 呱， 尔 食 呱 饭 么？

094 我喝了茶还是渴。

o^{22}y^{11}kua^{22}dʑia^{13}ɦai^{13}zɿ^{22}hau^{22}ko^{35}.

我 食 呱 茶 还 是 口 干。

095 我吃了晚饭，出去溜达了一会儿，回来就睡下了，还做了个梦。

o^{22}y^{11}kua^{22}ia^{11}dau^{13}pai^{11}, tɕ^{h}yei^{22}y^{33}lei^{11}kua^{33}i^{13}ɦa^{22}, kuei^{35}liæ^{13}kuei^{11}mie^{13}tɤu^{21}kua^{22},

我 食 呱 夜 头 饭， 出 去 嫽 呱 一下， 归 来 柜$^{=}$ 眠 倒 呱，

ɦai^{13}tsɿ^{22}kua^{22} tɕia^{22}moŋ^{11}.

还 做 呱 只 梦。

096 吃了这碗饭再说。

y^{11}kua^{22} kuei^{13}o^{22}pai^{11}tɕiæ^{33}ko^{22}.

食 呱 桂$^{=}$ 碗 饭 再 讲。

097 我昨天照了相了。

o^{22}tsaŋ^{11} te^{22}tɕy^{33}kua^{22}ɕio^{33}kua^{22}.

我[昨日]嘚 照 呱 相 呱。

098 有了人，什么事都好办。

y^{22}kua^{22}ɦŋ^{13}, mo^{22}ko^{33}zɿ^{22}tɤu^{35}hɤu^{22}pai^{11}.

有 呱 人， 么 个 事 都 好 办。

099 不要把茶杯打碎了。

ma^{11}pa^{22}dʑia^{13}au^{35}te^{21}ta^{22}la^{11}kua^{22}.

莫 把 茶 瓯 嘚 打 烂 呱。

100 **你快把这碗饭吃了，饭都凉了。**

ŋ^{22}kʰiæ^{33}pa^{22}kuei^{13}o^{22}pai^{11}y^{11}kua^{22}, pai^{11}daŋ^{13}lai^{22}kua^{22}lio^{22}.

尔快 把 桂$^{=}$ 碗饭 食呱， 饭 同 冷 呱 了。

101 **下雨了。雨不下了，天晴开了。**

lɤu^{11}vu^{22}kua^{22}. vu^{22}pu^{33}lɤu^{11}kua^{22}, tʰie^{35}dzai^{13}kua^{22}.

落 雨 呱。 雨 不 落 呱， 天 晴 呱。

102 **打了一下。去了一趟。**

dei^{13}kua^{22}i^{13}ɦa^{22}. y^{13} kua^{22} i^{13} tɕiai^{22}.

捶 呱 一下。 去 呱 一转。

103 **晚了就不好了，咱们快点儿走吧！**

ai^{33}kua^{22}kuei^{11}pu^{33}hɤu^{22}kua^{22}, a^{22}li^{35}kʰiæ^{33}ti^{33}ɦai^{13}la^{33}!

晏 呱 柜$^{=}$ 不 好 呱， 我里 快 点 行 啦！

104 **给你三天时间做得了做不了？**

pa^{22}ŋ^{22}sa^{35}ɦiŋ^{11}kə^{0}zʅ^{13}kan^{33}, tsʅ^{22}te^{22}tɕʰi^{22}tsʅ^{22}pu^{33}tɕʰi^{22}?

把 尔 三 日 个 时 间， 做 得 起 做 不 起？

105 **你做得了，我做不了。**

ŋ^{22}tsʅ^{22}te^{22}tɕʰi^{22}, o^{22}tsʅ^{22}pu^{33}tɕʰi^{22}.

尔 做 得 起， 我 做 不 起。

106 **你骗不了我。**

ŋ^{22}pʰie^{33}pu^{33}ly^{22}o^{22}.

尔 骗 不 了 我。

107 **了了这桩事情再说。**

liau^{33}kua^{22}kuei^{13}tɕia^{22}sʅ^{11}tɕia^{33}ko^{22}.

了 呱 桂$^{=}$ 只 事 再 讲。

108 **这间房没住过人。**

kuei^{13}tɕia^{22}bo^{13}pu^{33}ti^{33}tsɤu^{11}kə^{0}ɦiŋ^{13}.

桂$^{=}$ 只 房 不 得 住 过 人。

109 **这牛拉过车，没骑过人。**

kuei^{13}tɕia^{22}ŋau^{13}tʰɤu^{35}kə^{0}tsʰe^{33}, pu^{33}ti^{33}dʑi^{13}kə^{0}ɦiŋ^{13}.

桂$^{=}$ 只 牛 拖 过 车， 不 得 骑 过 人。

110 **这小马还没骑过人，你小心点儿。**

kuei^{13}tɕia^{22}niæ^{35}ma^{22}ɦai^{13}pu^{33}ti^{33}dʑi^{13}kə^{0}ɦiŋ^{13}, ŋ^{22}sei^{22}ɕin^{35}ti^{22}.

桂$^{=}$ 只 躵 马 还 不 得 骑 过 人， 尔 小 心 点。

111 以前我坐过船，可从来没骑过马。

mie^{11}sai^{35}o^{22}dzɤu^{22}kə^{0}iai^{13}, tan^{33}dzoŋ^{13}lai^{13}pu^{33}ti^{33}dʑi^{13}kə^{0}ma^{22}.

面 先 我 坐 过 船，但 从 来 不 得 骑 过 马。

112 丢在街上了。搁在桌上了。

dɤu^{11}tɕʰi^{22}dzɿ^{22}tɕiæ^{35}te^{0}dau^{13}dʑio^{22}. a^{35} tɕʰi^{22} dzɿ^{22} diæ^{13} bo^{33}dau^{13} dʑio^{22}.

丟 起 是 街 嘚头 上。 安 起 是 台 盘 头 上。

113 掉到地上了，怎么都没找着。

dʑiaŋ^{13}te^{35}ti^{11}te^{22}kua^{22}, tsɿ^{22}mo^{22}ko^{33}daŋ^{13}pu^{33}dʑin^{13}tɤu^{22}.

丈$^{=}$ 嘚 地 嘚 呱， 做 么 个 同 不 寻 倒。

114 今晚别走了，就在我家住下吧！

tɕie^{35}ia^{11}dau^{13}ma^{11}ɦai^{13}kua^{22}, kuei^{11}dzɿ^{22}o^{22}vu^{22}ti^{33}ɕie^{22}tɤu^{21}!

今 夜 头 莫 行 呱， 柜 是 我 屋 里 歇 倒！

115 这些果子吃得吃不得？

ko^{11}ti^{33} tsai^{22}tsai^{22}y^{11}te^{22}y^{11}pu^{33}te^{22}?

箇 滴$^{=}$ 崽 崽 食 得 食 不 得？

116 这是熟的，吃得。那是生的，吃不得。

ko^{11}ti^{33} zɿ^{22}dʑy^{11}kə^{0}, y^{11}te^{22}. ko^{11} ti^{33} mi^{35} zɿ^{22} ɕiai^{35} kə^{0}, y^{11} pu^{33} te^{22}.

箇 滴$^{=}$是 熟 个，食 得。箇 滴$^{=}$ 也 是 生 个，食 不 得。

117 你们来得了来不了？

ŋ^{22}li^{22}liæ^{13}pu^{33}liæ^{13}te^{22}ly^{22}mo^{22}?

尔 里 来 不 来 得 了 么？

118 我没事，来得了，他太忙，来不了。

o^{22}mau^{11}sɿ^{11}, liæ^{13}te^{22}ly^{22}, i^{22}mo^{13}te^{22}hai^{22}, liæ^{13}pu^{22}ly^{22}.

我 冇 事，来 得 了，伊 忙 得 很， 来 不 了。

119 这个东西很重，拿得动拿不动？

kuei^{13}tɕia^{35}toŋ^{35}ɕi^{35}mai^{13}din^{22}, ta^{35}pu^{33}ta^{35}te^{22}daŋ^{22}?

桂$^{=}$ 只 东 西 蛮 重？ 担 不 担 得 动？

120 我拿得动，他拿不动。

o^{22}ta^{35}te^{22} daŋ^{22}, i^{35}ta^{35}pu^{33}daŋ^{22}.

我 担 得 动， 伊 担 不 动。

121 真不轻，重得连我都拿不动了。

pu^{33}tɕie^{35}o^{22}, lie^{13}o^{22}tɤu^{33}ta^{35}pu^{33}daŋ^{22}kua^{22}.

不 轻 哦，连 我 都 担 不 动 呱。

122 **他手巧，画得很好看。**

i^{22}kə^{0}ɕy^{22}tɕ^{h}iau^{22}te^{22}hai^{22}, fa^{11}te^{22}hɤu^{22}lei^{33}te^{22}hai^{22}.

伊个 手 巧 得 很， 画 得 好 睐 得 很。

123 **他忙得很，忙得连吃过饭没有都忘了。**

i^{22}mo^{13}te^{22}hai^{22}, lie^{13}y^{11}kua^{22}pai^{11}pu^{33}y^{11}kua^{22}pai^{11}daŋ^{13}pu^{33}tai^{22}ti^{35}.

伊忙 得 很， 连 食呱 饭 不 食呱 饭 同 不 得 知。

124 **你看他急得，急得脸都红了。**

lei^{33}i^{22}tɕi^{22}te^{22}, tɕi^{22}te^{22}mie^{11}lo^{13} te^{21} daŋ^{13} ɦoŋ^{13} kua^{22}.

睐 伊急 得，急 得 面 罗$^{=}$ 嘚 同 红 呱。

125 **你说得很好，你还会说些什么呢？**

ŋ^{22}ko^{22}te^{22}hɤu^{22}te^{22}hai^{22}, ŋ^{22}ɦai^{13}ya^{11}ko^{22}ti^{33}mo^{22}ko^{33}?

尔 讲 得 好 得 很， 尔 还 会 讲 点 么 个？

126 **说得到，做得了，真棒！**

ko^{22}te^{22}taŋ^{35}, tsɿ^{22}te^{22}taŋ^{35}, tin^{22}hɤu^{22}!

讲 得 到， 做 得 到， 顶 好！

127 **这个事情说得说不得呀？**

kuei^{13}tɕia^{22}sɿ^{11}ko^{22}te^{22}ko^{22}pu^{33}te^{22}?

桂$^{=}$ 只 事 讲 得 讲 不 得？

128 **他说得快不快？听清楚了吗？**

i^{22}ko^{22}te^{22}k^{h}iæ^{33}pu^{33}k^{h}iæ^{33}? t^{h}ie^{33}ts^{h}ai^{35}ts^{h}u^{22}kə^{33}mo^{22}?

伊讲 得 快 不 快？ 听 清 楚 个 么？

129 **他说得快不快？只有五分钟时间了。**

i^{22}ko^{22}te^{22}k^{h}iæ^{33}pu^{33}k^{h}iæ^{33}? tɕi^{35}y^{22}ɦŋ^{22}foŋ^{35}tɕioŋ^{35}kə^{0}zɿ^{13}kan^{33}kua^{22}.

伊讲 得 快 不 快？ 只 有 五 分 钟 个 时 间 呱。

130 **这是他的书。**

kuei^{13}poŋ^{22}ɕy^{35}zɿ^{22}i^{22}kə^{33} .

桂$^{=}$ 本 书 是 伊个。

131 **那本书是他哥哥的。**

kuei^{13}poŋ^{22}ɕy^{35}mi^{35}/ (mi^{35} poŋ^{22}ɕy^{35}) zɿ^{22}i^{22}kə^{0}pa^{22}pa^{22}kə^{0}.

桂$^{=}$ 本 书 乜/（乜 本 书） 是 伊个 伯 伯 个。

132 **桌子上的书是谁的？是老王的。**

diæ^{13}bo^{33}dʑio^{22}kə^{0}ɕy^{35}zɿ^{22}tɕia^{35}kɤu^{33}kə^{0}? zɿ^{22}lɤu^{22}ɦo^{13}kə^{0}.

台 盘 上 个 书 是 遮$^{=}$ 个 个？ 是 老 王 个。

133 **屋子里坐着很多人，看书的看书，看报的看报，写字的写字。**

vu^{22}ti^{33}dzɤu^{22}tɕ^{h}i^{21}mai^{13}tɤu^{35}kə^{0}ɦŋ^{13}, lei^{33}ɕy^{35}kə^{0}lei^{33}ɕy^{35}, lei^{33}pau^{35}kə^{0}lei^{33}pau^{35},

屋 里 坐 起 蛮 多 个 人，睐 书 个 睐 书，睐 报 个 睐 报，

ɕiæ^{22}tsɿ^{11}kə^{0} ɕiæ^{22}tsɿ^{11}.

写 字 个 写 字。

134 **要说他的好话，不要说他的坏话。**

y^{33}ko^{22}i^{22}kə^{0}hɤu^{22}va^{11}, ma^{11}ko^{22}i^{35}kə^{0}yæ^{11}va^{11}.

要讲 伊个 好 话，莫 讲 伊个 坏 话。

135 **上次是谁请的客？是我请的。**

dau^{13}tɕiai^{33}zɿ^{22}tɕia^{35}kɤu^{33}ts^{h}ai^{22}kə^{0}ha^{22}? zɿ^{22}o^{22}ts^{h}ai^{22}kə^{0}.

头 转 是 遮$^{=}$ 个 请 个 客？是 我 请 个。

136 **你是哪年来的？**

ŋ^{22}zɿ^{22}tɕia^{35}kɤu^{33}nie^{13}liæ^{13}kə^{33}?

尔 是 遮$^{=}$ 个 年 来 个？

137 **我是前年到的北京。**

o^{22}zɿ^{22}ɦo^{13} tɕi^{22}nie^{33}taŋ^{35}kua^{33}pai^{22}tɕin^{35}.

我 是 何$^{=}$ 几$^{=}$年 灯$^{=}$ 呱 北 京。

138 **你说的是谁？**

ŋ^{22}ko^{22}kə^{0}zɿ^{22}tɕia^{35}kɤu^{33}?

尔 讲 个 是 遮$^{=}$ 个？

139 **我反正不是说的你。**

o^{22}fan^{22}tsen^{35}pu^{33}ti^{33}zɿ^{22}ko^{22}ŋ^{22}.

我 反 正 不 得 是 讲 尔。

140 **他那天是见的老张，不是见的老王。**

i^{22}kuei^{13}ɦŋ^{11}mi^{35}lei^{33}kə^{0}zɿ^{22}lɤu^{22}tɕio^{35}, pu^{33}ti^{33}zɿ^{22}lɤu^{22}ɦo^{13}.

伊桂$^{=}$ 日 乜 睐 个 是 老 张，不 得 是 老 王。

141 **只要他肯来，我就没的说了。**

tɕi^{35}y^{33}i^{22}haŋ^{22}liæ^{13}, o^{22}kuei^{11}mau^{11}mo^{22}ko^{33}ko^{22}kə^{33}.

只 要 伊肯 来，我 柜$^{=}$ 冇 么 个 讲 个。

142 **以前是有的做，没的吃。**

mie^{11}sai^{35}tɕi^{35}y^{22}tsɿ^{22}kə^{33}, mau^{11}y^{11}kə^{0}.

面 先 只 有 做 个，冇 食 个。

143 **现在是有的做，也有的吃。**

ko^{11}fei^{35}te^{21} y^{22}le^{22}tsɿ^{22}, ia^{11}y^{22}le^{22} y^{11}.

箇 开⁼ 嘚 有 呢 做，也 有 呢 食。

144 **上街买个蒜啊葱的，也方便。**

dʑio^{22}tɕiæ^{35}te^{21}dʑio^{22}y^{13}miæ^{22}so^{33}a^{33}miæ^{22}ts^{h}oŋ^{35}a^{33}, ia^{11}faŋ^{33}pian^{35}.

上 街 嘚 上 去 买 蒜 啊 买 葱 啊，也 方 便。

145 **柴米油盐什么的，都有的是。**

dʑiæ^{13}mi^{22}y^{13}ie^{13}mo^{22}ko^{33}a^{33}, daŋ^{13}y^{22}.

柴 米 油 盐 么 个 啊，同 有。

146 **写字算账什么的，他都能行。**

ɕiæ^{22}tsɿ^{11}so^{33}tɕio^{33}mo^{22}ko^{33}a^{33}, i^{22}daŋ^{13}in^{13}.

写 字 算 账 么 个 啊，伊 同 行。

147 **把那个东西递给我。**

pa^{22}kuei^{13}tɕia^{22}toŋ^{33}ɕi^{35}mi^{35}pa^{22}tɕ^{h}i^{35}o^{22}.

把 桂⁼ 只 东 西 乜 把 乞 我。

148 **是他把那个杯子打碎了。**

zɿ^{22}i^{22}pa^{22}kuei^{13}tɕia^{22}au^{35}te^{21}mi^{35}dei^{13}la^{11}kua^{22}.

是 伊 把 桂⁼ 只 瓯 嘚 乜 捶 烂 呱。

149 **把人家脑袋都打出血了，你还笑！**

pa^{22}t^{h}aŋ^{35} li^{22}kə^{0}dau^{13}ho^{55}dei^{13}tɕ^{h}i^{22}fei^{22}liæ^{13}kua^{22}le^{22}, ŋ^{22}ɦai^{13}sei^{33}!

把 [他人]里 个 头 壳 捶 起 血 来 呱 呢，尔 还 笑！

150 **快去把书还给他。**

k^{h}iæ^{33}y^{13}pa^{22}ɕy^{35}t^{h}ei^{22}tɕ^{h}i^{35}i^{22}.

快 去 把 书 退 乞 伊。

151 **我真后悔当时没把他留住。**

o^{22}fei^{22}ɕio^{22}te^{22}hai^{22}kuei^{13}ɦa^{22}mi^{35}pu^{33}ti^{33}pa^{22}i^{22}ly^{13}tɤu^{22}.

我 悔 想 得 很 桂⁼ 下 乜 不 得 把 伊 留 倒。

152 **你怎么能不把人当人呢？**

ŋ^{22}tsɿ^{22}mo^{22}ko^{33}pu^{33}pa^{22}ɦŋ^{13}to^{35}ɦŋ^{13}?

尔 做 么 个 不 把 人 当 人？

153 **有的地方管太阳叫日头。**

y^{22}ti^{33}ti^{11}ho^{35}pa^{22}t^{h}ai^{35}ioŋ^{13}ho^{22}ɦŋ^{11}dau^{33}.

有 滴 地 方 把 太 阳 喊 日 头。

154 **什么？她管你叫爸爸！**

mo^{22}ko^{33}? i^{22}ho^{22}ŋ^{22}tsɿ^{22}ia^{13}!

么 个？ 伊喊 尔做 爷！

155 **你拿什么都当真的，我看没必要。**

ŋ^{22}ta^{35}mo^{22}ko^{33}tɤu^{33}to^{35}tɕin^{35}, o^{22}lei^{33}mau^{11}mo^{22}ko^{33}pi^{22}iau^{35}.

尔担么 个 都 当真， 我睐 冇 么 个 必要。

156 **真拿他没办法，烦死我了。**

ta^{35}tɤu^{21}i^{22}ŋai^{11}mau^{11}pan^{13}fa^{22}, van^{12}ɕi^{22}kə^{0}o^{22}.

担倒 伊硬 冇 办 法，烦 死个我。

157 **看你现在拿什么还人家。**

lei^{33}ŋ^{22}kuei^{13}ɦa^{22}ta^{35}mo^{22}ko^{33}t^{h}ei^{33}tɕ^{h}i^{35}t^{h}aŋ^{35} li^{22}.

睐 尔桂$^{=}$ 下 担 么 个 退 乞 [他人]里。

158 **他被妈妈说哭了。**

i^{22}pa^{22}tɕ^{h}i^{35}i^{22}kə^{0}niaŋ^{11}ko^{22}te^{22}kai^{22}.

伊把 乞 伊个娘 讲 得 □。□kai^{22}：哭。

159 **所有的书信都被火烧了，一点儿剩的都没有。**

i^{13}ɦa^{22}kə^{0}ɕy^{35}tɕ^{h}i^{33}ɕin^{33}pa^{22}tɕ^{h}i^{35}fɤu^{22}ɕy^{35}kua^{22}, i^{13}ti^{22}pu^{33}nin^{11}tɕ^{h}i^{22}.

一下 个书 乞 信 把 乞 火 烧 呱， 一点不 剩 起。

160 **被他缠了一下午，什么都没做成。**

pa^{22}tɕ^{h}i^{35}i^{22}dʑie^{13}kə^{0}i^{13}ia^{22}pai^{22}, i^{13}ɦa^{22}mo^{22}ko^{33}tɤu^{22}pu^{33}ti^{33}tsɿ^{22}tɕ^{h}i^{22}.

把 乞 伊缠 个一下 半， 一下 么 个 都 不 得做 起。

161 **让人给打蒙了，一下子没明白过来。**

pa^{22}tɕ^{h}i^{35}taŋ^{35} li^{22}dei^{13}moŋ^{22}kua^{33}, i^{13}ɦa^{22}ka^{35}te^{21}pu^{33}ti^{33}min^{13}ba^{11}kɤu^{33}liæ^{13}.

把 乞 [他人]里 捶 蒙 呱， 一下 咖 嘚 不 得 明 白 过 来。

162 **给雨淋了个浑身湿透。**

pa^{22}tɕ^{h}i^{35}vu^{22}diæ^{22}te^{22}i^{13}ɕin^{35}t^{h}au^{33}vai^{13}kua^{22}.

把 乞 雨 溅 得一身 透 完 呱。

163 **给我一本书。给他三本书。**

tɕ^{h}i^{35}o^{22} y^{33}i^{33}poŋ^{22}ɕy^{35}. tɕ^{h}i^{35}i^{22}y^{33}sa^{35}poŋ^{22}ɕy^{35}.

乞 我 要一本 书。 乞 伊要 三 本 书。

164 **这里没有书，书在那里。**

ko^{11}dau^{13}mau^{11}ɕy^{35}, ɕy^{35}dzɿ^{22}ko^{11}dau^{13}mi^{35}.

箇 头 冇 书，书 是 箇 头 乜。

165 **叫他快来找我。**

k^{h}ai^{35}i^{22}k^{h}iæ^{33}liæ^{13}dʑin^{13}o^{22}.

□ 伊快 来 寻 我。□k^{h}ai^{35}：叫。

166 **赶快把他请来。**

k^{h}iæ^{33}ti^{33}pa^{22}i^{22}ts^{h}ai^{22}liæ^{13}.

快 点 把 伊请 来。

167 **我写了条子请病假。**

o^{22}ɕiæ^{22}kua^{22}dy^{13}te^{21}ts^{h}ai^{22}pie^{11}tɕia^{22}.

我写 呱 条 嘚 请 病 假。

168 **我上街买了份报纸看。**

o^{22}dʑio^{22}tɕiæ^{35}miæ^{22}tɕ^{h}i^{22}i^{13}poŋ^{22}pau^{35}tsɿ^{22}lei^{33}.

我上 街 买 起 一本 报 纸 睐。

169 **我笑着躲开了他。**

o^{22}sei^{33}tɕ^{h}i^{21}p^{h}ie^{22}fei^{35}kua^{22}i^{22}.

我笑 起 避 开 呱 伊。

170 **我抬起头笑了一下。**

o^{22}diæ^{13}tɕ^{h}i^{21}dau^{13}sei^{33}kua^{22}i^{13}ɦa^{22}.

我抬 起 头 笑 呱 一下。

171 **我就是坐着不动，看你能把我怎么着。**

o^{22}kuei^{11}zɿ^{22}dzɤu^{22}tɤu^{21}pu^{33}daŋ^{22}, lei^{33}ŋ^{22}pa^{22}o^{22}ɦo^{13}ti^{33}.

我柜$^{=}$ 是 坐 倒 不 动， 睐 尔把 我何 滴。

172 **她照顾病人很细心。**

i^{22}tɕiau^{22}fu^{22}pie^{11}ɦiŋ^{13}hɤu^{22}ɕie^{33}ɕin^{35}.

她招 呼 病 人 好 细 心。

173 **他接过苹果就咬了一口。**

i^{22}tɕie^{22}tɤu^{21}bin^{12}ko^{22}kuei^{11}la^{35} kua^{22}i^{13}hau^{22}.

他接 倒 苹 果 柜$^{=}$ □ 呱 一口。□la^{35}：咬。

174 **他的一番话使在场的所有人都流了眼泪。**

i^{22}ko^{22}kə^{0}kuei^{13}ɕie^{35}va^{11}sɿ^{22}dʑia^{22}dʑio^{13}kə^{0}ɦiŋ^{13}daŋ^{13}ly^{13}kua^{22}ŋai^{22}li^{11}.

伊讲 个桂$^{=}$ 声 话 使 在 场 个人 同 流 呱 眼 泪。

175 **我们请他唱了一首歌。**

a^{22}li^{35}ts^{h}ai^{22}i^{22}tɕ^{h}io^{22}kua^{22}i^{13}ɕy^{22}kɤu^{35}.

我里请 伊唱 呱 一首 歌。

176 **我有几个亲戚在外地做工。**

o^{22}y^{22}tɕi^{22}tɕia^{22}tɕʰin^{35}tɕʰi^{33}dzɿ^{22}lai^{13}tɕi^{33}tsɿ^{22}koŋ^{35}.

我 有 几 只 亲 戚 是 □ 基⁼ 做 工。□lai^{13}基⁼：外面。

177 **他整天都陪着我说话。**

i^{22}i^{13}ɦiŋ^{11}tɤu^{35}bei^{13}tɤu^{21}o^{22}ko^{22}va^{11}.

伊一日 都 陪 倒 我 讲 话。

178 **我骂他是个大笨蛋，他居然不恼火。**

o^{22}ma^{11}i^{22}zɿ^{22}tɕia^{22}paŋ^{11}tsai^{35}, i^{22}ɦai^{13}pu^{33}vai^{13}tsʰɤu^{22}.

我 骂 伊是 只 棒 尖⁼，伊还 不 烦 躁。

179 **他把钱一扔，二话不说，转身就走。**

i^{22}pa^{22}dzai^{13}i^{13}dɤu^{11}, nie^{11}va^{11}pu^{33}ko^{22}, tɕiai^{22}ɕin^{35}kuei^{11}tsau^{22}.

伊把 钱 一丟， 二 话 不 讲，转 身 柜⁼ 走。

180 **我该不该来呢？**

o^{22}kai^{22}pu^{33}kai^{22}liæ^{13}?

我 该 不 该 来？

181 **你来也行，不来也行。**

ŋ^{22}liæ^{13}ia^{11}y^{33}te^{22}, pu^{33}liæ^{13}ia^{11}y^{22}te^{22}.

尔 来 也 要 得，不 来 也 要 得。

182 **要我说，你就不应该来。**

y^{33}o^{22}ko^{22}, ŋ^{22}kuei^{11}pu^{33}in^{35}kai^{33}liæ^{13}.

要 我 讲，尔 柜⁼ 不 应 该 来。

183 **你能不能来？**

ŋ^{22}len^{12}pu^{33}len^{12}liæ^{13}?

尔 能 不 能 来？

184 **看看吧，现在说不准。**

lei^{33}ɦa^{22}tɕio^{35}, kuei^{13}ɦa^{22}ka^{35}te^{22}ko^{22}pu^{33}tɕioŋ^{22}.

睐 下 着， 桂⁼ 下 咖 得 讲 不 准。

185 **能来就来，不能来就不来。**

liæ^{13}kua^{22}kuei^{11}liæ^{13}kua^{22}, pu^{33}liæ^{13}kuei^{11}pu^{33}ti^{33}liæ^{13}kua^{22}.

来 呱 柜⁼ 来 呱， 不 来 柜⁼ 不 得 来 呱。

186 **你打算不打算去？**

ŋ^{22}ta^{22}pu^{33}ta^{22}so^{35}y^{13}?

尔 打 不 打 算 去？

187 **去呀！谁说我不打算去？**

y^{13}a^{33}! tɕia^{35}kɤu^{33}ko^{22}o^{22}pu^{33}ta^{22}so^{35}y^{13}?

去 啊！遮$^{=}$ 个 讲 我 不 打 算 去？

188 **他一个人敢去吗？**

i^{22}i^{13}kɤu^{33}ɦŋ^{13}ka^{35}te^{22}tɤu^{21}y^{13}mo^{22}?

伊 一 个 人 家$^{=}$ 得 倒 去 吗？

189 **敢！那有什么不敢的？**

ka^{35}te^{22}tɤu^{21}! ko^{11}ko^{33}mi^{35}y^{22}mo^{22}ko^{33}ka^{35}pu^{33}tɤu^{21}?

家$^{=}$ 得 倒！ 箇 个 乜 有 么 个 家$^{=}$ 不 倒？

190 **他到底愿不愿意说？**

i^{22}tɤu^{22}ti^{22}ɕin^{35}pu^{33}ɕin^{35}vai^{11}ko^{22}?

伊 到 底 心 不 心 愿 讲？

191 **谁知道他愿意不愿意说？**

tɕia^{35}kɤu^{33}tai^{22}ti^{35}i^{22}ɕin^{35}pu^{33}ɕin^{35}vai^{11}ko^{22}?

遮$^{=}$ 个 得 知 伊 心 不 心 愿 讲？

192 **愿意说得说，不愿意说也得说。**

ɕin^{35}vai^{11}ko^{22}ia^{11}y^{33}ko^{22}, pu^{33}ɕin^{35}vai^{11}ko^{22}ia^{11}y^{33}ko^{22}.

心 愿 讲 也 要 讲，不 心 愿 讲 也 要 讲。

193 **反正我得让他说，不说不行。**

fan^{22}tsen^{33}o^{22}y^{33}i^{22}ko^{22}, pu^{33}ko^{22}pu^{33}in^{13}.

反 正 我 要 伊 讲，不 讲 不 行。

194 **还有没有饭吃？**

ɦai^{13}y^{22}pu^{33}y^{22}pai^{11}y^{11}?

还 有 不 有 饭 食？

195 **有，刚吃呢。**

y^{22}, ŋan^{13}tɕiaŋ^{33}y^{11}kua^{22}.

有，岸$^{=}$ 刚 食 呱。

196 **没有了，谁叫你不早来！**

mau^{11}kua^{22}, tɕia^{35}kɤu^{33}k^{h}ai^{35}ŋ^{22}pu^{33}tsɤu^{22}liæ^{13}ti^{33}?

冇 呱，遮 个 □ 尔 不 早 来 点？□k^{h}ai^{35}：叫，让。

197 **你去过北京吗？我没去过。**

ŋ^{22}taŋ^{35}kə^{0}pai^{22}tɕin^{35}mau^{11}? o^{22}pu^{33}ti^{33}y^{13}kɤu^{33}.

尔 灯$^{=}$ 过 北 京 冇？ 我 不 得 去 过。

198 **我十几年前去过，可没怎么玩，都没印象了。**

o^{22}zɿ^{11}tɤu^{33}nie^{13}dzai^{13}y^{13}kɤu^{33}, pu^{33}ti^{33}mo^{22}kɤu^{33}lei^{11}, daŋ^{13}mau^{11}in^{35}ɕiaŋ^{33}kua^{22}.

我 十 多 年 前 去过， 不 得 么 个 嫽， 同 冇 印 象 呱。

199 **这件事他知道不知道？**

kuei^{13}tɕia^{22}sɿ^{11}i^{22}tai^{22}ti^{35}pu^{33}tai^{22}ti^{35}?

桂⁼ 只 事 伊得 知不 得 知？

200 **这件事他肯定知道。**

kuei^{13}tɕia^{22}sɿ^{11}i^{22}ken^{22}tin^{11}tai^{22}ti^{35}.

桂⁼ 只 事 伊肯 定 得 知。

201 **据我了解，他好像不知道。**

tɕy^{33}o^{22}liau^{22}kai^{22}, i^{22}hɤu^{22}dʑio^{22}pu^{33}tai^{22}ti^{35}.

据 我了 解， 伊好 像 不 知 道。

202 **这些字你认得不认得？**

kuei^{13}ɕie^{33}tsɿ^{11}ŋ^{22}nin^{11}te^{22}pu^{22}nin^{11}te^{22}?

桂⁼ 些 字 尔认 得不 认 得？

203 **我一个大字也不认得。**

o^{22}i^{13}tɕia^{22}ta^{11}tsɿ^{11}ia^{11}pu^{33}nin^{11}te^{22}.

我一只 大 字 也 不 认 得。

204 **只有这个字我不认得，其他字都认得。**

tɕi^{35}y^{22}kuei^{13}tɕia^{22}tsɿ^{11}o^{22}pu^{22}nin^{11}te^{22}, ko^{11}ti^{33}tsɿ^{11}mi^{35}daŋ^{13}nin^{11}te^{22}.

只 有桂⁼ 只 字 我不 认 得，箇 滴字 乜 同 认 得。

205 **你还记得不记得我了？**

ŋ^{22}ɦai^{13}tɕi^{33}pu^{33}tɕi^{33}te^{22}o^{22}?

尔还 记 不 记 得 我？

206 **记得，怎么能不记得！**

tɕi^{33}te^{22}, tsɿ^{22}mo^{22}ko^{33}pu^{33}tɕi^{33}te^{22}!

记 得，做 么 个 不 记 得！

207 **我忘了，一点都不记得了。**

o^{22}mo^{11}tɕi^{33}kua^{22}, i^{13}ti^{33}pu^{33}tɕi^{33}te^{22}kua^{22}.

我忘 记 呱， 一点不 记 得 呱。

208 **你在前边走，我在后边走。**

ŋ^{22}ɦai^{13}mie^{11}dzai^{33}, o^{22}ɦai^{13}pei^{33}te^{21}.

尔行 面 前， 我行 背 嘚。

209 **我告诉他了，你不用再说了。**

o^{22}kɤu^{33}sɿ^{33}i^{22}kua^{22}, ŋ^{22}pu^{33}ioŋ^{11}tɕia^{33}ko^{22}kua^{22}.

我告 诉伊呱， 尔不 用 再 讲 呱。

210 **这个大，那个小，你看哪个好？**

kuei^{13}tɕia^{22}ta^{11}, mi^{35}tɕia^{22}niæ^{35}, ŋ^{22}lei^{33}tɕia^{35}kɤu^{33}hɤu^{22}ti^{33}?

桂⁼ 只 大，乜 只 𫚉， 尔睐 遮⁼ 个 好 点？

211 **这个比那个好。**

kuei^{13}tɕia^{22}pi^{22}kuei^{13}tɕia^{22}mi^{35} /(mi^{35}tɕia^{22}) hɤu^{22}.

桂⁼ 只 比 桂⁼ 只 乜 /（乜 只） 好。

212 **那个没有这个好，差多了。**

kuei^{13}tɕia^{22}mi^{35}mau^{11}kuei^{13}tɕia^{22}hɤu^{22}, ka^{22}mai^{13}tɤu^{35}.

桂⁼ 只 乜 冇 桂⁼ 只 好， □ 蛮 多。□ka^{22}：差，次（不好）。

213 **要我说这两个都好。**

y^{22}o^{22}ko^{22}, kuei^{13}lio^{22}tɕia^{22}daŋ^{13}hɤu^{22}.

要我讲，桂⁼ 两 只 同 好。

214 **其实这个比那个好多了。**

dʑi^{13}sɿ^{13}kuei^{13}tɕia^{22}pi^{22}kuei^{13}tɕia^{22}mi^{35}hɤu^{22}tɤu^{35}kua^{22}.

其 实桂⁼ 只 比 桂⁼ 只 乜 好 多 呱。

215 **今天的天气没有昨天好。**

tɕi^{35}ɦiŋ^{11}kə^{0}t^{h}ie^{35}ɕiæ^{22}mau^{11}tsaŋ^{11} te^{22}hɤu^{22}.

今 日 个天 色 冇 [昨日]嘚 好。

216 **昨天的天气比今天好多了。**

tsaŋ^{11} te^{22}kə^{0}t^{h}ie^{35}ɕiæ^{22}pi^{22}tɕi^{35}ɦiŋ^{11}hɤu^{22}te^{22}tɤu^{35}.

[昨日]嘚 个天 色 比 今 日 好 得 多。

217 **明天的天气肯定比今天好。**

me^{13}te^{22}kə^{0}t^{h}ie^{35}ɕiæ^{22}k^{h}en^{22}tin^{11}pi^{22}tɕi^{35}ɦiŋ^{11}hɤu^{22}.

明 嘚 个天 色 肯 定 比 今 日 好。

218 **那个房子没有这个房子好。**

kuei^{13}tɕia^{22}u^{22}mi^{35}mau^{11}kuei^{13}tɕia^{22}u^{22}hɤu^{22}.

桂⁼ 只 屋乜 冇 桂⁼ 只 屋好。

219 **这些房子不如那些房子好。**

ko^{11}ti^{33} u^{22}mau^{11}mi^{35}ti^{33}/ (ko^{11}ti^{33} mi^{35}) u^{22}hɤu^{22}.

箇 滴⁼屋冇 乜 滴/（箇 滴⁼乜） 屋好。

220 **这个有那个大没有？**

kuei^{13}tɕia^{22}y^{22}kuei^{13}tɕia^{22}mi^{35}ta^{11}mau^{11}?

桂$^{=}$ 只 有 桂$^{=}$ 只 乜 大 冇？

221 **这个跟那个一般大。**

kuei^{13}tɕia^{22}tɕʰi^{35}kuei^{13}tɕia^{22}mi^{35}/ (mi^{35}tɕia^{22}) i^{13}io^{11}ta^{11}.

桂$^{=}$ 只 乞 桂$^{=}$ 只 乜/（乜 只） 一样 大。

222 **这个比那个小了一点点儿，不怎么看得出来。**

kuei^{13}tɕia^{22}pi^{22}mi^{35}tɕia^{22}/ (kuei^{13}tɕia^{22}mi^{35}) niæ^{35}kua^{22}tiaŋ^{22}ka^{35}te^{21}, lei^{33}pu^{33}ma^{35}te^{22}tɕʰyei^{22}.

桂$^{=}$ 只 比 乜 只/（桂$^{=}$ 只 乜）躲 呱 点 咖 嘚，睐 不 □ 嘚 出。

□ma^{35}：怎么。

223 **这个大，那个小，两个不一般大。**

kuei^{13}tɕia^{22}ta^{11}, mi^{35}tɕia^{22}/ (kuei^{13}tɕia^{22}mi^{35}) niæ^{35}, lio^{22}tɕia^{22}pu^{33}i^{13}io^{11}ta^{11}.

桂$^{=}$ 只 大，乜 只/（桂$^{=}$ 只 乜）躲， 两 只 不 一样 大。

224 **这个跟那个大小一样，分不出来。**

kuei^{13}tɕia^{22}tɕʰi^{35}mi^{35}tɕia^{22}/ (kuei^{13}tɕia^{22}mi^{35}) ta^{11}niæ^{35}i^{13}io^{11}, poŋ^{35}pu^{33}tɕʰyei^{22}liæ^{13}.

桂$^{=}$ 只 乞 乜 只/（桂$^{=}$ 只 乜）大 躲 一样，分 不 出 来。

225 **这个人比那个人高。**

kuei^{13}tɕia^{22}ɦŋ^{13}pi^{22}kuei^{13}tɕia^{22}ɦŋ^{13}mi^{35}/ (mi^{35}tɕia^{22}ŋ^{13}) kɤu^{35}.

桂$^{=}$ 只 人 比 桂$^{=}$ 只 人 乜/（乜 只 人）高。

226 **是高一点儿，可是没有那个人胖。**

zɿ^{22}kɤu^{35}tiaŋ^{22}ka^{35}te^{21}, kuei^{11}zɿ^{22}mau^{11}kuei^{13}tɕia^{22}ɦŋ^{13}mi^{35}/ (mi^{35}tɕia^{22}ɦŋ^{13}) tɕio^{33}.

是 高 点 咖 嘚，柜$^{=}$ 是 冇 桂$^{=}$ 只 人 乜/（乜 只 人）壮。

227 **他们一般高，我看不出谁高谁矮。**

i^{22}li^{35}i^{13}io^{22}kɤu^{35}, o^{22}lei^{33}pu^{33}tɕʰyei^{22}tɕia^{22}kɤu^{33}kɤu^{35}ti^{0}, tɕia^{22}kɤu^{33}iæ^{33}ti^{33}.

伊里 一样 高， 我 睐 不 出 遮$^{=}$ 个 高 点，遮$^{=}$ 个 矮 点。

228 **胖的好还是瘦的好？**

tɕio^{22}kə^{0}hɤu^{22}ti^{33}, ɦai^{13}zɿ^{22}ɕiau^{33}kə^{0}hɤu^{22}ti^{33}?

壮 个 好 点，还 是 瘦 个 好 点？

229 **瘦的比胖的好。**

ɕiau^{33}kə^{0}pi^{22}tɕio^{33}kə^{0}hɤu^{22}.

瘦 个 比 壮 个 好。

230 **瘦的胖的都不好，不瘦不胖最好。**

ɕiau^{33}kə^{0}tɕio^{33}kə^{0}təu^{33}pu^{33}hɤu^{22}, pu^{33}ɕiau^{33}pu^{33}tɕio^{33}tsuei^{35}hɤu^{22}.

瘦 个 壮 个 都 不 好， 不 瘦 不 壮 最 好。

231 **这个东西没有那个东西好用。**

kuei^{13}tɕia^{22}toŋ^{35}ɕi^{33}mau^{11}mi^{35}tɕia^{22}toŋ^{35}ɕi^{33}/ (kuei^{13}tɕia^{22}toŋ^{35}ɕi^{33}mi^{35}) hɤu^{22}ioŋ^{11}.

桂$^{=}$ 只 东 西 冇 乜 只 东 西/（桂$^{=}$ 只 东 西 乜）好 用。

232 **这两种颜色一样吗?**

kuei^{13}lio^{22}tsoŋ^{22}se^{13}p^{h}ian^{35}i^{13}io^{11}mo^{22}?

桂$^{=}$ 两 种 色 片 一样 么?

233 **不一样，一种色淡，一种色浓。**

pu^{33}i^{13}io^{11}, i^{13}tsoŋ^{22}ta^{22}ti^{33}, i^{13}tsoŋ^{22}nioŋ^{13}ti^{33}.

不 一样，一种 淡 点，一种 浓 点。

234 **这种颜色比那种颜色淡多了，你都看不出来?**

kuei^{13}tsoŋ^{22}se^{13}p^{h}ian^{35}pi^{22}mi^{35}tsoŋ^{22}se^{13}p^{h}ian^{35}da^{22}tɤu^{35}kua^{22}, ŋ^{22}daŋ^{13}lei^{33}pu^{33}tɕ^{h}yei^{22}liæ^{13}mo^{22}?

桂$^{=}$ 种 色 片 比 乜 种 色 片 淡 多 呱，尔同 睐 不 出 来 么?

235 **你看看现在，现在的日子比过去强多了。**

ŋ^{22}lei^{33}ko^{11}fei^{35}te^{22}kə^{0}ɦiŋ^{11}te^{22}, pi^{22}ko^{11}tɕ^{h}i^{33}mi^{35}dʑiaŋ^{12}tɤu^{35}kua^{22}.

尔睐 箇 开$^{=}$嘚 个 日 嘚，比 箇 气$^{=}$ 乜 强 多 呱。

236 **以后的日子比现在更好。**

pei^{33}te^{22}kə^{0}ɦiŋ^{11}te^{22}pi^{22}ko^{11}tɕ^{h}i^{33}ɦai^{13}y^{33}hɤu^{22}.

背 嘚 个 日 嘚 比 箇 气$^{=}$ 还 要 好。

237 **好好干吧，这日子一天比一天好。**

hɤu^{22}hɤu^{22}ti^{33}kai^{33}, ko^{11}kə^{0}ɦiŋ^{11}te^{22}i^{13}ɦiŋ^{11}pi^{22}i^{13}ɦiŋ^{11}hɤu^{22}.

好 好 滴 干， 箇 个 日 嘚 一日 比 一日 好。

238 **这些年的生活一年比一年好，越来越好。**

kuei^{13}ɕie^{33}nie^{13}kə^{0}ɦiŋ^{11}te^{22}i^{13}nie^{13}pi^{22}i^{13}nie^{13}hɤu^{22}, vei^{11}liæ^{13}vei^{11}hɤu^{22}.

桂$^{=}$ 些 年 个 日 嘚 一年 比 一年 好， 越 来 越 好。

239 **咱兄弟俩比一比谁跑得快。**

a^{22}li^{35}lio^{22}fei^{35}die^{21}pi^{22}i^{13}ɦa^{22}tɕia^{35}kɤu^{33}tsau^{22}te^{22}k^{h}iæ^{33}.

我 里 两 兄 弟 比 一下 遮$^{=}$ 个 走 得 快。

240 **我比不上你，你跑得比我快。**

o^{22}pi^{22}pu^{33}dʑio^{22}ŋ^{22}, ŋ^{22}pi^{22}o^{22}tsau^{22}te^{22}k^{h}iæ^{33}.

我 比 不 上 尔，尔 比 我 走 得 快。

241 **他跑得比我还快，一个比一个跑得快。**

i^{22}tsau^{22}te^{22}pi^{22}o^{22}ɦai^{13}k^{h}iæ^{33}ti^{33}, i^{13}kɤu^{33}pi^{22}i^{13}kɤu^{33}tsau^{22}te^{22}k^{h}iæ^{33}.

伊走 得 比 我 还 快 点，一个 比 一个 走 得 快。

242 **他比我吃得多，干得也多。**

i^{22}pi^{22}o^{22}y^{11}te^{22}tɤu^{35}, tsɿ^{22}te^{22}ia^{11}tɤu^{35}.

伊比 我 食 得 多， 做 得 也 多。

243 **他干起活来，比谁都快。**

i^{22}tsɿ^{22}tɕ^{h}i^{22}sɿ^{11}liæ^{13}, pi^{22}tɕia^{35}kɤu^{33}tɤu^{33}k^{h}iæ^{33}.

伊做 起 事 来， 比 遮$^{=}$ 个 都 快。

244 **说了一遍，又说一遍，不知说了多少遍。**

ko^{22}kua^{22}i^{13}tɕiai^{33}, y^{11}ko^{22}i^{13}tɕiai^{33}, pu^{33} tai^{22} ti^{35} ko^{22} kua^{22} hɤu^{22} tɤu^{35} tɕiai^{22} ɕy^{33}.

讲 呱 一转， 又 讲 一转， 不 得 知 讲 呱 好 多 转 数。

245 **我嘴笨，可是怎么也说不过他。**

o^{22}tsei^{22}pa^{35}tɕyei^{22}te^{22}hai^{22}, o^{22}ko^{22}pu^{33}kɤu^{33}i^{22} /o^{22}ko^{22}i^{33}pu^{33}ie^{13}.

我 嘴 巴 拙 得 很， 我 讲 不 过 伊 /我 讲 伊不 赢。

246 **他走得越来越快，我都跟不上了。**

i^{22}ɦai^{13}te^{22}vei^{11}liæ^{13}vei^{11}k^{h}iæ^{33}, o^{22}tɤu^{22}nie^{11}pu^{33}dʑio^{22}kua^{22}.

伊行 得 越 来 越 快， 我 都 撵 不 上 呱。

247 **越走越快，越说越快。**

vei^{11} ɦai^{13}vei^{11}k^{h}iæ^{33}, vei^{11}ko^{22}vei^{22}k^{h}iæ^{33}.

越 行 越 快， 越 讲 越 快。

248 **慢慢说，一句一句地说。**

mai^{11}mai^{11}ti^{33}te^{22}ko^{22}, i^{13}ki^{33}i^{13}ki^{33}kə^{0}ko^{22}.

慢 慢 滴 得 讲， 一句 一句 个 讲。

第八章　话语材料

本章提供峒话的话语语料，包括谚语、俗语、歌谣、曲艺、民间故事等。这些标音语料的来源有二：一是根据《中国语言资源调查手册·汉语方言》调查所得；二是根据作者的田野调查增补了一些俗语、歌谣、曲艺和民间故事。例如，“打古堂·庆盘王”，今天能演唱盘王歌的人已寥寥无几，故请古稀之年的歌者演唱并如实记录。本章全部根据发音人讲述的实际发音转写和标音，由于发音人的性别和年龄不同，因此存在语音的个体差异。

第一节

俗语谚语

一　谚语

1. dʑioŋ^{13}ɦiŋ^{13}ma^{11}t^{h}ie^{35}fu^{35}ɦiŋ^{13}yæ^{11}, daŋ^{13}te^{21}tɕy^{11}fei^{35}fa^{35}kuei^{11}ɦa^{22}tɕin^{22}.

   穷人莫听富人坏$^{=}$，桐嘚树开花柜$^{=}$下种。坏$^{=}$[yæ^{11}]：哄骗。

2. ɦɤu^{13}dio^{11}t^{h}iæ^{35}, ɕyei^{22}dʑiæ^{13}y^{35}.

   禾着胎，水齐腰。着胎：稻谷结果。

3. ts^{h}ai^{35}mie^{13}tsai^{22}dzai^{13}kuei^{11}hɤu^{22}tsɤu^{33}tau^{11}, ts^{h}ai^{35}mie^{13}tsai^{22}ɦau^{22}kuei^{11}hɤu^{22}tsɤu^{33}sei^{22}.

   清明节前柜$^{=}$好种豆，清明节后柜$^{=}$好种粟。

4. tɕ^{h}i^{22}ts^{h}oŋ^{35}piæ^{22}so^{33}tɕy^{22}tɕy^{11}dau^{33}.

   七葱八蒜九藠头。七月栽葱，八月种蒜，九月种藠头。

5. ts^{h}ai^{35}tsoŋ^{35}vai^{11}daŋ^{13}, i^{13}sɿ^{33}pu^{33}dʑioŋ^{13}.

   千棕万桐，一世不穷。

6. dzoŋ^{13}tɕy^{11}y^{33}haŋ^{35}, sa^{35}tɕy^{11}y^{33}nin^{13}.

   松树要空，杉树要浓。空：指种植间距较大。浓：指种植间距较小。

7. vai^{11}lio^{33}ɕiai^{35}mo^{13}, tɕio^{22}ɕyei^{22}bɤu^{13}bɤu^{33}, tsɤu^{22}ɦoŋ^{13}ɦiŋ^{11}dau^{13}ia^{11}ɦoŋ^{13}vu^{22}.

   月亮生毛，涨水浮浮，早红日头夜红雨。毛：指晕或华。

8. lei^{13}koŋ^{35}sai^{35}tɕ^{h}io^{33}kɤu^{35}, lɤu^{11}vu^{22} ia^{11}pu^{33}tɤu^{35}.

   雷公先唱歌，落雨也不多。

9. tɕ^{h}in^{35}tsɤu^{22}lɤu^{11}vu^{22}lɤu^{22}te^{22}dʑiæ^{13}, po^{33}ɦiŋ^{11}lɤu^{11}vu^{22}ta^{22}ts^{h}ɤu^{22}iæ^{13}.

   清早落雨搂得柴，半日落雨打草鞋。

10. tɕi^{35}pu^{33}ɦiŋ^{11}fɤu^{35}, pi^{13}y^{22}vu^{22}lɤu^{11}.

鸡不入窠，必有雨落。

11. ɦiŋ^{11}ɕy^{35}i^{13}tau^{22}, ia^{11}ly^{13}sa^{35}ɕin^{35}.

日收一斗，夜留三升。

12. tsai^{22}miæ^{22}ia^{13}die^{13}ɕin^{35}pu^{33}t^{h}aŋ^{33}.

崽卖爷田心不痛。

13. ta^{11}ta^{55}tsɿ^{22}iæ^{13}, mei^{11}mei^{55}tɕie^{22}io^{11}.

大大做鞋，妹妹接样。大大[ta^{11}ta^{55}]：姐姐。

14. dʑio^{13}mie^{11}dzai^{13}y^{22}ta^{35}ku^{22}, ɕi^{22}kua^{22}y^{22}ɦiŋ^{13}kai^{22}.

床面前有担谷，死呱有人□。□[kai^{22}]：哭。

15. niæ^{13}in^{55}pu^{33}ta^{22}fɤu^{35}pie^{55}tei^{22}, t^{h}u^{33}te^{21}pu^{33}y^{11}fɤu^{35}pie^{55}ts^{h}ɤu^{22}.

崖鹰不打窠边鸟，兔嘚不食窠边草。

16. ka^{35}tɕi^{55}ta^{22}tɕ^{h}i^{21}do^{13}do^{33}tɕiai^{22}, ia^{22}tɕi^{55}ta^{22}tɕ^{h}i^{21}mo^{22}t^{h}ie^{55}pi^{35}.

家鸡打起团团转，野鸡打起满天飞。

二　歇后语

17. sa^{35}dzɿ^{11}ɦiŋ^{11}ia^{11}dau^{33}ts^{h}o^{33}nie^{13}tei^{35}——liæ^{13}pu^{33}ie^{13}.

三十日夜头□年猪——来不赢。□[ts'o^{33}]：养。

18. piæ^{22}vai^{11}ti^{33}kə^{0}na^{13}tɕin^{35}kua^{35}——vei^{11}lɤu^{22}vei^{11}ɦioŋ^{13}.

八月里个南金瓜——越老越红。

19. lau^{13}pai^{22}dau^{13}dʑio^{22}p^{h}u^{33}dʑiæ^{13}——tɕ^{h}iæ^{35}pu^{33}tɤu^{35}.

楼板头上铺柴——差不多。

20. k^{h}au^{33}fa^{33}dau^{33}haŋ^{35}kua^{22}mi^{22}——t^{h}ɤu^{22}tɤu^{21}kə^{0}.

靠$^{=}$化头空呱米——讨倒个。

21. ɕio^{33}t^{h}ie^{35}ɤu^{35}niau^{11}——tɕie^{33}ka^{35}hai^{11}tɕie^{33}ka^{35}.

向天屙尿——自家害自家。

22. tɕin^{13}tɤu^{21}ɦɤu^{13}tɕio^{11}tɕiæ^{33}pi^{22}ɕy^{35}——tsau^{22}tɕiɤu^{11}kua^{22}tei^{33}ɕio^{55}.

寻倒和尚借篦梳——找错呱对象。

23. yn^{11}ha^{22}ɕiæ^{22}tɕi^{35}——tɕia^{22}in^{13}dʑin^{33}.

问客杀鸡——假人情。

24. tɕi^{35}bo^{13}t^{h}ei^{33}tɤu^{21}ma^{13}t^{h}aŋ^{22}ti^{33}——pai^{22}pu^{33}ts^{h}ai^{35}.

鸡婆跳倒麻桶里——摆不清。

25. ma^{22}ɦo^{33}tɕin^{13}tɤu^{21}hɤu^{35}die^{13}koŋ^{33}——mau^{11}tɕ^{h}y^{13}ɕi^{22}.

蚂蟥寻到薅田棍——有出息。

26. ɤu^{35}sɿ^{22}ta^{22}p^{h}in^{33}tɕ^{h}io^{33}——lio^{22}dau^{33}tɕie^{22}poŋ^{22}.

屙屎打喷唱$^{=}$——两头折本。喷唱$^{=}$：喷嚏。

27. k^{h}au^{33}fa^{35}tau^{33}dei^{13}kau^{22}——tɕ^{h}i^{22}fa^{35}koŋ^{33}.

靠$^{=}$花头捶狗——起花棍。靠$^{=}$花头：叫花子。

28. ɕy^{35}ɕio^{35}dza^{11} bu^{13}sa^{22}——tsɿ^{22}sɿ^{11}vai^{11}ɦɤu^{22}.

熏香□菩萨——做事犯祸。□[dza^{11}]：戳。

三 谜语

29. die^{22}fei^{35}ka^{55}i^{13}io^{11}dʑiæ^{13}, doŋ^{13}tɤu^{21}mie^{13}doŋ^{13}tɤu^{21}di^{13}. die^{22}fei^{35}ka^{55}tɕ^{h}i^{22}piæ^{22}kɤu^{33}, vei^{13}tɤu^{21}diæ^{13}bo^{33}dzɤu^{22}.

弟兄家一样齐，同倒眠同倒直。弟兄家七八个，围倒台盘坐——筷子。直：起床。

30. i^{13} dau^{33} tsai^{35}, i^{13} dau^{33} dʑiæ^{13}, saŋ^{33} kua^{22} kɤu^{33} y^{33} i^{13} lu^{11} p^{h}i^{33}, e^{33}, tɕ^{h}ia^{22} kua^{22} tɕ^{h}yei^{22} liæ^{33} i^{13} ku^{22} tɕ^{h}i^{33}.

一头尖，一头齐，送呱过去一路屁，诶，扯呱出来一股气——滤耙。

31. lio^{22}kɤu^{33}dʑin^{13}dʑin^{33}koŋ^{33}koŋ^{33}, iau^{13}te^{22}dʑio^{13}pie^{55}daŋ^{22}, ɕ^{h}yei^{22}ɕin^{35}mo^{13}mo^{33}ho^{11}, vei^{11} te^{22}i^{13}ɦai^{33}foŋ^{11}.

两个勤勤共共，摇得床边动，出身毛毛汗，为得一行缝——拉锯。

32. ba^{11}y^{11}ba^{11}y^{22}sei^{22}, ŋai^{22}y^{11}ŋai^{22}y^{22}t^{h}ie^{22}, mei^{22}ɦŋ^{11}sa^{35}tɕia^{22}do^{13}, y^{11}dzɿ^{22}lau^{13}dʑio^{22}mie^{13}.

白又白如雪，硬又硬如铁，每日三只塘$^{=}$，又是楼上眠——碗。

33. ɕi^{33} ɕi^{33} ho^{35}ho^{55} i^{13} dzɤu^{22} dʑin^{13} a^{33}, dʑin^{13} li^{22} ɕi^{22} ɕi^{22} kua^{22} ɦŋ^{13}, ɕiau^{35} tsɿ^{22} le^{33} lai^{13} tɕie^{33}kai^{22}, kai^{22} ɕi^{22} pu^{33} ta^{22} moŋ^{13}.

四四方方一座城啊，城里些死呱人，孝子呢□基$^{=}$□，□死不打门——蚊帐。□基$^{=}$[lai^{13}tɕie^{33}]：外面。□[kai^{22}]：哭。

34. ba^{11}t^{h}ie^{35}ɦŋ^{11}fei^{35}ɕio^{35}, ia^{11}dau^{33}sɤu^{22}ɕio^{35}.

白天日开箱，夜头锁箱——眼睛。

第二节

歌谣

一　山歌

1. kɤu p^{h}ie tsɤu dʑy a pu ioŋ fei,

   高 坡 种 荞 啊不用 灰，

   pa mei ɕio ŋai pu ioŋ mei.

   伯妹 相 爱 不用 媒。伯：哥，兄长。

   y te fei liæ dʑy y loŋ a.

   要得灰来 荞 要弄= 啊，弄= [loŋ^{11}]：倒下。

   y te mei liæ ia zɿ fei.

   要得媒 来 惹是非。

2. ko pie lai tɕ^{h}iæ loŋ ie ie,

   江边 冷菜 嫩 嫣嫣，

   mau y mau ie ia tɕ^{h}in die.

   冇 油冇 盐也清 甜。

   pa pa y o tɤu y hau a,

   伯伯 要我多 食口 啊，

   ta sɤu ku tɕ^{h}i ŋai tsei ie.

   大嫂 鼓起 眼 睛 嫌。

3. ta pa a ta pa ma tɕ^{h}ian kua,

   大伯啊大伯莫 牵 挂，

ta sɤu ta sɤu a ŋ ma ie.
大嫂 大嫂 啊尔莫嫌。
tɕi nie y ŋɤ doŋ taŋ dzɤu,
今年 与我 同 凳 坐,
mie nie y ŋɤ ka tu iai.
明 年 与我 隔 渡船。

4. vai liæ tɕʰyei liæ lo do do,
月 亮 出 来 亮 堂 堂,
tɕy te ɦiau vai kan tsɿ ɦio.
照 得 后 园 柑 子 黄。
kan tsɿ ɦio liæ tau ɦiŋ vei,
柑 子 黄 来 逗 人 爱,
mei zɿ kə kan tsɿ tɕy zɿ lo.
妹 是 个 柑 子 树 是 郎。

5. mai tɕy pu taŋ ko dau liæ,
蛮 久 不 灯⁼ 箇 头 来,灯⁼[taŋ]:到,去。
ko dau kə tsai ɕyei tɕʰi tsʰei diæ.
箇 头 个 井 水 起 青 苔。
ba fei tsʰei diæ y i hau,
扒 开 青 苔 食 一 口,
y pa kə ɕiai hɤu tɕʰio tɕʰi liæ.
又 把 个 山 歌 唱 起 来。

6. kuei pie lei tɕie mie pie kɤu,
桂⁼ 边 睐 见 乜 边 高,
lei tɕie mie pie y dʑiæ lɤu.
睐 见 乜 边 有 柴 捞。
o ɕio kɤu y lɤu i pa,
我 想 过 去 捞 一 把,
y pʰa tʰaŋ li tɕʰio kau tɤu.
又 怕 [他人] 里 抢 钩 刀。

7. poŋ tɕʰyei tɕʰi ie ie lio pa tɕʰia,
风 吹 起 叶 叶 两 把 叉,

ɦai te ɦo loŋ dʑio ba çia.

行 得黄 龙 上　白沙。

dʑio te çin lin ɦiŋ ma lin o,

上　得新 宁 入麻 林 哦，

ɦiŋ te ma lin kuei te vu o.

入 得麻 林 归 得屋 哦。

8. k^{h}ai ŋ ma liæ ŋ y liæ,

□　尔莫　来 尔要来，□[$k^{h}ai^{35}$]：叫。

pu dʑy vu ti ta ts^{h}ɤu iæ,

不 如　屋 里打草　　鞋。

ta lio ts^{h}ɤu iæ po çin mi,

打了 草　　鞋 半 升　米，

po çin i o tçia dau liæ.

半　升 一碗遮$^{=}$头　来。

9. lo dzʅ çiai dʑio ie yæ iɤu dʑiæ ie,

郎是　山　上　耶 挖 药 材　耶，是：在，介词。

mei dzʅ ko pie ie çie fa iæ.

妹　是　江边 耶 洗 花 鞋。

o ta ko o ho ie　o ho çie kə mei ie,

我打个哦呵 耶 我 喊 声 个 妹　耶，

o lei mei pa pu e　pa dau diæ le.

我睐妹　把 不 诶 把 头 抬　呢。

10. mei kə mie dzai i k^{h}e die,

妹　个 面　前　一丘　田，

i nie ho kua tçi^{22} tɤu nie.

一连 荒　呱　儿　多　年。

tai ti hɤu die o tsɤu liæ tsɤu,

得 知好　田 我 早　来　种，

tai ti hɤu mei o tsɤu liæ lie.

得 知好　妹　我 早　来　连。

11. miæ $tç^{h}$i mi liæ dɤu kua lɤu,

卖　起　米 来　丟 呱　箩，丟：丢。

o tsɿ i ɦŋ ɕin pu le dɤu kua kɤu.
我做一日新 妇呢乪 呱 歌。
ts^hai ken pa io ei dɤu dʑin kua,
千 根 百样诶乪 尽 呱，
tɕi y kə y ɕin dɤu pu t^hiæ.
只有个忧心 乪 不 脱。

12. ɦŋ ɦŋ tɤu ko dʑia dzai hɤu,
人 人都 讲 钱 财 好，
dʑia dzai ɦŋ ɦŋ ɕy pu ly.
钱 财 人人 少不了。
niaŋ ia vei dzai tsai pu ɕiau,
娘 爷爱 财 崽 不 孝，
lin tɕy vei dʑai io pa tsei pa ts^hɤu.
邻 居 爱 财 哟 把 嘴 巴 吵。

13. ɕin ɕiai ie te bɤu fei fei,
深 山 叶嘚薄 菲 菲，
tɕia bi ie te le pa mei $tɕ^h$yei.
摘 皮叶嘚呢 把 妹 吹。
y zɿ o mei $tɕ^h$yei te ɕie,
要是我妹 吹 得声，
lo $tɕ^h$yei y liæ mei $tɕ^h$yei kuei io.
郎吹 去来 妹 吹 归 哟。

14. kɤu ɕiai ie te bɤu fei fei,
高 山 叶嘚薄 菲 菲，
tɕia bi ie te le pa lo $tɕ^h$yei.
摘 皮叶嘚 呢把 郎 吹。
tɕi y o lo $tɕ^h$yei te ɕie,
只要我郎 吹 得声，
tsɤu $tɕ^h$yei y liæ ia $tɕ^h$yei kuei.
早 吹 去来 夜吹 归。

15. ŋ ma tɕi liæ o ma mo,
尔莫 急 来我莫 忙，

ɦiŋ dau lɤu lie le y vai lio.

日头 落 岭呢有月亮。

vai lio lɤu lie y sai te,

月亮落 岭有星 嘚，

sai te lɤu lie le ta t^{h}ie lo.

星嘚落 岭呢大天 亮。

16. saŋ mei saŋ taŋ ɦɤu dau ti,

送 妹 送 灯⁼ 禾 堂 里，

ɕio tɕ^{h}i kə ŋai li lɤu du ti.

想 起 个眼 泪落 肚里。

nia ia yn o kai mo ko,

爷娘问我□ 么 个，□[kai^{22}]：哭。

sa te koŋ taŋ ŋai tsei ti.

沙嘚拱⁼灯⁼眼 睛 里。拱⁼：进入。

17. y mi kai liæ zɿ nie tɕie,

玉米根 来 十 二 节，

mei taŋ vai ka tɕi ia ɕie.

妹 灯⁼外 家 几 夜歇。

ŋ pa ɕi va kɤu sɿ o,

尔把实话 告 诉我，

t^{h}ie dzai kə lɤu vu a o liæ tɕie.

天 晴 个落 雨啊我来接。

18. i ma dʑiau liæ nie ma y,

一莫 愁 来 二 莫 忧，

tiæ ŋ ko pie t^{h}ie ɕyei ly.

带尔江边 听 水 流。

tiæ ŋ ko pie t^{h}ie ɕyei ɕie,

带 尔江 边 听 水 声，

ŋ kə hɤu tɕ^{h}y a pei te y.

尔个好 处 啊背 嘚有。

o pu dʑiau liæ o pu y,

我不愁 来 我不忧，

pu y ko pie t^{h}ie ɕyei ly.

不去江边 听 水 流。

pu y ko pie t^{h}ie ɕyei ɕie,

不去江边 听 水 声，

pei te kə hɤu $tɕ^{h}$y a daŋ mau y.

背 嘚 个好 处 啊同 冇 有。

二 仪式歌

（1）："打古堂 · 庆盘王"瑶歌

tɕin do (lo) $tɕ^{h}$yei maŋ ma pa ma dʑi,

今 堂（亮）出 门 嘛 把 马 骑，

ɦo mo tɕiaŋ dʑio ma tei tɕi die.

黄 茅 □ 上 嘛 竹 鸡 啼。□[tɕiaŋ^{33}]：坡。

do lo kə tei tɕi ma ɕio ɕio dʑi,

堂亮个 竹 鸡 嘛 双 双 徛，

ia po kə li tei ma hɤu ku ɕi.

夜半 个 离 队嘛 好 孤 夕$^{=}$。

in io mie dzai ma i tau tɕio,

阴阳 面 前 嘛 一蔸 姜，

poŋ $tɕ^{h}$yei kə tɕio ie ma mo t^{h}ie ɕio.

风 吹 个 姜 叶 嘛 满 天 香。

tɕio ie kə ɦau din ma li tɕio kai,

姜 叶个 厚 重 嘛 离姜 梗，

tsai tɕio kə ɦau din ma li tɕio nia.

崽 姜 个 厚 重 嘛 离姜 娘。

in io mie dzai ma i dzɤu lau,

阴阳 面 前 嘛 一座 楼，

vai io kə ɕio pi ma tɕiai ɕi tɕiai.

鸳 鸯 个 双 飞 嘛 转 四转。

tɕin do lo i tei ma vai io lɤu,

今 堂亮一对 嘛 鸳 鸯 落，

çio çio kə lɤu dʑiæ ma lau kei dau.
双 双 个 落 在 嘛 楼 高 头。

tçin do lo tç^hyei moŋ ma lu y vai,
今 堂 亮 出 门 嘛 路 又 弯，
vai taŋ kə tei moŋ ma ɦoŋ fa çiai.
弯 灯⁼ 个 对 门 嘛 红 花 山。
kɤu çiai kə ta tç^hioŋ ma lu na tsau,
高 山 个 打铳 嘛 路 难 走，
ɦoŋ fa kə hɤu tçia ma tçy na p^hai.
红 花 个 好 摘 嘛 树 难 攀。

in io mie dzai ma i tau dʑin,
阴阳面 前 嘛 一 蔸 芹，
çio çy kə pa fei ma tçia dʑin çin.
双 手 个 扒 开 嘛 摘 芹 心。
dʑia vai kə dʑin çin ma ly bi ie,
摘 完 个 芹 心 嘛 留 皮 叶，
tçie nie kə kɤu y ma taŋ liæ tç^hioŋ.
今 年 个 过 去 嘛 等 来 春。

in io mie dzai ma i k^he die,
阴阳面 前 嘛 一 丘 田，
pa pa mei mei pa lie ma dʑiæ die kai.
伯 伯 妹 妹 □ 犁 嘛 在 田 埂。□[pa35]：背。
tio çin ti die li çi ma y k^hiæ ma ts^huaŋ lie dʑia,
中 心 里 田 里 些 嘛 有 块 嘛 撞 犁 石，
ts^huaŋ la kə lie dau ma tsɿ lio pie.
撞 烂 个 犁 头 嘛 做 两 边。

in io mie dzai ma i k^he die,
阴阳面 前 嘛 一 丘 田，

mo toŋ kə ka kai ma tsɤu sa nie.
芒 种 个架梗 嘛种　三年。
lu ɕi kə tɕʰiaŋ do ma mo toŋ kai,
鹭鸶个□断　　嘛 芒 种 梗，□[tɕʰiaŋ^{11}]：踩。
sei ta kə mei fa ma haŋ kɤu nie.
雪 打个梅 花 嘛空 过 年。

in io mie dzai ma i kʰe die,
阴阳面 前 嘛 一丘田，
i pie kə tɕiæ no ma i pie tɕie.
一边个 栽 糯 嘛一边 粳。
no mi kə tɕy tsei ma tɕin bo ɦo,
糯米个煮 酒 嘛 敬 盘王，
tɕie mi kə ɕio saŋ ma ɕy lio ko.
粳 米 个想 送 嘛 收粮官。

tɕin do lo tɕʰyei maŋ ma tɕʰin y ɕin,
今 堂亮出　 门 嘛 冲 又深，
tɕia tau kə bi ba ma hɤu to in.
栽 蔸 个 枇杷 嘛 好 挡 荫。
bi ba tɕy dau dʑio ma dzɿ piæ a,
枇杷 树 头 上 嘛 十 八 桠，
dzɿ piæ kə a tɕʰia ma i dy ɕin.
十 八 个桠 杈 嘛一条心。

（2）：八峒献宝敬盘王

iau ɕiai kə piæ taŋ ma ɕiai fa ɦoŋ,
瑶 山 个八 峒 嘛 山 花 红，
bo ɦo kə tsai soŋ ma fei iau taŋ.
盘王 个 崽 孙 嘛 开 瑶 峒。
piæ taŋ kə iau ɕiai ma pie ti pɤu,
八 峒 个 瑶 山 嘛 遍 地宝，
taŋ taŋ kə ɕie pɤu ma tɕin bo ɦo.
峒 峒 个献 宝 嘛 敬 盘 王。

ɦo kuei tɕiaŋ dʑio ma taŋ in ioŋ,
贺归 □ 上 嘛 等 英雄，
mo t^{h}ie kə tɕ^{h}ei dʑiæ ma ɕin tɕ^{h}in taŋ.
毛 铁 个 出 在 嘛 深 冲 峒。
kɤu tɕ^{h}io kə tɕiaŋ dʑio ma tɕiɤu t^{h}ie tɕ^{h}i,
锅 铲 个 □ 上 嘛 铸 铁 器，
tɕiæ tɕin ka tɤu kai ma tɕ^{h}i fɤu tɕin.
改 进 个 刀 耕 嘛 乞 火 种。

ku daŋ kə dʑin lan ma tɕy sei tsoŋ,
谷 峒 个 晴 岚 嘛 九 霄 中，
ku te kə tɕ^{h}yei dʑiæ ma ma lin taŋ.
谷 嘚 个 出 在 嘛 麻 林 峒。
tɕy toŋ kə dzɿ vai ma tɕin mei tsei,
九 冬 个 十 月 嘛 浸 美 酒，
daŋ ɦɤu mei tsei ma diæ tɕ^{h}in boŋ.
桐 禾 美 酒 嘛 待 亲 朋。

piæ ɕiai dʑy tɕiɤu ma ɕyei po ioŋ,
八 仙 桥 脚 嘛 水 波 涌，
tin te kə tɕ^{h}yei dʑiæ ma ta kuei taŋ.
顶 嘚 个 出 在 嘛 大 绢 峒。
iaŋ sen kə pin sen ma tɤu kɤu tsoŋ,
庠 生 个 廪 生 嘛 多 高 中，
ha ka kə han ven ma ia tɕin t^{h}oŋ.
客 家 个 汉 文 嘛 也 精 通。

t^{h}ie lo tɕiaŋ dʑio ma do ia ɦoŋ,
天 亮 □ 上 嘛 堂 霞 红，
ny tsoŋ kə ts^{h}ai tsɿ ma dɤu boŋ taŋ.
女 中 个 才 子 嘛 桃 盆 峒。

ɕiɤu in kə kʰɤu dzai ma tsʅ koŋ hɤu,
秀 颖个口 才 嘛 做 工 好，
ɕiɤu fa kə ɦa ti ma moŋ moŋ tʰoŋ.
绣 花个下地嘛门 门 通。

fan tɕʰin kə niæ fɤu ma ɕy tɕy lioŋ,
反 清 个 爦 火 嘛 烧 九 龙，
in te kə fu y ma tɕioŋ vai taŋ.
银嘚个富裕 嘛 圳 源 峒。
ka ka kə in te ma ɕiæ ti ɕiæ,
家 家 个 银 嘚 嘛 晒 地晒，
tɤu i kə y pai ma pu ioŋ dʑiau.
着 衣 个 食饭 嘛 不 用 愁。

ɦo nie taŋ li ma ly ɕiai tsoŋ,
黄 泥 峒 里嘛 留仙 踪，
ɕia tɕy kə tɕʰyei dʑiæ ma lɤu ie taŋ.
杉 树 个 出 在 嘛 逻 绕 峒。
ŋai tɕy kə ɕyei saŋ ma lio faŋ pian,
□ 树 个 水 送 嘛 两 方 便，□[ŋai22]：砍。
ɦa ɦɤu kə dzei ɕyei ma pʰiau dʑin tsoŋ.
下 河 个 随 水 嘛 漂 城 中。

ɦo kau kə taŋ ɕiai ma tsɤu dʑia taŋ,
黄 狗 个 登 仙 嘛 坐 石 峒，
lie kau kə tɕʰyei dʑiæ ma ɦo ŋai taŋ.
猎 狗 个 出 在 嘛 黄 岩 峒。
ɕiai kau kə tɕiɤu in ma tsʰai nie dʑiæ,
仙 狗 个 脚 印 嘛 千 年 在，
nie ɕiai kə ta tɕʰioŋ ma len pi tsoŋ.
撵 山 个 打 铳 嘛 能 飞 纵。

ɕin ɕiai kə do tsoŋ ma tɕy in ioŋ,
神 山 个堂中 嘛 聚 英雄，
ɦo tau tɕʰyei dʑiæ ma ɦo po taŋ.
黄 豆 出 在 嘛 黄 卜 峒。
ŋau pei kə ma do ma ɦa ɕiai miæ,
牛 背 个 马 驮 嘛 下 山 卖，
ho kuei kə ku te ma hɤu kɤu toŋ.
换 归 个 谷 嘚 嘛 好 过 冬。

li tsʰei kə kɤu y ma y li toŋ,
立秋 个 过 去 嘛 又 立冬，
iau ɕiai kə foŋ ɕy ma lo ioŋ ioŋ.
瑶 山 个 丰 收 嘛 乐融 融。
laŋ ny kə kɤu tɕy ma ku do ti,
男 女 个 歌 聚 嘛 古 堂 地，
tɕiæ kɤu kə tɕiæ vu ma tɕʰin bo koŋ.
载 歌 个 载 舞 嘛 庆 盘 公。

三 童谣

八峒数目个地理歌

i^{13}tie^{11}nie^{11}tɕiæ^{11}tɕʰi^{22}do^{13}sei^{35},
一殿 二 寨 七 塘 修，一殿：风雨殿；二寨：万聚寨、平头寨；七塘：九龙塘等。
ɕi^{33}kai^{33}ɦŋ^{22}tɕʰioŋ^{35}piæ^{22}dʑy^{13}iɤu^{13},
四 界 五 冲 八 桥 游，四界：吉星界等；五冲：长冲等；八桥：落马桥等。
sa^{35}ɕiai^{55}lei^{11}ɕy^{22}tɕy^{22}ta^{11}ŋau^{35},
三 山 六 水 九 大 凹，三山：界富山、花竹山、夏公山；六水：五盘水等；九凹：潘家凹等。
dzʅ^{11}bie^{13}dzʅ^{11}mei^{22}lo^{13}iɤu^{33}iɤu^{33}.
十 坪 十 美 乐 悠 悠。十坪：吴家坪等。

ma^{13}tɕi^{35}bɤu^{13}, pei^{33}do^{13}do^{13},
麻 鸡 婆， 背 驼 驼，
sa^{35}sei^{33} ɕie^{33} ka^{55} yæ^{11} tɕʰio^{33} kɤu^{35}.

三 岁 细 家 会 唱 歌。

pu^{33}zɿ^{22}ia^{13}niaŋ^{11}kɤu^{33}sɿ^{33}o^{22},

不 是 爷 娘 告 诉 我，

tɕie^{11}ka^{35}ts^{h}oŋ^{33}min^{12}tɕie^{22}tɤu^{21}kə^{22}.

自 家 聪 明 拣 倒 个。

四 快板

瑶山月月花

tɕie^{35}vai^{11}pɤu^{33}tɕ^{h}ioŋ^{35}fa^{35},

正 月 报 春 花，

nie^{11}vai^{11}li^{22}te^{21}fa^{35}, dɤu^{13}te^{21}fa^{35},

二 月 李 嘚 花，桃 嘚 花，

sa^{35}vai^{11}sa^{35}, daŋ^{13}te^{21}fa^{35},

三 月 三，桐 嘚 花，

ɕi^{33}vai^{11}ɦŋ^{11}vai^{11}mo^{22}ɕiai^{35}fa^{35},

四 月 五 月 满 山 花，

lei^{11}vai^{11}ɦŋ^{11}dau^{13}fa^{35},

六 月 日 头 花，

tɕ^{h}i^{22}vai^{22}p^{h}au^{35}fa^{55}tɕ^{h}i^{35}ɦɤu^{13}fa^{35},

七 月 萢 花 乞 禾 花，

piæ^{22}vai^{11}mo^{13}ie^{11}fa^{35},

八 月 毛 叶 花，

tɕy^{22}vai^{11}dzɿ^{11}vai^{11}da^{13}mie^{13}fa^{35},

九 月 十 月 弹 棉 花，

dzɿ^{11}i^{13}nie^{11}vai^{11}dʑia^{13}te^{21}fa^{35}.

十 一二 月 茶 嘚 花。

pa^{22}dzɿ^{11}tɕ^{h}i^{22}, mei^{11}dzɿ^{11}piæ^{22},

伯 十 七，妹 十 八，

lio^{22}kɤu^{33}lɤu^{22}mo^{22}tɕiæ^{35}te^{21}dʑin^{13}biæ^{13}ta^{22}.

两 个 老 满 街 嘚 寻 牌 打。

dʑio^{22}tɕiæ^{35}dʑin^{13}tɤu^{21}ɦa^{22}tɕiæ^{35}tɕ^{h}yei^{22},

上 街 寻 倒 下 街 出，

tɕiɤu^{22}pu^{11}vai^{13}tɕ^{h}i^{22}tsau^{22},

脚 步 横 起 走,

iæ^{13}kuei^{11}dei^{11}tɕ^{h}i^{22}t^{h}ɤu^{35},

鞋 柜$^{=}$ 直 起 拖。

dau^{13}ɦiŋ^{11}yn^{11}tɕ^{h}i^{33}hɤu^{33},

头 日 运 气 好,

ie^{13}kua^{22}piæ^{22}pa^{22}piæ^{22}.

赢 呱 八 百 八。

ho^{22}kə^{0}ho^{22}y^{11}tsei^{22},

喊 个 喊 食 酒,

ho^{22}kə^{0}ho^{22}y^{11}a^{22},

喊 个 喊 食 鸭,

i^{13}ts^{h}a^{35}ɦa^{22}liæ^{33}kuei^{11}mau^{11}kua^{22}.

一餐 下 来 柜$^{=}$ 冇 呱。

nie^{11}ɦiŋ^{11}yn^{11}tɕ^{h}i^{33} kuei^{11} tɕ^{h}iæ^{35},

二 日 运 气 柜$^{=}$ 差,

ɕy^{35}kua^{22}lɤu^{22}poŋ^{22}ɦai^{13}pu^{33}so^{33},

输 呱 老 本 还 不 算,

dzai^{13}kuei^{11}tɕ^{h}ie^{33}kua^{22}i^{13}pa^{33}la^{22}.

钱 柜$^{=}$ 欠 呱 一啪 啦。

tsai^{22}kuei^{11}mau^{11}ɦiŋ^{13}kuan^{22},

崽 柜$^{=}$ 冇 人 管,

ka^{35}kuei^{11}pu^{33}dʑio^{22}ka^{35}.

家 柜$^{=}$ 不 像 家。

lio^{22}kɤu^{22}lɤu^{22}ta^{22}i^{13}kɤu^{33},

两 个 老 打 一架,

laŋ^{13}ka^{55} ɕy^{22}tɕiɤu^{22}din^{22},

[男人]家 手 脚 重,

mei^{11}te^{0}ka^{35}dau^{13}fei^{35}fa^{35}.

妹 嘚家 头 开 花。

tsau^{22}tɕ^{h}yei^{22}y^{33}pai^{35}vai^{11}ka^{35},

走 出 去搬 外 家,

vai^{11}ka^{35}liæ^{13}kua^{22}sa^{35}dʑy^{22}ia^{33}.

外 家 来 呱 仨 舅 爷。

lɤu^{22}ta^{11}ŋai^{22}fa^{35}ɕy^{22}y^{11}gua^{13},

老 大 眼 花 手 又 □，□[gua^{13}]：手残。

lɤu^{22}nie^{11}tɕiɤu^{22}pai^{33}pei^{33}y^{11}ha^{35},

老 二 脚 跰 背 又 虾，

tɕi^{35}y^{22}sa^{35}dʑy^{22}ia^{13},

只 有 三 舅 爷，

dʑio^{22}liæ^{13}kuei^{11} pa^{22} va^{11} ɕyæ^{22}:

上 来 柜$^{=}$ 把 话 发：

ŋ^{22}lio^{22}mau^{11}ɕyæ^{22}kɤu^{33},

尔 俩 冇 法 过，

tɕi^{35}y^{22}poŋ^{35}fei^{35}y^{11}.

只 有 分 开 食。

laŋ^{13} ka^{55}poŋ^{35}kɤu^{33}tɕi^{35}po^{33}pie^{55},

[男人]家 分 锅 只 半 边，

dʑio^{13}nie^{33}mau^{11}pai^{11}y^{11}.

常 年 冇 饭 食。

mei^{11}te^{0}ka^{35}poŋ^{35}sa^{35}vei^{55}mau^{11}pa^{22}pa^{55},

妹 嘚家 分 砂 煨 冇 把 把，

y^{13}ie^{33}poŋ^{35}kua^{22}ka^{35}.

油 盐 分 呱 家。

dzai^{13}ka^{35}pɤu^{22}tsoŋ^{22}y^{22}ki^{33}va^{11},

传 家 宝 中 有 句 话，

i^{13}tie^{22}ia^{11}pu^{33}tɕ^{h}iæ^{35}.

一点 也 不 差。

ɕy^{35}dzai^{13}vei^{13}te^{22}ie^{13}dzai^{13}tɕ^{h}i^{22},

输 钱 为 得 赢 钱 起，

vei^{13}te^{22}ie^{13}dzai^{13}ɕy^{35}taŋ^{35}tie^{22},

为 得 赢 钱 输 灯$^{=}$ 底，

poŋ^{22}liæ^{13}y^{22}ɕy^{35}y^{22}ie^{13}.

本 来 有 输 有 赢。

ie^{13}kua^{22}kɤu^{33}kɤu^{33}tɕie^{35}poŋ^{11},
赢呱 个 个 占 份，
ɕy^{35}kua^{22}mau^{11}ɦŋ^{13}liæ^{33}paŋ^{35}po^{33}pu^{11}.
输呱 冇 人来 帮 半步。
kuei^{35}y^{13}fai^{35}ɕio^{35}dʑin^{13}poŋ^{22},
归 去翻箱寻 本，
tɕi^{35}y^{22}ta^{35} i^{35} fu^{22} y^{13} to^{33},
只有担衣服 去当，
ɕio^{22}y^{13}tɕiæ^{33}tu^{22}tɕiai^{33}ie^{13}.
想 去再 赌转 赢。
ta^{22}biæ^{13}pu^{33}zɿ^{22}tɕin^{35}ie^{13},
打牌 不是正 业，
foŋ^{13}kʰuai^{33}ta^{11}tɕia^{33}:
奉劝 大家：
ma^{11} ɦɤu^{11}o^{22}i^{13}ka^{35},
莫 学 我一家，
dʑin^{13} nai^{11}tsɿ^{35}fu^{35}pen^{33}ɕiau^{22}kʰaŋ^{33},
勤 耐= 致富奔 小 康，
ho^{35}ho^{55}ɕi^{22}ɕi^{22}pa^{22}dʑiæ^{13}ɕyæ^{22},
欢欢喜喜把财 发，
pa^{22}dʑiæ^{13}ɕyæ^{22}.
把财 发。

五 顺口溜、吉祥话

tʰu^{22}ti^{11}koŋ^{35}koŋ^{55}ɦŋ^{11}vu^{22}ti^{33},
土地公 公 入屋里，
kuei^{11}tɕʰi^{35}lɤu^{22}pai^{21}saŋ^{33}tɕi^{13}dʑiaŋ^{12}.
柜= 乞 老 板送 吉祥。
lio^{13}ie^{11}mai^{13}tɤu^{35}ɦŋ^{13}ɕin^{35}vaŋ^{35},
粮食蛮 多人兴 旺，

io^{33}çiai^{35}çin^{35}vaŋ^{35}ɦɤu^{13}mo^{22}do^{13}.

养生 兴旺 禾 满 堂。

tsei^{22}su^{22}ŋau^{13}io^{13}sa^{35}tsʰai^{35}tei^{33},

早 数牛 羊三千 对，

ia^{11}pai^{11}tçi^{35}ŋo^{13}ɦŋ^{22}tsʰai^{35}çio^{35}.

夜饭 鸡 鹅 五 千 双。

kuei^{13}pie^{35}li^{11}tçʰi^{22}iau^{13}dzai^{13}tçy^{11},

桂$^{=}$ 边 立起 摇 钱 树，

mi^{35}pie^{33}tçin^{35}nin^{13}lio^{13}mo^{22}tsʰo^{35}.

乜边 金 银 粮 满 仓。

ɦŋ^{22}ho^{35}loŋ^{13}in^{13}kuei^{35}ɦŋ^{22}vei^{35},

五方龙 神归 五 位，

piæ^{22}tçio^{33}vai^{13}ho^{35}pɤu^{22}an^{33}kʰaŋ^{33}.

八 将 还 方保 安 康。

tçio^{11}ɦŋ^{22}bo^{13},

上 五 盘，

ɦa^{22}ɦŋ^{22}bo^{13} ,

下 五 盘，

ɦŋ^{11}ɦŋ^{11}çyei^{22},

入 木 水，

ba^{11}pu^{11}do^{13},

百 步 堂，

ŋ^{22}çiæ^{22}tei^{35},

尔杀 猪，

o^{22}çiæ^{22}io^{13},

我杀 羊，

ta^{35}taŋ^{35}ta^{11}kuei^{33}ta^{22}ku^{22}do^{13},

担 灯$^{=}$大 绢 打 古 堂，

dio^{13}tçʰin^{35}dio^{13},

长 冲 长，

ɦo^{13}ɕia^{35}do^{13},

黄 沙 塘，

lio^{22}dy^{13}tɕ^{h}in^{35}tɕ^{h}in^{55}y^{22}ku^{22}dio^{13}.

两 条 冲 冲 有 古 长。有古长：有漫长的历史。

第三节

故事

1. 牛郎和织女

dzoŋ^{12}dʑian^{12}le^{33}, a^{22}li^{35}ko^{22}ba^{11}va^{11}kuei^{11}zɿ^{22}iɤu^{22}tsa^{22}niɤu^{12}laŋ^{12}tɕʰi^{35}tsɿ^{13}ny^{22}. y^{22}a^{33}y^{22}

从前呢，我里讲白话柜$^{=}$是有只牛郎乞织女。有啊有

dzoŋ^{12}dʑian^{12}y^{22}tsa^{22}ko^{11}ko^{33}ɕie^{33}ka^{35}te^{21}, i^{22}ka^{35}ia^{13}niaŋ^{11}le^{33}kuei^{11}lɤu^{22}tsɤu^{22}ɕi^{33}kua^{22}. i^{22}le^{33}

从前有只箇个细家嘚，伊家爷娘呢柜$^{=}$老早死呱。伊呢

kuei^{11} i^{13} kɤu^{33} ɦiŋ^{13} te^{21} vu^{22} ti^{33} le^{33} kuei^{11} tɕʰi^{35} ta^{22} i^{13} tɕia^{22} lɤu^{22} ŋau^{13}, i^{22} le^{33} kuei^{11} kai^{35} tɤu^{21}

柜$^{=}$一个人嘚屋里呢柜$^{=}$乞哒一只老牛，伊呢柜$^{=}$跟倒

ɦo^{13} ŋau^{13} lio^{22} kɤu^{33} ɦiŋ^{13} le^{33} kuei^{11} zɿ^{22} ɕiaŋ^{33} i^{33} vei^{11} min^{11}, lio^{22} kɤu^{33} ɦiŋ^{13} hɤu^{22} te^{22} hai^{22}.

黄牛两个人呢柜$^{=}$是相依为命，两个人好嘚很。

i^{13}ia^{11}dau^{33}kuei^{11}kai^{35}tɤu^{21}ŋau^{13}mie^{13}. so^{22}i^{22}le^{33}kɤu^{33}ka^{35}te^{21}kuei^{11}pa^{22}i^{22}kuei^{11}ho^{22}tso^{22}ŋau^{13}

一夜头柜$^{=}$跟倒牛眠。所以呢个家嘚柜$^{=}$把伊柜$^{=}$喊作牛

lo^{33}ko^{22}. ŋau^{13}lo^{33}, i^{22}kai^{35}tɤu^{21}ko^{11}tɕia^{22}lɤu^{22}ŋau^{13}le^{33}, lio^{22}kɤu^{33}ɦiŋ^{13}le^{33}, i^{13}ɕiai^{35}i^{13}sɿ^{13}a^{33}lio^{22}

郎个。牛郎，伊跟倒箇只老牛呢，两个人呢，一生一世啊两

kɤu^{22}ɦiŋ^{13}a^{33}kuei^{11}zɿ^{22}tsɤu^{33}die^{13}tsɤu^{33}ti^{11}, lio^{22}kɤu^{33}ɦiŋ^{13}le^{33}kɤu^{33}i^{13}sen^{33}. lio^{22}kɤu^{33}ɦiŋ^{13}a^{33}, kuei^{11}

个人啊柜$^{=}$是种田种地，两个人呢过一生。两个人啊，柜$^{=}$

ɕiaŋ^{33}i^{33}vei^{11}min^{11}kuei^{11}zɿ^{22}lio^{22}kɤu^{33}ɦiŋ^{13}te^{21}. hau^{22}, y^{22}i^{13}ia^{11}dau^{13}ŋau^{13}lo^{13}le^{0}kuei^{11}mie^{13}ko^{33}

相依为命柜$^{=}$是两个人嘚。好，有一夜头，牛郎呢柜$^{=}$眠个

ŋo^{11}tɕio^{11}. ŋau^{13}le^{33}, i^{22}kuei^{11}pan^{35}ie^{11}saŋ^{33}moŋ^{11}. sɿ^{13}tɕi^{35}le^{33}, kuei^{13}tɕia^{22}ŋau^{13}le^{33}, i^{22}le^{33}y^{11}zɿ^{22}

卧$^{=}$觉。牛呢，伊柜$^{=}$半夜送梦。实际呢，桂$^{=}$只牛呢，伊呢又是

tʰie35dau13dʑio22i13tɕia22tɕin35ŋau13sai35. i22 le33, kuei11pan35ie11saŋ33ko11tɕia22moŋ11. saŋ33ko11
天 堂 上 一只 金 牛 星。伊 呢，柜= 半 夜 送 个 只 梦。 送 个

tɕia22moŋ11le33, i22kʰai35i22 le33tie11nie11ɦŋ11do13lo55tɕʰin35tsɤu22, i22kʰai35i22lɤu22tsɤu22y13ko11
只 梦 呢，伊□① 伊呢 第 二 日 堂 亮 清 早， 伊□ 伊老 早 出 箇

tɕia22dʑia11vai11ti33, toŋ33pie35mi35y22tɕia22do13, y22mai13tɤu35tʰie35ko33sai35ny22le33tɕʰyei11mi35
只 寨 园 里，东 边 乜 有只 塘，有蛮 多 天= 个 仙 女 呢出 乜

y22 ba13do13. kʰai35i22le33tɕyei22mi35y22 bu11tɤu21, bu11tɤu21ko0zɿ13ɦɤu33le33, ko22tɕin35le33,
域=爬 塘。 □ 伊呢 出 乜 域=伏 倒， 伏 倒 个时 候 呢，果 真 呢，

mai13tɤu35tʰie35ka0kuai33tʰiæ22te22hai22ko0mei22te0ka35tɕʰyei22mi35y22 ba13do13y33kua22la22. i22lei33
蛮 多 天= 咖 乖 脱= 嘚 很 个 妹 嘚家 出 乜 域=爬 塘 遇 呱 了。伊睐

tɕi33le33, i22 li35 pa22i33 fu22 le33kuei11tʰiæ22tɕʰi22 dzɿ22ti11 ka0 ti11 te0, tɕy11ka0 tɕy11 tɕiɤu11 kua33 tɕʰi22 la22. i22
见 呢，伊里把 衣服 呢 柜= 脱 起 是 地 咖 地 嘚，树 咖 树 柜= 挂 起 啦。伊

le33kuei11taŋ35ta0tɕy11dʑio22y13, kuei11tsʰe22tɕʰi22i13ta35 i35fu33. kuei13ta35 i35fu33mi35le33zɿ22ko0
呢 柜= 灯= 哒树 上 去，柜= 扯 起 一单=衣服。 桂= 单=衣服 乜 呢 是 个

sei22ɦoŋ13se22ko0, kiæ35tʰiæ22te22hai22. i22pa22kuei13ta35 i35fu33mi35tsʰe22tɕʰi22, kuei11dzɿ13ɦŋ11ti33
水 红 色 个，乖 脱= 得 很。 伊把 桂= 单=衣服 乜 扯 起， 柜= 直 日=滴

tsau22tɕʰi22ɦen12ka0vu22ti33, kuei35ka0vu22ti33. hau22, taŋ35kua22ko11i13ia11dau33mi35le33, kuei13
走 起 行 咖屋 里，归 咖屋 里。好， 灯=呱 箇 一夜 头 乜 呢，桂=

tɕia22tsɿ13ny22mi35le33, i22kuei11kai35tɤu21ŋau13lo13le33, kuei11lio22kɤu33ɦŋ13le33kuei11dʑie13ka0
只 织 女 乜 呢，伊柜= 跟 倒 牛 郎 呢，柜= 两 个 人 呢 柜= 成 咖

lio22kɤu33lɤu22kua22. dʑie13ka0lio22kɤu33lɤu22kua22. hau22, tie11nie13ɦŋ11, tie11sa35ɦŋ11, ko11
两 个 老 呱。 成 咖两 个 老 呱。 好， 第 二 日 第 三 日， 箇

kɤu33tɕiæ11vai13ti33kə0ɦŋ13le33kuei11pa22i22le33kuei11ho22tso22tsɿ13ny22. hau22, kuei11zɿ22ten22
个 寨 园 里个人 呢 柜= 把 伊呢 柜= 喊 作 “织女”。好， 柜= 是 等

y13le33kuei11zɿ22ŋau13lo33tɕʰi35tsɿ13ny22lio22kɤu22ɦŋ13kua22, ŋau13lo33tɕʰi35tsɿ13ny22lio22kɤu33ɦŋ13
于呢 柜= 是 牛 郎乞 织 女 两 个 人 呱， 牛 郎 乞 织 女 两 个 人

kuei11hau22te22hai22. lio22kɤu33ɦŋ13hau22te22hai22le33, kuei11ɕiai35tɕʰi22i13tei33ɕie33ka35te21.
柜= 好 得 很。 两 个 人 好 得 很 呢，柜= 生 起 一对 细 家 嘚。

ɕiai35tɕʰi22i13tei33ɕie33ka35te21le33, ɕie33ka35te33kuei11ɕiaŋ33taŋ33ko0tsʰoŋ35min13y11len12kan35.
生 起 一对 细 家 嘚 呢，细 家 嘚 柜= 相 当 个 聪 明 又 能 干。

① □[kʰai35]：叫。其他两处同。

hau^{22}, y^{22}i^{13}ɦiŋ^{11}le^{33}, kuei^{11}pa^{22}tɕʰi^{35}tʰie^{35}do^{13}dʑio^{22}ko^{0}y^{35}vaŋ^{12}ta^{11}ti^{33}ko^{0}tai^{22}ti^{35}kua^{22}. i^{22}kuei^{11}
好，有一日呢，柜⁼把乞天堂上个玉皇大帝个得知呱。伊柜⁼
pʰai^{35}tɕʰi^{22}vaŋ^{13}mu^{22}niaŋ^{11}niaŋ^{11}le^{33}ɦa^{22}liæ^{13}le^{33}kuei^{11}y^{11}pai^{11}ko^{0}lio^{22}kɤu^{33}ɦiŋ^{13}kuei^{11}tɕʰia^{22}fei^{35}
派起王母娘娘呢下来呢柜⁼食饭个两个人柜⁼扯开
lia^{21}. i^{13}ɦa^{22}le^{0}, kuei^{11}taŋ^{33}tɕʰi^{22}i^{13}kai^{22}ko^{11}ko^{33}poŋ^{35}a^{33}, kuei^{11}pa^{22}ko^{11}kɤu^{33}tsɿ^{13}ny^{22}tɕʰyei^{35}
了。一下呢，柜⁼荡起一改⁼箇个风啊，柜⁼把箇个织女吹
te^{22}mau^{11}ɦa^{22}lo^{11}kua^{22}, kuei^{11}tɕʰyei^{35}tɕʰi^{22}dʑio^{22}ko^{0}tʰie^{35}. hau^{22}, ŋau^{13}lo^{33}le^{33}lei^{33}tɕi^{33}ko^{0}tsau^{22}
得冇下落呱，柜⁼吹起上个天。好，牛郎呢睐见个着
tɕi^{22}pu^{33}tai^{22}ti^{35}, pu^{33}tai^{22}ti^{35}ɦo^{13}ti^{0} kau^{22}ti^{33}kua^{22}. hau^{22}, ko^{11}tɕia^{22}lɤu^{22}ŋau^{13}le^{0}, kuei^{11}pan^{35}
急不得知，不得知何滴⁼搞得呱。好，箇只老牛呢，柜⁼半
ie^{11}ko^{22}va^{11}liæ^{13}kua^{22}lia^{22}, ko^{11}tɕia^{22}tɕin^{35}ŋau^{13}sai^{35}kuei^{11}pan^{35}ie^{11}ko^{22}va^{11}: ŋ^{22}le^{0}, ia^{11}mau^{11}
夜讲话来呱了，箇只金牛星柜⁼半夜讲话：尔呢，也冇
tsau^{22}tɕi^{13}, e^{0}, o^{22}, tɕi^{35}ɦiŋ^{11}, y^{13}ko^{22}ŋ^{22}pa^{22}vo^{22}ko^{0}kɤu^{22}a^{33}tai^{33}liæ^{13}ka^{22}ko^{0}ɦa^{22}liæ^{22}, y^{11}ko^{22}pie^{33}
着急，哎，我，今日，如果尔把我个角啊带⁼来咖个下来，如果变
ta^{0}lɤu^{13}lɤu^{33}, ɦo^{13}le^{33}pie^{33}ta^{0}lɤu^{13}lɤu^{33}zɿ^{22}a^{33}. ŋ^{22}le^{0}, kuei^{11}i^{13}dau^{13}ta^{33}i^{13}tɕia^{22}ɕie^{33}ka^{35}te^{21},
哒箩箩，和呢变哒箩箩是啊。尔呢，柜⁼一头担一只细家嘚，
i^{13}dau^{13}ta^{35}tɕʰi^{22}ɕie^{33}ka^{35}te^{21}le^{33}, hau^{22}, ŋ^{22}ko^{11}le^{33}y^{11}nie^{11}tɕʰi^{22}ko^{11}tɕia^{22}tsɿ^{13}ny^{22}, zɿ^{22}a^{0}. hau^{22},
一头担起细家嘚呢，好，尔个呢又撵起箇只织女，是啊。好，
to^{35}tɕin^{35}? i^{22}kuei^{11}ɕin^{35}ka^{0}lɤu^{22}ŋau^{13}ko^{0}va^{11}. pa^{22}lɤu^{22}ŋau^{13}ko^{0}kɤu^{22}kuei^{11}ta^{0}loŋ^{35}kua^{22}ɦa^{22}liæ^{13}
当真？伊柜⁼信咖老牛个话。把老牛个角柜⁼哒弄呱下来
kuei^{11}pie^{33}tɕʰi^{22}i^{13}ta^{33}lɤu^{13}lɤu^{33}, pie^{33}tɕʰi^{22}i^{13}ta^{33}lɤu^{13}lɤu^{33}le^{33}, i^{22}kuei^{11}i^{13}ta^{33}ta^{33}tɕʰi^{22}, hau^{22},
柜⁼变起一担箩箩，变起一担箩箩呢，伊柜⁼一担担起，好，
kuei^{11}i^{13}kai^{22}poŋ^{35}taŋ^{33}tɕʰi^{22}le^{33}kuei^{11}pa^{22}i^{22}dʑio^{22}ko^{0}tʰie^{35}. hau^{22}, dʑio^{22}ko^{0}tʰie^{35}, y^{33}nie^{11}tɤu^{21}
柜⁼一改⁼风荡起呢柜⁼把伊上个天。好，上个天，要撵倒
tsɿ^{13}ny^{22}ko^{0}zɿ^{13}ɦɤu^{33}le^{33}, vaŋ^{13}mu^{22}niaŋ^{11}niaŋ^{11}tai^{22}ti^{35}kua^{22}, i^{22}kuei^{11}pa^{22}dau^{13}ho^{35}dʑio^{22}kuei^{11}
织女个时候呢，王母娘娘得知呱，伊柜⁼把头壳上就
tsʰa^{13}tɕʰi^{22}i^{13}ɦai^{13}tsan^{33}tsɿ^{0}, tei^{33}te^{22}lio^{22}kɤu^{33}ɦiŋ^{13}ko^{0}tio^{35}ɕin^{33}ti^{11}i^{13}fa^{13}, i^{13}va^{11}le^{33}, kuei^{11}ɕiai^{35}
插起一行簪子，对着两个人个中心地一划，一划呢，柜⁼生
tɕʰi^{22}i^{13}dy^{13}mai^{13}ta^{11}ko^{0}ɦɤu^{13}, i^{13}dy^{13}mai^{13}ta^{11}ko^{0}ɦɤu^{13}le^{33}lei^{33}pu^{33}tau^{22}pie^{35}, kuei^{11}tɕiau^{33}tso^{22}
起一条蛮大个河，一条蛮大个河呢睐不到边，柜⁼叫作
in^{13}ɦɤu^{13}. y^{22}lei^{33}pu^{33}tɤu^{21}pie^{35}ko^{22}le^{33}, hau^{22}, ko^{11}ka^{0}tʰie^{35}dʑio^{22}ko^{0}lɤu^{22}vu^{35}a^{33}, i^{22}li^{35}le^{33}
银河。又睐不倒边个呢，好，箇咖天上个老乌⁼啊，伊里呢

kuei^{11}lei^{33}tɕie^{33}ŋau^{13}lo^{33}le^{33}tsɤu^{33}nie^{13}te^{22}hai^{22}lio^{22}kɤu^{33}ɦŋ^{13}a^{33}, hai^{11}te^{22}i^{13}tei^{33}lio^{22}kɤu^{33}lɤu^{22},
柜$^{=}$睐见牛郎呢造孽得很两个人啊，害得一对两个老，
i^{13}pie^{35}i^{13}kɤu^{33}kua^{22}, i^{22}li^{35}le^{33}lei^{33}tɕie^{33}i^{22}le^{33}kuei^{11}mi^{35}te^{22}hai^{22}, kuei^{11}ɕi^{22}ho^{35}te^{22}hai^{22}le^{33},
一边一个呱，伊里呢睐见伊呢柜$^{=}$蜜$^{=}$得很，柜$^{=}$喜欢得很呢，
taŋ^{35}kua^{22}tɕ^{h}i^{22}vai^{11}tɕ^{h}y^{35}tɕ^{h}i^{22}ɦŋ^{11}, i^{22}li^{35}le^{33}kuei^{11}lɤu^{22}vu^{35}a^{35} ɕi^{22} kuei^{11}ts^{h}ei^{33}tɕ^{h}i^{22}i^{13}p^{h}aŋ^{33}
灯$^{=}$呱七月初七日，伊里呢，柜$^{=}$老乌阿$^{=}$喜$^{=}$柜$^{=}$凑起一□①
mai^{13}tɤu^{35}t^{h}ie^{35}, mai^{11}mai^{11}ts^{h}ai^{35}ts^{h}ai^{35}ko^{0}lɤu^{22}va^{22}, i^{22}li^{35}kuei^{11}la^{22}tɤu^{21}mi^{22}pa^{35}, ɦo^{13}tɤu^{21}
蛮多天$^{=}$，万万千千个老鸦，伊里柜$^{=}$拉倒尾巴，含倒
mi^{22}pa^{35}, kuei^{11}ka^{35}tɕ^{h}i^{22}i^{13}tɕia^{13}mai^{13}ta^{11}ko^{0}dʑy^{13}, kuei^{11}zɿ^{22}a^{35} ɕi^{22}dʑy^{13}. taŋ^{35}kua^{22}ko^{11}i^{13}ia^{11}
尾巴，柜$^{=}$架起一只蛮大个桥，柜$^{=}$是阿$^{=}$喜桥。灯$^{=}$呱箇一夜
dau^{13}mi^{35}le^{33}, ŋau^{13}lo^{33}tɕ^{h}i^{35}tsɿ^{13}ny^{22}lio^{22}kɤu^{33}ɦŋ^{13}le^{33}kuei^{11}dzɿ^{22}mi^{35}ɕio^{35}fei^{11}. i^{22}ɦɤu^{13}le^{33},
头乜呢，牛郎乞织女两个人呢柜$^{=}$是乜相会。以后呢，
i^{22}li^{35}le^{33}kuei^{11}zɿ^{22}ho^{22}tso^{22}tɕ^{h}io^{13}tɕiau^{12}ɕiaŋ^{33}fei^{13}. ŋau^{13}lo^{33}le^{33}kuei^{11}zɿ^{22}ɦŋ^{11}ti^{33} lio^{22}kɤu^{33}ɦŋ^{13}
伊里呢柜$^{=}$是喊作“鹊桥相会”。牛郎呢柜$^{=}$是日$^{=}$滴$^{=}$两个人
ɕio^{35}fei^{11}kua^{22}. kuei^{13}tɕia^{22}ku^{35}sɿ^{11}kuei^{11}zɿ^{22}tɕia^{22}ko^{11}ka^{0}.
相会呱。桂$^{=}$只故事柜$^{=}$是只箇咖。

（陈菊讲述，2016年）

2．老鼠和牛比赛

tɕi^{35}ɦŋ^{11}le^{33}, kɤu^{33}ka^{35}te^{21}dzɿ^{22}li^{22}, o^{22}le^{33}tɕ^{h}i^{35}ta^{11}tɕia^{33}ko^{22}tsa^{22}ba^{11}va^{11}. kuei^{11}zɿ^{22}lɤu^{22}
今日呢，个家嘚是里，我呢乞大家讲只白话。柜$^{=}$是老
ɕyei^{22}te^{21}tɕ^{h}i^{35}ŋau^{13}pi^{22}sai^{35}. mie^{13}sai^{35}, iɤu^{22}tsa^{22}lɤu^{22}ɕyei^{22}te^{0}kai^{35}ŋau^{13}pi^{22}sai^{35}. ŋau^{13}le^{33},
鼠嘚乞牛比赛。面先，有只老鼠嘚跟牛比赛。牛呢，
kuei^{11}dei^{11}ti^{33}, lio^{22}kɤu^{33}ɦŋ^{13}k^{h}ai^{33}sɿ^{22}tɕ^{h}i^{22}pu^{11}, lɤu^{22}ɕyei^{22}te^{21}tsau^{22}ti^{33}kuei^{11}t^{h}ie^{33}tau^{22}ŋau^{13}
柜$^{=}$直点，两个人开始起步，老鼠嘚走得柜$^{=}$跳到牛
pei^{33}dau^{13}dʑio^{22}, taŋ^{35}kua^{22}dʑin^{22}dau^{33}le^{33}, lɤu^{22}ɕyei^{22}te^{21}le^{33}kuei^{11}te^{22}ŋau^{13}pei^{33}dau^{13}dʑio^{22}le^{33},
背头上，灯$^{=}$呱尽头呢，老鼠嘚呢柜$^{=}$得牛背头上呢，
kuei^{11}t^{h}ie^{33}kua^{22}ɦa^{22}liæ^{13}, t^{h}ei^{33}taŋ^{35}ŋau^{13}mie^{11}dzai^{33}. ŋau^{13}le^{33}, tsau^{22}ti^{33}k^{h}iæ^{33}ti^{33}ko^{0}ɦai^{13}zɿ^{22}
柜$^{=}$跳呱下来，跳灯$^{=}$牛面前。牛呢，走得快点个还是

① □[p^{h}aŋ^{33}]：群

pei^{33}te^{21}, lɤu^{22}ɕyei^{22}te^{21}le^{33}, tsau^{22}te^{22}mai^{11}ti^{33} tɕ^{h}io^{22}ko^{0}sai^{35}.
背嘚，老鼠嘚呢，走得慢点抢个先。

（陈菊讲述，2016年）

3. 瑶山就是歌山

mie^{11}sai^{35}zɿ^{22}a^{33}, a^{22} li^{35} iau^{13} ɕiai^{35} dau^{13} dʑio^{22} zɿ^{22} a^{33} y^{22} i^{13} tau^{35} mai^{13} ta^{11} kə^{0} dzoŋ^{13}
面先是啊，我里瑶山头上是啊有一蔸蛮大个松
tɕy^{11} yæ^{11} tɕ^{h}io^{33} kɤu^{35}. ba^{11} t^{h}ie^{35} ɦiŋ^{11} tɕ^{h}i^{35} ia^{11} dau^{33} tɕ^{h}io^{33} kɤu^{33} pu^{33} din^{13}. iau^{13}
树会唱歌。白天日乞夜头唱歌不停。瑶
ɕiai^{55} kuei^{11} zɿ^{22} a^{33} y^{22} kɤu^{33} lɤu^{22} ta^{11} ɦiŋ^{11} mei^{11} te^{0} ka^{35}, e^{33}, ie^{13} dzoŋ^{13} tɕy^{11} le^{33} tɕ^{h}io^{33}
山柜⁼是啊有个老大人妹嘚家，诶，嫌松树呢唱
kɤu^{35} le^{33}, vai^{13} ts^{h}ɤu^{33} te^{22} hai^{22}, zɿ^{22} a^{33}. tɕi^{22} pu^{22} dau^{33} pa^{22} i^{22} ta^{35} tɤu^{21} kuei^{11} ŋai^{22}
歌呢，烦躁得很，是啊。几斧头把伊担倒柜⁼□
loŋ^{11}, e^{33}. dɤu^{11} te^{22} ko^{35} pie^{33} ti^{33}. tɕia^{35} kɤu^{33} tai^{22} ti^{35} le^{33}, ny^{13} te^{21} zɿ^{22} a^{33}. ie^{11} kua^{22}
弄⁼，诶。丢得江边里。遮⁼个得知呢，鱼嘚是啊。食呱
dzoŋ^{13} tɕy^{11} ie^{11} te^{21} le^{33}, kuei^{11} i^{13} du^{22} te^{21} pie^{33} te^{22} dʑin^{22} kɤu^{35}. e^{33}, y^{22} tɕia^{22} ta^{22}
松树叶嘚呢，柜⁼一肚嘚变得尽歌。诶，有只打
ny^{13} te^{21} kə^{0} ɕie^{22} ka^{35} te^{21}, zɿ^{22} a^{33}. lei^{33} tɕie^{33} ny^{13} te^{21} du^{22} te^{21} ti^{33} y^{22} kɤu^{35}, i^{22} kuei^{11}
鱼嘚个细家嘚，是啊。睐见鱼嘚肚嘚里有歌，伊柜⁼
pa^{22} i^{22} ts^{h}ei^{22} kə^{0} tɕ^{h}yei^{22} liæ^{33}, kuei^{11} a^{35} te^{22} lɤu^{13} li^{22} ɕi^{33}, zɿ^{22} a^{33}. i^{13} ta^{33} kuei^{11}
把伊取个出来，柜⁼安得箩里些，是啊。一担柜⁼
ta^{35} tɕ^{h}i^{22}, e^{33}, ta^{35} tɤu^{21} ta^{35} tɤu^{21} le^{33}, ta^{33} ko^{35} kuei^{11} do^{22} kua^{22}, lɤu^{13} li^{22} ɕi^{33} kə^{0}
担起，诶，担倒担倒呢，担竿柜⁼断呱，箩里些个
kɤu^{35} le^{33} kuei^{11} dʑin^{22} dʑiaŋ^{13} taŋ^{35} ti^{11} te^{0} tɕ^{h}i^{35} ɦɤu^{13} ti^{33} ɕi^{33} y^{13} kua^{22}. y^{22} ti^{33} kɤu^{35}
歌呢柜⁼尽丈⁼灯⁼地嘚乞河里些去呱。有滴歌
le^{33} kuei^{11} tɕ^{h}yei^{35} taŋ^{35} poŋ^{35} li^{22} ɕi^{33} y^{13} kua^{22}, y^{22} ti^{22} kɤu^{35} le^{33} kuei^{11} tɕ^{h}yei^{35} taŋ^{35} ɕyei^{22} li^{22}
呢柜⁼吹灯⁼风里些去呱，有滴歌呢柜⁼吹灯⁼水里
ɕi^{33} y^{13} kua^{22}, y^{22} ti^{22} kɤu^{35} le^{33} kuei^{11} pa^{22} tɕ^{h}i^{35} tei^{22} tei^{22} tiæ^{22} tɕ^{h}i^{21} ɦiŋ^{11} kua^{22} hau^{22}, tɕin^{35} y^{22}
些去呱，有滴歌呢柜⁼把乞鸟鸟啄起入呱口，正有
i^{13} tɕia^{22} kɤu^{33} lu^{11} ha^{22} zɿ^{22} a^{33} t^{h}in^{35} ɕy^{22} gua^{22} tɕ^{h}i^{22} i^{13} gua^{13}, pe^{33} te^{22} le^{33} po^{33} taŋ^{35} ɕiai^{35}
一只过路客是啊伸手□起一□，背嘚呢放灯⁼山
dau^{33} dʑio^{21}. pa^{22} mi^{35} ka^{35} te^{21} le^{33}, a^{33} li^{22} iau^{13} ɕiai^{55} kə^{0} poŋ^{35} a^{0} kuei^{11} tai^{22} ti^{35} tɕ^{h}io^{33}
头上。把乜咖嘚呢，我里瑶山个风啊柜⁼得知唱

kɤu^{35} lia^{22} kua^{22}, iau^{13} ɕiai^{35} kə^{0} ɕyei^{22} a^{33} ia^{11} tai^{22} ti^{35} tɕ^{h}io^{35} kɤu^{35} liæ^{13} kua^{22}, ɕiai^{35}
歌 了 呱，瑶 山 个 水 啊 也 得 知 唱 歌 来 呱，山
dau^{13} dʑio^{22} kə^{0} tei^{22} tei^{22} ia^{11} tai^{22} ti^{35} tɕ^{h}io^{33} kɤu^{35} liæ^{13} kua^{22}, e^{33}, ɕiai^{35} ɕiai^{55} ɕyei^{22} ɕyei^{22}
头 上 个 鸟 鸟 也 得 知 唱 歌 来 呱，诶，山 山 水 水
a^{33}, ba^{11} t^{h}ie^{35} ɦŋ^{11} a^{33}, ia^{11} dau^{33} a^{33}, kɤu^{35} ɕie^{55} i^{13} p^{h}ie^{33}, iau^{13} ɕiai^{55} pie^{33} kua^{22} kɤu^{35}
啊，白 天 日 啊，夜 头 啊，歌 声 一 片，瑶 山 变 呱 歌
ɕiai^{55} kua^{22}.
山 呱。

（陈菊讲述，2016年8月）

参考文献

鲍厚星、颜森 1986 湖南方言的分区，《方言》第4期。

鲍厚星 2001 湘南土话的归属问题，《湘南土话及周边方言国际学术研讨会论文》。

鲍厚星、陈晖 2005 湘语的分区（稿），《方言》第3期。

鲍厚星 2007 湖南省的汉语方言（稿），《方言》第3期。

北京大学中国语言文学系语言学教研室 1989《汉语方音字汇》，北京：语文出版社。

曹志耘 2001 关于濒危汉语方言问题，《语言教学与研究》第1期。

曹志耘 2002《南部吴语语音研究》，北京：商务印书馆。

曹志耘 2017《徽语严州方言研究》，北京：北京语言大学出版社。

陈 晖 2006《湘方言语音研究》，长沙：湖南师范大学出版社。

陈 晖、鲍厚星 2007 湖南省的汉语方言（稿），《方言》第3期。

［宋］陈彭年等 2002《宋本广韵·永禄本韵镜》，南京：江苏教育出版社。

陈松岑 1999《语言变异研究》，广州：广东教育出版社。

陈忠敏 2003 重论文白异读与语音层次，《语言研究》第3期。

程俊英译注 1987《诗经译注》，上海：上海古籍出版社。

戴庆厦 2004《中国濒危语言个案研究》，北京：民族出版社。

范俊军、宫齐、胡鸿雁 2006 语言活力与语言濒危，《民族语文》第3期。

黑维强 2016《绥德方言调查研究》，北京：北京师范大学出版社。

胡明扬 1996《汉语方言体貌论文集》，南京：江苏教育出版社。

胡 萍 2005 试论绥宁“关峡平话”的系属，《邵阳学院学报》第5期。

胡 萍 2006 绥宁关峡苗族“平话”的语音特点，《湘潭师范学院学报》（社会科学版）

第1期。

胡　萍 2007《湘西南汉语方言语音研究》，长沙：湖南师范大学出版社。

胡　萍、贝先明 2011 广西龙胜苗族“人话”的[tɬ]声母，《方言》第4期。

胡　萍、吴　萍 2012 湘西南苗瑶平话的代际传承研究，《中南林业科技大学学报》（社会科学版）第6期。

胡　萍 2016a 湘西南苗瑶平话远指代词的特殊语序，《中国方言学报》第6期。

胡　萍 2016b《湖南绥宁关峡苗族平话研究》，长沙：湖南师范大学出版社。

胡　萍 2018a 从峒话看八峒瑶山竹文化现状与对策，《佛山科学技术学院学报》（社会科学版）第3期。

胡　萍 2018b《语言接触与湘西南苗瑶平话调查研究》，长沙：岳麓书社。

胡云晚 2007 洞口方言的介词“把1”“乞1”和“把乞1”，《云梦学刊》第4期。

湖南省新宁县民族宗教事务局组编 2012《八峒瑶语》，内部刊印。

湖南瑶族编写组 2011《湖南瑶族》，北京：民族出版社。

黄伯荣等编著 2001《汉语方言语法调查手册》，广州：广东人民出版社。

李本高 1995《瑶族研究》，长沙：岳麓书社。

李本高编撰 2001《湖南瑶族源流》，长沙：岳麓出版社。

李德改 2014“峒话”简说，载新宁县八峒瑶山民俗历史文化学会编《八峒风情》第1期。

李　蓝 2004《湖南城步青衣苗人话》，北京：中国社会科学出版社。

李　荣 1956《切韵音系》，北京：科学出版社。

李　荣 1984《昌黎方言志》，上海：上海教育出版社。

李　荣 1997 汉语方言中当“你”讲的“尔”（上，中），《方言》第2期。

李　荣主编 2002《现代汉语方言大词典》，南京：江苏教育出版社。

李小凡 2004 汉语方言连读变调的层级和类型，《方言》第1期。

刘丹青 2008《语法调查研究手册》，上海：上海教育出版社。

刘　娟、彭泽润 2019 论表示“丢失”意义的湘语特征词“着（著）”，《湖南科技大学学报》（社会科学版）第3期。

吕叔湘 1985《近代汉语指代词》，北京：学林出版社。

罗昕如 2004《湘南土话词汇研究》，北京：中国社会科学出版社。

罗昕如 2006《湘方言词汇研究》，长沙：湖南师范大学出版社。

林 河 1997《古傩寻踪》，长沙：湖南美术出版社。

覃远雄 2007 平话和土话，《方言》第2期。

沈 明、周建芳 2019《湖南道县梅花土话》，北京：商务印书馆。

商务印书馆辞书研究中心 2013《新华方言词典》，北京：商务印书馆。

唐爱华 2005《宿松方言研究》，北京：中国社会科学出版社。

唐光旭 2013《竹根傩面历史渊源与制作技术》，内部刊印。

唐七元 2013《汉语方言同源词研究》，长春：吉林大学出版社。

王辅世 1983《苗语简志》，北京：民族出版社。

王辅世 1994《苗语古音构拟》，东京：国立亚非语言文化研究所。

王辅世、毛宗武 1995《苗瑶语古音构拟》，北京：中国社会科学出版社。

王福堂 1999《汉语方言语音的演变和层次》，北京：语文出版社。

王 力 1958《汉语史稿》，北京：科学出版社。

吴伟军 2019《贵州晴隆长流喇叭苗人话》，北京：商务印书馆。

吴 萍、许 阳、胡 萍 2010 新宁县瑶族乡濒危方言“峒话”调查，《中南林业科技大学学报》（社科版）第1期。

吴 萍 2012 新宁瑶族“峒话”音系，《现代语文》（语言研究版）第10期。

伍云姬 2006a《湖南方言的语气词》，长沙：湖南师范大学出版社。

伍云姬 2006b《湘方言动态助词的系统及其演变》，长沙：湖南师范大学出版社。

伍云姬 2007《湖南方言的副词》，长沙：湖南师范大学出版社。

伍云姬 2008《湖南方言的代词》（修订本），长沙：湖南师范大学出版社。

伍云姬 2009《湖南方言的动态组词》（修订本），长沙：湖南师范大学出版社。

新宁县麻林瑶族乡志编纂委员会 2008《麻林瑶族乡志》，内部刊印。

新宁县志编纂委员会 2009《新宁县志》，北京：方志出版社。

新宁县政协、民委编 1992《新宁瑶族》，内部刊印。

邢向东 2002《神木方言研究》，北京：中华书局。

徐世璇 2001《濒危语言研究》，北京：中央民族大学出版社。

［东汉］许慎 1987《说文解字》，北京：中华书局。

杨伯峻 1963《文言文法》，北京：中华书局。

游汝杰 1992《汉语方言学导论》，上海：上海教育出版社。

游汝杰 2018《吴语方言学》，上海：上海教育出版社。

颜　森编纂 2005《广集韵谱》，南昌：江西人民出版社。

詹伯慧、李如龙、黄家教、许宝华等著 1991《汉语方言及方言调查》，武汉：湖北教育出版社。

张劲松 2005 新宁县麻林瑶族乡的“跳古坛”，《民间文化论坛》第4期。

张惠英 1989 说“给”和“乞”，《中国语文》第3期。

张惠英 2001《汉语方言代词研究》，北京：中国社会科学出版社。

张振兴 1992《漳平方言研究》，北京：中国社会科学出版社。

朱德熙 1982《语法讲义》，北京：商务印书馆。

庄初升 2004《粤北土话音韵研究》，北京：中国社会科学出版社。

中国社会科学院、澳大利亚人文科学院 1987—1989《中国语言地图集》，香港：朗文出版（远东）有限公司。

调查手记

第一次听到“峒话”这个词大约是在2007年夏天，我在湖南城步苗族自治县兰蓉乡调查青衣苗人话的时候，当地苗族老乡指着东边绵延的大山告诉我：山那边就是新宁县的黄金乡，那边的瑶族说的话和他们差不多，自称“峒话”，也称“人话”。2009年我以“语言接触与湘西南苗瑶平话调查研究”为题申报了国家社科基金并立项，2018年出版了同名专著。此书收录了新宁县麻林瑶族峒话单字1600个，词语1500多条，语法例句107句，可以对峒话的面貌略窥一二。

2016年年初，我承担了中国语言资源保护工程濒危汉语方言的一个项目，调查新宁瑶族峒话，实现了在湘西南这片语言宝地继续“深耕”的夙愿。

虽然此前对新宁瑶族峒话有过调查，但自从接下濒危方言调查的任务后，知道它是中国语言资源保护工程的重要组成部分，意义非同一般。于是决定从头开始，重新调查。

2016年7月26日我和团队成员在时任县委宣传部副部长陈湘运的陪同下来到新宁县麻林瑶族乡。在乡文化站，我们面试了当地政府事先物色好的几位发音人，结果不太理想，遂决定下村寻访。根据以往的调查经验，我们首选了人口较多、峒话保存较好的上林村。笔者找到了以前的发音人陈菊先生，就多项条件来说他是很理想的老男发言人，土生土长，了解地方文化，能言善道，是家族和村里有名望的人，可惜由于眼疾无法承担老男繁重的工作，但可胜任口头文化发音人。陈菊和其他乡亲又陆续向我们推荐了多位候选人，通过一对一的交谈、测试之后，最终确定了雷支团先生为我们的老男发音人。他也是土生土长的本村人，很少外出，方音纯正，发音清晰，反应敏捷，是理想的人选。最让人钦佩的是他的敬业精神，每次调查都是准点上班，晚点下班，态度是一丝不苟，坐姿永远是端正笔直。上林村果然是峒话保存最好的村子，很快，我们在这里确定了青女和老女发音人。青女是自幼被爷爷奶奶抚养长大，说得一口地道峒话的雷美玉，老女则由从未离开村子又能言善道的杨来香担任。最难找的恐怕就是青男了，大家坐在陈菊的堂屋里把村里的年轻人都想了一个遍，似乎都不合乎要求。无奈，我们只好先打道回住地，走到村口，陪同我们的乡亲突然指着路旁一栋房子说："哎呀，怎么没想到他？这家的伢子可以呀！"于是，青男兰立平就这样走进我们的视野，他的年龄、籍贯、经历等各项条件都符合要求，心里的一块石头总算落了地。

发音人确定之后，我们就开始了纸笔调查，首先完成了《方言调查字表》和《汉语方言词语调查条目表》(《方言》2003年第1期)，之后又把《中国语言资源调查手册·汉语方言》中的单字、词汇、语法例句再核对了一遍。期间团队成员许阳老师，赵宇航、唐乔等同学还负责培训发音人的镜头感，与他们商讨多人谈话和个人讲述的内容，查找地方文献资料中记载口头文化的内容，如歇后语、谚语、歌谣等，为后期的摄录做准备。

2016年8月8日，我们聘请的专业摄录团队进场。由于条件所限，麻林瑶族乡找不到一处合适的场地摄录，于是我们只好把发音人请到新宁县城录制。经多方寻找，终于在靠近崀山北大门的盈捷宾馆找到合适的摄录房间，这里背面靠山，远离城区，环境清幽，加上宾馆房间有地毯，墙面是软包，稍微进行一些隔离措施就达到了摄录要求的参数指标。为

在麻林瑶族乡文化站遴选发音人　麻林乡文体卫站 /2016.7.26/ 赵宇航 摄

了画面美观一致，我们特意给老男发音人雷支团和口头文化发音人陈菊买了两件白衬衣，两位先生很爱惜他们的"工作服"，平时都挂着，只有上镜才穿。由于摄录的时间正值酷暑，我们只能在休息时把空调打开降温，录的时候就关掉。好在整个摄录的阶段比较顺利，8月16号，第一阶段持续21天的调查与摄录终告完成。

2017年7月26日，第二阶段的调查开始。参与此次调查的除了原团队成员外还有我校法学系副教授胡潇潇博士及其研究生，湖南交通职业技术学院商贸旅游系的杨铭副教授，大家都带着自己的课题拟从语言学、法学、旅游学等方面探讨八峒瑶山文化的挖掘、保护与传承。首先，我们拜访了新宁县文化馆，文化馆召集了县非遗中心的负责人、非遗项目传承人等与我们一起座谈。会上，我第二次见到了市级非遗项目竹根傩面的传承人唐光旭先生，70多岁的老人由于中风已偏瘫，口齿也不太清楚了，可他对祖父传承下来的属于八峒瑶山特色文化的竹根雕刻工艺念念不忘，担忧后继无人。在这种情况下，我决心把这一传统文化用语言的形式保存下来，随后通过对他本人、他女儿以及周边知晓这一技艺的老人进行多次调查，才有了本书第五章民俗文化词语中对于竹根傩面的专门介绍。不幸的是，唐光旭老人已于2019年年初去世，竹根傩面这一古老技艺也许就此消失了。

离开县城后，再上八峒瑶山，笔者此行的任务主要是扩展词汇和语料的调查。古法竹料造纸是麻林的传统手工艺，也曾是当地的经济支柱，在20世纪80年代麻林乡几乎家家户户都造纸，可随着机械造纸的盛行，如今只剩陈菊一家了。为了记录竹料造纸的全过程，笔者专门委托了新宁县民族中学的郑远江老师从清明前上山"砍竹麻"开始，用摄像机全程跟踪拍摄了陈菊造纸的全过程。这次再到麻林，我们参观了陈菊的造纸作坊，听他介绍每一种工具的名称和用途，解说每一道工序，触摸了各种精心制作的样纸，这门濒临失传的技艺也以民俗文化词语的形式被保留在本书中。

"打古堂"是八峒瑶族古老的祭祀仪式，也是省级非物质文化遗产。1949年后沉寂了五十多年，直到2004年、2009年才有了两次恢复性演出。为了深入了解这一古老仪式的流程和背后的文化内涵，我们走访了多名参与两次"打古堂"祭祀演出的亲历者，如竹根雕刻艺人唐光旭先生，80多岁的师公雷学勇先生和70多岁的师公雷代信先生，他们分别向我们介绍了仪式的大致过程，雷学勇先生还把他珍藏的法器、法衣、文本等都一一展示给我们。县文化馆向我们提供了2009年恢复演出的录像，凭借这些珍贵的资料和亲历者的讲述，我们对"打古堂"这一古老仪式有了更加直观和深入的认识。

采访中，当我们听说麻林乡的雷庆华老人还能演唱“打古堂”仪式中的“庆盘王”歌的时候，欣喜若狂。于是我们在乡民族中学内找到一处安静的教室，连夜布置了一个摄录场地。第二天一早就把雷庆华老人接来。老人十分认真，他把自己要演唱的内容都一一抄写在本子上，按我们的要求先试唱，方便我们记音，再正式录制。两个上午的时间，老人唱了十几首盘王歌，这些珍贵的资料都保存在第八章话语材料中。陈孝友是黄金瑶族乡文化站的站长，也是“崀山峒歌”的传承人，这次他也为我们演唱了三首原汁原味的峒歌，如《好久没到这里来》，那优美的旋律，高亢清亮的歌声一下子就把我们吸引住了，连听惯流行歌曲的95后唐乔同学也感慨道：“没想到山歌也这么好听！”2017年11月为了迎接联合国教科文组织布德博格女士一行来湘考察，省教育厅要求语保课题负责人提交各点有特色的口传文化视频备选，陈孝友先生演唱的峒歌有幸入选，成为当年11月30号在联合国教科文组织考察湖南语保工作座谈会上展示湖南方言文化的四位嘉宾之一。

2018年7月19日，三上八峒瑶山。这次的主要任务是补充与核对。麻林瑶族乡的时任乡党委书记黄泽耀和乡长唐光彦再次热情地接待了我们，随即在乡党委会议室召开了一次小型座谈会，参加会议的人员有乡中学、小学的校长、老师，乡文体卫站站长，非遗项目传承人和若干村民。大家就峒话的濒危现状、峒话进课堂、瑶族文化的保护和传承展开了热烈的讨论。会上有村民提出将峒话保存较好的上林村建成“峒话保护村”，我们为此提议感到由衷的高兴，就方言保护的自觉性而言，八峒瑶山的基层领导、学校和村民对母语保护的意识是强烈的，这让我们对峒话未来的前景看到了一线希望。

为了进一步了解峒话的现状和人们对当地竹文化的了解，我们做了一次问卷调查，结果不容乐观。例如，我们在问卷上列出十个竹根傩面面具肖像，请村民们辨认，能够说出它们名字的村民寥寥无几，大多数人只知道是个“竹壳壳”（竹面具），至于其面具形象的来历和内涵几乎无人知晓了。同时，我们走访了当地兰、雷、江等大姓的村民家，查阅了他们的族谱，进一步了解了八峒地区族群人口迁徙的历史。

为了弄清楚“打古堂”仪式流程中的几个疑点，我们还专程拜访了其传承人陆大献师傅，陆师傅是现今少有能表演“上刀山”“下火海”等绝技的师公。在他家，陆师傅毫无保留地向我们展示了他从艺多年的珍藏，解答了我们的疑惑。又听说我们在找瑶族过去特有的农具“抬犁”，打了好多个电话询问，终于让我们在百宝村一个村民的仓库里找到布满尘土的农具，看我们不了解用法，又当场演示给我们看。

走访村民　麻林乡瑶族乡麻林村 /2018.7.19/ 崔冰彦　摄

此次调查，我们还有幸认识了时任县政协副主席的兰平先生，他也是从麻林乡走出去的瑶家子弟，听说我在调查峒话，非常支持。他以其威望和影响力帮助我建了一个“峒话研究群”，把能说地道峒语的人都拉进群里，这给我的调查带来了极大的便利。在后续写作的过程中，但凡遇到疑难，我都会在群里发问，群里的江泽晓、江依辉、刘清明、雷爱梅等人都会积极响应，答疑解难。

2019年笔者承担了中国语言资源保护工程·新宁（城区）点的调查任务。新宁话，说峒话的人称之为“客话”，是当地的权威方言，对峒话的影响很大。2019年5月27日—6月9日，我们完成了新宁话的调查与摄录任务。6月10日，我们四上八峒瑶山，这次的重点任务是核对同音字表和词汇表，同时就一项语音变异做社会语言学的问卷调查。

核对的任务依然还是落在老男雷支团先生身上，在前后四年的调查时间里，他俨然已经被训练成了专业人士，有时几乎不用我解释，就能明白我的意思。例如，他经常会挑出字表中某一个字来说不应该放在这里，又指着另外几个字说：“它和它们才是同音的。”当核对完最后一个条目的时候，雷先生感慨地说：“不容易啊！我今后也有点牛皮可吹了，哈哈。”

调查的过程中，我们采访的很多发音人都对峒话的现状和未来流露出深深的担忧，也真切表达了对我们工作的肯定和支持，现摘录部分感言作为本记的结束语。

雷支团："峒话我们都不想失传，能有机会作为发音人把峒话记录下来传承下去非常荣幸，现在说峒话的人越来越少，十来岁的孩子已经不会说峒话了，他们自己不愿意学，觉得土，家长也不勉强教，所以有失传的危险。我觉得峒话是祖宗传下来的文化遗产，是我们八峒瑶山的特色。如果就此失传就太可惜了！希望年轻人继续学说峒话，也希望家长、学校能重视峒话的教学，将我们的乡音传承下去。"

兰立平："峒话是我们瑶乡世世代代的语言，现在会这种土生土长的语言的人已经不多了。作为生长在瑶乡的我，有幸成为峒话青男发音人。我希望有更多的语言专家来挖掘，把我们瑶乡的语言永远传承下去，这也是我们瑶乡的福分。"

雷美玉："我们八峒瑶族世代沿袭的传统方言，又称峒话。峒话从古到今，只有语言没有文字，因而造成瑶族文化没能得到很好的记录，峒话面临即将失传的危险境地，已经成为濒危语言。为开发、保护和传承新宁瑶族传统文化，国家语委派专家学者深入到瑶乡村寨对峒话进行挖掘、整理，而我有幸成为峒话青女发音人，感到十分自豪，我会尽自己的微薄之力为家乡努力！"

瑶山流传着这样一首峒歌："瑶山八峒山花红，盘王崽孙开瑶峒。八峒瑶山遍地宝，峒峒献宝敬盘王。"在历时五年的调查与写作中，我们深刻地体会到这片充满神奇魅力的土地是大自然的馈赠，是民族文化的宝库，是语言资源的瑰宝。何其有幸，此生能承担这样一项光荣而艰巨的任务：识之，记之，品之，悟之，与有荣焉！